Stefan Zweig

EIN GEWISSEN GEGEN
DIE GEWALT

良知对抗暴力

卡斯泰利奥对抗加尔文

斯蒂芬·茨威格 著

舒昌善 译

生活·讀書·新知 三联书店

Simplified Chinese Copyright © 2017 by SDX Joint Publishing Company.
All Rights Reserved.

本作品简体中文版权由生活·读书·新知三联书店所有。
未经许可，不得翻印。

图书在版编目（CIP）数据

　　良知对抗暴力：卡斯泰利奥对抗加尔文／（奥）茨威格著；
舒昌善译. —北京：生活·读书·新知三联书店，2017.8
（2024.1 重印）
　　（茨威格历史特写）
　　ISBN 978 – 7 – 108 – 05925 – 3

　　Ⅰ．①良… 　Ⅱ．①茨… ②舒… 　Ⅲ．①卡斯泰利奥（1515—1563）－
生平事迹 ②加尔文（Calvin, John 1509—1564）－生平事迹
　Ⅳ．① B979.956.5

　　中国版本图书馆 CIP 数据核字（2017）第 085241 号

责任编辑	樊燕华	
装帧设计	蔡立国	
责任印制	董　欢	
出版发行	生活·讀書·新知 三联书店	
	（北京市东城区美术馆东街22号 100010）	
经　　销	新华书店	
印　　刷	河北鹏润印刷有限公司	
版　　次	2017年8月北京第1版	
	2024年1月北京第5次印刷	
开　　本	787毫米×1092毫米　1/32　印张12.625	
字　　数	270千字	
印　　数	23,001–28,000册	
定　　价	58.00元	

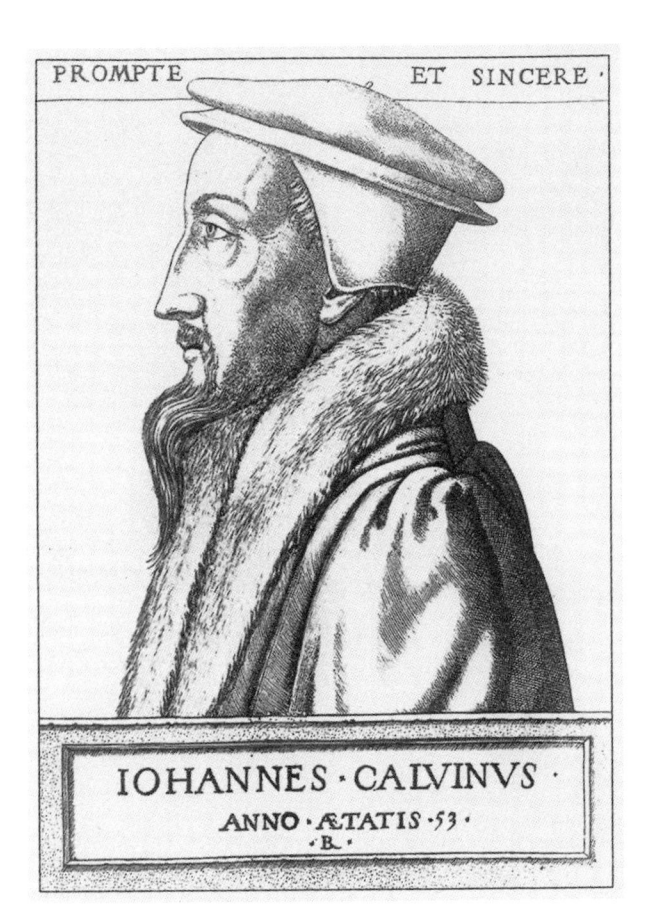

五十三岁时的加尔文肖像

卡斯泰利奥肖像

MICHAEL SERVETVS ... DE ARAGONIA

塞尔维特肖像

坐落在日内瓦巴斯蒂恩公园的日内瓦宗教改革纪念碑，奠基于 1909 年加尔文四百周年诞辰之际，竣工于 1917 年。纪念碑的主体雕塑从左至右分别是：法雷尔、加尔文、贝扎、诺克斯。

后世将无法理解，我们在世界出现过曙光之后还会再度不得不生活在像辛梅里安人似的无尽黑暗之中。[1]

——塞巴斯蒂安·卡斯泰利奥

---

[1] 此语源自塞巴斯蒂安·卡斯泰利奥的著作《论怀疑之道》。希腊神话中的辛梅里安人（Cimmerian）永远生活在黑暗中。

目　录

第一章　引言 ································ 1

第二章　加尔文攫取权力 ················· 18

第三章　"教会纪律" ····················· 45

第四章　卡斯泰利奥登场 ················· 78

第五章　塞尔维特案件 ··················· 108

第六章　火刑处死塞尔维特 ·············· 135

第七章　宽容宣言 ······················· 162

第八章　良知斥责暴力 ··················· 196

第九章　暴力扼杀良知 ··················· 222

第十章　殊途同归 ······················· 263

茨威格附记 ····························· 280

本书大事年表和重要注释 ··············· 282

译者后记 ······························· 372

第一章　引　言

他身处险境而依然顽强勇敢，他面对死亡危险的临近而依然镇定自若，他在自己的生命被杀戮时依然用毫无畏惧和轻蔑的目光注视敌人，他不是被我们人的同类而是被命运所击倒。他被杀害了但没有被战胜。最勇敢的人有时最悲惨。所以说，令人赞叹的失败足可与胜利媲美……[1]

——蒙田

"蚊子对抗大象"——这是塞巴斯蒂安·卡斯泰利奥[2]亲笔添加在他撰写的那一册《驳加尔文书》[3]在巴塞尔流传的原稿手抄本上的一句话。乍一看，这句话会使人感到纳闷，而且容易被人臆想为，这无非是一些人文主义者的言过其实罢了。其实不然，卡斯泰利奥的话既不夸张也不是自我调侃。勇敢的卡斯泰利奥只是想要用这样一个非常浅显的比喻清清楚楚地告诉他的朋友阿默巴赫[4]，他自己心里是多么明白，而且是满怀悲情地明白：当他——卡斯泰利奥公开指责加尔文出于发疯似的固执己见而杀害一个人，从而也就扼杀了宗教改革所宣扬的良知的自由时，他是在向一个何等强大的对手挑战啊。自从卡斯泰利奥像举起长矛似的举起自己的笔投入这场危险的论战的最初时刻起，他就全然明白：为反对武装到牙齿的专制独裁的绝对优势而进行的任何一种纯粹思想上的斗争都是处于绝对的劣势，因而这样一种大胆行为必败无疑。在加尔文的背后有成千上万人的支持，有各种拥有武装的国家暴力机构的支持；而一个孤立无援、手无寸铁的人又怎么可能和这样一个加尔文进行争斗和战胜他呢！加尔文依靠自己出众的组织才能成功地将整座城市——拥有数以万计迄今仍然是自由市民的整个日内瓦城市国家——转变为一部死气沉沉的、由他操纵的机器；他成功地铲除了各种独立自主的行为——成功地剥夺了每个人的思想自由，以便有利于他自己独一无二的教义横行霸道。在日内瓦这个城市国家中，凡是拥有权力的一切——所有的官署和职权部门、行政公署[5]和教会纪律监督委员会[6]、大学和法院、国家财政机构和道德教化机构、教士、学校、巡捕、监狱——以及见诸文字的一切思想和各种各样的言论，甚至窃窃私语的话，统统都在加尔文的至高无上的权力掌控之中。他的教义已成为法律。谁胆敢对他的教义颇有微词，牢房、放逐或者火刑就会立刻教训此人，教训他的理由是任何一种思想专制的统治用来扼杀一切争论的强词夺理：在日内瓦只容许一种真理存在，而这种真理的先知就是加尔文。然而，这样一个令人畏惧的人物所拥有的巨大权力还竟然会越过日内瓦的城墙到达远方呢：瑞士联邦各城市都将加尔文视为是最重要的政治同盟者；新教世界将这个诉诸暴力的基督徒奉为自己的精神领袖；君主们和国王们想方设法要博得这样一位在欧洲建立了除罗马天主教会外最强大的基督教组织的教会领袖的好感。不再有任何时事政治事件会在他不知道的情况下发生，也几乎不会发生任何违背他的意愿的时事政治事件，因为敌视加尔文——这位圣·皮埃尔教堂的布道师[7]已变得完全如同敌视皇帝或者罗马教皇一样危险。

而他的对手塞巴斯蒂安·卡斯泰利奥居然想以人类思想自由的名义向这么一个实行思想专制的统治者进行论战，那么，这样一个孑然一身的理想主义者卡斯泰利奥又究竟是怎样一个人呢？——确实，和加尔文的难以想象的巨大权势相比，那还真是蚊子对抗大象呢！就对公众的影响而言，卡斯泰利奥是一个无足轻重的小人物，影响微乎其微，而且他还是一个一无所有的人，是一个穷得像乞丐似的学者，靠译书和当家庭教师勉强养活妻小[8]，他是一个在异国他乡没有居住权和公民权的难民，一个双重流亡者[9]。这个崇尚人性的人其实是既无权又无势，他在狂热的争论不休的信徒们中间完全孤立——在人们陷入盲目的狂热信仰的一切时代都是这种情况。这位谦卑而又了不起的人文主义者多年来一直生活在迫害和穷困的双重阴影之中，过着一种最最清贫的生活。他永远窘迫，但也永远自由，因为他既不和任何宗派有联系，也不痴迷于信仰的狂热。只是当他感到自己的良知已被塞尔维特之死疾声呼唤，从而放下自己安安静静的工作挺身而出，以已经被玷辱的人权的名义谴责加尔文的时候，他的这样一种寂寞生活才渐渐演变为以后英雄般的人生。因为卡斯泰利奥不像他的惯于斗争的对手加尔文那样，周围有一群按照计划组织起来的、抱成团的铁杆追随者可以掩护自己；没有任何宗派——既没有天主教的宗派也没有新教的宗派——会向卡斯泰利奥提供任何援助；他也没有任何高贵的君主——没有哪个皇帝和哪个国王——会像先前庇护马丁·路德[10]和伊拉斯谟[11]那样来庇护他，就连那些钦佩他的少数几个朋友也只敢在暗中用窃窃私语鼓励他的勇气。因为持有异见者在所有的国家被时代的疯狂视为如同驮物的牲口一样受折磨和受驱使的时候，一个毫无畏惧的人要为那些被剥夺权利的人和被奴役的人仗义执言，并要通过塞尔维特被害这样的个别案例去彻底否定世界上一切当权者所拥有的这样的权力：仅仅由于世界观的缘故而去迫害同一个世界上的另一个人。这时候他是公开站在那个受迫害者的一边呀，那可是非常非常的危险！那可是一种性命攸关的危险！各族人民有时会遇上使人的心灵变得非常阴暗的可怕时刻，卡斯泰利奥就是在这样的时刻保持着自己清醒和充满人性的洞察力，而且敢于将各种假借虔诚敬畏天主的名义所进行的杀生献祭一针见血地称之为谋杀！名副其实的谋杀！卡斯泰利奥是唯一不愿意再忍受沉默的人，也是唯一大声说出自己对各种非人性的行为深感绝望的人。他怀着深厚的人性情感挑战自己：他要独自一人为自己赞成与反对的一切而斗争。因为谁在我们这些芸芸众生永远无法摆脱胆怯懦弱的时候敢于指责当时的当权者和权力分享者，谁就始终很难指望自己会有支持者。所以，塞巴斯蒂安·卡斯泰利奥在关键性的时刻身背后除了自己的影子以外没有任何人。这样一位博击奋斗的文人唯一拥有的是无法变卖的精神财富：无所畏惧的心灵中一种不屈不挠的良知——除此以外别无其他。

话又说回来，恰恰是塞巴斯蒂安·卡斯泰利奥从一开始就预先知道自己的斗争毫无成功的希望，然而他依然听从良知的呼唤去进行这场斗争——恰恰是这种神圣的"然而"和"尽管如此"使这个在人类争取自由的伟大斗争中的"无名小卒"永远被赞誉为英雄；在每一个善于独立思考的人看来，仅凭这样一种敢于孑然一身强烈抗议对天下实行恐怖统治的无与伦比的勇气，卡斯泰利奥反对加尔文的论战就已值得世人一代又一代地缅怀。不过，这样一种历史性的辩论就其提出的实质性问题而言，远远超越时代的诱因。因为这场辩论所涉及的并不是狭隘的神学理论——并不是塞尔维特一个人的神学观点，更不是区别自由派的新教教义和正统派的新教教义之间不同的关键性症结。在这场双方相持不下的争论中所提出的问题是一个内涵广泛得多的问题——一个超越时代的问题：即要拷问我们自己的灵魂[12]。这一次争论是一场斗争——它固然由卡斯泰利奥拉开序幕，但这场斗争必将会以其他的名义和其他的形式继续进行到底。神学在这场斗争中无非是一种凑巧的时代面具罢了，即便是卡斯泰利奥和加尔文也只不过是作为一种隐藏不露而又无法克服的对立双方的两位最重要的代表人物而已。不管我们如何称呼这样一种始终紧张对立的两极：称呼为宽容与不宽容，或者称呼为自由与管束，人性与狂热，个性与划一，良知与暴力——其实都无所谓。所有这些称呼无非是要表达一种最内心、最个性化的最后抉择：在每个人的心目中是人道宽厚更为重要呢还是政治性的事情更重要，是通情达理更为重要呢还是拘泥于刻板的条条框框更重要，是自己的人格更为重要呢还是趋炎附势更重要。

这样一种必须一再在自由和权威之间划清的界限，对任何一个民族、任何一个时代和任何一个正在思索的人来说都必不可少，因为没有权威就不可能有自由——否则，自由就会成为一片混乱；同样，没有自由也不可能有权威——否则，权威就会成为暴政。毫无疑问，在人的本性中深埋着一种神秘的渴求：希望自己能融入社会；但与此同时，人类最原始的梦想在我们心中始终未能泯灭：梦想能够最终找到会极其公正地将和平与秩序赐予人类所有成员的某种宗教制度、某种国家制度或者说某种社会制度。陀思妥耶夫斯基小说中的宗教裁判所大裁判官[13]以无情的雄辩证明了，人类的多数原来都害怕自身的自由。事实上，芸芸众生由于面临会使人精疲力竭的众多问题——面临生活的复杂性和责任性，为了避免为众多的复杂问题而操心，期盼天下有一种规矩可循：期盼有一种普遍有效、不会更改和权威性的制度，省得他们自己去动脑筋。——芸芸众生期盼有一个救世主能解决人生的各种问题，而正是这种期盼成了一种真正的酵母：这种期盼为一切社会先知和宗教先知铺平了道路——每当一代人的理想失去热情和光辉时，一个具有诱惑力的人只需挺身而出并且断然声称，是他，而且唯独是他找到了或者说首创了新的救世之道，那么成千上万的人就会趋之若鹜，将自己的信任寄托在这个所谓民族的救星或者说世界的救星身上。一种新的意识形态总会首先在世间创造出一种新的理想追求——这大概就是新的意识形态的深奥莫测的意义吧。因为每一个向世人许诺人类最原始的梦想——国家的统一和政治的清明——的欺世盗名者首先就会从世人身上得到最神圣的力量：献身的意愿和满腔热情。数以百万计的人就会像中了魔似的心甘情愿被压迫、被蹂躏、被宰割，而且这样一个欺世盗名者向世人要求越多，世人就会越痴迷于他。自由——昨天还是世人们心中至高无上的渴求，他们却可以为了取悦这个欺世盗名者而自愿将自由抛弃，只是为了更加俯首帖耳地服从他的领导，而塔西佗那句古老名言——"我们被投入奴役的状态"〔14〕就会一再得以实现，以致各个民族陶醉在充满激情的团结之中而自愿被投入奴役的状态，同时还要赞美抽打在他们身上的皮鞭呢。

一种思想意识——世间最最非物质的力量竟然会在我们这个静谧安详和循规蹈矩的古老世界上一再创造出如此不可思议的蛊惑世人的奇迹：世人很容易陷入这样的蛊惑——他们钦佩并且赞美那些欺世盗名者，因为欺世盗名者们成功地将精神转化为没有思想的物质。然而，恰恰是这些宣扬理想或者说宣扬空想的人一旦取得胜利之后就几乎全都会立刻暴露出自己是他们所鼓吹的那种精神的最最卑劣的背叛者——而其后果则是带来无穷的灾难。因为权力会膨胀成为绝对权威，胜利会膨胀成为滥用胜利。那些征服者们并不满足于自己曾激励过许多人为了他们个人的虚无缥缈的理想而乐于去生和去死，那些征服者们全都会陷入这样一种诱惑：要将征服多数人转变为征服全体民众，并且还要将自己的教条强加给那些不参加宗派的人士。那些征服者们并不满足于有自己的驯服工具——他们有自己的附庸、有自己的精神走卒，他们并不满足于自己有那些在历次运动中永远为他们冲锋陷阵的人——不，他们并不满足。他们还要使那些自由的人——那些少数有独立思想的人渐渐成为替他们歌功颂德的人和奴仆呢，并且为了将自己的教条作为独一无二的信仰加以贯彻，他们会以国家的名义将任何不同的意见斥之为犯罪。一切宗教的意识形态和政治的意识形态都永远重复着这样的厄运：一旦这些意识形态转变为专制，这些意识形态就会酿成暴政。而当一个欺世盗名者不再相信自己的"真理"具有内在的威力而需要采取残忍的暴力时，他就会向每个人天赋的自由宣战。任何一种意识形态——不管哪一种意识形态都一样——从一种意识形态为了整肃和控制各种异己的信念而采取恐怖手段的那一刻起，这种意识形态就已不再是理想的追求，而是罪恶的渊薮了。即便是最最纯洁的真理一旦要用暴力去强迫他人接受，它也就亵渎了其自身精神。

思想界确实无比神奇。思想似乎像空气一样看不见和摸不着，可以作任意的改变，顺从地适应各种情况和各种模式。而正是这一点往往会一再引诱生性专横的人产生这样的错觉：他们完全能够压制思想界、禁锢思想界、随自己的心愿堵住思想界的嘴。可是，就像力学上的作用与反作用一样，随着任何一种压迫的增强，反抗也会增强——而且恰恰在反抗被压迫到了极点时，反抗就会成为炸药，就会爆炸：任何一种压迫迟早会导致造反。因为人类在道德精神上的独立性从来无法被摧毁——这一点倒是永远令人欣慰！迄今为止还从未有人能成功地用专制的手段强迫所有的世人只信奉一种宗教和只信奉一种哲学——世界观的一种形式，而且今后也永远不会成功，因为思想界始终知道，为了抵御任何一种奴役，思想界要始终拒绝用规定的模式思维，拒绝让思想界自己变得浅薄、停滞、厌倦、鼠目寸光和唯唯诺诺。因此想要把生活中神奇的丰富多彩简单地划分为非黑即白的任何一种努力该有多么迂腐和枉然！——这种仅仅依靠强权贯彻的原则将人类划分为好人和坏人、划分为敬畏天主的人和异教徒、划分为听命于国家的人和敌视国家的人。然而，为了反抗这样一种用暴力压制个人自由的行为，有独立思想的人随时都会出现；他们坚决拒绝违心地服兵役参加战争[15]。一个时代还不可能如此野蛮吧，一种暴政还不可能如此组织严密吧，以致始终没有个别的人会明白：应该避免对民众进行压迫；应该捍卫个人信念的权利；应该反抗那些声称为维护自己的"唯一真理"而使用暴力的偏执狂人们。

尽管十六世纪和我们今天的二十世纪十分相似——在意识形态方面采用暴力而杀一儆百；但在十六世纪也曾有过思想自由和刚正不阿的人呀。如果我们读一读当年人文主义者们的书信，我们就会亲切地感觉到他们对由于暴力而变得惊慌失措的天下所怀的深深忧伤。十六世纪的每一个基督教教义卫道士都会这么宣告："凡是我们教导的，都是真的；凡是我们不教导的，都是假的。"而当年的人文主义者们却十分厌恶这些像小贩兜售货物似的愚蠢宣告。——我们对他们的厌恶心情深有同感。是呀，面对那些自以为已进入到自己完美信仰的天下并且唾沫四溅地宣称要为正统的教义采取暴力的人，当年的人文主义者们——开明的世界公民们又怎么不会觉得非常可怕呢！面对那些萨伏那洛拉[16]的信徒、加尔文的信徒、约翰·诺克斯[17]的信徒——那些要扼杀世上美好事物并要把世界转变为道德课堂的人[18]——这些人文主义者们又怎么会非常反感呢！所有这些充满人性和智慧的人文主义者们以悲观的敏锐目光认识到：那些疯狂的刚愎自用的人必然会给欧洲带来灾难。这些人文主义者们已经听到：在激烈的言辞后面是武器在铿锵作响，并且预感到一场复仇战争——可怕的战争正在逼近。然而，这些人文主义者们纵然知道真理，却不敢为真理而战。人生的命运几乎总是不能两全其美：明白道理的人并不是诉诸行动的人，而诉诸行动的人却并不是明白道理的人。这些悲天悯人的人文主义者们虽然互通令人感动和春秋笔法的书信，但他们仅仅是在自己关起门来的书斋里哀叹，并没有一个人文主义者挺身而出和"违背基督者"[19]进行斗争。伊拉斯谟有时还敢于从暗处向他们射出几支冷箭；拉伯雷[20]会披着小丑的外衣用嬉笑怒骂进行鞭笞。高贵而睿智的哲人蒙田[21]会在自己的随笔中写出最最意味深长的话；但是没有一个人文主义者试图认真地进行干预，哪怕是想方设法在无数可耻的迫害和处死中去阻止仅仅一次的罪行也行呀！这些深谙人情世故的人文主义者们清楚地认识到：一个明智的人不值当同疯狂的人争斗，因而他们变得十分小心谨慎。他们在那样的时代都会隐退到暗处，以免自己被抓住和牺牲。

然而，在所有这些人文主义者中间唯独卡斯泰利奥敢于毅然决然挺身而出去迎向自己的命运——这正是他的永世长存的荣耀。他英雄般地敢于为受迫害的同道们说话——从而也是为自己的一生遭遇说话。虽然他每时每刻都会受到狂热分子的威胁，但他自己却完全没有狂热的情绪，丝毫不激动，而是以一种托尔斯泰式的坚毅[22]表明自己的信念：不可以强迫任何人接受一种世界观；世间任何一种世俗政权在任何时候都不可以用暴力去控制一个人的良知——这犹如在那个怒气冲冲的时代树立起一面旗帜；况且因为卡斯泰利奥不是以一个宗派的名义而是出于永恒的人道精神阐述自己的信念，所以他的思想如同他的有些言论一样永远不会枯萎。这些符合普遍人性的思想——超越时代的思想，一旦经过一位文人的巧妙阐述，就会始终保持自己的影响；这种在世上相通的信念始终会比攻击性和教条式的个别信念存在更久远。然而，首先是这位不会被人忘却的卡斯泰利奥的史无前例和堪称楷模的勇气在道德意义上为后人树立了榜样。因为当卡斯泰利奥不顾世上所有神学家的非议，将被加尔文处死的塞尔维特称为一个被无辜杀害的人的时候，当他针对加尔文的一切诡辩提出自己的不朽名言——"活活烧死一个人，绝非是捍卫教义，而是屠杀生灵"[23]的时候，当他——比洛克[24]、休谟[25]、伏尔泰[26]早得多，因而也比他们了不起得多——在自己的"宽容宣言"[27]中最终宣告"人人都有思想自由的权利"的时候，他就已经把自己的生命当作自己的信念的抵押了。但是，人们千万不要试图把卡斯泰利奥抗议通过审判处死塞尔维特一事同伏尔泰在卡拉斯案件[28]中和左拉[29]在德雷富斯案件[30]中提出的抗议相提并论——虽然伏尔泰和左拉两人的抗议要著名千百倍，但他们的抗议远远达不到卡斯泰利奥所作所为的道德高度——因为在为卡拉斯进行斗争时，伏尔泰已生活在一个比较人道的世纪；此外，这位世界著名的文豪背后还有国王和君主的庇护呢；同样，爱弥尔·左拉享有全欧洲乃至全世界的敬仰——这犹如在他周围聚集着一支看不见的军队。伏尔泰和左拉两人敢于为一个不相识的人的命运采取救援行动，是要拿自己的许多声誉和安逸去冒风险的，但是不用像卡斯泰利奥那样要拿自己的生命去冒风险——这始终是关键性的区别。卡斯泰利奥在为争取人性而与整个残暴的恶势力进行斗争时要遭受他的那个世纪的一切非人道的对待。

卡斯泰利奥为自己道义上的英雄行为付出了殚精竭虑的代价。这位只愿意使用思想武器而不愿意使用其他武器的非暴力主义者却令人震惊地被残忍的暴力挫败了——是呀，世人会一再觉察到，当单独一个人除了道义上的正直以外，身后没有任何力量的支持而去对抗一个严密的组织，他的斗争是多么没有成功的希望呵！一旦一种教义或者一种学说成功地掌控了国家机器和所有的镇压工具时，这种教义或者学说就会毫无顾忌地实行恐怖统治。谁怀疑它的绝对权力，谁的言论自由就会被剥夺，甚至他的喉咙也会被掐断。加尔文从未认真地回答过卡斯泰利奥的问题。他更愿意堵住卡斯泰利奥的嘴——撕碎、禁止、焚毁、没收卡斯泰利奥的著作。加尔文用政治讹诈迫使邻近的巴塞尔州对卡斯泰利奥实施一项写作禁令[31]，这样，卡斯泰利奥就几乎不再能够回答什么和更正什么了。而加尔文的附庸们倒可以大肆诽谤卡斯泰利奥——不久，这就不再是一场斗争，而仅仅是对一个无法抵抗的人所进行的卑鄙蹂躏罢了，因为卡斯泰利奥既不能说也不能写，他的文稿默默地躺在抽屉里，而加尔文却占据着印刷机和布道坛，占据着讲堂和教会代表会议，他拥有国家权力的全部机器并能冷酷无情地使之发挥作用。所以，卡斯泰利奥每走一步都有人监视，他的每句话都有人窃听，他的每一封信都会被拦截——用一个有数百人的组织去对付孤身一人，毫不奇怪加尔文会始终处于绝对的优势。卡斯泰利奥之所以幸免于被流放或者受火刑，仅仅是由于他的过早死亡[32]。但是，那些取得胜利的教义卫道士们的疯狂仇恨并没有在卡斯泰利奥的尸体前消释。他们依然将各种猜忌和诽谤如同腐蚀性的石灰一般投入他的坟墓并且玷污他的名声。卡斯泰利奥不仅是在与加尔文的专制独裁作斗争，而且从根本上讲他也是在与任何一种实行思想专制的原则作斗争；然而，对卡斯泰利奥的怀念很可能在各个时代都会被忘却和被湮没。

对付这么一个无权无势者的无所不用其极的暴力几乎始终都会取得成功：那种处心积虑的压迫不仅扼杀了这位伟大的人文主义者在当时的影响，而且也抹杀了他身后的荣耀许多许多年——所以说，纵使一个有学识的人时至今日还从未读到过卡斯泰利奥的著作，甚至还从未听说过他的名字，这位饱学之士大可不必感到惭愧，因为卡斯泰利奥的最重要的著作被审查制度禁锢了数十年乃至数百年不许印行，人们又怎能会知道他的名字呢？没有一个在加尔文势力范围之内的出版商敢于发表卡斯泰利奥的著作；而当这些著作在他死后过了很长时间出版时，对他应得的荣誉来说未免为时太晚了。在此期间却另有一些人接受了卡斯泰利奥的思想，他们用人们不知道的名字将这场斗争继续下去，而领导这场斗争的第一人——卡斯泰利奥已过早地和默默无闻地在斗争中倒下了。厄运让不少人注定要在阴影中生活、在黑暗中死去——譬如避居乡间的汉普登和卓越超群而又聋又瞎的弥尔顿这样的人[33]。然而后来跟着卡斯泰利奥的足迹走的那些人却收获了本应属于卡斯泰利奥的荣誉：时至今日，我们依然会在任何一本教科书上看到这样的错误——说休谟和洛克是在欧洲最早倡导宽容思想的人，好像卡斯泰利奥从未写过《论异端分子》这部著作和曾经出版过似的。卡斯泰利奥在道义上的伟大事迹——他为塞尔维特所进行的斗争被忘却了；他对抗加尔文的斗争——"蚊子对抗大象"的斗争被忘却了；他的著作被忘却了。卡斯泰利奥曾被他同时代的人异口同声地赞誉为不仅是他的那个世纪最有学识的人之一，而且也是最高尚的人之一；可是关于这样一个人，如今只是在荷兰出版的他的全集中留存下一个不完整的形象，在瑞士的图书馆和在荷兰的图书馆里留存下若干手稿的原件，以及留存下他的学生们的若干篇致谢献词罢了。我们还有多少所欠的感激之情应该向这位被忘却的人补偿呀！我们还需要为多么巨大的不公正赎罪呀！

因为历史没有时间去做得公正。历史作为冷漠的编年史家只会历数成功的事，却很少会用道义的尺度去衡量什么是成功。历史只会用目光注视着胜利者，而让失败者留在阴影之中。那些"无名小卒"会被毫无顾忌地埋葬在巨大的"忘却"的坟墓之中——这样的"坟墓"既没有十字架也没有桂冠[34]——"无名小卒"们的牺牲行为早已失去踪迹，因为那是一些徒劳的牺牲行为。不过，话又说回来，出于纯洁的信念所作的努力事实上也不能被称为徒劳。任何道义力量的投入从来不会在人世间完全消失。纵使那些过早地提出超越时代的理想的人由于绝对的弱势而失败了，但他们毕竟实现了自身的人生意义。因为一种理念只有通过造就这种理念的一批见证人和信仰者——他们愿意为这种理念而生而死——这种理念才会在人世间永不衰败。就精神境界而言，"胜利"和"失败"完全有另一种含义。因此，一味将目光注视于胜利者纪念碑的世人必须永远和一再被提醒：人类的真正英雄并非是那些在千百万个坟茔和被摧残的生灵的基础之上建立起自己王国的人——他们的王国不会永世长存；人类的真正英雄恰恰是那些不使用暴力而被暴力压垮的人，就像为了思想自由和人性的最终来到人间而与加尔文作斗争的卡斯泰利奥那样的人。

16　良知对抗暴力

注　释

〔1〕 此语见蒙田随笔《话说食人部落》篇。米歇尔·德·蒙田（Michel de Montaigne，1533—1592），文艺复兴后期法国著名随笔作家。有《随笔集》三卷传世，其思想内容和文体风格对后世均有深远影响。

〔2〕 卡斯泰利奥生平，参阅《本书大事年表和重要注释》（以下简称《大事年表》）1515 年记事〔1〕。

〔3〕 卡斯泰利奥于 1554 年完成《驳加尔文书》，但生前未能出版，只有原稿手抄本在巴塞尔流传。参阅《大事年表》1554 年记事〔6〕。

〔4〕 博尼费修斯·阿默巴赫（Bonifacius Amerbach，1495—1562），瑞士法学家、艺术品收藏家，伊拉斯谟遗嘱和遗产的执行人，卡斯泰利奥的好友，经常在经济上帮助卡斯泰利奥。

〔5〕 日内瓦行政公署是日内瓦政府。参阅《大事年表》1527 年记事〔3〕。

〔6〕 加尔文于 1542 年在日内瓦建立教会纪律监督委员会（法语 consistoire），参阅《大事年表》1542 年记事〔1〕。

〔7〕 1536 年 9 月 5 日，加尔文在日内瓦被任命为布道师。

〔8〕 卡斯泰利奥一生结婚两次，有子女九个。参阅《大事年表》1542 年记事〔2〕。

〔9〕 卡斯泰利奥先从法国流亡到日内瓦，又从日内瓦流亡到巴塞尔，故称双重流亡者。

〔10〕 参阅《大事年表》1521 年记事〔2〕。

〔11〕 参阅《大事年表》1469 年记事。

〔12〕 茨威格在此处引用拉丁语原文：nostra res agitur。

〔13〕 陀思妥耶夫斯基（Фёдор Михайпович Достоевский，1821—1881），俄罗斯著名作家，代表作品有《白痴》《罪与罚》《卡拉马佐夫兄弟》等。宗教裁判所大裁判官是小说《卡拉马佐夫兄弟》中的一个人物形象。

〔14〕 塔西佗（Publius Cornelius Tacitus，约公元 55—约 120），古罗马政治家、历史学家、文学家，曾任执政官，倾向共和，反对帝制。

主要著作有《编年史》《历史》等。"我们被投入奴役的状态"（拉丁语 ruere in servitium）是《编年史》第一卷中的名言。

〔15〕 茨威格在此处引用拉丁语原文：conscientious objectors，意谓"出于良知的反抗者"，是指那些出于道德或宗教原因拒绝服役参加战争的人。

〔16〕 萨伏那洛拉生平简介，参阅《大事年表》1452 年记事。

〔17〕 约翰·诺克斯生平简介，参阅《大事年表》1514 年记事。

〔18〕 萨伏那洛拉、加尔文、诺克斯均为宗教改革的领袖，他们固然坚决反对旧的天主教会的腐败、抨击教士和富人的骄奢淫逸，但他们都在不同程度上奉行苦行主义，这显然违背人文主义思想，因而令人文主义者反感。

〔19〕 此处原文是 Antichrist，欧洲宗教改革时期，马丁·路德等宗教改革家指责教皇本人及其他天主教的主教们是"违背基督者"。

〔20〕 "披着小丑外衣的拉伯雷"，参阅《大事年表》1553 年记事〔15〕。

〔21〕 "高贵的哲人蒙田"，参阅《大事年表》1533 年记事〔1〕。

〔22〕 "托尔斯泰式的坚毅"，参阅《大事年表》1828 年记事。

〔23〕 这几句话是卡斯泰利奥的著作《驳加尔文书》中的名言。

〔24〕 约翰·洛克生平简介，参阅《大事年表》1632 年记事〔1〕。

〔25〕 大卫·休谟生平简介，参阅《大事年表》1711 年记事。

〔26〕 伏尔泰（Voltaire，1694—1778），法国启蒙运动领军人物。生平简介参阅《大事年表》1694 年记事。

〔27〕 "宽容宣言"是指卡斯泰利奥的著作《论异端分子》。

〔28〕 卡拉斯案件始末，参阅《大事年表》1762 年记事。

〔29〕 爱弥尔·左拉（Émile Zola,1840—1902），法国自然主义作家。参阅《大事年表》1840 年记事。

〔30〕 德雷富斯案件始末，参阅《大事年表》1894 年记事。

〔31〕 参阅《大事年表》1515 年记事〔1〕。

〔32〕 卡斯泰利奥生于 1515 年，卒于 1563 年，享年四十八岁。

〔33〕 茨威格此处所述"汉普登和弥尔顿"首次刊载于 1936 年版的英译本《异端的权利》，参阅《大事年表》1936 年记事。

〔34〕 "既没有十字架也没有桂冠"，茨威格在此处引用拉丁语原文：nulla crux,nulla corona。

第二章　加尔文攫取权力

一五三六年五月二十一日是礼拜天[1]。日内瓦的市民被军号声正式召集到公共广场上，他们在那里一起举着右手众口一词发誓：他们从今往后只愿意遵照"福音书和耶稣基督之道"[2]生活。于是，一种经过改革的宗教通过全民公决——这种至今仍然在瑞士通常采用的最高民主机制——的途径开始在日内瓦这个城市国家——当年主教的驻地——成为唯一有效和被允许的信仰。短短的几年时间就在这座罗讷河畔的日内瓦城不仅将旧的天主教信仰击败，而且将其彻底粉碎和根绝。旧的天主教的最后一批教士——主教堂的主持们、神父们和修女们由于受到暴民的威胁而纷纷逃离教堂和修道院。所有的教堂毫无例外地清除了天主教的一切宗教绘画和其他"迷信"的信物。所以说，一五三六年五月二十一日是节日般的一天——那一天确定了最终的胜利：新教教会从那一天起在日内瓦不仅占有绝对优势和最高权力，而且在法律上是唯一的政权。

采取激烈的手段促使日内瓦的市民全都信奉新教的主要是布道师法雷尔[3]——一个与众不同的、激进的恐怖主义人物所为。此人生性狂热，头脑褊狭而死硬，具有强悍和毫无顾忌的气质。性情温和的伊拉斯谟在谈到法雷尔时曾说过这样一句话："我在一生中还从未见到过如此飞扬跋扈和厚颜无耻的家伙。"就是这么一个法雷尔——"瑞士法语区的马丁·路德"向民众施加了威逼性的压力才使日内瓦的所有市民信奉新教。法雷尔个子矮小、其貌不扬、胡须红色、头发蓬乱，从布道坛上用雷鸣般的声音和狂暴秉性中的慷慨激昂使民众陷入一种感情激动的兴奋之中。这位宗教革命家就像作为政治家的丹东[4]一样，知道如何将分散在街头巷尾而又隐蔽的本能冲动聚集和煽动起来，以便进行关键性的攻击和冲刺。法雷尔在取得胜利之前曾冒着生命危险在农村地区遭到过数百次石头的袭击，曾被所有的官署拘捕过而备受歧视。不过，这个抱着专一信仰的人顽强地粉碎了各种抵抗。他率领自己的冲锋近卫队肆无忌惮地冲入天主教的各个教堂——而当时神父们正在祭坛上做弥撒献祭呢。他擅自登上布道坛，在追随者们的大声喧哗中斥责天主教徒们背叛基督精神的可恶行为。他把流落街头的少年们组成一支童子军——收买成群结队的儿童在各个主教堂正在做礼拜的时候冲进去，用叫喊声、嘘声、嘲笑声干扰天主教徒们的默默祈祷。随着涌入日内瓦城的法雷尔的追随者越来越多，法雷尔的胆子也就越来越大。他终于动员自己的各个近卫队作最后的攻击，让近卫队员们强行闯入各个修道院，把圣像从墙上撕下来并付之一炬。而这样一种赤裸裸地使用暴力的方法竟获得了成功：就像通常一样，一个人数虽少但行动积极的少数派只要表现出勇气并使用恐怖手段，就总会让一个人数虽多但行动消极的多数派感到胆怯。天主教徒们虽然抱怨这种违法行为并一再与日内瓦行政公署交涉，但他们同时却又以听天由命的心情待在自己家中。最后，日内瓦的天主教主教不作任何反抗就逃跑了——他将主教的驻地——日内瓦城让给了取得胜利的新教改革派。

然而，法雷尔在取得胜利后却表现出自己只不过是一个毫无创新精神的造反派而已[5]。他虽然有能力凭借自己的闯劲和狂热信仰推翻旧秩序，却没有能力建立新制度。论辱骂，他堪称高手，但他不是一个运筹帷幄的人。他精于捣乱，却不善于建设。他有能力猛烈攻击罗马的天主教会——能煽动蒙昧的民众仇恨天主教的教士们和修女们。他有能力用愤怒的拳头砸碎天主教的古老律法的石碑，但是当他站在一片废墟面前时却束手无策，毫无目标。当此时此刻一整套新的教规有可能在日内瓦取代已经遭到排斥的天主教信仰时，他却毫无办法。他作为一个纯粹破坏性的鬼才只知道为了新事物需要创造一个空白的空间，可是作为一个街头造反派的他却从来不可能进行有智慧的创造性设计。他的事迹随着一切被摧毁而结束。为了建设必须出现另一个人。

诚然，不单单是法雷尔一个人经历了当时在取得了迅猛的胜利之后所面临的不安定的危急时刻，纵使在德意志和在瑞士的其他地区，那些宗教改革的领袖们也都在面对降临到自己肩上的历史使命时各有主张并举棋不定。马丁·路德和茨温利[6]原本想要做的无非是要使现存的教会变得纯洁，将宗教信仰从教皇和普世主教会议[7]的权威中回归到已被遗忘的福音书的教义。在他们看来，宗教改革从一开始就是字面上的意思：改革，也就是说，要改善教会的现状使之变得纯洁——使教会回归到它本来的意义。

可是，由于天主教会顽固坚持自己的立场，不打算作任何让步，宗教改革家们的历史使命也就出乎意料地增加了：他们现在不是要从天主教会内部，而是要从天主教会外部来实现他们所要求的宗教改革；而且正当宗教改革从破坏性阶段转入建设性阶段的时刻，宗教改革的精神领袖们还竟然很快就分道扬镳了。当然，更合乎逻辑的事应该是：这些宗教革命家们——马丁·路德、茨温利以及其他改革派的神学家们应该兄弟般地团结在一起，为新教教会的统一信仰在形式与实践上达成一致；可是，合乎逻辑的事和理所当然的事又何曾实现过呢？——此时此刻到处出现的并不是新教的一个普世教会，而是好多个各行其道的不同教会。维滕贝格不愿接受苏黎世的神学思想，日内瓦又不愿接受伯尔尼的教会习俗[8]。每一座城市都愿意有自己的宗教改革——有的采取苏黎世的方式，有的采取伯尔尼的方式，有的采取日内瓦的方式。欧洲国家的民族主义自负就在那样的危急时刻以瑞士各州为缩影预言般地表现得淋漓尽致。马丁·路德、茨温利、梅兰希顿[9]、布泽[10]和卡尔施塔特[11]——所有这些曾经共同使天主教天下的庞大组织陷于瘫痪的宗教改革家们现在却把自己的最佳精力消耗在微不足道的无谓争论——神学上鸡毛蒜皮的分歧和吹毛求疵的文章之中。而日内瓦的法雷尔却站在旧秩序的废墟面前完全一筹莫展。他已经完成注定要他去完成的历史性作为，但他感到自己不再能够对付自己的历史性作为所带来的后果和挑战——这永远是像他这样一种人的悲哀呀。

因此，当他偶然获悉加尔文——就是那个著名的加尔文在从萨伏依[12]出发周游瑞士的旅行中要在日内瓦逗留一天时，这个满怀悲情的胜利者法雷尔顿时觉得，这是自己交上好运的时刻，于是他立即前往加尔文下榻的旅馆去拜访加尔文，以便听取加尔文的建议并请加尔文为建设事宜出谋划策[13]。因为虽然当年二十六岁的加尔文差不多要比法雷尔年幼二十岁，但加尔文已被视为无可争议的权威。加尔文——一名隶属于主教的海关税吏兼公证人的儿子[14]，出生于法国的努瓦永，曾在蒙太古神学院受过严格的教育[15]——正如伊拉斯谟和罗耀拉[16]一样。加尔文最初决定当教士，后来决定当法学家[17]。他二十四岁时由于赞同新教路德宗的教义而不得不从法国流亡到巴塞尔。不过，和绝大多数由于失去祖国从而失去自己的精神力量的人相反，流亡对加尔文来说倒成了最大的收获。加尔文恰恰是在巴塞尔——在新教的各种不同宗派彼此相遇和互相对峙的这个欧洲交通要道的交会处——以深谋远虑和思想缜密者的天才目光看明白了当时必须要做的一件事。由于愈来愈激进的神学论纲当时已从福音书的教义中分裂而出——泛神论者和无神论者、盲从者和宗教狂人已开始将新教非基督化和超基督化；再洗礼派[18]的信徒们在德意志的明斯特演出的那出可怕的悲喜剧[19]以鲜血和恐怖而告终；宗教改革已经面临分裂为各个单独宗派而且具有民族国家色彩的危险，而不是像其对立面——罗马天主教会那样使自己成为一种无所不在的势力。二十四岁的加尔文以先知般的自信充分认识到：为了阻止新教的自身分裂，世人必须及时找到一种对新教的概括性的总结——以一本书的形式，或者以简明扼要的图示形式，或者以纲领的形式，对新教的教义作一番思想提炼与结晶，也就是说，世人必须最终创造性地制定出福音教派信条的纲要。于是，这位当时尚未成名的年轻法学家兼神学家从最初一刻起就以青年人出众的胆识和决心把目标定在这个全局性的问题上，并在一年之内——一五三五年——通过自己的著作《基督教要义》[20]制定出福音派教义的第一个纲要，或者说教科书兼指导书——新教的经典之作，而原来的一些宗教改革领袖们当时还正在喋喋不休地纠缠于神学上的细枝末节呢。

人们可以毫不夸张地说，世上如有十部或者二十部书曾决定过历史的进程和改变过欧洲的面貌，那么，其中之一就是这部《基督教要义》[21]。自从马丁·路德的《圣经》译本问世以来，《基督教要义》是宗教改革中最最重要的一部结合实际的著作，它从最初的一刻起就以其在逻辑上的无懈可击和结构上的严谨，对同时代的人产生过决定性的影响。一场思想运动总是需要有一个发动它的天才人物和一个结束它的天才人物。马丁·路德是掀起宗教改革的一个鼓动者，加尔文则是阻止宗教改革分裂为无数宗派的一个组织者。因此从某种意义上说是《基督教要义》这部著作结束了这场宗教革命，正如《拿破仑法典》[22]结束了法国大革命一样：两者都以一部经典为一场波澜壮阔和过于汹涌澎湃的运动画上了句号——作了总结，以便用法律的形式和固定不变的形式铭记那两次革命，而忘却那两次革命水火不相容的开端。专横的武断凭借经典便可成为必须恪守的教条，特权便可成为独裁，心血来潮的念头便可成为刻板的思想准则。当然，这一次宗教革命也像任何一次革命一样，一旦中止，就会在它的最后阶段失去某些原来的动力；不过，一个新教教会却可以从此以后作为一种思想一致的普世教会与天主教会分庭抗礼了。

加尔文的力量就在于他从未动摇过或者改变过在《基督教要义》第一稿中自己坚持的神学思想；这部著作的以后各种版本只是扩增内容而没有对第一稿中的最初一些关键性认识作过任何修改。二十六岁的加尔文就像马克思[23]或者像叔本华[24]一样在未曾有过各种经验之前就已经从逻辑推理上对自己的世界观作了彻底和最终的思考；以后的全部岁月仅仅是被用来在现实环境中贯彻他自己的条理化的思想意识罢了，他将不会再改变任何一个重要的词。首先是他不会再改变自己。他将不会后退一步，也不会向任何人迎合一步。人们只能要么彻底推翻这样一个人，要么为他伤透脑筋。用常人的心态一般性地赞同他或者反对他都无济于事。只有一种抉择：彻底否定他或者完全听命于他。

法雷尔在和加尔文初次见面时，即在两人第一次谈话时就觉察到了这一点——这是人的感觉了不起的地方。虽然法雷尔比加尔文年长二十岁，但从那一刻起法雷尔就完全听命于加尔文。他承认加尔文是自己的引路人和导师，并且从那一刻起他就使自己成了加尔文的精神奴隶——成为加尔文的下属和仆人。法雷尔在以后的三十年间从来不敢对这个比自己年轻的人说一个"不"字。法雷尔会在每一次斗争中和在每一件事情上都站在加尔文这一边；只要加尔文一声召唤，法雷尔就会从任何一个地方匆匆赶来，为的是在加尔文的领导下为加尔文而战。加尔文是一个狂热鼓吹绝对服从的人，他在自己的教义中要求每一个人将绝不怀疑、绝不批判和完全牺牲自我的绝对服从视为是一个人的最高职责。法雷尔是为此作出表率的第一人。他在自己的一生中只有唯一的一次例外，那就是他在初次见面时就要求加尔文作为唯一有资格担当起日内瓦的精神领袖的人，并且要求加尔文用加尔文自己拥有的绝对优势去建设法雷尔本人由于力量太弱而无法完成的宗教改革事业。

据加尔文后来透露，他自己当年曾是怎样长时间地和坚决地谢绝这种完全出乎他意料的邀请。在加尔文这样一个有头脑的人看来，离开纯粹的思想领域而进入一个鱼龙混杂的现实政治领域，始终是一个责任重大的决定。一种神秘的忧心忡忡曾悄然涌上他的心头。他犹豫、踌躇，并说自己还年轻，缺乏经验；他敦请法雷尔最好让他继续留在著书立说和研究学问的天地之中。末了，法雷尔终于对加尔文要竭力摆脱这项使命的顽固态度失去了耐心，法雷尔以《圣经》中先知般的气势冲着这个犹豫不决的加尔文大声吼叫："你是在用你的研究作为挡箭牌；但我却要以万能的天主的名义告诫你：如果你拒绝帮助天主的事业，并且把自己看得比耶稣基督更重要，那么，天主的诅咒就会降临到你的头上。"

这样一种当头棒喝才使加尔文拿定主意并决定了他自己的一生。他声明，他愿意在日内瓦建立新秩序——他迄今用言辞和理念绘制的蓝图从今往后将会成为他的行动和事业。从今往后他将会想方设法把自己的意志铭刻在一座城市——一个城市国家之中，而不是铭刻在一部著作之中。

人们往往会对自己所处的时代所知甚少。那些最最重要的短暂时刻会不知不觉地从同时代人的视线中消失，而且真正关键性的时刻几乎从来不会在他们的编年史中得到应有的重视。所以，即便是一五三六年九月五日日内瓦行政公署的那份有关法雷尔提议长期聘任加尔文为"圣经布道师"[25]的记录，也竟然认为没有必要记下那个日后使日内瓦在世人面前感到无上光荣的名字——加尔文。市行政公署的书记员只是干巴巴地记下了这样一个事实：法雷尔建议"那个高卢人"[26]——即"那个法兰西人"继续从事他的布道师工作。这就是全部记录。何必先拼写出名字然后再将它记入档案呢？这么费劲又有什么用呢？——这似乎仅仅是一个不必承担什么责任的决定嘛：同意给那个衣食无着的外国传教士一份微薄的俸禄而已。因为日内瓦行政公署一直认为，行政公署无非聘任了一名隶属于自己的公职人员而已，这名公职人员今后将会像任何一名新聘任的学校教师或者一名司库或者一名死刑执行官一样谨小慎微和唯命是从地履行自己的职责罢了。

当然，行政公署的庸庸碌碌的官员们都不是什么学者。他们在自己的休闲时间里不会去读什么神学著作，而且肯定也不会有哪位官员事先读过加尔文的《基督教要义》，哪怕是翻上几页也不会。不然的话，他们很可能早就警觉到了："那个高卢人"加尔文为一个布道师要求在教区之内拥有的权力有多大呀！因为在《基督教要义》一书中赫然写着："但愿在这里能清楚说明应当授予教会布道师们的权力。由于他们被任命为耶稣基督之道[27]的守护人和宣示人，他们必须能够敢作敢为，并且能够迫使天底下所有的伟人和有权势的人臣服于天主和侍奉天主。布道师们必须能够对所有的人——从最高贵的人到最卑贱的人发号施令；布道师们必须能够建立起天主的清规戒律和摧毁撒旦[28]之国——保护羊群和灭绝恶狼。布道师们必须能够告诫和教诲循规蹈矩的人，同时谴责和消灭离经叛道的人。布道师们必须能够一张一弛，雷厉风行，但一切都必须遵循耶稣基督之道。"

日内瓦行政公署的官员们——日内瓦主人们显然忽视了加尔文所说的这样一句话："布道师们必须能够对所有的人——从最高贵的人到最卑贱的人发号施令。"否则的话，他们很可能根本不会急急忙忙将自己的命运交到这么一个要求苛刻的人手中。他们完全没有预料到，被他们召到自己的教会来任职的这个法兰西流亡者从一开始就下定决心要成为这个城市国家的主人——他们是在对此完全没有预料的情况之下给予加尔文一个公职和一个头衔的。不过，话又说回来，他们自己的权力却从那一天起就算走到了尽头，因为加尔文凭借自己锲而不舍的毅力将一切权力都揽到了自己手中，他毫无顾忌地将极权主义的野心转化为行动——从而将一个民主的共和国转变为一个由政教合一进行独裁统治的城市国家。

加尔文所采取的最初一些措施立刻证明了他的深谋远虑的缜密思想和追求目标的果断。他后来在谈到当年日内瓦的情况时曾这样写道："当我第一次走进那座教堂时，那里几乎什么都没有。有人在那里布道，这就是一切。人们将圣像[29]搜集在一起并付之一炬。但是还没有任何宗教改革，一切都处于没有秩序的状态。"加尔文在此时此刻就是一个天生的整顿秩序的思想家：没有规矩和不成体统的一切都违背他的数学般精确的本性。如果有人要教育人们有一种新的信仰，那么这个人必须首先要让人们知道，他们应该信仰什么和宣布信奉哪个教派。他们必须能够清清楚楚地区别开：什么是被允许的，什么是被禁止的。任何一个精神王国完全如同一个世俗王国一样需要有自己的清楚可见的界线和法则。因此加尔文在三个月之后就已经向行政公署提交了他自己编写的《教理问答》[30]——此书用二十一个问答题简明扼要地阐述了新的福音派教义的信条。行政公署在原则上同意的情况下采纳了《教理问答》——此书在某种程度上可以说是新教教会的十诫[31]。

但是，像加尔文这样的人不会满足于行政公署光是同意《教理问答》中的信条，而是要求行政公署不折不扣地履行这些信条。他认为，仅仅阐述教义是绝对不够的，因为这样做毕竟仍然会给每个人留下某种自由：每个人可以选择是否愿意和在多大程度上服从这样的教义。加尔文从来容不得在教义这样的事情上和在生活中有什么自由。他绝不愿意在宗教领域和在思想领域的事情上给每个人的内心信念留下丝毫的回旋余地。按照他的见解，教会不仅有权而且也有责任用强制手段迫使所有的人无条件地服从权威，甚至可以毫不留情地惩罚一贯无视权威的行为。加尔文说："别人可能会有另一种想法，但我却不会认为，我们的职责应局限于如此狭窄的范围之内，以致我们在布道完了之后就好像已经完成了自己的职责似的，好像我们就可以心安理得地袖手旁观了似的。"他说，他的《教理问答》不应该仅仅是信仰的准则，而且应该是一个城市国家的法律；因此他要求行政公署以官方的名义迫使日内瓦的市民们逐个公开宣誓自己信奉《教理问答》——市民们应该分成十人一组像小学生似的分别由"长老"[32]们带领着前往大教堂，并在那里举着右手跟着国务秘书宣读的誓言发誓。如果谁拒绝宣誓，谁就不得不马上被迫离开这座城市。这就清楚并且最终说明：任何一个市民从此时此刻起一旦在宗教事务上哪怕只是稍微偏离加尔文的要求和观点，他就不许在日内瓦的城墙之内居住。马丁·路德所要求的"基督徒的自由"[33]——即宗教观念是一种个人内心的事情——在日内瓦也就从此宣告结束；在日内瓦，是圣子[34]凌驾于一切伦理习俗之上；是信条凌驾于宗教改革的本身意义之上。自从加尔文踏进日内瓦这座城市，各种各样的自由也就在日内瓦宣告结束。现在，唯有一种意志统治着所有的人，那就是加尔文的意志。

任何一种独裁不使用暴力简直是不可思议而且也不可能持久。谁想要保持住权力，谁就需要手中的统治工具；谁想要发号施令，谁也就必须拥有惩罚的权力。可是，按照那份授予加尔文的聘任书，他没有丝毫权力因某人违反教规而下达驱逐那个人出境的命令。日内瓦行政公署只不过聘任了一名"圣经布道师"，以便让他向信徒们解释《圣经》——以便让他布道和告诫教区的全体教徒要真正信奉天主。行政公署的官员们自以为，对市民们的法律行为和道德行为进行处罚的权力理所当然地保留在他们自己的司法权之内。无论是马丁·路德或者茨温利或者其他任何一个宗教改革家迄今为止还从未企图拥有属于行政当局的这种惩罚权，而且也从未对行政当局拥有惩罚权提出过质疑。但是加尔文——一个天生的独裁者却要立刻贯彻自己的巨大意图：将行政公署降格为仅仅是实施他的命令和各种规定的执行机构。由于按照法律，加尔文没有这样做的任何依据，所以他就从自己拥有的革出教门的权力中创造出一种依据：他极其巧妙地将圣餐[35]——一种玄奥的宗教仪式转变为一种他个人的统治手段和欺压手段。因为加尔文——这位加尔文宗派的布道师只允许那些被他个人认为在道德行为上无可指摘的教徒去参加"圣餐礼仪"，这样一来，谁被这位布道师拒绝去参加圣餐礼仪，谁也就被排斥在日内瓦城市居民之外——这里显示出使用这种武器有多厉害！任何人都不再可以和那个没有资格参加圣餐礼仪的人说话，不再可以向他出售物品或者从他那里购买物品。于是，这种由宗教当局所采取的并且从表面上看仅仅是教会的举措立刻就成为一种社会性和商业性的制裁。如果那个被排斥在圣餐礼仪之外的人以后还始终不屈服，而且拒绝对由加尔文——这位布道师所作的规定进行公开忏悔，那么加尔文就可以下令将他革出教门——一个反对加尔文的人，纵使他平时是一位最受人尊敬的市民，从此以后也就不可能在日内瓦长期居住了；任何一个在宗教界不受欢迎的人从此以后就会在自己的市民生活中遭到威胁。

加尔文能够用这样一种杀手锏挫败任何一个反抗他的人——他果敢地抓住了这唯一的权柄，这样他也就将生杀大权掌握在自己的手中；而先前的日内瓦天主教主教却从未有过这样的生杀大权呢。因为天主教会在作出决定将一名天主教会的成员公开革出教门之前，必须先在天主教组织内部按照要求履行逐级——从上级机关直至最高机关——审批的手续。开除教籍是一种超越个人行为之上的行为，绝不允许某个人专断独行。但是，目标明确和冷酷无情的加尔文却在自己的权欲中习以为常地将这种革出教门权随随便便交到各个布道师和各个教会纪律监督委员会手中，从而使这种可怕的恫吓成为几乎是一种常规的惩罚。加尔文是一个善于计算恐怖手段会产生何种效果的心理学家，他通过人们对这种惩罚的恐惧而无法估量地扩大了自己个人的权限。虽然行政公署费尽周折才成功地把圣餐礼仪只安排为每季度一次，而不是像加尔文所要求的那样每月一次，但是加尔文将永远不会让别人夺走他手中的这件强大武器：有权决定谁不能参加圣餐礼仪，因为只有用这件武器他才能开始自己的真正斗争——为获得全部权力而斗争。

绝大多数情况都是这样：一个国家的民众在过了一段时间之后才会发觉，一种独裁统治的一时好处——严厉的管教和斗志昂扬的集体力量——始终是以牺牲每个人的自身权利作为代价；民众过了一段时间才会发觉，任何一种新的法律都不可避免地是以牺牲原来的自由作为代价。日内瓦的民众也是在过了一段时间之后才渐渐明白这个道理。日内瓦的市民们曾真心实意地赞成宗教改革——他们自愿聚集在公共广场上，作为思想独立的人举手发誓信奉新的教义。可是事与愿违，他们此时此刻却像战舰上划桨的犯人似的分成十人一组，在官署差役的监视下被驱赶着穿过城区，为的是要在日内瓦大教堂里庄严宣誓服从教堂主人加尔文颁布的每一条谕旨。曾为自己的共和思想深感自豪的日内瓦人被激怒了。他们当初赞成较为严厉地改革风尚习俗，可不是为了现在每天每日受到这位新布道师动辄就剥夺他们的居住权和将他们革出教门的威胁，况且仅仅是因为他们曾经有过一次在喝酒时兴高采烈地唱歌，或者仅仅是因为他们曾经有过一次穿着在加尔文或者法雷尔看来显得过于鲜艳或者太奢侈的服装。于是，日内瓦的民众开始自问：这两个行为如此霸道的人究竟是谁呀？他们是日内瓦的市民吗？他们是早就定居在日内瓦的世世代代的老市民吗？——日内瓦的老市民们曾经共同创建了这座城市的伟大和财富，他们是经过考验的爱国者。数百年来，日内瓦的老市民们曾和最显贵的家族结盟和联姻，难道这两个颐指气使的人是日内瓦的老市民吗？不是！他们是新近随着移民的人流来到日内瓦的：他们是从另一个国家——法兰西过来的流亡者[36]。日内瓦人好客地收容了他们，给他们温饱之需和一个俸禄不菲的神职人员的位置，而加尔文——这个来自邻国的海关税吏的儿子还很快就把自己的兄弟和小舅子接到日内瓦这个暖烘烘的安乐窝里来了呢——现在却要在这里胆大妄为地辱骂和叱责扎根在本地的日内瓦市民；他——一个被日内瓦人聘用的流亡者竟敢想要在这里狂妄地决定谁可以留在日内瓦和谁不可以留在日内瓦！

只要心灵自由的人还没有被堵住嘴，思想独立的人还没有被赶走，任何一种独裁统治在开始的时候都会遇到某种力量的反抗——那些具有共和思想的人在日内瓦公开声明：他们不想让自己像"街头的抢劫犯"似的被人痛斥。

日内瓦所有街道的居民，首先是德意志人住的那条街道的居民拒绝去作加尔文所要求的宣誓；他们愤愤不平地大声发牢骚说，他们既不会去宣誓，也不会听从这个从法兰西过来的穷光蛋的命令而离开自己的家乡日内瓦。虽然加尔文成功地迫使那个顺从他本人的"小小的行政公署"表面上宣布将判处拒绝宣誓者驱逐出境，但行政公署实际上已经不再敢实施这种不受欢迎的规定了，而新一轮的市民选举结果清楚表明，本城选民的多数已开始反对加尔文的独断专行。加尔文的铁杆追随者们在一五三八年二月新一届行政公署的选举中失去了优势[37]；日内瓦的民主派还是重温了一次捍卫自己反对加尔文独裁统治的意志。

加尔文向前走得太离谱。大凡从事政治活动的思想理论家往往会低估蕴藏于人的本性之中的惯性抗拒。他们总以为关键性的革新会像他们在自己思想中的设计那样能够迅速在现实中得以实现。话又说回来，只要加尔文还没有重新获得世俗官署的支持，他的聪明才智就得在此时此刻要求他处事更加温和一些，因为他的事业这时候还始终处于有利的地位嘛。即便是新选举的行政公署也只是警告他要小心谨慎，而并没有表现出敌意。纵然是他的最最厉害的反对者在这短暂的观察时期也不得不承认，是加尔文的笃诚信仰为他自己要净化道德风尚的坚强意志奠定了基础；也不得不承认，这个如此离谱的人所作所为并不是出于狭隘的虚荣心，而是为了一种伟大的理念。再说了，和加尔文并肩战斗的兄弟法雷尔也还始终是青年一代和市井平民崇拜的一个偶像嘛。所以说，如果加尔文当初稍微施展一下外交手腕的聪明才智并将自己伤害他人的过激要求调整到适合于考虑较周全的市民阶层的观念，那么他和行政公署的紧张关系很可能会得到缓解。

可是恰恰在这样的节骨眼上行政公署碰到的是加尔文的花岗岩脑袋——钢铁般死硬的固执。对于这样一个热衷于信仰的大人物来说，一生中最不懂的事莫过于和解。加尔文不懂中庸之道；他只死认一条道——他自己走的路。对他来说只存在要么全有要么全无——要么是绝对权威，要么是完全放弃。他将永远不会达成一种妥协，因为他从自己的角度和自认为自己做得对的想法会对加尔文的品性产生这样一种作用，以致他根本无法理解和根本想不到：别人也很可能会从自己的角度同样认为自己做得对。对加尔文来说，原则依旧是：唯有他应该去教导别人，而别人应该向他学习；他怀着真诚的、极大的坚定信念一字一句地说："我所教导的都是我从天主那里获得的，而正是这一点使我内心的良知充满力量。"他用一种令人吃惊的巨大自信将自己的主张和耶稣基督相提并论——他说："是天主仁慈地向我启示善与恶。"[38] 于是，每当不管哪个人敢于表示自己的看法和这个中了自己心魔的人的看法根本相反的时候，他就会一再感到震惊和怒不可遏。反驳的意见使得加尔文的神经大受刺激，精神上的过于敏感转而深深影响到他的身体内脏：反胃和呕吐胆液。倘若一个反对他的人提出的异议还非常实事求是和非常有见地——那么这个反对他的人敢于有另外一种思想这一事实本身在加尔文看来就足以使这个人成为加尔文个人的死敌；与此同时，这个人还是世人的敌人和天主的敌人。加尔文——这个在私人生活中过于节制的男人把他自己那个时代的第一流的人文主义者和神学家们称为"反对他的咝咝作响的毒蛇""反对他的狂吠的狗""野兽""无赖"和"撒旦的爪牙",等等;一旦他们哪怕完全是在学术上反驳加尔文,加尔文就会立刻说,他们在他这个"天主的仆人"身上损害了"天主的荣光",一旦人文主义者和神学家们中间有一个人敢于指名道姓地说这个圣·皮埃尔教堂的布道师是权欲狂,加尔文就会立刻说:"基督教会受到了威胁。"对加尔文来说,和另一个人对话无非就是另一个人必须转变到加尔文的看法并宣布信奉加尔文的看法:这个平素头脑清楚的有识之士加尔文在整个一生中从未怀疑过唯独他自己有权解释耶稣基督之道和自己是唯一懂得耶稣基督之道真谛的人。话又说回来,加尔文恰恰是依靠这种固执地相信自我,依靠这种先知般地中了自己的心魔——异乎寻常的偏执狂,他才会在现实环境中认为自己是一贯正确的呢;唯一能够解释他在政治上取得胜利的奥秘也正是他的这种坚如磐石的毫不动摇——冷酷而又非人性的固执。因为只有这样一种醉心于自我——顽固不化的刚愎自用才使得他——加尔文成为世界历史上的领袖人物。往往会屈服于蛊惑人心者的世人从来不去听命于宽容的人和仁义的人而始终会去听命于那些不可一世的偏执狂人——这些偏执狂人声称,他们宣扬的真理是唯一能够存在的真理,他们的意志是世界法则的基本形态。

不过,日内瓦新的行政公署的多数派虽然反对加尔文,但却非常礼貌地规劝他,但愿他能为了得到和解而放弃这种蛮横的威胁和革出教门的惩罚,但愿他能和伯尔尼[39]新教教会代表会议的比较温和的改革方案相一致——但是这样的规劝丝毫没有触动加尔文：像加尔文这样一个思想僵化的人只要涉及他必须做出一点点让步，他就不会接受任何一种公平的和解。任何一种妥协对他的独裁本性来说都是完全不可能的，尤其是当行政公署和他有矛盾的此时此刻，他——一个平素要求其他所有的人都要无条件地绝对服从上司的人，现在竟毫无顾忌地成为反对自己上司的造反者。他在布道坛上公开辱骂"小小的行政公署"，并宣称："他宁可死去，也不会在这些狗东西面前将天主的圣体抛弃。"还有另一个布道师在教堂里称日内瓦行政公署是"醉汉们的市政厅"。加尔文的追随者们像一块顽固不化的岩石一般坚定不移地与日内瓦当局对抗。

行政公署不能容忍圣·皮埃尔大教堂的布道师们对自己的权威进行如此挑衅性的对抗。行政公署起初无非是发出一道明白无误的指令：不许继续将布道坛滥用于政治目的，而只许在那里阐释耶稣基督之道。但是，由于加尔文及其追随者们对官方的命令置若罔闻，行政公署不得不禁止这样的布道师们登上布道坛；其中一名最具挑战性的布道师库尔托尔德[40]甚至因公然煽动造反而被捕。日内瓦教会的权力和国家的权力之间的公开冲突便由此开始。加尔文坚决迎战这场冲突。他在自己的追随者们的陪同下闯入圣·皮埃尔大教堂，强行登上禁止他进入的布道坛，而且由于两派的追随者和反对者都带着刀剑闯入教堂，当这一派硬要进行被禁止的布道而另一派则要阻止布道时，一场可怕的骚乱发生了，差一点酿成流血的复活节。行政公署的忍耐现在算是到了尽头。它召集了二百人议会的全体大会——日内瓦最高权力机构，并且提出一个议题：全体大会是否应该罢免顽固蔑视行政公署命令的加尔文和其他被聘用的布道师。压倒多数的议员们给予肯定的回答。于是这些反叛的神职人员统统被解职，而且断然规定他们在七十二小时之内必须离开本城。驱逐出境的惩罚这一回轮到最近十八个月之内用这种惩罚威胁了那么多本城市民的加尔文自己身上了。

加尔文对日内瓦的第一次冲击以失败而告终。但是这样一种挫折在一个独裁者的一生中并不意味着有任何危险，恰恰相反，一个权力无限的当权者在开始之初遭遇到这样一种戏剧性的垮台几乎都必然会导致他最终登上权力的顶峰。流亡、监禁、驱逐对伟大的世界革命家来说非但不会妨碍他们的声望，反而会助长他们的声望；谁想要让自己被民众当作偶像崇拜，他必须是曾经为自己的理想而殉难的人。正是一种被他所憎恨的制度造成的迫害才会给一个民众的领袖日后取得众多的决定性的成就创造思想前提，因为这位未来的领袖头上的光环通过每一次显而易见的考验而在民众面前变得神秘莫测。暂时退居幕后对一个伟大的政治人物而言非常必要，因为他之所以成为传奇人物恰恰是由于他的一时消失——赞美之声就会像彩云一般围着他的名字缭绕不断；而且一旦他的身影重新出现，就会有一种比以往胜过百倍的期待向他迎来——这种期待在他周围的气氛中形成，但没有他自己的参与。所有历史上的民族英雄几乎都是通过远离故土而获得对本民族最强大的感染力：如在高卢的恺撒[41]，在埃及的拿破仑[42]，在南美的加里波第[43]，在乌拉尔的列宁[44]——他们在远离故土的时候会变得比他们安居一方的时候更加坚强；而此时此刻的加尔文也正是如此。

不用说，按照所有人的预见，加尔文在那个被驱逐的时刻似乎已彻底完蛋——他的组织被捣毁，他的事业完全失败，除了只剩下对自己要真心实意整顿秩序的意愿的回忆和几十个可信赖的朋友以外，他没有留下任何业绩。但是，接替加尔文的人和反对加尔文的人所犯的错误却帮助了他，这些犯错误的人往往会帮助所有那些在危急时刻不与反对派达成和解而宁愿坚决退却的天生的政治人物——历史上不乏这样的事例。行政公署物色了几名唯命是从的布道师，以取代加尔文和法雷尔这一派的敢作敢为的布道师。可是，这几个被行政公署新聘任的布道师出于害怕采取严厉措施会不受民众欢迎而宁可懈怠，却不愿恪尽厥职。由加尔文如此出力和甚至过分出力开创的日内瓦宗教改革的建设工作在这几个布道师的手下很快就陷入停顿。与此同时，日内瓦市民觉得自己在宗教信仰这样的事情上如此难以适从，以致已遭到排斥的天主教会又渐渐得到新的勇气并企图通过机敏的调停人为重新信仰罗马天主教而夺回日内瓦。形势变得危急而且变得愈来愈危急；这时候，正是那些曾经认为加尔文太冷酷和太严厉的新教改革派人士开始渐渐感到不安并且自问，加尔文的那样一种铁一般的教会纪律是不是最终还是要比即将来临的一片混乱[45]更值得向往。愈来愈多的日内瓦市民乃至以前的一些反对者们都迫切要求把被驱逐的加尔文重新召回；市行政公署终于看到，除了顺应民众的普遍愿望之外，没有其他出路。传递给加尔文的最初一些音讯和书信还是委婉和谨慎的询问[46]；但是不久询问就显得更加坦率和更加紧迫了。"邀请"显而易见成了"请求"：行政公署不久在信中已不再写上"致加尔文先生"，而是写上"致加尔文导师"，并请他能够回来，以帮助本城。行政公署束手无策的日内瓦主人们最后简直就像跪倒在加尔文面前似的请求这位"好兄弟和独一无二的朋友"再次接受布道师的职位，并附上这样的许诺："行政公署为他所做的一切一定会使他感到满意。"[47]

假如加尔文此时此刻是一个胸无大志的人，而且是一个一次轻易而得的胜利就已经使自己感到满足的人，那么如此恳切要把他召回到这座两年前曾鄙夷地将他驱逐出境的城市的请求很可能会使他对这样的赔礼道歉感到心满意足。可是，一个要追求得到一切的人从不会半途而废，况且加尔文在他认为最最神圣的这件事情上所关心的并不是自己的荣辱得失，而是要让自己的权威获得胜利。他不愿意在自己的工作中会第二次受到某个上级当局的妨碍；如果他回来，那么在日内瓦只有一种意志具有约束力——即可以存在的只有他自己的意志。在日内瓦城完全向他屈服并宣布保证一切都听命于他之前，加尔文拒绝了来自日内瓦的任何许诺。他好像心有余悸——这显然是一种策略，他在相当长的一段时间内将那些迫切的请求都挡了回去。他写信给法雷尔说："我宁愿去死一百回，也不愿意再去重新开始以前那些痛苦不堪的斗争。"他没有向自己以前的反对者迎合一步。只是当市行政公署的官员们发誓：他们将按照加尔文的意愿恪守《教理问答》中的教义和加尔文所要求的"教会纪律"的时候；只是当日内瓦行政公署向斯特拉斯堡市行政当局寄去谦恭的信函并像亲兄弟似的恳请该市的市民们能够慷慨地将日内瓦不可或缺的加尔文让给日内瓦的时候；只是当日内瓦不仅在加尔文个人面前而且也在世人面前表现得卑躬屈膝的时候，加尔文才作出让步并终于宣布他同意接受他的这个被赋予无限新权力的旧公职。

日内瓦就像一座战败的城市准备迎接自己的征服者——加尔文进城。为了安抚加尔文对往事的愤懑，凡是能想到的一切都做到了。原来那些严厉的教会谕旨急急忙忙再次生效，仅仅是为了让加尔文觉得他自己身为神职人员的命令已预先得到执行。日内瓦市行政公署亲自承担任务：为这位日内瓦渴求的加尔文挑选一处带有花园的合适住宅，并且配备必要的设施。圣·皮埃尔大教堂里原来的布道坛被特意改建，以便布道坛更方便于加尔文布道，同时能让所有在场的教徒们在任何时候都能看到加尔文的身影。表示敬意的事一件接着一件：在加尔文尚未能够从斯特拉斯堡起程以前，一名先行官已被派出，以便他在中途就以日内瓦城的名义向加尔文表示欢迎；加尔文的家属由日内瓦人出资被隆重地接到日内瓦来。一五四一年九月十三日，一辆旅行马车终于驶近日内瓦的科尔纳文城门。一大群民众立刻聚集在一起，以便用欢呼声迎接这位重新归来者进城[48]。加尔文在此时此刻已经将这座城市犹如一块柔软的黏土一般掌握在自己手中，而且在他依照自己的构思从这座城市中创造出一件艺术品之前，他不会放弃这座城市。加尔文和日内瓦从这一时刻起就不再能被互相分离，前者是精神，后者是形式；前者是造物主，后者是有形无声的万物。

注 释

〔1〕 参阅《大事年表》1536 年记事〔2〕。

〔2〕 茨威格在此处引用法语原文：selon l'évangile et la parole de Dieu。基督教新教信奉《圣经·新约》中耶稣基督在福音书中的教诲和戒律，故新教又称福音派。此处的法语 la parole de Dieu，即德语的 das göttliche Wort 和英语的 Word of God，是基督教用语，指福音书中所记载的成为肉身的耶稣基督的教诲，亦即福音派教徒信奉的耶稣基督之道。加尔文在其《基督教要义》中经常使用"耶稣基督之道"（福音之道）这个词。

〔3〕 法雷尔生平，参阅《大事年表》1489 年记事。

〔4〕 乔治·雅克·丹东（Georges Jacques Danton，1759—1794），法国大革命时期的政治活动家、雅各宾派领袖之一。后因反对雅各宾派革命政府的各项激进政策而被处死。

〔5〕 1536 年 10 月，法雷尔将日内瓦新教教会的领袖地位让给加尔文，而自己竭尽助手之责。参阅《大事年表》1489 年记事。

〔6〕 茨温利生平简介，参阅《大事年表》1484 年记事。

〔7〕 此处原文是：Konzil，指在教皇主持下召开的基督教普世主教会议。

〔8〕 此处维滕贝格（Wittenberg）是指路德教派，因为马丁·路德曾在维滕贝格大学教堂的正门上贴出自己写的《九十五条论纲》；苏黎世是指茨温利教派；日内瓦是指加尔文教派；伯尔尼是指布泽（Martin Bucer，1491—1551）领导的宗教改革。

〔9〕 参阅《大事年表》1497 年记事。

〔10〕 参阅《大事年表》1491 年记事〔2〕。

〔11〕 参阅《大事年表》1480 年记事。

〔12〕 萨伏依地区（Savoyen），在 1416—1720 年间为萨伏依公国，今为法国东南部地区，和意大利西北部接壤。在 1494—1559 年的意大利战争中，萨伏依在 1536—1559 年属于法国势力范围。

〔13〕 1536 年 8 月,加尔文被法雷尔说服留在日内瓦。

〔14〕 加尔文的父亲热拉尔·科文(Gérard Cauvin)是努瓦永城的主教秘书兼主教座堂教士会的法律顾问和该郡的财务官员。参阅《大事年表》1509 年记事〔1〕。

〔15〕 加尔文于 1527 年离开巴黎的蒙太古神学院。参阅《大事年表》1527 年记事〔1〕〔2〕。

〔16〕 伊拉斯谟和罗耀拉先后在 1495 和 1528 年入读蒙太古神学院。

〔17〕 1531 年初,加尔文获得奥尔良大学法学学士学位。参阅《大事年表》1531 年记事〔1〕。

〔18〕 参阅《大事年表》1534 年记事〔3〕。

〔19〕 指再洗礼派信徒在明斯特的武装起义和失败,参阅《大事年表》1534 年记事〔2〕。

〔20〕 参阅《大事年表》1536 年记事〔1〕。

〔21〕 《基督教要义》概述,参阅《大事年表》1559 年记事。

〔22〕 《拿破仑法典》(Code Napoléon),参阅《大事年表》1804 年记事。

〔23〕 卡尔·马克思(Karl Marx, 1818—1883),德国著名思想家,共产主义奠基人,重要著作有《共产党宣言》(与恩格斯合写)、《资本论》等。

〔24〕 阿图尔·叔本华(Arthur Schopenhauer, 1788—1860),德国哲学家,唯意志论的创始人,认为意志是人的生命的基础,也是整个世界的内在本质,重要著作有《作为意志和表象的世界》(Die Welt als Wille und Vorstellung)等。

〔25〕 圣经布道师的法语原文是:lecteur de la Sainte Escripture。

〔26〕 "那个高卢人":iste Gallus。今日的法兰西领土在古罗马时代被称为高卢。

〔27〕 加尔文的著作一再声称,他们信仰耶稣基督之道(新教)——即福音派。

〔28〕 撒旦(Satan),基督教和犹太教教义中专与上帝和人类为敌的魔王。

〔29〕 指罗马天主教供奉的上帝圣像。

〔30〕 《教理问答》(法语 Catéchisme),基督教教义的普及手册,通常是一问一答的形式,主要内容包括教会信条、十诫、圣事与祈祷等。

宗教改革期间出现不少重要的教理问答，其中最有名的是路德的《小教理问答》(Lesser Catéchisme，1529)、加尔文的《日内瓦教理问答》(Geneva Catéchisme，1545)与著名的《海德堡教理问答》(Heidelberg Catéchisme，1563)。

〔31〕 十诫（Dekalog），即摩西（Moses）十诫，是犹太教和基督教的诫条，即"十条诫命"（Zehn Gebote）。据《圣经·旧约·出埃及记》记载，"十条诫命"是耶和华（Jahve）——上帝在西奈山（Sinai）亲自授予摩西，作为同以色列人订立的约法。犹太教以此作为最高律法，基督教亦奉之为神圣诫律。

〔32〕 "长老"（ancien），在《圣经·旧约》中原本是指犹太人的"民间长老"；在《圣经·新约》中原本是指平民信徒（无神职的一般信徒）中德高望重的信徒。而在宗教改革中，"长老"是新教的某些宗派中教徒领袖的一种称谓。在加尔文宗派中有长老制，即由各地区教会的平民教徒推选"长老"数人，长老们在从事世俗职业的同时参与教会的管理工作。不过，"长老"多数是殷富的工商业者。

〔33〕 "基督徒的自由"源自马丁·路德于1520年发表的一部著作的书名《论基督徒的自由》(Von der Freiheit eines Christenmenschen)，马丁·路德称，凡属于基督的人都是自由的人，均可直接同天主沟通，无须经过教会与神父的中介。

〔34〕 圣子（Logos），即耶稣基督。

〔35〕 圣餐（Abendmahl），基督教新教的主要仪式之一。据《圣经·新约》记载，耶稣在和使徒们共进最后晚餐时，对饼和酒作了祈祷，然后将饼和酒分给使徒们食用，并说饼和酒是他自己的身体与流出的血，他之所以舍弃是为了让众人免罪，并且命后世的门徒要常以这种方式作为纪念，以示救世主与他们同在。

〔36〕 法雷尔和加尔文两人原来都是法兰西人。法雷尔于1532年移居日内瓦；加尔文于1536年首次留居日内瓦。

〔37〕 1538年2月3日，日内瓦自由党的成员在新一届的行政公署选举中获得多数。4月23日，行政公署决定解除法雷尔和加尔文的布道师职务，并命令他们三天之内离开日内瓦。参阅《大事年表》1538年记事〔1〕。

〔38〕 茨威格在此处直接引用法语原文句子：Dieu m'a fait la grâce de déclarer ce qu'est bon et mauvais.

〔39〕 伯尔尼（Bern），位于瑞士中部，自 1848 年起瑞士联邦政府设在这里，从而成为瑞士首都。1526 年，伯尔尼和日内瓦结盟。1528 年 1 月起，伯尔尼改奉福音派新教，大力支援日内瓦推翻天主教会和萨伏依公爵统治的斗争。

〔40〕 "库尔托尔德"人名的原文是：Courtauld。

〔41〕 盖乌斯·尤里乌斯·恺撒（Gaius Julius Caesar，公元前 100—前 44），古罗马军事统帅、政治家，恺撒于公元前 54 年至公元前 53 年远征高卢，并著有《高卢战记》。

〔42〕 拿破仑·波拿巴（Napoléon Bonaparte，1769—1821），法国政治家、军事家，法国大革命时期参加革命军，1799 年发动"雾月政变"，组成执政府，自任第一执政。1804 年建立法兰西第一帝国，称皇帝。后在滑铁卢战役中失败，遂被放逐至圣赫勒拿岛。

〔43〕 朱塞佩·加里波第（Giuseppe Garibaldi，1807—1882），意大利民族解放运动领袖人物，曾加入青年意大利党，1834 年皮蒙特起义失败后流亡至南美，曾参加巴西南部共和主义者的起义和维护乌拉圭独立的战争。

〔44〕 列宁（Владимир Ильич Ленин，1870—1924），苏联共产党的早期领袖和苏联的缔造者。列宁早年在彼得堡领导工人运动。1895 年12 月初被沙皇政府逮捕，1897 年 2 月被判处在乌拉尔地区流放三年。1900 年列宁离开俄国，此后多次回国和出国，直至 1917 年 4 月回到彼得格勒，领导俄国十月革命。

〔45〕 加尔文和法雷尔离开日内瓦后，日内瓦统治集团腐败现象丛生，参阅《大事年表》1539 年记事〔1〕。

〔46〕 参阅《大事年表》1540 年记事〔8〕。

〔47〕 参阅《大事年表》1541 年记事〔3〕。

〔48〕 参阅《大事年表》1541 年记事〔6〕。

第三章 "教会纪律"

从这样一个穿着黑色教士长袍、身材瘦削、神态严峻的男子通过科尔纳文城门[1]进入日内瓦那一刻起，古往今来最最值得记取的实验之一开始了：一个用无数生命细胞呼吸的国家将要被转变为一部死气沉沉的机器——有着各种思想感情的一国民众将要被纳入一种唯一的体制；在欧洲范围之内，这是第一次使全体民众完全一体化的尝试——以贯彻一种理念为名义所进行的尝试。加尔文以一种着魔似的执着——经过一番周密的、有条不紊的深思熟虑——着手自己的大胆计划，把日内瓦营造成天底下第一个由神职人员管理的国家：一个没有一切世俗邪恶行为的社会——一个没有腐败、没有混乱秩序、没有陋习与罪孽的社会，一个真正的新的耶路撒冷[2]——拯救世人将从此出发。从此时此刻起这就是加尔文毕生的唯一理念，并且要将自己的一生只奉献给这个唯一的理念。这位意志坚强的策划家非常认真、非常真诚地看重自己的这个崇高理念——其实是乌托邦[3]。加尔文在他实行思想专制的四分之一世纪里从未怀疑过：只有当他毫无顾忌地剥夺了世人的各种个人自由时，他才会促使世人进步。因为这个虔诚的专制暴君用自己的各种要求乃至不堪忍受的苛求打算从世人身上得到的无非就是要他们过一种正当的生活，也就是说，要依从天主的意志和诫规生活。

听上去，这确实既简单又不容置疑的清楚。可是，天主的意志怎样才能得知呢？天主的旨意又在哪里能被找到呢？——加尔文回答说，在《福音书》[4]中能找到，而且只能在《福音书》中被找到。天主的意志和旨意就活生生地存在于不朽的《圣经》之中。这四卷神圣的《福音书》并非无缘无故为我们留存下来的，是天主将口头流传的上帝[5]的诫命用天主[6]自己的话说得明白无误，为的是让上帝的诫命清楚易懂并能被世人牢记于心底。这样的福音之道先于教会和高于教会，而在世界的彼岸和在《圣经》之外[7]都不会有别的真理存在。因此，《圣经》在一个真正信奉基督教的国家里必须作为道德、思想、信仰、法律和生活的唯一准则，因为《圣经》是一切智慧之书，一切正义之书，一切真理之书。加尔文认为，《圣经》贯穿于事物的始终——一切事物的各种决定都以写在《圣经》上的话为依据。

加尔文将《圣经》作为一切世俗行为的最高楷模看起来似乎仅仅是为了重申宗教改革的众所周知的原始要求而已。但他的真实意图却远远超出宗教改革本身，甚至要完全脱离宗教改革原来的思想范畴。因为宗教改革是作为一次追求心灵自由和宗教自由的运动而兴起的：宗教改革打算放手把福音之道——基督教的神圣信条交到每个人的手中；宗教改革认为不是罗马教皇，也不是由教皇主持的宗教会议，而是个人的信念造就了心中的基督教。可是，加尔文却肆无忌惮地重新从世人身上剥夺了由路德倡导的"基督徒的自由"——就像他剥夺任何一种其他形式的思想自由一样。加尔文声称,唯有他本人完全明白耶稣基督之道,所以他专横地要求,结束其他一切对天主的教义的解读和牵强附会的解释;他说,《圣经》应该像石柱支撑大教堂那样岿然不动地"永世长存",为的是不致使教会发生动摇。《圣经》从现在起不应该作为耶稣基督之道的精髓起作用——《圣经》不是作为永远不断创造自我和改造自我的真理而发挥作用与改变自己,而是在由加尔文所作的某种阐释中起作用。

一种新的正统观念——一种新教的正统观念事实上是随着这样一种专横的要求而开始的;一种新教的正统观念取代了罗马教皇的正统观念。人们完全有理由把这种凭借教条进行专制统治的新形式称为"圣经统治"[8]。因为《圣经》现在是日内瓦的唯一主人和裁判官,天主是律法的制定者,圣经布道师则是这种律法的唯一指定的阐释者。布道师也就成了裁判官——《摩西五经》中所说的"士师"[9],圣经布道师的权力无可反驳地凌驾于国王和民众之上。现在已完全不是日内瓦行政公署和公民的权利决定什么是被允许的和什么是被禁止的,而是由日内瓦新教的教会纪律监督委员会对《圣经》所作的阐释来决定。谁胆敢在任何一桩细小事情上反抗这种强制行为,谁就会遭殃!因为任何一个反抗布道师们独裁行为的人都将作为反抗天主的叛乱者而受到审判。不久,谁胆敢对《圣经》说三道四,谁就得付出血的代价。从一场争取自由的运动中所产生的教条主义强权统治往往要比一种继承而来的旧政权更冷酷和更严厉地反对自由的理念。那些应该归功于革命本身而掌握统治权的人日后往往会成为反对各种革新的最不容情的人和心胸最狭窄的人。

一切专制独裁都是以一种理念开始。但是任何一种理念都是先从要实现这种理念的人身上得到形态和色彩。加尔文的教义既然是他的精神创造，那么这种教义势必会和它的创造者的外形十分相似。人们只需看一看加尔文的那张脸，就可以预先知道，他的教义将会比在他之前的任何一种对基督教的诠释更冷酷、更抑郁、更缺乏生气。加尔文的脸就像喀斯特溶洞的岩石——就像一道孤寂、苍凉、处处是岩石的风景线，其默默无声的冷漠让人只会想起神，而丝毫不会想起有血肉之躯的人。凡是平素会使人生变得充实、欢乐、温馨、生机勃勃、富有成果和充满意义的一切在他的那张缺乏慈祥、冷若冰霜和木然的苦行主义者的脸上一概都看不到。他的那张长长的椭圆形的脸始终是神色阴郁；在狭窄而又死硬的前额下是一双深陷的、因熬夜而发红的眼睛，好像炭火闪烁发出的微光；在瘦瘦的两颊之间的尖尖的鹰钩鼻向前突出，好像要去钩住什么权力似的；他的嘴好像是一把刀在脸上划了一道狭窄的裂口，难得显露笑容——整个脸庞显得瘦骨嶙峋和不协调，冷酷而又难看。脸上灰色的皮肤干瘪粗糙，没有丝毫红润的光泽。满脸皱纹的皮肤是如此苍白、如此病态、如此没有血色，犹如吸血的蝙蝠一般。除了在极短暂的刹那之间由于盛怒而略显潮红之外，面颊上的血液好像全都被吸干了似的。加尔文留蓄着一部像《圣经》里的先知似的长长的络腮胡须——他的门徒和弟子们还一心一意要模仿呢——原本是想给他的那张患黄疸病的蜡黄的脸平添几分男子气概的表面印象，但完全是白搭。他留蓄的络腮胡须毫无生气，也不丰满，并不是像《圣经》里所描绘的男神们如摩西的胡须那样下垂及地、又长又厚实的络腮胡须，显露出威严和力量，加尔文的胡须好像生长在岩石缝隙里的灌木——稀稀落落而蓬乱。

画在油画木板上的加尔文给人的印象就是这样一个为自己的宗教理念殚精竭虑和忘我的痴迷者，而且人们很可能对这样一个为自己热衷的宗教理念耗尽精力而显得疲惫不堪的人已经产生了同情之心呢；可是一旦人们用目光往下看，就会突然惊讶地发现，他的皮包骨头的双手既没有肌肉也没有血色——就像野兽的两只没有血肉而又残忍的利爪，这是嗜权者的一双令人毛骨悚然的手，懂得怎样用坚韧的几根手节骨去迅猛地攫取能一下子就抓住的一切。人们很难想象这样几根皮包骨头的手指会轻柔地去摆弄花卉，会去抚摸一个女人的温暖肉体，会热情而又高兴地向一个朋友伸去；这是一个冷酷无情者的双手，人们从这双手上就可预感到那种源自加尔文自己生命的巨大而又残酷的统治力量与坚持到底的力量。

这是一张多么没有光彩、没有欢乐的脸，多么冷若冰霜和漠不关心的脸——这就是加尔文的面容！很难相信会有人愿意将这个冷酷无情剥夺他人权利的人和专事训诫他人的人的画像挂在自己房间的墙上。假如墙上真有一幅加尔文的画像，此人就会不时倒抽一口凉气，他就会始终觉得这个最不讨人喜欢的人好像在用警觉窥视的目光盯着自己每天的起居呢。从西班牙画家苏巴朗[10]的绘画中很容易想象加尔文是什么样。这位画家以西班牙人的诚笃方式描绘了苦行僧和隐修士的生活:他们生活的地方,处处都是一片黑暗——他们住在远离世界的偏僻之处,蛰居在斗室里,面前始终摆着一本书——一本唯一的书:《圣经》,有时候还可能摆着一个骷髅或者十字架——这些都是他们的精神生活和教士生活的独一无二的象征;但是,他们身上挥之不去的是一种令人不寒而栗的极度孤独——一种自闭的孤独。正因为人的自闭性像阴魂似的徘徊在加尔文身边一辈子,所以他从少年时代起就从头到脚穿着一身冷若冰霜的黑。头戴一顶遮住前额的黑色四方帽,其形状一半像修道士的圆顶风帽,一半像士兵的头盔;身穿一袭其长及靴、宽大飘拂的黑色教士长袍——法官就是穿这样一身黑色长袍:穿着这身黑色长袍就是要不断地惩治别人嘛;而穿着黑色长袍的医生却是要永远医治别人的病痛。黑色——往往是黑色永远代表着严肃、代表着死亡、代表着冷酷无情。加尔文除了穿戴这样一身象征自己职务的黑色之外几乎从未穿戴过其他颜色,因为他只愿意让别人将他视为是天主的仆人——让别人只看到他穿着一身履行职责的黑色长袍而加以敬畏,而不愿意让别人将他视为一个普通人——视为一个兄弟而加以爱戴。不过,他严酷地对待世人也严酷地对待自己。他一生都遵照教规管束着自己的肉体,仅仅是为了自己的精神生活才给予自己的肉体以最起码的食物和休息。他夜间睡眠三小时,最多四小时;他白天只进一次非常简单的餐,用餐很快,而且旁边还放着一本翻开的《圣经》。但是他从不散步、从不娱乐,他的生活没有欢乐也没有休闲，而最主要的是他从来没有一种真正的生活乐趣：说到底，加尔文的生活始终只是工作、思考、著书、干活、斗争，而从来没有一小时是为自己而活着——他诚笃地将一生奉献给了自己的精神生活。

加尔文除了永远与青春无缘之外，这种完全排斥官能享受是他的最独特的性格特征。这也就毫不奇怪了——为什么他的教义认为，贪图官能享受是人的最危险的性格特征。而其他一些宗教改革家们则认为，如果他们自己怀着感恩的心情从天主的手中领受生命所赐予的一切，他们就是最忠心地在为天主效命——这些宗教改革家们乐于作为十分健康的正常人享受自己的健康和享受自己的人生；茨温利在他第一次从事牧师之职时就很快留下了一个私生子；马丁·路德有一次笑着说出一句语惊四座的话："如果妻子不愿意，我就让女仆来干那件事。"这些宗教改革家畅怀豪饮，大啖美食，放声大笑；但是这一切官能享受在加尔文身上却完全被压制，或者说，他只是隐隐约约感觉到官能的需要。他作为一个诚笃的理智主义者完全生活在福音之道之中，一辈子过的是精神生活；加尔文认为，只有可想而知的事物和清楚明白的事物是真正的事物；他只懂得规矩正派的事物，而且只容许规矩正派的事物，从不容许出格的事物。这位诚笃的清心寡欲者从未要求过或者感受过使人陶醉的一切乐趣——饮酒、女人、艺术或者任何一种天主赐予人间的乐趣。唯一的一次例外是他为了遵照《圣经》上的要求去相亲，但相亲这件事却办得冷冷清清，毫无喜庆可言，好像是去订购图书或者说去买一顶新的教士四方帽似的——让人觉得非常可笑。加尔文不是亲自去相亲，而是委托自己的朋友们替他去挑选一个合适的配偶，于是这位对情欲深恶痛绝的男子差一点就陷入到一个情欲十分旺盛的女子怀里。这个垂头丧气的男子最后和一个由他自己归宗的再洗礼派教徒的遗孀结了婚[11]，但是命中注定这桩婚姻对他来说是不幸福的，或者说，没有使他幸福。他的妻子为他生育的唯一的一个孩子没有生存的能力，人们很可能会说：这是理所当然，因为孩子是由如此苍白的血脉和如此冷漠的性欲生殖的嘛。这个孩子生下来几天之后就夭折了，此后不久他的妻子也撒手人寰，只留下他这个鳏夫，这对三十六岁的加尔文来说不仅结束了婚姻生活，而且也永远断绝了和女性的情缘。这个自觉自愿的苦行僧从此以后一直到死——也就是说，在此后约二十年的男人的最佳岁月中再也没有接触过一个别的女人，而只献身于精神生活——一个神职人员的生活，只献身于自己的"教义"。

　　话又说回来，一个人的身体完全如同他的精神一样有一种宣泄的要求，谁强行压制这种要求，谁就会受到残酷的惩罚。在一个人的世俗的身体中的每一个器官都本能地渴求充分享受自己天然需要的感觉。血液有时愿意流动得更快更猛；心脏有时愿意跳动得更激烈；呼吸有时愿意兴奋地喘气；肌肉有时愿意抽搐；精液有时愿意外泄；而谁想要凭借理智不断抑制和抗拒这种生命的意志，身体中的各种器官最终是要报应他的。加尔文的身体对这位严守教规的主人所进行的报复十分可怕：神经系统为了向这个似乎无视它们存在的苦行僧证明自己的存在，就变着法创造出接连不断的病痛来折磨自己的这位暴君，也许少数从事脑力工作的人也曾像加尔文那样一辈子遭受如此多的病痛——自己身体本能的报应：疾病接踵而至，从不间断。加尔文的每一封信几乎都会写到自己遇到了新的意外疾病的令人担忧的新侵袭：有时候是卧床数日的偏头痛；接着又是胃痛、头痛、痔疮发作、肠绞痛、感冒、神经痉挛、大咯血、胆结石和痛疽；有时候是短期的高烧，接着又是寒战、风湿病和膀胱炎。医生们必须不间断地守候在他身旁，因为在他的脆弱的身体中没有一个器官不是疼得要命，搅得他坐卧不安。加尔文有一次痛苦地叹息说："我的健康状况就像始终挣扎在死亡线上。"

可是加尔文却选择了这样一句话作为自己的座右铭："以重新振作的精神力量奋力走出绝望的深渊"〔12〕；这个男人魔性一般的精神力量不让疾病从他身上夺走一小时的工作时间。加尔文虽然不断被自己的身体侵扰，但他总是一再向自己的身体证明自己超强的精神意志——如果他由于高烧而无力迈着沉重的脚步前往布道坛，他就会让人用轿子把他抬到教堂去布道。如果他不得不缺席行政公署的会议，他就会让行政公署的有关官员到自己家中商谈。如果他由于高烧寒战而不得不给自己卧在床上瑟瑟发抖的身体盖上四五条保暖的被子，两个或者三个文秘就会坐在他的身旁，轮流记录他的口授。如果他为了更自由舒畅地呼吸空气而到附近的一处庄园去看望朋友需要旅行一天，他就会让几个秘书在马车上陪伴他。但是他刚一到达庄园，信使就会赶往那里并把他接回到日内瓦。于是他重新拿起笔，又重新开始工作。人们无法想象他有不工作的时候——他是一个勤勉的鬼才，确确实实未曾有过任何休息而工作了一辈子。当家家户户还在睡觉的时候，当东方还未破晓的时候，夏努安大街[13]上加尔文家中那张书桌旁的吊灯已经点燃；而当午夜之后早已夜阑人静之际，他的窗户旁的那盏灯好像长明灯似的还一直亮着呢。他所做的工作多得令人难以置信，人们很可能以为，他是用四个或者五个大脑同时工作的呢。因为这个身患痼疾的病人实际上是同时从事四个或者五个职务的不同工作[14]。原来给他安排的圣·皮埃尔大教堂的布道师职务仅仅是许多职务中的一个而已——这许多职务是他用歇斯底里的权欲逐渐攫取的。虽然他在这座大教堂里所作的布道讲稿已经印刷成册，足可以装满一个壁柜，而且一个誊写员即便只抄写这些布道的讲义也得用上一辈子时间，但布道的内容还仅仅是他的《全集》中的一小部分。加尔文是日内瓦教会纪律监督委员会的主席——没有他，教会纪律监督委员会不会作出任何决定；加尔文是卷帙浩繁的神学著作和论争著作的作者。加尔文是《圣经》的译者。加尔文是日内瓦大学的奠基人和该大学神学院的创始人。加尔文是日内瓦行政公署的常务顾问。在宗教战争中，加尔文是参谋总部的政治军官。加尔文是新教世界的最高外交官和最高组织者——这位"主管圣经事务的部长"一个人领导并指挥着他的这样一个政教合一的国家中的所有各部。他监管来自法兰西、苏格兰、英格兰、荷兰的布道师们的报告。他设立了一个对国外的宣传机构。他通过印刷商和书商建立起覆盖全球的秘密情报机关。他和新教的其他领袖们进行讨论。他和君主们及外交官们进行谈判。他每天乃至几乎每小时都要接待外国的来访者。没有一个大学生也没有一个年轻的神学家在途经日内瓦时不来向加尔文求教或者表示敬意的。他的家就像是邮局，就像是为一切国事和私事而准备的常设问讯处。他有一次在信中这样叹息：他记不得在他处理公务的时候能有两个小时不被打扰。他的心腹们的信件每天从最遥远的国家——匈牙利和波兰到达他的手中。与此同时，他身为牧师还要亲自和那些前来向他请求在灵魂上予以帮助的无数信徒进行谈话。一会儿有一个流亡者要在日内瓦定居并要把家眷接来，加尔文就得为他筹措钱，为他寻找住所和生计。一会儿这里有一个人要结婚，一会儿那里有一个人要解除婚约：这两个人都会到加尔文那里去，因为在日内瓦没有一件该由神职人员做的事没有加尔文的同意——没有加尔文的主意而能办成。话又说回来，如果这种专制独裁的欲望只限于自己的国家事务的领域，只限于神职人员的事务领域，那倒也就算了！问题是对一个像加尔文这样的人来说，他的权力是无限的，因为他身为一个主张政教合一的人就是要将一切世俗生活服从于宗教生活和精神生活。他用自己的铁腕牢牢掌控着这座城市的一切——人们在行政公署的议事记录中几乎没有一天看不到这样的备注：此事尚须请示加尔文导师。他的一双时刻保持着警觉的眼睛不会漏掉任何东西，也不会忽视任何东西。倘若这位人杰的这样一种苦行主义不是同时意味着一种巨大的危险的话，那么人们必定会像赞叹奇迹一般赞叹他的永不停息的大脑。因为既然加尔文能如此彻底放弃个人的生活享受——当然他完全是出于自觉自愿——那么加尔文也就势必要使这种"放弃"成为所有其他人的法律和规范，而且将会想方设法把自己认为是自然而然的事强迫所有其他的人去接受——但其他的人并不认为那些事符合人的本性。在这方面，禁欲主义者罗伯斯庇尔[15]始终是专制暴君中最危险的典型。如果谁尚且连自己都不会高高兴兴地充分享受富有人性的生活，那么他就往往会非人性地对待别人。

而教会纪律和无情的严厉却是加尔文教义整个构架的真正基础。按照加尔文的见解，人根本没有昂首挺胸和理直气壮地在我们这个天下行走的权利，而是必须始终保持着"对天主的敬畏"，怀着那种自己不可能得救的诚惶诚恐的心情对自己的所作所为悔恨不已。加尔文的清教徒式[16]的道德从一开始就把欢愉和无拘无束地享受人生的概念和"罪恶"的概念相提并论，并且把美化我们的世俗生活和将会使我们生气勃勃的一切——将会使人的心灵愉快地得到放松、振奋、解脱和如释重负的一切和"罪恶"相提并论，而首当其冲的则是艺术，加尔文将艺术视为纯属虚荣浮华和令人生厌的多余之物而加以唾弃。宗教的王国从来都是和"神秘"与"崇拜礼仪"联系在一起，而加尔文却要把"讲究实际"的思想引入到宗教的王国——凡是可能刺激感官的一切，凡是可能以恻隐之心和姑息迁就抚平人的感情的一切都要被毫无例外地清除出教堂和被清除出"崇高的圣事礼仪"，因为一个真心实意的信徒不应当以被艺术激动的心灵去聆听天主的福音之道——不应当陶醉在芬芳的香烟缭绕之中，不应当陶醉在悦耳的音乐声中，不应当沉湎于貌似虔诚而实际上是被亵渎了的天主的绘画和雕塑的美丽之中去聆听天主的福音之道。唯有在澄静之中方能彻悟真谛，方能确信清楚明白的耶稣基督之道。因此，各种"偶像"——耶稣基督的绘画和雕塑都应当从教堂被清除出去，神职人员不应当身穿色彩斑斓的法衣，在天主的圣坛上不应当有镀金的神龛和华美的弥撒书——天主不需要任何富丽堂皇的矫饰！凡是由于纵情享乐而使心灵麻木的一切都应当被抛弃：在做礼拜时不应当有音乐，不应当演奏管风琴！甚至日内瓦各个教堂里的钟声从现在起也必须保持沉默，因为一个真心实意的信徒不应当由没有生命的铜的声音去提醒他想起自己的责任。证明自己的虔诚从来不是通过外在的表现——献祭和布施，而只能通过内心的皈依，因此大弥撒[17]和其他各种宗教仪式都应当被清除出教堂；撤除教堂里的各种寓意画[18]，破除各种宗教仪式的惯例，取消一切庆典和节日！加尔文一下子把日历中的所有节日全都取消。甚至在古罗马基督教尚被禁止的时代就已经在地下墓窟[19]里庆祝的复活节和圣诞节也被废止；圣徒们的纪念日被取消；民众熟悉的古老习俗被禁止：加尔文声称，天主不愿意有这样的庆祝仪式，天主不愿意被人如此爱戴，而只愿意始终被人敬畏。倘若一名教徒试图在自己正处于无比欢乐和亢奋激动的状态时勉勉强强去聆听天主的福音之道，而不是始终怀着敬畏之心在远离圣坛之处作祷告，那就是轻狂之举。因为加尔文的宗教改革就其最深层的内涵而言就是要变更价值观念：尽可能抬高天主的地位——使之凌驾于世人之上，为此加尔文就要竭力贬低世俗生活的价值。为了使天主的形象具有至高无上的尊严，加尔文就得让人的形象显得卑微和没有尊严。这位愤世嫉俗的宗教改革家从来都是将人类视为一群不可救药、任性放纵的"罪人"，他一辈子都是以那种出家人的嫌弃和惊骇对遍及天下各个角落的无比美好而又难以阻止的欢乐深恶痛绝。加尔文总是一再叹息上帝的旨意是多么不可理喻：上帝竟然会创造出如此不完美和如此不道德的人——上帝创造的人从来都是品行不端，没有能力领悟天主的福音之道，却迫不及待地寻思着作奸犯科！每当加尔文端详起自己周边的兄弟时，他就会不寒而栗。也许从来没有一位伟大的新教教派的创始人会像加尔文那样如此恶毒刻薄地贬低人的尊严。他说人是"不可驯服和凶残的野兽"[20]，甚至用更为不堪入耳的字眼说人是"下流坯"[21]。他在自己的《基督教要义》一书中清清楚楚写着这样的话："如果我们仅着眼于人的天生秉性，那么我们在人的身上找不到一丁点儿好的地方。即便在人的内心尚有少许值得称道之处，那也是完全来自于天主的恩赐……我们人自以为是正义的一切其实都是非正义；我们人自以为是功绩的一切其实都是贪天之功；我们人自以为是荣耀的一切其实都是耻辱。纵然是从我们自身产生的最美好的属性也往往会被人性的肮脏污染而成为道德败坏的恶习，并且始终和腐化堕落混杂在一起。"

既然加尔文以哲学家的思维把人看作上帝创造的不成功和不成器的产儿，那么身为神学家和政治家的他理所当然绝不会赞同这样的说法：天主曾经允许给予这样一种行为不端的人以少许的自由或者独立自主。所以自由的行为或者独立自主的行为必须毫不怜悯地从这样一种如此堕落和由于一生贪婪而道德败坏的人身上被剥夺，因为"如果我们任凭这种人自己去为所欲为，那么这种人的精力只会用于去干罪恶的勾当"。亚当的子孙后代以为按照自己的身世就有某种权利既可以和天主攀上亲缘关系也可以和繁衍在尘世的所有的人攀上亲缘关系——这样一种无稽之谈必须永远被制止，而且我们制止这样一种一厢情愿的念头愈严厉——我们管束人的行为愈多，我们愈会使人唯命是从，这对人就愈有好处。绝不能给人以任何自由，因为人往往会滥用自由！务必要用强权使人在天主的伟大面前变得渺小！一定要使人从自己的非分之想中清醒过来，并使他感到内心惶惑，直至他服服帖帖进入到天主的虔诚而又顺从的羊群之中——直至与众不同的一切不留痕迹地融入普遍的秩序之中：个人融入到群体之中！

加尔文为了有利于日内瓦的社会就势必会像德拉古[22]似的剥夺人的个性，就势必会像汪达尔人[23]似的野蛮掠夺个人所有的一切。加尔文为此采用了一种特殊的方法——制定出著名的"教会纪律"即"教会的戒规"。而在此之前几乎未曾有过一种更为严厉的樊篱用来束缚世人。这位天才的组织者加尔文从一开始就把自己的"羊群"——他的"教区里的全体教徒"禁锢在由法律条文和禁令组成的樊篱之中——即所谓"天主的训条"之中。与此同时，他又建立起一个特殊的机构——"教会纪律监督委员会"，用来监督他采用恐怖手段实施道德规范的执行情况。教会纪律监督委员会的首要任务是"监督教区内的全体教徒应该十分圣洁地顶礼膜拜天主"——显然，这样的定位非常模棱两可，以为这个道德规范督察委员会的影响范围仅限于宗教生活，但这不过是表面现象而已。因为宗教生活和世俗生活在加尔文的极权主义国家的构想中已完全融为一体，所以最最隐私的生活，从此时此刻起也就自然而然地处于当局的监控之下了；教会纪律监督委员会的捕役——即所谓"长老"的任务被明确规定为"紧紧盯住每一个人的生活"。没有什么事情可以逃脱他们的注意,而且不仅"要密切注意每个人的言论,还要密切注意每个人的思想和观点"。

不言而喻,自从日内瓦实行这样一种全面监视的那一天起,在日内瓦也就不再存在任何可以隐私的生活了。加尔文一举超越了天主教的宗教裁判所[24]——后者毕竟是依据指控或者告密才会派出自己的侦查员和密探。而在日内瓦,每个人都会在事先就被看作有干罪恶勾当的嫌疑而不得不受到监视,因为按照加尔文的思想体系,每个人随时随地都会有想干罪恶勾当的念头。自从加尔文重新回到日内瓦以后,各家各户的房屋好像一下子都敞开了大门,所有的墙壁好像都突然变成了玻璃窗。无论是白天还是黑夜,每时每刻都可能有不速之客来猛烈地敲门,教会秘密警察部门的一个成员很可能会突然"来访",而每一个市民都不能拒绝。无论是最富有的人还是最贫穷的人,无论是最高贵的大人物还是最微不足道的小人物,都必须至少每月一次向这些维护道德规范的专职侦查员作详细陈述。白发苍苍、备受尊敬、久经考验的老人们必须像小学童似的被盘问:问他们是否会熟练地背诵祷告词,或者问他们为什么会错过一次加尔文的布道,以及诸如此类的问题,而且一问就是数小时——因为"天主的训条"中写着:"为了进行绝对必要的检查,就应花足够的时间。"但是这种"登门访问"绝不会随着这样一种教理问答和道德教化而结束。因为这个维护道德规范的契卡[25]不会放过任何细节。这些侦查员可能会用手指去触摸妇女们的衣裙,检查一下这些衣裙是否太长或者太短,镶边是否太花哨,领口是否太袒胸露肩;他们可能会仔细打量妇女们的头发,看看发髻是否盘得太高及金银发饰是否戴得太多;他们可能会数一数妇女们手指上的指环和柜子里的鞋。他们可能会从梳妆台走到厨房的桌子旁,看一看除了教会纪律允许的唯一的一道菜之外是否还有一小碗汤或者一块肉放在桌子上,或者在厨房的某个地方是否藏着甜食和果酱。而一个虔诚的维护道德规范的侦查员还可能会在屋子的其他房间里继续检查,他可能会将目光投向书柜看看里面是否有某一本书没有盖上教会纪律监督委员会审查通过的印章;他可能会翻遍各个抽屉,看看里面是否藏着一幅圣像或者一串念珠[26]。他会向仆人打听主人的情况,他会向孩子们盘问他们父母的言行。他会一边搜查房间,一边竖起耳朵悉听街道上是否有人在唱一首低俗的歌曲,或者在演奏音乐,或者完全沉溺在一片邪恶的嬉笑声中。因为日内瓦从此时此刻起就要不断杜绝各种形式的娱乐活动——杜绝一切“下流放荡”[27]的行为。如果一个市民在干完工作之后为了喝一小杯葡萄酒而走进一家小酒馆,或者在玩掷骰子或纸牌时被当场抓获,那么他就要倒大霉了。这种对人的追踪天天都在进行;这些维护道德规范的密探们即便是礼拜日也不休息——他们在所有的大街小巷来回巡视,挨家挨户敲开大门,以便查明是否有某个懒汉或者闲散的人宁可躺在床上而不愿去听日内瓦的主人加尔文的布道。在他们巡视的时候,又有另外一些监视者已经在教堂里准备好:当众斥责每一个走进教堂太晚的人或者打算提前离开教堂的人。这些官方的卫道士们不知疲倦地工作着,无孔不入。晚上,他们会在罗讷河岸边的黑乎乎的枝叶茂密的树林里来回巡逻,看看是否有不规矩的情侣在里面做亲昵的小动作。他们会在客栈里随意翻查床铺和外来旅客的行李箱。他们会拆看每一封发自或寄至日内瓦的信件。而且教会纪律监督委员会精心组织的监视已越过日内瓦的城墙到达远方——在遍及西欧的旅行马车上，在大大小小的船只中，在外国的许多市场上，在邻近日内瓦的客栈里，到处都可能坐着教会纪律监督委员会雇用的密探。任何一个心怀不满的人在里昂或者在巴黎说过的每一句话都会一五一十地被汇报到日内瓦。不过，使这种本身已经难以忍受的监视变得更为难以忍受的是无数未经委任的志愿者密探不久也和官方聘任或者雇用的密探狼狈为奸。因为自愿告密这种丑陋的行为在一个使自己的公民始终处于恐怖状态的国家里到处都会迅速滋生蔓延。纵然平素作风正派的人在那些原则上允许告密乃至盼望告密的地方也会出于恐惧而成为告密者：日内瓦的每一个市民都会去窥视和紧盯着自己周围的同城居民，那仅仅是为了使自己摆脱曾经"反对崇拜天主"的嫌疑。他们争相告密是"唯恐"别人先去告密罢了。教会纪律监督委员会在若干年之后确实已经可以停止任何一种监视了，因为所有的市民都已成为志愿监督者。告密者犹如一股污泥浊水的洪流日夜不断。而教会对异端分子的裁判也就像磨坊的水轮一般持续运转。

在这样一种为维护道德规范而实行持久的恐怖统治和人人都唯恐触犯"天主训诫"的情况下，又怎么会让人觉得自己有安全感呢？——因为使人生充满欢乐和体现人生价值的一切实际上都已被加尔文所禁止。各种形式的戏剧、娱乐、民间节日、舞蹈和游戏都被禁止。甚至像滑冰这样一种完全无害的运动也会使加尔文大动肝火。除了最简单朴素的服装和几乎是修道士穿的服装之外，其他任何式样的服装都被禁止，也就是说，未经行政公署的许可，裁缝们被禁止制作款式新颖的服装；少女们被禁止在十五岁之前穿丝绸的衣裙，在十五岁之后又被禁止穿天鹅绒的衣裙。各种饰有金银刺绣、金丝带、金纽扣和金别针的衣裙统统被禁止，更不用说佩戴黄金首饰了。男人们不得蓄分梳两边的长发，女子的发型不得带有鬈曲的发卷，女子不得戴尖形小帽、不得戴手套、不得穿有褶裥的衣裳，也不得穿大开口的鞋；轿子和四轮马车在日内瓦被禁止使用。在受洗礼和订婚的宴会上，上几道菜或者甚至上多少甜点和蜜饯都不得超过规定。除了日内瓦产的红葡萄酒以外，不得饮用其他的葡萄酒。禁止祝酒，禁止食用野味、家禽和酥皮馅饼。禁止夫妻在举行婚礼时或者在婚礼后六个月互赠礼品。当然，任何婚外的性行为被绝对禁止，即便是已经正式订婚的男女之间的性行为也绝不宽恕。禁止本地人去住客栈。客栈的店主不得在一个外地旅客做完祷告前就给他端上食物和饮料，除此以外，还严格规定店主负有义务监视店中所有的旅客，"密切"注意可疑的一言一语或者一举一动。在未经许可的情况下禁止印刷任何书籍，禁止给国外写信，禁止各种形式的艺术——圣徒的画像、雕塑、音乐。加尔文的训谕还规定，教徒们即便在吟唱虔诚的赞美诗时也必须"时时刻刻"注意不要把注意力放在音乐的旋律上而是要把注意力放在歌词的含义和精神上，因为"天主只应当在富有生气的歌词中被赞美"。曾经一度是自由的日内瓦市民从此时此刻起已不再拥有为自己的子女在受洗礼时选择教名的自由。像克劳德[28]和阿玛蒂[29]这样一些沿用了数百年的人们所熟悉的名字被禁止使用，只因为这两个名字在《圣经》中没有；取而代之的是要求日内瓦的市民只起《圣经》中有的名字，如以撒[30]和亚当[31]。

用拉丁语念主祷文被禁止。复活节和圣诞节的庆祝活动被禁止。凡是能让生活显得不那么单调乏味的节庆一概被禁止。不言而喻，出现在书刊或者言论中的任何一种要求思想自由的苗头都会立刻被扼杀。而对加尔文的独裁统治进行任何批评——被视为是各种罪恶中之最——更会遭到严厉禁止，明确的警告始终萦绕耳际："除了在日内瓦议会开会时，任何公共事务都不得议论。"

今天一道禁令，明天一道禁令，后天又是一道禁令——这是一种令人不寒而栗的节奏呀。身为日内瓦的市民惊愕地自问：在颁布了如此之多的禁令之后，还能允许他去干些什么呢？——实在是不多呀。他会被允许去活、去死、去干活、去服从，还会被允许去教堂。或者更确切地说，这最后一项不仅是被允许，而且是必须去履行，否则就要受到法律最严厉的惩罚。因为哪个市民耽误了到自己所属教区的教堂去听布道，他就要倒大霉！而布道是每个礼拜日举行两次；一星期之内举行三次，此外，还有为儿童的修身举行的布道呢！日内瓦的市民即便在礼拜日也不能自由放松——他们必须接二连三地去履行听布道的义务，非常不近人情。他们在为每天的食粮辛辛苦苦地干完活之后就得去做礼拜：一星期干活；礼拜日去教堂。因为唯有如此，每个人心中的妖魔才能被灭杀，当然，人生的任何自由和任何欢乐也就随之一并被泯灭。

然而，人们不禁要问：一座几十年来一直生活在赫尔维齐人[32]的自由之中的共和主义城市怎么会忍受这样一种萨伏那洛拉式的独裁统治呢？迄今一直具有南欧人快乐性格的一国民众怎么会忍受这样一种对人生欢乐的扼杀呢？加尔文——一个别出心裁的苦行僧怎么能够如此彻底压制成千上万人的生活乐趣呢？——加尔文的秘诀绝不是什么新的秘诀，而仅仅是所有的独裁者永远采用的古老秘诀：恐怖统治。但愿人们对此不要有什么疑惑。一种肆无忌惮并将各种人性嘲笑为软弱的暴力统治是一种巨大力量。一种精心策划并由暴君实施的国家恐怖统治既会使个人的意志麻木，也会使任何一个社会的意志涣散且积重难返。这样一种国家恐怖统治就像消耗人的精力的疾病一样会腐蚀人的灵魂：人性中普遍存在的怯懦不久就会成为独裁者的帮凶和同谋——这是独裁者的最后一手秘诀，因为当每个人一旦感觉到自己处处被人怀疑，他自然也就会去怀疑别人。一些胆小怕事的人出于恐惧甚至会比他们自己的暴君的诰命和禁令走得更远，目的是阿谀逢迎。一种组织严密的恐怖统治总能干成匪夷所思的事情。而要使匪夷所思的事情一再成为现实，加尔文从不迟疑。几乎没有一个实行思想专制的暴君在冷酷无情这一点上会超过加尔文，如果事关自己的权威的话。加尔文的铁石心肠如同他的一切品质一样，均源自他的意识形态，但不能因此就可以被原谅。这样一个整天动脑筋想问题、出谋划策而又神经过敏的人，就其个人而言，确实十分憎恶鲜血淋淋的场面。不过，这也正是所有的理论家们犯下的最最糟糕的过错：这些理论家们本人的神经脆弱得不敢目睹死刑的执行，更不用说亲自动手，但是他们却会立刻签署判处上千人死刑的命令，一旦他们内心感到这样的死刑判决符合他们自己的"理念"的话——即符合他们的理论、符合他们的思想体系的话——后来的罗伯斯庇尔更是这些理论家们的典型。加尔文把对待任何一个"罪人"毫不怜悯和冷酷无情视为自己思想体系中之最高准则，而毫无保留地贯彻自己的思想体系则又是天主赋予他的一种职责。所以他认为，将那种违背他自己原来本性而养成的冷酷无情通过教会纪律进一步转变为残忍的行为只不过是他自己的一种责任而已。他"训练"自己的毫无怜悯之心就像"训练"自己要掌握一门高尚的艺术似的。他说："为了同那些普遍存在的恶习作斗争，我要把自己训练得非常严厉。"当然，对于他这样一个具有钢铁般意志的人来说，把自己训练成没有丝毫的仁慈，肯定会非常成功。他公开承认，他宁可看到一个无辜的人受到惩罚，也不愿看到一个有罪的人逃脱天主的审判。有一次，由于行刑的刽子手的笨拙而使许多斩首行为中的一次斩首延长为一次无意中的痛苦不堪的折磨时，加尔文在致法雷尔的信中竟这样辩解："如果没有天主的特殊垂意：被处决的人不得不遭受如此痛苦不堪的延长时间的折磨——肯定不会发生。"加尔文论证说，为了"不玷辱天主"，对于世人过于严厉要比过于温和强。有伦理道德的人类只能通过持续不断的惩罚而产生。

不难想象，这样一种关于耶稣基督绝不怜悯"罪人"的论点、关于要不断"维护天主不受玷辱"的论点，在欧洲尚处于中世纪的时代势必会演变成怎样的大开杀戒。就在加尔文统治日内瓦这座人口不多的城市的最初五年期间，很快就有十三个人被绞死，十个人被斩首，三十五个人被火刑烧死。除此以外，还有七十六个人被赶出家园，而许多及时逃脱恐怖统治的人尚不计算在内呢。不久，在这座

"新耶路撒冷"城里的所有牢房都已人满为患,以致典狱长不得不禀告行政公署:他不可能再继续收容其他的囚犯了。那些惨不忍睹的各种刑讯不仅用于被判刑的人,而且也用于那些受嫌疑的人,以致那些被指控有罪的人宁愿自尽也不愿被人拖进刑讯室,以至于到末了行政公署不得不颁布一道命令:"为了制止此类自杀事件的发生",务必给囚犯昼夜戴上手铐。但是,日内瓦人却从未听说加尔文自己发话要制止这种惨无人道的酷刑;与此相反的是,按照加尔文处心积虑出的主意,在日内瓦的残酷刑讯中除了使用夹压拇指刑和绳索拉肢刑[33]之外,还使用烙铁炙脚底板[34]的刑讯呢。日内瓦城为了加尔文的"秩序"和"教会纪律"付出了可怕的代价,因为自从加尔文以天主的名义统治日内瓦以来,在这座城市中出现那么多的死刑、惩罚、严刑拷打和判处流放,均系前所未有。因此巴尔扎克[35]把加尔文的宗教恐怖统治称为比法国大革命中的所有血祭更可怕,不无道理。巴尔扎克说:"加尔文在宗教上的疯狂专横就其道义方面而言要比罗伯斯庇尔在政治上的专横更心胸狭窄和更残酷无情。假如加尔文有一个比日内瓦更加广阔的势力范围,那么他必定会比那个倡导政治平等的可怕的罗伯斯庇尔让人间流更多的鲜血。"

然而,加尔文用来挫伤日内瓦人热爱自由的感情的这样一些野蛮的血腥手段并不是最折磨人的;真正折磨人的是每天每日防不胜防的麻烦事和始终提心吊胆的心态。乍一看,加尔文的"教会纪律"所干预的尽是一些鸡毛蒜皮的小事,似乎显得有点可笑。但愿人们不要低估这种伎俩的诡诈。加尔文是蓄意把由各种禁令组成的法网编织得密密麻麻，不留任何缝隙，以致实际上根本不存在漏网和侥幸的可能：加尔文深藏玄机，恰恰是在那些琐碎的小事上制定出层出不穷的禁令，从而使每一个人感到自己从早到晚都在不断地犯错误，同时，畏惧这个无所不能、无所不知的当权者的恐怖心理也就挥之不去。因为在一个人每天行走的道路上，左右两边的陷阱越多，他也就越难昂首挺胸、自由地迈开大步。不久，在日内瓦没有一个人能够觉得自己是安全的，因为教会纪律监督委员会宣称：任何一个人只要自己还能呼吸，他就时时刻刻都会犯下罪孽。人们只需翻阅一下日内瓦行政公署议事记录的摘要，便可明白这种威慑手段的巧妙。一个市民在参加一次洗礼仪式时因为面露微笑而被判处三天监禁。另有一个市民由于夏天炎热感到困倦在听布道时睡着了而被判处监禁。几个工人因为在早餐时吃了酥皮馅饼而被处罚三天之内只许喝水和吃面包。两个市民因为玩了九柱游戏[36]而被判处监禁。另外两个市民为了赌四分之一瓶的葡萄酒掷骰子而被判处监禁。一名男子因为拒绝让自己的儿子起名为亚伯拉罕而被判处监禁。一个盲人小提琴手因为演奏舞曲而被驱逐出日内瓦城。另有一个市民因为称赞卡斯泰利奥翻译的《圣经》而被驱逐出日内瓦城。还有一些人被传讯到教会纪律监督委员会接受警告和表示悔改，譬如，一个姑娘在偷偷滑冰时被当场发现，一个妇女扑倒在自己丈夫的坟墓上，一个市民在做礼拜时敬了自己的邻居一小撮鼻烟。类似这样的事例，不胜枚举。几个爱逗乐的人因为在主显节[37]把一粒豆夹在蛋糕中而被处罚二十四小时之内只许喝水和吃面包。一个市民因为称呼加尔文为"先生"[38]而不是称呼为"大师"[39]而被判处监禁。几个农民去做礼拜，在走进教堂后按照古老的习俗互相谈论自己的营生而被判处监禁。总之，动辄就是监禁！一名男子因为玩扑克牌而被绑在耻辱柱上示众，脖子上挂着一圈扑克牌。另有一名男子因为在大街上扯着嗓门唱歌而接到指令："到外边去唱"，也就是说他被驱逐出这座城市。两名船夫因为互相斗殴而被处死，其实两人中间没有一个被打死。三个未成年的男孩因为有猥亵行为而被判处火刑烧死，后来得到赦免而判处在火刑场陪绑——站在熊熊燃烧的薪堆前目睹火刑的执行过程。当然，任何否定加尔文在国家事务和宗教事务上一贯正确的言行所受到的惩罚最为严厉。一个公开声言反对加尔文的"得救预定论"[40]教义的男子被捆绑在日内瓦城所有的十字路口鞭笞得鲜血淋漓，然后被放逐。一个印书商在酩酊大醉中辱骂了加尔文，在他被驱逐出日内瓦之前，他的舌头已经被一根用火烤红的铁钎穿透成窟窿；雅克·格吕埃[41]仅仅因为把加尔文称作伪君子而被严刑拷打和被处死。任何违反教会纪律的行为，纵使是微不足道的行为，都被一一记录在教会纪律监督委员会的档案里，从而对每个市民的私生活始终了如指掌；加尔文的监管社会风尚教化的警察局如同加尔文本人一样很少会忘记什么和错过什么。

这样一种无孔不入，日夜虎视眈眈的恐怖统治最终势必会使任何个人和广大民众的内心尊严和虎虎生气荡然无存。一旦每一个公民在一种国家制度中不得不时刻准备着被传讯、被检查、被判刑；一旦他知道看不见的密探的目光始终监视着他的一言一行；一旦他的家门昼夜都有可能出其不意地被"不速之客"突然打开；那么，他的精神就会渐渐萎靡不振，民众的普遍恐惧就会产生，纵然是最有勇气的人也会由于受到感染而渐渐屈从于恐惧。任何维护自我的意志最终都不得不在这样一种徒劳的斗争中衰退。不久，日内瓦城依靠加尔文的整饬体系——即依靠他的这样一种教会纪律真的变成了如同他所愿望的那样：敬畏天主、谨小慎微和毫无生气。日内瓦城不作任何抵抗，甘愿服从一种唯一的意志：加尔文的意志。

加尔文的教会纪律实施了若干年，日内瓦开始大变样。这座昔日自由而又欢乐的城市好像蒙上了一层灰色的面纱。绚丽的服装不见了，五彩缤纷的颜色消失了，从教堂的钟楼不再传来敲钟的声音，大街小巷不再有欢快的歌声。每家每户的房屋就像一座加尔文教派的教堂：光秃秃的没有任何装饰。自从小提琴不再为跳舞演奏以来；自从人们不再能够高高兴兴地玩九柱游戏以来；自从人们不再能够兴致勃勃地玩掷象牙骰子的游戏以来，旅店的生意已变得非常萧条。跳舞的场所始终空无一人。在以往情侣们约会的昏暗的林荫大道上空空荡荡。只是到了礼拜日，人们才会神情严肃地、默默无语地相聚在教堂的光秃秃的大厅里。日内瓦城呈现出另一副严厉和阴沉的面貌：完全是一副加尔文的面貌。日内瓦城的所有居民出于恐惧或者在无意识的适应之中渐渐地接受了加尔文的生硬冷漠的态度和不可捉摸的寡语少言。日内瓦居民的一举一动不再显得轻松愉快和满不在乎。他们的目光不敢再表现出热烈的感情，因为他们害怕：亲密无间的表现很可能会被认为是蓄意猥亵。日内瓦的居民由于畏惧这样一个自己从未显露过快乐感觉而且脸色始终阴沉的男人加尔文而再也不敢言谈举止无拘无束。他们甚至在最最亲密的家庭成员的生活圈子内也都已习惯于低声耳语，而不是大声说话，因为男仆女佣很可能就在门背后窃听呢。在日内瓦居民心中潜移默化形成的恐惧使他们觉得到处都有看不见的当面一套背后一套的人和喜好偷听的人在身边。他们只想不要让自己被人注意！只想不要让自己被人怀疑！既不要由于自己的穿着打扮，也不要由于自己的不慎言论，更不要由于自己的快乐神情而惹人注意和怀疑！于是，日内瓦人最喜欢待在自己的家里；家里毕竟有门闩和墙壁可以在某种程度上保护自己免遭窥视和怀疑呀。不过，一旦日内瓦的居民在自己家里偶然看到教会纪律监督委员会的人沿街走来，他们仍然会立刻战战兢兢地从窗口缩回身子，吓得脸色苍白。谁知道隔壁那个邻居向教会纪律监督委员会报告了些什么呢？或者说了关于他们的一些什么事情呢？如果日内瓦的居民非得上街不可，他们也都是低着头、默默地、缓慢地、悄悄地行走，而且还穿上深色外套，好像他们是去听布道或者是去参加葬礼似的。就连那些在这种新的严厉的整饬中长大并且在"道德课"上被吓得噤若寒蝉的孩子们也都不再敢吵吵嚷嚷地疯玩。他们就像害怕会遭到暗地里挨打的孩子那样蜷缩着自己的身子；他们不是在温暖的阳光下绽放的花朵，而是在阴冷的背阴处生长的可怜小花：毫无生气，萎萎缩缩。日内瓦人的生活就像钟表一样有规律：在呆板、木然的嘀嗒嘀嗒的节奏中日复一日地过着一种单调乏味、循规蹈矩的悲凉生活，从来不会被欢庆的节日打断。谁从外国新到日内瓦，当他穿过街道时，他很可能以为这座城市大概正在举行丧礼志哀呢。日内瓦人的目光是如此忧郁和冷漠，大街小巷是如此寂静和肃穆，人的精神面貌是如此郁郁寡欢和压抑沮丧。加尔文的整饬和教会纪律固然令人折服，但是加尔文将严厉的规范和自律强加给这座城市，却是以不可估量地失去各种非常杰出的人才作为代价——而这些人才始终只能在宽宏大量和意气风发中产生。纵然日内瓦可以举出自己这座城市中无数虔诚的、敬畏天主的市民们的名字，举出无数勤勉的神学家和无数严谨的学者们的名字，可是在加尔文之后的两百年间，日内瓦确实再也没有创造出一个享誉世界的画家，没有一个享誉世界的音乐家，没有一个享誉世界的多才多艺的人物。为了循规蹈矩的生活而牺牲了大放异彩的生活，为了不作任何反抗的奴性而牺牲了能激发创造性的自由。只是过了很久很久，一个多才多艺的人物终于又在这座城市里诞生，他就是让-雅克·卢梭[42]，他是这座城市里最具独立人格的市民，他毕生反对的就是对人的个性的扼杀，日内瓦正是以卢梭的思想才将自己从加尔文的阴影中完全解放出来。

第三章 "教会纪律" 73

注 释

〔1〕 科尔纳文城门：Cornavin。

〔2〕 耶路撒冷（Jerusalem），位于亚洲西南部的世界著名古城，在今以色列境内，是伊斯兰教、犹太教和基督教的发祥地。新的耶路撒冷是比喻日内瓦。

〔3〕 乌托邦，拉丁文 Utopia 的音译。源自希腊文 oú（没有）和 topɔs（地方），意即"没有的地方"，今一般是指英国人文主义者托马斯·莫尔（Thomas More，1478—1535）于 1516 年发表的著作《乌托邦》（Utopia），他在书中描述了自己虚构的乌托邦的社会制度：建立公有制，此书原为拉丁文，后被译成许多欧洲文字，成为欧洲第一部空想社会主义的杰作，"乌托邦"亦成为"空想"的同义词，比喻不可能实现的理想。

〔4〕 《福音书》（Evangelium），《圣经·新约》的第一部分，包括《马太福音》《马可福音》《路加福音》《约翰福音》四卷。亦可泛指四卷中任何一卷。

〔5〕〔6〕 此处上帝是指《圣经·旧约》中的耶和华，天主是指《圣经·新约》中的耶稣基督。

〔7〕 茨威格在此处引用法语原文：en dehors et au delà。

〔8〕 "圣经统治"（Bibliokratie），新教改革派的神学家马丁·路德、加尔文、茨温利等人的基本神学思想之一是强调《圣经》是信仰的唯一依据，主张因信称义，教徒可以直接与《圣经》沟通，而不必通过教皇和天主教神父的中介。但是，加尔文后来以布道师的身份声称自己是《圣经》的唯一阐释者，这显然有悖于宗教改革的原来宗旨。加尔文在日内瓦掌权后实行思想专制和政治独裁，和罗马教皇并无二致，故人称他是日内瓦的教皇。

〔9〕 《摩西五经》（Mosesbibel），是指《圣经·旧约》前五卷：《创世记》《出埃及记》《利末记》《民数记》及《申命记》。《摩西五经》中所

说的"士师"（源于希腊文 Shōphēt）是指以色列人建国以前的临时性军事首领，意思与"酋长"相近，其职责是掌握禁令、诉讼、刑罚。德文版《圣经》将其译为"裁判官"（Richter）。在中文版和日文版《圣经》中将其译为"士师"（源自日语）。

〔10〕 弗兰西斯科·德·苏巴朗（Francisco de Zurbarán,1598—1664），西班牙画家。早期所作圣徒画像具有庄严平实的宗教氛围，被认为是表现朴实教理的祭坛画理想画家。其作品色彩清晰明朗，人物厚实庄重，有暗色调主义风格。参阅《大事年表》1598 年记事。

〔11〕 这里所说的再洗礼派教徒的遗孀，是指伊多莱特·范·布伦（Idoreit van Buren，？—1549），1540 年 8 月，加尔文由布泽安排和布伦结婚。参阅《大事年表》1540 年记事〔7〕。

〔12〕 茨威格在此处引用拉丁语原文：per mediam desperationem prorumpere convenit。

〔13〕 夏努安大街：Rue des Chanoines，日内瓦老城区一街道名。

〔14〕 参阅《大事年表》1541 年记事〔3〕。

〔15〕 罗伯斯庇尔（Maximilien Marie Isidore Robespierre,1758—1794），法国大革命时期雅各宾派政府实际首脑，主张实行革命恐怖统治，从而失去了广大民众的支持。1794 年 7 月 27 日在热月政变中被捕，次日被处死。

〔16〕 清教徒式（puritanisch），清教徒派（Puritanismus）是基督教新教一支派，16 世纪中叶起源于英国，原为英国国教会（圣公会）内以加尔文教义为旗帜的改革派，后又从其中发展出一些新教派（如长老会、公理会等）。清教徒要求"清除"英国国教内保留的天主教旧制度和烦琐礼仪，反对王公贵族的骄奢淫逸而提倡"勤俭清白"。英国国教派认为这些主张过于严厉，属于扼杀生活乐趣的禁欲主义。16 世纪至 17 世纪，不少清教徒鉴于英国国内局势动荡而移居荷兰与北美。英国的清教徒为英国的资产阶级革命以及对英国和美国的资本主义发展做出过重大的贡献。德国社会学家兼政治经济学家马克斯·韦伯（Max Weber,1864—1920）在其著作《新教伦理和资本主义精神》中对此作详细论述。

〔17〕 大弥撒（Hochamt），天主教排场奢华的大型弥撒。

第三章 "教会纪律" 75

〔18〕 寓意画（德语：Symbol，英语：emblem），流行于 16—17 世纪的寓意画常附有格言或寓言诗。

〔19〕 地下墓窟（Katakombe），是指公元 2 至 4 世纪初基督徒在罗马城外挖掘的地窟。其通道两侧的凹处用于埋葬为基督教殉教的死难者，有时也用作举行礼拜与祈祷的集会场所。4 世纪时其数量大增，并有碑刻、壁画装饰内部，后成为基督徒朝圣地。基督教在罗马帝国合法化后，地下墓窟遂逐渐废弃。

〔20〕 茨威格在此处引用法语原文：bête indomptable et féroce。

〔21〕 茨威格在此处引用法语原文：une ordure，词义为污物、垃圾、粪便、下流坏等。

〔22〕 德拉古（Draco），公元前 7 世纪雅典立法者，依据惯例法规编制成雅典第一部以严酷著称的成文法典，故后世称严酷的法律为"德拉古法"，德拉古也就成了严厉、残酷的代名词。

〔23〕 汪达尔人（Vandal），日耳曼民族的一支，公元 4 至 5 世纪时进入高卢、西班牙和北非，公元 455 年攻占罗马，所到之处大肆抢劫掠夺，野蛮破坏当地建筑。故后世将汪达尔人比喻为进行大肆掠夺和野蛮破坏的人。

〔24〕 宗教裁判所（Inquisition），又译"异端裁判所"或"宗教法庭"等，是罗马教皇洪诺留三世（Honorius Ⅲ.，1216—1227 年在位）于 1220 年下令建立的天主教会侦查与审判"异端"的机构，在中世纪时大肆迫害"异端分子"，其中包括不少进步思想家与自然科学家。宗教裁判所自 16 世纪起随着教皇势力的下降而逐渐衰落。教皇庇护十世（Pius Ⅹ.，1903—1914 年在位）于 1908 年将罗马最高宗教裁判所改为圣职部，并亲自主持该部工作。

〔25〕 契卡（ВЧК），"肃反委员会"俄语缩写的拉丁文音译，全称是"全俄肃清反革命及怠工特别委员会"。俄国苏维埃政府第一个秘密警察机构，成立于 1917 年 12 月，1922 年改为国家政治部，隶属于俄罗斯联邦内务人民委员部，后改为国家政治保卫总局。这里是比喻加尔文的教会秘密警察。

〔26〕 念珠（德语：Rosenkranz，英语：rosary），天主教徒念《玫瑰经》时用的一串念珠，共五十九颗，挂有十字架。天主教徒一边念诵

《玫瑰经》一边反复数算念珠祈祷，是天主教徒虔修的方式。

〔27〕 "下流放荡"行为，茨威格在此处引用法语原文：paillardise。

〔28〕 克劳德，法语：Claude，人名，一般用于男性。

〔29〕 阿玛蒂，法语：Amadé，人名，一般用于女性。

〔30〕 以撒（Isaac），基督教《圣经·旧约》中的人物，希伯来族长，亚伯拉罕和撒拉之子，雅各和以扫之父。

〔31〕 亚当（Adam），基督教《圣经·旧约》中的人物，所谓"人类的始祖"。

〔32〕 赫尔维齐人即瑞士人。据史料记载，赫尔维齐人部落在公元前为占领高卢南部地区而从今日德国西南部移居今日瑞士境内。但该部落于公元前58年在比布拉克特被恺撒击败。幸存者从此定居瑞士。1798—1803年间瑞士的正式名称是赫尔维齐共和国。

〔33〕 绳索拉肢刑（Streckseil），西方古代酷刑，将囚犯放在刑具上，四肢分缚，用机械将四肢分四个方向牵引，直至关节脱落，残忍无比。

〔34〕 烙铁炙脚底板的法语原文是：Chauffement des pieds。

〔35〕 巴尔扎克，法国19世纪伟大的现实主义作家。参阅《大事年表》1799年记事。

〔36〕 九柱游戏（德语Kegel，英语skittle）是保龄球游戏（bowling）的前身，九柱游戏是用滚球击倒九根瓶状木柱为胜；保龄球游戏则是十根木柱。

〔37〕 主显节（德语Dreikönigstag，英语Epiphany），基督教纪念天主耶稣向世人显现的节日，天主教、新教在1月6日，东正教在1月18日或19日，西方民间习俗，谁在这一天吃到夹有一粒豆的蛋糕，被称为豆王（Bohnenkönig），这本是一种生活情趣，但在加尔文看来，这是戏谑天主，大不敬，因此对沿用这种习俗者要加以惩罚。

〔38〕〔39〕 先生：法语Monsieur，大师：法语Maître。

〔40〕 得救预定论（Predestination），基督教教义术语。称凡是灵魂得救之人都早已被天主预先选定。在基督教教义史上曾先后出现三种得救预定论。第一种得救预定论称，天主的预知是预定何人灵魂

得救的根据；天主预知某些人会坚定信念、行为善良，因此预定予以拯救。第二种得救预定论是加尔文根据奥古斯丁学说发展而成，称天主从泰初就已预定拯救何人和诅咒何人，根本不考虑被拯救者或被诅咒者有无信念、爱心和善行。第三种得救预定论称，人之所以被天主弃绝是由于人的罪过。

〔41〕 雅克·格吕埃（Jacques Gruet，？—1547），日内瓦自由派代表人物之一，因参与反对加尔文独裁统治的斗争而被处死。

〔42〕 让-雅克·卢梭的生平简介，参阅《大事年表》1712年记事。

第四章　卡斯泰利奥登场

　　畏惧一个独裁者绝对不是说爱戴那个独裁者。因此，谁在表面上屈服于一种恐怖统治，他仍然会很长时间不承认那种恐怖统治有道理。诚然，在加尔文重返日内瓦的最初几个月里，他曾得到过日内瓦市民和日内瓦行政当局的一致好评。自从在日内瓦只有一个加尔文教派以来，各教派的人几乎都站到了他这一边，绝大多数的人最初都满怀热情地陶醉于这样一种大一统的局面。不过，他们不久就开始渐渐醒悟。因为把加尔文邀请来整饬秩序的所有的人原本都曾在暗地里希望，一旦加尔文的"教会纪律"能被确保顺利执行，这个暴戾的独裁者将会很快放弃惨无人道的德拉古法典中的酷刑。岂知事与愿违。他们看到的是加尔文的恐怖统治愈演愈烈。他们从未听到过加尔文说过一句感激他们的话：感谢他们在个人自由和快乐方面作出的巨大牺牲。与此相反，他们不得不心怀怨恨地去听加尔文在布道坛上大放厥词，说什么为了在这座腐败堕落的城市最终实施真正的道德规范和整饬，就有必要在绞刑架上绞死七八百个年轻的日内瓦人。日内瓦人现在才恍然大悟：

他们当初请回到这座城市里来的加尔文原来不是他们所祈求的医治灵魂的医生，而是一个禁锢他们自由的狱吏。与此同时，加尔文的越来越严酷的强制措施也终于引起他自己的最忠实的追随者们的恼怒。

也就是说，仅仅几个月的时间，在日内瓦就已重新产生了对加尔文的强烈不满。他的"教会纪律"作为一种从远处看的理想境界确实相当诱人，但在实施"教会纪律"的专制残暴的现实之中却满不是那么一回事。"教会纪律"的浪漫色彩正在消退。昨天还为"教会纪律"欢呼的人已开始轻声抱怨。但是，要动摇一个独裁者的个人威望在任何时候都需要有一个显而易见、人人都能理解的缘由。而这样的缘由不久就出现了。在那次肆虐于日内瓦城长达三年之久——自一五四二年至一五四五年——的可怕的瘟疫大流行期间[1]，日内瓦人第一次开始怀疑日内瓦教会纪律监督委员会在人性问题上始终不会有错。因为恰恰是那些平时以最严厉的惩罚相威胁的布道师们——他们曾要求每个病人必须在三天之内把一个牧师请到自己的床边——但是自从其中有一个牧师死于瘟疫传染之后，那些布道师们就撒手不管了，他们让传染病医院里的病人在没有牧师安慰的情况下忍受临终的痛苦而死去。日内瓦行政公署恳切地请求：至少能有一个日内瓦教会纪律监督委员会的成员愿意"在传染病医院鼓励和安慰可怜的病人"。可是除了那位中学校长卡斯泰利奥之外，没有一个教会纪律监督委员会的成员报名，而卡斯泰利奥又不是教会纪律监督委员会的成员，因此他不能接受此项委托。加尔文本人则让他的同事们宣布："教会纪律监督委员会时时刻刻离不开加尔文。"而他自己也公开承认，"不能为了帮助一部分人而置整个教会于不顾"。然而，即便是那些没有肩负像加尔文那样如此重要使命的布道师们也都始终小心翼翼地躲藏在危险的背后。行政公署向这些胆怯的安慰灵魂的布道师们提出的恳求自始至终毫无结果。有一个布道师甚至直言不讳地声称：他宁可自己去上绞刑架，也不会去传染病医院。一五四三年一月五日，日内瓦经历了一次令人惊讶的场面：日内瓦城所有新教改革派的布道师们在加尔文的率领下出席了行政公署的全体会议，他们要在会场上向公众作深感内疚的坦白——他们中间没有一个人曾有勇气进入那家传染病医院，尽管他们知道，在那些日子里，无论是凶是吉，传染病医院就是他们为天主以及为天主的神圣教会效劳的尽职场所。

是呀，没有什么能比一国民众的领袖人物的个人勇气更会使民众信服。几个世纪以后，在马赛、在维也纳，以及在其他许多城市的民众还仍然举行祭典，纪念在那次瘟疫大流行期间勇敢地走进重症病房去安慰病人的神父们。一国的民众对待自己的领袖人物，从来不会忘记这样一种英雄行为，但是他们更不会忘记自己的领袖人物在关键时刻的个人怯懦表现。日内瓦人现在总算看到了，正是这些在布道坛上慷慨激昂要求受众作出最大牺牲的布道师们自己却不打算作出最小的一点牺牲；日内瓦人觉得这是莫大的讽刺，并对这样的布道师嗤之以鼻。为了转移这种普遍的愤怒情绪，竟有人编造了一出纯属无稽之谈的荒唐戏——当然也纯属徒劳。事情的经过是这样的：几个忍饥挨饿的穷光蛋根据行政公署的命令被抓，并且被严刑拷打了很长时间，直至他们供认他们曾把用魔鬼的粪便制成的油膏涂抹在门把上，从而把瘟疫带进了日内瓦城。身为人文主义者的加尔文非但没有轻蔑地去驳斥这种像老妖婆瞎扯似的故事，反而承认自己对这种中世纪式的妄想行为深信不疑——原来他是一个始终朝后看的思想家呢！不过，有损于加尔文的威望的，不光是他向公众承认：他深信那几个穷光蛋——"传播瘟疫的人"[2]所干的事是真的；更有损于他的威望的是，他竟然在布道坛上声称：说有一名男子由于不信天主，魔鬼就在光天化日之下把他从床上拽起来并把他投入罗讷河中。话说到这里，加尔文不得不第一次经历这样的场面：在他的听众中的有些人根本不想竭力掩饰自己对这样一种迷信说法的嘲笑。

不管怎么说，对任何一个独裁者掌权不可或缺的心理因素——那种认为独裁者一贯正确的信念——在瘟疫大流行期间受到了很大伤害。显而易见的是民众开始醒悟：民众的反抗日趋增多而且范围愈来愈广。不过，民众的反抗仅仅是蔓延，而不是星火燎原，这对加尔文而言是一种幸运。因为这正是一种独裁统治在时间上所占的优势——各个时代都一样。这种时间上的优势可以确保专制独裁继续进行统治，即便这种统治在人数上早已处于少数，这种时间上的优势可以确保独裁统治的战斗意志始终显得组织严密和上下一致，而来自四面八方并且动机各不相同的反抗者们的意志却从未形成一种真正的冲击力，或者说形成时为时已晚。所以说，在绝大多数情况下，从一个独裁者的权威受到最初的动摇直到他最终垮台还有一条遥远和漫长的路呢。加尔文和他的教会纪律监督委员会以及他的布道师们和他的从外国流亡而来的追随者们，表现出一种独一无二的铁板一块的意志———一股目标明确、抱成一团的势力。与此相反，来自社会各个方面和各个阶层的人都可能是反对加尔文的人，但他们相互之间毫无关联。在他们中间，既有至今仍然偷偷崇拜旧信仰的天主教徒，也有被堵在酒馆门外嗜酒的人和无钱给自己涂脂抹粉的妇女，还有原来日内瓦的城市贵族[3]———这些城市贵族对那些刚刚从流亡中被接纳到日内瓦来时还一无所有而如今又成了占据着所有官职的新贵们感到莫大的愤慨。可见，在这个人数众多的反对派中既有十分高贵的人也有非常贫贱的人。然而，只要种种不满情绪没有和一种理念相结合，这些不满情绪仍然始终是一种没有任何力量的牢骚而已，仅仅是一种潜在的力量而已，却不是一种能起作用的力量。一群像飘荡的雪花聚集在一起的人从不可能去对抗一支有战斗力的军队，一种没有组织的不满情绪从不可能去对抗一种有组织的恐怖统治。所以，在最初的几年里掌控这样一些四分五裂的群体，对加尔文而言易如反掌，因为这些群体从未作为一个整体和加尔文对抗，而加尔文却能够四面出击，将他们各个击破。

对加尔文———这样一个承载着一种理念的人而言，真正的危险始终只是那个用另一种理念和他对抗的人：塞巴斯蒂安·卡斯泰利奥。加尔文以自己敏锐而又多疑的目光很快就认识到这一点。因为在加尔文的所有反对者中唯独卡斯泰利奥的才华与德行和他旗鼓相当，而且卡斯泰利奥是以一种自由精神的全部热情反对他的思想专制，所以加尔文自始至终最怕的就是卡斯泰利奥。

可惜，只有唯一的一幅卡斯泰利奥画像给我们留了下来，而且是一幅艺术水准平平的画像。画像表现的完全是一副严肃睿智的容貌，在高高的、光秃的前额下的双眼流露出坦诚的神情——人们很可能会说，那是正气凛然的眼神。除此以外，一个会相面的人从这幅画像上再也说不出什么了。这不是一幅让人看到一个人内心深处的画像，但它毕竟表现了此人最本质的特征：内心的自信和宁静。如果人们把这两个对手——加尔文和卡斯泰利奥的画像并排放在一起，那么人们从画像上就已经可以清楚地感觉到他们两人日后在思想领域的截然对立：加尔文的脸绷得紧紧的，显露出一种病态，躁动的精力似乎要大肆宣泄，而卡斯泰利奥的容貌却显得泰然自若而温和。加尔文的目光炽烈焦躁，卡斯泰利奥的目光平和安详。前者急不可耐，后者从容不迫；前者意气用事，后者坚韧不拔；前者囿于狂热信仰，后者笃信人文主义精神。

关于卡斯泰利奥的青年时代如同关于他的画像一样，我们所知甚少。他于一五一五年出生在瑞士、法兰西和萨伏依地区[4]交界的边境小村庄[5]，比加尔文晚出生六年。他的家族自称姓沙蒂永或者沙泰永，也许在萨伏依大公统治时期有时也自称卡斯泰利奥纳或者卡斯蒂格里奥纳[6]，但他的母语很可能不是意大利语，而是法语。当然，拉丁语很快就成了他真正使用的语言，因为卡斯泰利奥在二十岁时就以大学生的身份出现在里昂大学，并在该大学精通了法语和意大利语，同时还熟练掌握了拉丁语、希腊语和希伯来语。以后他还学了德语，而且纵使在其他所有的知识领域，他的钻研热情和造诣也都堪称卓绝，以致人文主义者和神学家们一致将他归入当时最有学问者之列。这个年轻的大学生最初感兴趣的是缪斯的各门艺术[7]。他曾靠教"七艺"文化课拼命工作而为自己挣得一点微薄的收入,并且还用拉丁语写了不少诗歌和文章。但是不久他感到自己被时代的诸多新问题深深吸引,表现出对比埋头在古书堆中更大的热情。其实,如果我们从历史上观察,古典的人文主义[8]只经历了一段非常短暂但又辉煌的兴盛时期——即介乎于划时代的文艺复兴和宗教改革[9]之间的几十年时间。这在世界的历史舞台上只不过是一瞬间,而当时的青年一代却希望从重温古典作家们的著作中——从系统接受古希腊和古罗马文化的教育中找到拯救世界的道路;然而,那些对人文主义最热衷的人——当时青年一代中最优秀的精英们不久就觉得,从陈旧的羊皮纸中一再重新研究西塞罗[10]和修昔底德[11]的著作无非是白发老人们干的工作和不起眼的零活儿;又恰恰在那个时期,一场宗教革命[12]就像一场森林大火已从德意志席卷而来,攫取了千百万人的心灵。不久,关于旧教和新教的争论在各个大学已超过关于柏拉图和亚里士多德的争论,大学教授和大学生们钻研的已不再是《学说汇纂》[13]而是《圣经》。所以说,十六世纪的欧洲一代青年全都以不可抑制的热情共同思考、共同议论、共同参与那个时代的各种宗教理念——就像在后来的各个时代中出现的政治浪潮、全民浪潮或者社会浪潮一样。卡斯泰利奥也深深陷入这样一种热情之中,而且还有一次个人经历对他这样一个天性人道的人而言具有决定性的意义,那就是当他在里昂第一次亲眼目睹用火刑处死异端分子时[14],他在内心深处感到极大的震撼,一方面是由于宗教裁判所的残忍无比,另一方面是由于牺牲者无所畏惧的勇气。他从那一天起就下定决心要为新的教义奋斗终生——他在新的教义中看到了自由和解放。

不言而喻，从二十五岁的卡斯泰利奥心中有了要为宗教改革而献身的决心的那一刻起，他自己的生命就会在法兰西受到威胁。无论在哪里，只要是一个国家或者一种制度用暴力压制信仰自由，那么对那些不愿屈服于暴力而泯灭自己良知的人而言只有三条路可走：一种可能是公开和这个国家的恐怖统治进行斗争并成为殉道的烈士，路易·德·伯奎因[15]和艾蒂安·多雷[16]选择的就是这样一条公开反抗的大无畏道路，当然啦，他们为自己的反抗付出了在火刑薪堆上被烧死的代价。另一种可能是既捍卫了自己的内心自由又保住了自己的性命——用表面上的屈服掩盖自己的真实想法，这是伊拉斯谟和拉伯雷的处世术：表面上同教会和国家保持和平，以便身穿学者的外衣[17]或者头戴小丑的帽子[18]暗地里向他们射出利箭，同时又巧妙地躲避开他们的暴力——以俄底修斯[19]的方式用计谋迷惑残暴势力。作为第三条出路的始终是流亡：想方设法从这样恐怖的国家带着自己的内心自由——将要受到迫害和蔑视的内心自由前往另一片可以自由呼吸的土地。卡斯泰利奥秉性正直而又柔弱，于是他就像加尔文一样选择了这样一条最和平的道路。一五四〇年春天，当卡斯泰利奥在里昂战战兢兢地目睹了福音派殉教者被活活烧死之后不久，他就离开了自己的家园——里昂，从那时起他就成了福音派新教的使者和传播者。

卡斯泰利奥前往斯特拉斯堡[20]，而且是"为了加尔文的缘故"[21]——就像绝大多数由于宗教信仰而流亡的人一样。因为自从加尔文在他的《基督教要义》一书的前言中如此大胆地向弗朗索瓦一世国王[22]要求给予宽容和信仰自由以来，他已经被全体法国青年视为福音派教义的宣谕者和旗手了——虽然加尔文本人还相当年轻[23]所有那些受到同样迫害的流亡者们都希望向加尔文学习，希望从加尔文这样一个懂得说出要求和树立目标的人那里接受一项毕生的使命。卡斯泰利奥作为加尔文的一名信徒——而且是作为一名深受鼓舞的信徒——到达斯特拉斯堡后立刻前往加尔文的寓所拜访，因为卡斯泰利奥热爱自由的天性还把加尔文视为思想自由的代表人物呢。他在斯特拉斯堡的加尔文寓所住了一星期——加尔文寓所中的若干房间是由加尔文的妻子为那些未来的新教传教士准备的[24]。然而，据说卡斯泰利奥所期待的建立更亲密的关系随后并未发生，因为加尔文在第一次会面之后没多久就被召到沃尔姆斯和哈格诺去参加宗教高级研讨会去了[25]。建立密切关系的第一次机会就这样被错过。不过，不久就表明：当时二十四周岁的卡斯泰利奥已经给加尔文留下了决定性的印象，因为加尔文经隆重邀请最终重返日内瓦[26]之后不久，这位非常年轻的学者卡斯泰利奥就被任命为日内瓦河滨学校的主任教师，是由法雷尔提议的[27]，但无疑得到加尔文的首肯。他还被特意授予一个校长的头衔，管辖两名给他当助手的教师，此外还根据他自己的愿望安排他在日内瓦的一个教区——旺多瓦教堂布道[28]。

卡斯泰利奥证明自己完全没有辜负这种信任，而且他的教学工作还给自己带来一项特殊的文学成就。因为卡斯泰利奥将圣经《旧约》和《新约》中最生动的段落翻译成拉丁语的对话形式，以便促使自己的学生更好地掌握拉丁语。这本最初只是设想作为日内瓦学童的问答手册的小书[29]不久竟成了一本世界知名的书——此书在文学上和教育上所起的作用也许只有伊拉斯谟的《拉丁语常用会话》可以与之相比。这本小册子甚至在数百年以后还被重印，少说也有四十七种版本，成千上万的学童从这本小册子中学到了经典拉丁语的基础知识。卡斯泰利奥通过他的这第一本书跻身于当时思想界的前列，尽管就卡斯泰利奥为人文主义思想教育运动所作努力的意义而言，这样一本拉丁语初级课本无非仅仅是一件偶然巧合的副产品而已。

不言而喻，卡斯泰利奥的抱负是追求更高的目标：远远超过编写这样一本让学童们喜欢而又实用的手册。因而他并未为此而疏远人文主义思想教育运动——他并未为了这样一本小册子而在琐碎细小的工作中分散自己的精力和学识。这位年轻的理想主义者心中怀有一项崇高的计划：他自己一个人很可能会在某种程度上再创乃至超越伊拉斯谟和马丁·路德两个人的伟大业绩——他计划至少要把全部《圣经》再翻译一遍，译成拉丁语和法语。他说，法兰西民众——他自己国家的民众也应该人人都有可能领悟《圣经》的全部真谛，就像在人文主义者的天下和在德意志人的天下通过伊拉斯谟和马丁·路德创造性的脑力劳动人人都有可能领悟《圣经》的全部真谛一样。卡斯泰利奥以自己秉性中的全部坚韧和默默的信念从事这项巨大的使命。这位年轻的学者每天夜里都在为这样一项他将为之献出自己整个一生的极其神圣的计划而工作——但是在白天他却要靠报酬极低的工作为自己的一家人去辛辛苦苦挣得一点微薄的收入。

但是，卡斯泰利奥刚刚迈出第一步就遇到了坚决的抵制。一个日内瓦出版商[30]表示愿意印刷他译自拉丁语《新约》的法语译稿的第一部分。然而，加尔文在日内瓦是一切思想文化工作和宗教事务的权力无限的独裁者。没有加尔文的批准——没有加尔文的印刷许可证，任何一本书籍都不得在日内瓦城内印刷；这并不奇怪，书报审查制度从来都是任何专制独裁的孪生姐妹。

于是，卡斯泰利奥去拜访加尔文——这无非是一个学者访问另一个学者，一个神学家访问另一个神学家而已，况且卡斯泰利奥是以同事的身份去请求加尔文能给予印刷许可证的。但是，生性霸道的人从来就把独立思考的人视为不能容忍的对手。加尔文的第一反应是怏怏不乐和几乎是毫不掩饰的恼怒。因为加尔文本人曾经给他自己的一个亲戚的《圣经》法语译本写过序言，从而使该译本在某种程度上被承认是新教正式使用的法语"标准文本"。而现在这样一个"年轻人"竟然会如此"狂妄"！——竟然不愿恭恭敬敬地承认由加尔文本人参与并得到他本人赞许的法译本为唯一准许使用和唯一正确的文本，居然想用自己的新译本取而代之！人们能够在加尔文致维雷[31]的一封信[32]中清楚地感觉到加尔文被卡斯泰利奥的"恣意妄为"所激怒的恼火情绪。他在信中写道："现在请你听一听我们的塞巴斯蒂安的幻想吧：他让我们觉得既可笑又可气。他三天前到我这里来，请求我准许他出版他自己的《新约》法语译本。"人们从这样一种嘲讽的口吻中就能够想象出，加尔文究竟是怎样接待他的对手的。事实上加尔文打发卡斯泰利奥很干脆：加尔文说，他愿意把出版许可证给予卡斯泰利奥，但只有在这样的条件之下：允许加尔文先读一读新的译本，并且允许加尔文修改他认为需要修改的文字。

其实，在卡斯泰利奥自身的性格中，他最鄙视的就是爱慕虚荣的自负和过于自信。他从未像加尔文似的认为自己的看法是唯一正确的看法——认为自己在任何事情上的见解都是完美无瑕和无懈可击。他在后来为自己的这个译本所写的序言就是一个在学术上谦虚和为人亦谦虚的典范。他在序言中坦率地写道，他自己对《圣经》的内容并非没有存疑之处，因此他提醒读者不要不假思索地读他的译本，因为《圣经》是一部充满矛盾、晦涩难懂的书，他仅仅是作了一种解读，但绝对不是一种定论。

尽管卡斯泰利奥是如此谦虚和如此通情达理地评价自己的译本，但是，任何人都会把人格独立的尊严放在至高无上的地位。卡斯泰利奥亦然，他意识到自己是一个希伯来语和古希腊语的学者，身为学者的他绝不比加尔文逊色。他完全有理由把加尔文的那样一种居高临下的审查意愿——作那样一种"修改"的专横要求视为是对自己的蔑视。学者与学者、神学家与神学家之间的关系在一个自由的城市共和国里原本就是平等的。卡斯泰利奥不愿意把自己和加尔文的关系视为学生和老师的关系，不愿意把自己的译本让加尔文用红笔修改得简直就像小学生的作业本一样。不过，卡斯泰利奥为了找到一种通情达理的解决办法和向加尔文表示自己对他的尊重，说他愿意在加尔文认为合适的任何时候为加尔文朗读译本原稿，并事先声明，他愿意在每一个细节上接受加尔文的忠告和建议。而加尔文却从自己的原则出发，反对任何形式的折中办法。加尔文无意互相切磋，而只想发号施令。加尔文直截了当回绝了卡斯泰利奥的提议。他后来这样写道："我告诉他，即便他许诺给我一百克朗[33]，我也不可能答应他：在某个特定时间和他会面，然后也许会用两个小时去讨论仅仅一句话。他听完这话后就悻悻然离去了。"

这是他们两人之间的第一次交锋。但加尔文已经感觉到，卡斯泰利奥不会在宗教事务和思想文化工作中事事都听命于他；加尔文已经认识到，别看卡斯泰利奥处处表现得温良恭俭让，他可是一个有独立思想的人———一个永远反对任何专制独裁的人。加尔文从这一刻起就下定决心，要在第一个时机把这样一个不愿意为他效力而只愿意为自己的良知效力的人从职位上赶走，并且尽可能将他赶出日内瓦。

欲加之罪，其无辞乎？加尔文不必久等。由于卡斯泰利奥靠当河滨学校主任教师所得的微薄薪俸无法供养自己的众口之家[34]，所以他一直在谋求自己觉得更加得心应手而且收入也比较丰厚的"圣经布道师"职位。自从他离开里昂以来，要为福音派效力并要成为福音派教义的宣谕者已经是他的人生目标。这位杰出的神学家在日内瓦的旺多瓦村教堂布道已经有好几个月了，而且在这座对传教要求十分严格的城市中尚未受到丝毫的指责；也就是说，在日内瓦不可能还会有另一个人提出类似的要求：希望正式进入布道师的行列。卡斯泰利奥的求职申请得到日内瓦行政公署一致同意并于一五四三年十二月十五日[35]作出决议："鉴于塞巴斯蒂安乃是一位学识渊博之士并非常适宜为教会效力，特此下令聘其在教会供职。"

可是，日内瓦行政公署却没有考虑加尔文的意见。这怎么行呢？行政公署怎么可以不事先恭恭敬敬地去询问加尔文的意见，而擅自任命卡斯泰利奥这样一个由于内心的独立可能会给加尔文带来麻烦的人为布道师呢？卡斯泰利奥一旦成为布道师从而也就成了教会纪律监督委员会的成员。加尔文立刻对任命卡斯泰利奥一事提出了异议，并且在给法雷尔的一封信中用晦涩的语言——这可不是同事之间坦诚的方式——说明自己为什么反对。加尔文写道："有各种重要的理由说明不能任命他为布道师……当然，我仅仅向行政公署暗示了这些理由而没有明说，不过，我也同时反对各种错误的猜疑，为的是不致败坏卡斯泰利奥的名声，我的意图是不要过于伤害他。"

谁读了这样一些隐晦而又闪烁其词的话，都会心生令人不快的疑窦。从这些话听起来，难道卡斯泰利奥果真有什么不光彩的事情使他不能得到布道师这样高尚的职位吗？难道他果真有什么污点吗？——需要加尔文出于好心用基督教宽恕的外衣来加以掩盖，从而不致"过于伤害他"吗？人们感到纳闷：这位备受尊敬的学者卡斯泰利奥究竟犯有哪种不法行为呢？——需要加尔文如此宽容地保持缄默。莫非他吞没了别人的钱财？莫非他和别的女人有染？卡斯泰利奥的无可非议的道德品质全城皆知，那么究竟有哪些不为人知的过错被掩盖了呢？加尔文故意用暧昧的语言给卡斯泰利奥蒙上了一层可以胡乱猜疑的谜团。话又说回来，对一个男子汉的荣誉和声望而言，最恶毒的莫过于加尔文说的那句模棱两可的话："不要过于伤害他"。

而塞巴斯蒂安·卡斯泰利奥却不愿意让自己不被"过于伤害"呢。他知道自己的清白，所以当他刚一获悉加尔文想要在背地里破坏对他的任命时，他就立刻挺身而出并且要求：加尔文必须向行政公署公开作出解释，究竟是出于哪些理由而必须拒绝将布道师的职位授予卡斯泰利奥。现在加尔文就不得不摊牌，并且必须说明卡斯泰利奥的讳莫如深的过错究竟是什么。人们终于了解到，加尔文如此神经兮兮秘而不宣的罪孽——"惊人的误入歧途！"——原来是卡斯泰利奥对《圣经》作神学上的解读时在两处次要的地方的观点和加尔文的看法不完全相同。第一点，卡斯泰利奥认为，《所罗门的雅歌》[36]并不是宗教诗而是世俗诗——所有的神学家或多或少都会附和这种观点；那首赞美书拉密女的诗是十足世俗的情诗："她的乳房像两只在草地上蹦跳的小鹿。"[37]绝不是对基督教信仰的颂扬。第二点，卡斯泰利奥解读《圣经》中耶稣地狱之行的意义[38]不同于加尔文的解读，这也是微不足道的差异。

也就是说，被加尔文"如此宽容地保持缄默的"卡斯泰利奥的罪过完全是吹毛求疵和小题大做，目的就是要阻止将布道师的显要职位授予卡斯泰利奥。在加尔文看来，只要事关基督教的教义，就不存在什么吹毛求疵和小题大做——这是真正的关键所在。加尔文竭力追求的就是新教教会的完全一致和最高权威，对他的墨守成规的思想而言，极细小的差别和极大的差别都一样危险。加尔文要在自己精心营造的结构严密的思想大厦中不让每一方石砖和每一块砾石有丝毫的偏离。在加尔文看来，即便是对《圣经》含义的领会也不允许有任何形式的自由，就像在政治生活、道德规范和法律中不允许有任何自由一样。如果加尔文的教会想要持续存在，那么这个教会从基层直至最小的方方面面都要保持权威性。如果谁不承认加尔文的这样一种领导原则，那么这个人就是企图用自由主义的思想进行独立思考——加尔文的国家就没有为这样一个人留下生存空间。

所以，当日内瓦行政公署要求卡斯泰利奥和加尔文到市政厅进行公开陈述——以便解决他们两人之间的分歧时，就注定这样一种努力从一开始就会失败。因为加尔文一贯只想教训别人，而从来不想倾听别人的观点或者改变自己的看法；他从来不愿去争论什么；也从来不愿和任何人争论，他只愿发号施令——我不得不一再重复这一点。加尔文刚一开始发言就立刻要求卡斯泰利奥"信仰我们赋予圣经的教义"，并且警告卡斯泰利奥不要"对自己的判断坚信不疑"，加尔文在听证会上的发言完全是按照他自己关于教会必须思想一致和具有权威的观点行事。但卡斯泰利奥也始终坚持自己的看法。因为在卡斯泰利奥看来，良知的自由是人的最宝贵的精神财富，他已准备好为这种自由付出任何尘世间的代价。他全然知道，他只需要在上述两个微不足道的细节上听从了加尔文，他在教会纪律监督委员会中的有利地位就会立刻得到保障。然而卡斯泰利奥却以自己独立的人格坚贞不屈地回答说：他的所作所为没有违背自己的良知，他不可能答应去做自己不能够照办的事情。也就是说，这一次对话毫无结果。因为这两个人在这样的场合代表的是两种不同的宗教改革：一种是要求在宗教事务中人人都有自由的自由派宗教改革；另一种是与此相反的正统派宗教改革，从而使加尔文在这场毫无结果的争论之后能够这样描述卡斯泰利奥："就我根据我们的对话所能作出的判断而言，他是一个对我抱有极大成见的人，以致难以设想我们之间可能会在某个时候达成一致意见。"

那么，卡斯泰利奥对加尔文所抱的"成见"又究竟是些什么呢？加尔文通过自己所写的文字作了披露："塞巴斯蒂安固执地认为，我有掌握一切权力的欲望。"这句话说得实在是一针见血。卡斯泰利奥此后不久就认识到——其他人不久也将认识到，加尔文按照自己的暴君本性已下定决心：在日内瓦只容许一种思想言论——即加尔文自己的思想言论存在；卡斯泰利奥还认识到，只有像贝扎[39]和其他一些追随者那样卑躬屈膝地完全听命于加尔文的教条的人才有可能在加尔文的精神王国生存。卡斯泰利奥可不愿意呼吸这种禁锢思想的牢房里的空气。他为了躲避天主教宗教裁判所的迫害而逃离法国，他来到瑞士可不是为了屈从于一种新教对良知的新的监督。他抛弃旧的教条，可不是为了成为新的教条的奴仆。他心目中的耶稣基督可不像加尔文心目中的耶稣基督。加尔文将耶稣基督视为是一个冷酷无情、绝不通融的审判官，将记述耶稣基督的《福音书》视作一部僵化和刻板的法典。而卡斯泰利奥只不过是将耶稣基督看作是一个最富人性的人——一个人人心中的道德楷模，而且每个人都应该按照耶稣基督的方式为人谦和，因此他没有狂妄地声称，唯独他卡斯泰利奥一个人懂得《圣经》的真谛。每当崇尚自由的卡斯泰利奥亲眼目睹那些在日内瓦新任命的布道师们解读《圣经》时是怎样的目空一切和自以为是——好像唯独他们懂得《圣经》的真谛似的，他就会无比愤慨。面对那些自命不凡的布道师们——他们不厌其烦地炫耀自己的神圣使命而把其他所有的人都说成是令人讨厌的罪人和丧失尊严的人，这时候卡斯泰利奥就会愤愤不平。有一回，在日内瓦行政公署的一次公开会议上，当谈论到耶稣使徒说过的那句话"我们必须在所有的事情上用巨大的忍耐来证实自己是天主的使者"〔40〕时，卡斯泰利奥突然站起来，向那些"天主的使者们"——日内瓦的布道师们提出要求：他们能不能也考验考验自己，而不要总是只考验别人——惩罚别人和审判别人。卡斯泰利奥这么说，很可能他已经知道日内瓦的布道师们在自己的私生活中有着各种各样不太禁欲的事情吧——这些事情后来在行政公署的记录中也有所披露，但日内瓦的布道师们却一直标榜自己在道德上无可指责呢。因此卡斯泰利奥觉得有必要公开谴责这种虚伪的自命不凡。可惜我们只能从加尔文的通报文本中知道卡斯泰利奥那次发难的原话——而加尔文对篡改某些内容从来不会有特别的顾忌，一旦遇到事关某个对手的话。话又说回来，即便是从加尔文的片面描述中，我们也能看出，卡斯泰利奥在谈到不可能人人都是圣人时也包括他自己在内，因为他说："使徒保罗〔41〕侍奉我主基督，而我们只是侍奉自己；保罗善于忍耐，而我们却非常不善于忍耐；保罗受到别人不公正的对待，而我们却去迫害无辜者。"

　　加尔文当时也出席了那次公开的会议，看来他对卡斯泰利奥的发难完全没有思想准备并深感惊讶。倘若加尔文是一个像马丁·路德那样血气方刚和慷慨激昂爱争论的人，那么他很可能会立刻拍案而起并且用激烈的言辞作出回应；倘若加尔文是一个像伊拉斯谟那样的人文主义者，那么他很可能会冷静而沉着地用渊博的知识进行争辩。然而，加尔文首先是一个现实主义者——一个懂得控制自己情绪和讲究策略与实际效果的人。他感觉到，卡斯泰利奥的这一番话对在场的人所产生的影响非同小可，现在反击卡斯泰利奥绝非明智。所以加尔文始终保持沉默，把薄薄的嘴唇闭得更紧。他事后为自己这种异乎寻常的克制辩解说："我在那种时刻保持沉默只不过是为了不在众多的外人面前引发激烈的争论而已。"

那么，他以后就会在可信赖的志同道合的人面前继续进行这场争论吗？他就会同卡斯泰利奥面对面地进行针锋相对的争论吗？他就会把卡斯泰利奥请到教会纪律监督委员会去，要求卡斯泰利奥指名道姓地用事实来证明他自己的笼统指责吗？——不，他绝不会这么做！加尔文在政治上从来无诚实可言。在他看来，任何一种批评的企图不光是理论上的离经叛道，而且也是对国家的一种冒犯——一种犯罪行为。而犯罪行为是属于世俗政权管辖范围之内。因此加尔文没有把卡斯泰利奥告上教会纪律监督委员会，而是告上世俗政权——行政公署。于是，一场关于道德问题的讨论也就转变为一项纪律制裁的程序。加尔文在致日内瓦行政公署的控告信中写道："卡斯泰利奥贬低了全体神职人员的声誉。"

行政公署召集开会，但不是十分愉快。行政公署腻烦布道师们的这样一些争吵，甚至给人这样一种印象：世俗政权似乎觉得这件事根本没有那么令人反感——现在终于有人敢于公开和大胆地说出反对教会纪律监督委员会飞扬跋扈的话了。起初，行政公署的官员们拖了很长时间，迟迟不作决定，而他们最终作出的决定也显得特别模棱两可。卡斯泰利奥受到口头上的责备，但没有受到处罚或免职；只是他在旺多瓦教堂的布道师工作暂时停止，容后再议。

对于如此温和的警诫，卡斯泰利奥很可能会感到满意了吧。但他已暗自下定决心。他最近已看得十分明白：像加尔文这样一种具有暴君本性的人绝对容不下在他自己身边有一个崇尚自由的人留在日内瓦。所以他请求行政公署免除他的职务[42]。卡斯泰利奥在这第一次较量中就已充分认识到对手加尔文的策略：若要党同伐异，一旦事实真相有可能危及自己一方的政治时，那么就要随时准备歪曲真相。卡斯泰利奥完全有理由预见到，对方很可能会在事后散布谎言：把他堂堂正正自愿放弃显要职位和职务说成是他失去自己的地位是出于某些行为不端的原因。所以卡斯泰利奥要求在离开日内瓦之前得到一份关于此次事件的书面证明。这样的话，加尔文就不得不亲笔签署一份文书——这份文书至今还保存在巴塞尔的图书馆里。文书中写道，卡斯泰利奥之所以没有被任命为布道师，仅仅是因为在神学的两个细节问题上有分歧。文件中还有这样的原文："为了避免任何人揣测塞巴斯蒂安·卡斯泰利奥的离去可能会有其他的原因，我们谨在此从各方面证明他是自愿放弃他在拉丁语学校的教师职位，而在此前他是如此出色地履行了此职，以致我们认为他也完全有资格成为布道师中的一员。纵使他未能被任命为布道师，那也完全是由于上述在神学上的两个细节问题的原因，而绝非是由于发现他在行为中有某种污点。"

把这样一位唯一能与加尔文匹敌的学者排挤出日内瓦，对加尔文的专制主义而言，意味着是一种胜利，但实际上是一种皮洛士[43]式的以惨重的代价换取的胜利。因为这样一位享有崇高声望的学者的离去在极其广泛的社会各阶层被视为是重大损失而深感惋惜。有人公开声言："卡斯泰利奥大师是受到加尔文的不公正对待。"天下所有的人文主义者通过这次事件确信无疑：加尔文只容得下盲从者和自己的追随者继续留在日内瓦。伏尔泰在两个世纪以后还将加尔文对卡斯泰利奥的压制引以为是加尔文的暴君心态的重要证据。伏尔泰说："人们能够从加尔文对卡斯泰利奥——对一个比加尔文自己伟大得多的学者的迫害和出于嫉妒将卡斯泰利奥赶出日内瓦的事件中察看出加尔文的暴君心态。"

而加尔文对于他人对自己的指摘却是十分敏感。他立刻感觉到自己清除卡斯泰利奥已经引起普遍的不满。所以他刚一达到自己的目的：把这样一个无与伦比、人格独立的卡斯泰利奥赶出日内瓦以后，他就深感担忧：公众很可能会把卡斯泰利奥眼下不名分文地浪迹天涯归咎于他。卡斯泰利奥所下的决心其实是一个使自己走投无路的决心。因为他既然被加尔文——当时在政治上最有权势的新教领袖宣布为自己的反对者，那么他也就不可能很快就在瑞士境内的某个地方得到新教教会的任命。他不顾一切所下的决心使他陷入无比艰难的困境。这位日内瓦新教拉丁语学校前校长眼下是作为一个乞丐——一个忍饥挨饿的人从这一家走到另一家。而有足够远见的加尔文却已认识到，一个受到他排挤的竞争对手面临这种尽人皆知的悲惨困境，必定会大大有损于加尔文自己在世人中的口碑。加尔文此时此刻已不必再为自己的对手就在身边而感到棘手，所以他要为这个被他赶走的人寻找各种体面的退路。他以异乎寻常的"热心"给自己的朋友们一封又一封地写信，好像他为可怜和贫困的卡斯泰利奥谋求一个合适的职位有多么尽力似的——其实，卡斯泰利奥变得可怜和贫困完全是由于加尔文的过错，加尔文如此故作姿态的目的无非是为了替自己开脱罪责。他在自己的一封信中这样写道："我祝愿他能够在某个地方毫无障碍地安顿下来，而我将会为此伸出援助之手。"可是卡斯泰利奥却没有像加尔文所希望的那样保持缄默。他公开地和毫无顾忌地到处讲述自己不得不离开日内瓦是由于加尔文的权欲所致。卡斯泰利奥的这种说法正好击中加尔文最为敏感之处，因为加尔文从未公开承认过自己独揽大权，而是始终只愿意被人赞颂为最谦逊、最恭顺地为自己的重大职责竭尽全力的公仆。现在，加尔文的书信的语气立刻有了变化。他对卡斯泰利奥的同情一下子就不见了。他在给朋友们的一封信中抱怨说："倘若你能知道这条狗——我指的是塞巴斯蒂安——对我狂吠些什么，该有多好。他居然说，他从自己的职位上被赶走完全是由于我的专横暴戾所致，以便我能进行独裁统治。"就是这同一个卡斯泰利奥——他曾被加尔文用亲笔签署的文书认定为完全有资格担任侍奉天主圣职的人——却在短短的几个月过程中变成了这同一个加尔文眼中的"畜生"——一条"狗"，从而平息自己心中的怨愤，仅仅是因为卡斯泰利奥宁可自己承受最痛苦的贫穷，也不愿意让自己被人用神职人员的俸禄收买。

卡斯泰利奥自愿选择承受这样一种穷困在当时就已引起同时代人的敬佩。蒙田曾特意在自己的随笔中评论说，一个像卡斯泰利奥这样作出过如此卓越贡献的人不得不忍受这样一种困境实在是可悲又可叹。蒙田接着又说，假如当时有众多的人及时知道这些情况，他们肯定会愿意帮助他。可是实际上根本就没有人表现出帮助的意愿，哪怕是只帮助卡斯泰利奥摆脱赤贫状态的意愿也没有。在这个四处不受敬待的人争取得到一个和他的渊博学识与崇高声望不太相称的职位之前，他还需要等待好多年呢。首先是没有一所大学会聘任他；也没有人会向他提供一个布道师的职位，因为瑞士的各城市已在政治上极大地依附于加尔文，以致谁也不敢公开聘用日内瓦城的独裁者——加尔文的这样一个反对者[44]。颠沛流离的卡斯泰利奥费了好大的劲终于在奥波里诺斯[45]设在巴塞尔的印刷所里找到一个低微的校对员职位作为生计。但这不是固定的工作，不足以养活妻小。于是他又不得不除此以外去当家庭教师挣点钱，用来养活一家六七口人。在巴塞尔大学将一个薪酬极低的希腊语讲师职位授予这位博古通今的学者之前，他又不得不度过多少苦不堪言的岁月哟——为每天每日的柴米油盐发愁，穷困的窘境令人怜悯，却难以启齿，但是这样的岁月会吞噬人的心灵和使人精疲力竭的呀！话又说回来，大学讲师的职位是荣誉甚于收益，这个职位仍然远远没有能够把卡斯泰利奥从不断干苦力活中解放出来。这位大学者——甚至被某些人称作当时最博大精深的学者——将不得不一辈子从不间断地去干低贱的苦力活。他在巴塞尔郊区自己的小小家中亲自挖土种菜，而且由于白天的工作仍不足以养家，他还得熬夜干活：校改印刷厂的清样；为别人的作品润色；从事各种语言的翻译——为了养家糊口，他替巴塞尔的出版商从希腊语、希伯来语、拉丁语、意大利语和德语翻译了数以几万页计的文稿。

然而，这样一种长年累月的贫困将只能悄然损害他的身体——使他的肉体变得羸弱和容易患病，却从未能够摧垮他的独立自主和坚韧不拔的豪情壮志。因为就在这样一种望不到尽头的苦差事中，卡斯泰利奥也从未忘记过自己的真正使命。他毫不动摇地继续自己的毕生事业——将《圣经》译成拉丁语和法语。在此期间，他还写了时事评论、论战文章、各种评注和对话录。卡斯泰利奥从来没有不工作的白昼和深夜。这个到处找活干的学者从不知道旅行的乐趣，从不知道安逸，也从不知道巨大的荣誉或者财富会带来感官的享受。这个崇尚自由的思想精英宁可让自己沦为永远贫困的奴隶——宁可出卖自己夜间的睡眠，却不愿出卖自己良知的独立：他是那些不事张扬的思想精英们的了不起的楷模——他们不为世人所见，即便是在被人忘却的漫漫黑夜之中，他们也依然为自己认为神圣的事业——为言论的不可侵犯、为自己的信念享有不可动摇的权利——而奋斗。

卡斯泰利奥和加尔文之间的真正较量尚未开始。不过，这两个人——即各自代表的两种理念都已互相冷眼面对，都已看出对方是个不可能和解的对手。对他们两人而言，哪怕是在同一座城市，在同一个思想领域一起待上一个小时也已变得不可能。尽管他们现在已彻底分开——一个在巴塞尔，另一个在日内瓦，但是他们也仍然警惕地注视着对方。卡斯泰利奥不会忘记加尔文，加尔文也不会忘记卡斯泰利奥。他们的沉默无非是等待着决定性的论战而已。前嫌极深的对立双方不可能持久和平，因为他们不再仅仅是看法不同，而是世界观与世界观之间的势不两立。人们在一种独裁统治的阴影之中从不可能真正感觉到有思想自由，而另一方面，只要在独裁统治的范围之内还有无与伦比的思想独立的人昂然存在，哪怕仅仅只有一个，独裁统治也从不可能肆无忌惮地颐指气使。诚然，潜在的紧张关系始终必须有一个爆发的时机——当加尔文让人点燃起薪堆用火刑处死塞尔维特时，卡斯泰利奥才有用滔滔不绝的言辞进行控诉的时机。当加尔文向任何自由的良知宣战时，卡斯泰利奥才有以良知的名义用辩论向加尔文决一死战的时机。

第四章　卡斯泰利奥登场　103

注　释

〔1〕 参阅《大事年表》1543 年记事〔1〕。

〔2〕 "传播瘟疫的人"，茨威格在此处引用法语原文：semeurs de peste。

〔3〕 城市贵族（Patrizier），指中世纪时德意志和瑞士的城市贵族。

〔4〕 萨伏依地区（法语：Savoie，意大利语：Savoia，德语：Savoyen），1416—1720 年是意大利北部萨伏依公国的领土。

〔5〕 1515 年，塞巴斯蒂安·卡斯泰利奥出生于多菲内（Dauphiné）地区的小村庄圣·马丁·德·弗莱森（St.-Martin-du-Fresne）。参阅《大事年表》1515 年记事〔1〕。

〔6〕 卡斯泰利奥家族的姓有多种拼音。参阅《大事年表》1515 年记事〔2〕。

〔7〕 缪斯（Muse），希腊神话中司文艺和科学的九位女神，后引申为给诗人、画家或音乐家以灵感的女神。缪斯的各门艺术是指中世纪时在欧洲的中学堂和大学设置的一般文化课"七艺"，全称是"七种自由艺术"（拉丁文 septem artes liberales），包括文法、修辞、逻辑（中世纪时称辩证法）、算术、几何、音乐、天文七科目，但不包括在中世纪被认为是主要学问的哲学、神学、历史学等。

〔8〕 被茨威格称为"古典的人文主义"（der klassische Humanismus）是指兴盛于文艺复兴（Renaissance）和宗教改革（Reformation）之间的人文主义思想。

〔9〕 参阅《大事年表》1517 年记事。

〔10〕 马尔库斯·图利乌斯·西塞罗（Marcus Tullius Cicero，公元前106—前43），古罗马政治家、演说家、人文主义思想家。其雄辩的演说词被人誉为"西塞罗文体"，著有《论演说家》（公元前55年）和《演说家》（公元前46年）两部详细论述演讲修辞学的书。其哲学著作至今仍被认为是人文主义思想的最初源头之一。西塞罗曾任古罗马的财政官（公元前76年）、市政官（公元前69年），公元前63年出任古罗马最高长官——执政官。公元前43年12月

7 日被政敌安东尼残酷杀害。

〔11〕 修昔底德（拉丁语 Thoukydides，约公元前 460—约前 400），古希腊历史学家，用三十余年时间写成《伯罗奔尼撒战争史》八卷。修昔底德写史，注重吸取历史教训，是史学流派"实用史述"（Pragmatische Geschichtsschreibung）的奠基人。

〔12〕 一场宗教革命是指 1524—1526 年间的德意志农民战争。参阅《大事年表》1524 年记事〔1〕。

〔13〕 公元 6 世纪东罗马（拜占庭）帝国皇帝查士丁尼 (Flavius Anicius Justinianus，482—565) 在位时（527—565) 下令编制《国法大全》(Corpus iuris civilis)，《学说汇纂》(Pandekten) 是罗马帝国法学家们阐释《国法大全》的教本。

〔14〕 1540 年 1 月，三名路德宗教徒在里昂受火刑被活活烧死。中世纪的里昂，商业繁盛，文化发达，胜过巴黎。卡斯泰利奥自 1535 至 1540 年在里昂的三一学院学习希腊语和拉丁语。他在里昂时很可能已经阅读过加尔文于 1536 年在巴塞尔出版的《基督教要义》（拉丁语版）和 1540 年在斯特拉斯堡出版的法语版《基督教要义》。

〔15〕 路易·德·伯奎因（Louis de Berquin，1490—1524），法兰西人文主义学者，路德及梅兰希顿著作的法语译者，因"异端"罪被宗教裁判所用火刑处死。

〔16〕 艾蒂安·多雷（Étienne Dolet，1509—1546），法兰西人文主义学者，曾三次被指控为无神论者而入狱，最后被巴黎大学神学教师团认定有罪而被判处火刑。参阅《大事年表》1509 年记事〔2〕。

〔17〕 指人文主义学者伊拉斯谟（Desiderius Erasmus，1469—1536），参阅《大事年表》1469 年记事。

〔18〕 指 16 世纪法兰西人文主义小说家拉伯雷（François Rabelais，1494？—1553)，以其冠以总名《卡冈都亚和庞大固埃》的五卷小说（中译名《巨人传》）著称于世。参阅《大事年表》1553 年记事〔15〕。

〔19〕 俄底修斯（Odysseus），荷马史诗《奥德赛》(Odyssee，原意为俄底修斯的故事，故另一意译名为《俄底修斯纪》）中伊塔卡（Ithaka）岛氏族部落军事首领兼祭祀和审判官，率兵参加希腊联

军攻打特洛伊（Troja），其人力大无比、英勇善战，献木马计使希腊联军获胜，回家途中漂流海上十年。十年之内，该岛有一百零八个氏族首领向其妻求婚，企图以此得到其职位，其妻忠贞不渝。俄底修斯到了家门口，化装成乞丐，但悄悄向儿子说明真相，是夜，父子两人将武器搬入设宴大厅。第二天众求婚者来宫中饮宴，其妻提议射箭比赛，谁取得胜利，她就选谁为自己丈夫。众求婚者中无一人能拉开俄底修斯的弓。"乞丐"愿往前一试，结果射中目标，并给儿子一个开始战斗的信号。众求婚者恍然大悟，"乞丐"乃俄底修斯本人也，企图自卫，但父子两人奋勇战斗，众求婚者全部被杀。俄底修斯夫妻团圆并重新执掌原来职位。

〔20〕 参阅《大事年表》1540 年记事〔9〕。

〔21〕 茨威格在此处引用拉丁语原文：propter Calvinum。

〔22〕 弗朗索瓦一世（François I., 1494—1547，英语名 Francis I.，故旧译名法兰西斯一世），法国瓦罗亚王朝国王（1515—1547 年在位），在位时强化王权，确立君主专制。1516 年与教皇签订波伦亚宗教条约，控制全国教会。

〔23〕 1536 年 3 月《基督教要义》在巴塞尔出版，加尔文时年二十七岁。参阅《大事年表》1536 年记事〔1〕。。

〔24〕 加尔文在 1538—1541 年定居斯特拉斯堡期间，当地教会每年给他的圣俸是五十二盾（相当于今一千三百美元），为弥补开销之不足，他有时卖掉自己的藏书，同时把房间租给学生寄宿。参阅《大事年表》1540 年记事〔8〕。

〔25〕 参阅《大事年表》1540 年记事〔9〕。

〔26〕 1541 年 9 月 13 日，加尔文经专程邀请重返日内瓦，受到日内瓦民众热烈欢迎。

〔27〕 16 世纪日内瓦的学校不分小学和中学；上大学之前上的学校统称 Collège。1541 年 6 月 17 日，日内瓦行政公署任命卡斯泰利奥为河滨学校（Collège de Rive）的主任教师（régent）。参阅《大事年表》1541 年记事〔4〕。

〔28〕 参阅《大事年表》1542 年记事〔2〕。

〔29〕 这是指卡斯泰利奥的拉丁语著作《关于〈圣经〉的问答》（*Dialogi*

sacri)，参阅《大事年表》1543 年记事〔2〕。

〔30〕 这是指日内瓦出版商让·吉拉尔（Jean Girard）。

〔31〕 皮埃尔·维雷 (Pierre Viret，1511—1571)，瑞士宗教改革家。参阅《大事年表》1511 年记事。

〔32〕 这是指加尔文于 1542 年 9 月 11 日致皮埃尔·维雷的信。

〔33〕 克朗（Krone），16 世纪瑞士流通的货币。

〔34〕 卡斯泰利奥出生在一个多子女的农民家庭，他有三个姐妹和三个兄弟。三个姐妹（Etiennette，Jeannette，Jeanne）在 1540 年以后分别移居日内瓦或日内瓦周边地区。当时的乡村妇女进城后大都是当帮工或女佣。塞巴斯蒂安·卡斯泰利奥是兄弟姐妹中受教育最多的一个。他得在经济上照顾自己的姐妹。所谓众口之家当时是指兄弟姐妹多的大家庭。参阅《大事年表》1542 年记事〔2〕。

〔35〕 根据《加尔文大文集》记载，行政公署作出决议的日期是 1543 年 12 月 17 日。参阅《大事年表》1543 年记事〔1〕。

〔36〕 《所罗门的雅歌》(*Hohelied*) 是《圣经·旧约》中的一卷。雅歌的原意是"歌中之歌"，即"最高雅之歌"。据传是所罗门王所作。《雅歌》共八章，采用对话形式，表达男女双方热恋的心情。

〔37〕 书拉密女（Sulamith）是来自书拉密的女子。在《圣经·旧约·雅歌》第四章中赞美书拉密女时有这样的词语："你的双乳，好像百合花中吃草的一对小鹿，就是母鹿双生的。"在《雅歌》第七章中也有这样类似的词语："你的两乳好像一对小鹿，就是母鹿双生的。"

〔38〕 加尔文承袭《尼西亚信经》(*Nican Creed*)，把《圣经》中耶稣的地狱之行解读为对耶稣良心的测试。参阅《大事年表》1543 年记事〔1〕。

〔39〕 西奥多·德·贝扎（Théodore de Bèze，1519—1605），法国神学家。参阅《大事年表》1519 年记事〔1〕。

〔40〕 在《圣经·新约》中谈到耶稣的使徒们忍耐之处颇多。这里并非是某个使徒的一句原文。

〔41〕 保罗是《圣经·新约》中的人物，犹太人，早年曾一度参与迫害基督徒，后成为向非犹太人传教的基督教使徒。《圣经·新约》中的

《使徒行传》卷载有保罗在传播基督教过程中遭受犹太人的迫害而他始终坚韧不拔、矢志不渝的事迹。

〔42〕 1544 年 7 月，卡斯泰利奥在旺多瓦教堂布道的非正式职位被撤销，他在日内瓦河滨学校主任教师的职务被撤销。参阅《大事年表》1544 年记事〔3〕。

〔43〕 皮洛士（Pyrrhus，公元前 319—前 272），古希腊伊庇鲁斯国王（分别于公元前 306—前 302 及公元前 297—前 272 在位）。皮洛士醉心于马其顿亚历山大的功业，企图在地中海地区称霸。曾率兵至意大利与古罗马交战，在赫拉克莱亚（Heraclea，公元前 280 年）和奥斯库卢姆（Asculum，公元前 279 年）以极其惨重的代价打败罗马军队，故后人以 "皮洛士式胜利" 一语借喻付出惨重代价换取的胜利。

〔44〕 1544 年 7 月和 8 月间，卡斯泰利奥离开日内瓦，先到伯尔尼，后移居巴塞尔。

〔45〕 约翰内斯·奥波里诺斯（Johannes Oporinus，1507—1568），原是德意志人，古典语言学家，巴塞尔出版商。

第五章 塞尔维特案件

历史有时候会在各个时代从芸芸众生中为自己挑选出某个人物，以便在他身上形象地展示一场世界观的论争。这样一个人物绝对不是非要一个出类拔萃的天才不可。命运往往喜欢从无数的姓名中挑选出一个完全是偶然巧合的姓名，然后将它铭刻在后世的记忆之中。所以，米格尔·塞尔维特[1]成为一个值得纪念的人物，也并非由于他是一个特殊的天才，而仅仅是凭借他自己的可怕结局。在这样一个性格乖戾的人身上有着各种各样的天赋——但却没有幸运地融会贯通，而仅仅是混杂一起。他是一个身体强壮、头脑清醒、好奇而又任性的知识分子。他有追求真理的单纯意愿，但却会突然从这个问题转移到另一个问题——犹如飘忽不定的磷火，因而不能做到对每个问题都有独到的见解。这样一位浮士德[2]式的学者并没有彻底扎根于某一门学科，虽然任何一个追赶潮流的游击战士[3]都会同时涉猎哲学、医学和神学——他们有时候会由于大胆的观察所得而心醉神迷，然后又会由于不堪深究的欺人假象而恼火。塞尔维特在宣告自己预言的那本书[4]中固然谈及自己的一次医学发现——即所谓血液小循环[5]，那可是真正具有开拓性的观察，使人们的眼睛豁然一亮，但是塞尔维特却没有想到去系统地利用自己的发现，并作深入的科学研究。于是，这样一次天才的火花就像雷雨之前的一次闪电一般熄灭在他的那个世纪的浓密乌云之中。在这个天马行空者的身上有着许许多多智慧，可是只有内心深藏的目标追求才会将一个睿智的人转变为一个具有创造性的人物呀。

人们常说，每一个西班牙人身上都有点堂·吉诃德[6]的气质，此话未免有些言过其实，但用在米格尔·塞尔维特身上却是出奇的千真万确。这样一个身材瘦削、脸色苍白、蓄着山羊胡子的阿拉贡人[7]——米格尔·塞尔维特不仅在外形上和拉曼查[8]的那个又高又瘦的游侠骑士堂·吉诃德相似，而且塞尔维特在自己的内心深处也燃烧着和堂·吉诃德相同的奇情异想的巨大激情：要去为荒诞不经的事奋勇作战，要用不切实际的理想主义去反对现实生活中自己看不顺眼的一切。这个神学领域中的游侠骑士塞尔维特全然缺乏任何自我反省，一味要发现些什么或者标新立异些什么，为此他会向时代的各种壁垒和风车[9]冲去。只要是冒险的事——荒唐的事、反常的事和危险的事都会激起他的热情，而且对争论怀有明显的乐趣，他和其他各种固执己见的人激烈地进行争论，他既不受任何教派的约束，也不属于任何政治集团，他永远是单枪匹马，同时又耽于幻想和不切实际，因此他可谓是一个绝无仅有的怪人。

如果谁始终以如此目空一切的态度单枪匹马地和所有的人对立，那么这势必会破坏他和大家的关系。当塞尔维特还是一个少年时——他差不多和加尔文相同的年龄[10]——他就已经和自己生活的周边世界发生了第一次冲突：他十五岁时就已经看明白，为了躲避宗教裁判所，他必须从自己的故乡阿拉贡前往法国的图卢兹[11]，以便在那里继续自己的大学学业。后来，卡尔五世[12]的忏悔神父[13]聘他为私人秘书，把他从图卢兹大学带到意大利[14]，然后又把他带到奥格斯堡参加在该地举行的帝国议会[15]。这位年轻的人文主义者塞尔维特在奥格斯堡就像当时所有对时事政治满怀热情的同时代人一样，深深陷入到那一场新旧教义的大论战之中。当他亲眼目睹那一场具有世界历史意义的旧教义和新教义之间的慷慨激昂的辩论时，他的不甘寂寞的心也就按捺不住了。凡是有争论的地方，他都要参与一起争论；凡是教会寻求改革的地方，他都要参与一起改革，而且这位满腔热血的年轻人是以一种青年人的激进态度把迄今为止脱离和排斥旧教会的一切行为视为太畏葸不前、太温文尔雅、太优柔寡断。他还长时间地觉得，纵然是路德、茨温利和加尔文这样一些大胆的革新家在纯净福音派教义方面也没有表现出足够的革命精神——他们竟然还把三位一体[16]这样的信条纳入到他们自己的新教义之中。而塞尔维特——这个二十岁的年轻人却以绝不调和的态度干脆声称：尼西亚基督教普世主教会议[17]所规定的信条不足为信，塞尔维特说，这种一成不变的三位一体的信条不符合宗教中独尊一神的本质。

在一个关于宗教信仰大辩论处于热火朝天的时代出现一种如此激进的见解，就其本身而言完全不必大惊小怪。每逢所有的价值观和法则都受到动摇的时代，任何人都可以为自己寻求独立和非传统思考的权利。然而，塞尔维特不仅从所有那些争论不休的神学家们身上承袭了他们爱好争论的热情，还承袭了他们身上那种要命的品质：无以复加的刚愎自用——这将会给塞尔维特带来灾难性的后果。因为这个二十岁的年轻人想要立刻去向那些宗教改革的领袖们证明：他们——宗教改革的领袖们对教会所作的改革远远不够，而唯独他——米格尔·塞尔维特懂得宗教改革的真谛。于是他急不可待地去访问他那个时代的一些伟大的学者——他到斯特拉斯堡去访问马丁·布泽和卡皮托〔18〕，到巴塞尔去访问奥科兰帕迪乌斯〔19〕，为的是要求他们尽快在福音派教会中废止三位一体的"错误"信条。人们不难想象，当一个嘴上无毛的西班牙大学生突然闯进他们的家门，并且用一种完全是趾高气扬的无理态度要求他们全都能够立刻推翻他们自己的世界观，而顺从地赞同他——一个大学生的激进论点时，这些德高望重的布道师和教授们该会怎样的惊骇哟。他们仿佛觉得是魔鬼亲自派遣一个地狱里的兄弟进入到他们的书斋，于是他们面对这样一个狂热的异端分子赶紧在自己身上虔诚地画起十字。奥科兰帕迪乌斯像驱赶一条恶狗似的把塞尔维特赶出家门，并称他是"一个犹太人、一个突厥人〔20〕、一个亵渎上帝的人、一个中了邪魔的人"。布泽在布道坛上痛斥塞尔维特是魔鬼的走卒。茨温利则向公众警告，要提防"这个邪恶的伊斯帕尼亚人"〔21〕，并说"塞尔维特的恶毒而又错误的教义是想置我们整个基督教于死地"。

然而，正如拉曼查的游侠骑士堂·吉诃德在自己迷失方向的漫游中很少会被辱骂和棍棒所吓退一样，他的同乡塞尔维特在自己的神学斗争中也很少会被驳斥或者拒绝所动摇。塞尔维特想，如果这些宗教改革的领袖们现在不能明白他说的话，如果这些哲人和智者现在不愿意在自己的书斋里倾听他的意见的话，那么这正说明这场斗争必须公开地继续下去。他想，要是整个基督教天下现在能够读到他用书籍的形式写成的论证该有多好呀！于是，二十二岁的塞尔维特倾其所有钱财在哈格诺把自己的论纲印成书籍[22]。一场公开反对他的风暴就此爆发。布泽在教堂的祭坛上毫不含糊地声称，这样一个亵渎神明的人理应受到严厉的惩罚。布泽说："从他的活生生的肉体中挖出全部内脏。"整个新教世界从这一刻起将塞尔维特视为是现世的撒旦精心挑选的真正帮凶。

不言而喻，对一个敢以如此挑衅的态度冒天下之大不韪的人而言——他竟同时声称天主教的教义和新教的教义都有错误，那么他在基督教占统治地位的整个西方世界就不会再有安静的栖身之处——他不得不流离失所。自从米格尔·塞尔维特以自己的著作犯下阿里乌[23]式的"异端罪"之后，如果他继续使用原来的姓名，那么他被追杀的危险程度就会远远超过一头被追杀的野兽。他现在还能想到的唯一解救办法就是：完全销声匿迹——不让自己被发觉和不让自己被找到，就像脱下一件燃烧着的衣服那样放弃自己原来的姓名。这个遭到教会严厉谴责的异端分子用米歇尔·德·维勒纳沃[24]的化名回到法国[25]并且在里昂的一家出版社[26]当编辑。他在这样一个领域里是一名生手，但他的强大的适应能力使他不久就找到了显露身手的新天地——他很快就有了和行家进行切磋的能力。塞尔维特在校对托勒密[27]的《地理学》一书时一夜之间就成了地理学家，并为此书写了一篇详尽的导言。这个头脑灵活的聪明人在校改医学书籍时又自学成为一名医学家。此后不久他真的打算到大学去学医了。为了继续深造，他前往巴黎，并作为标本制作师和维萨里[28]一起参与解剖学课程的工作。然而，性情急躁的塞尔维特还没有真正结束学业——大概还没有得到医学博士学位，就急不可待地又开始想要用新学到的知识出人头地，就像他先前在神学中的表现一样。他大胆地宣布：他要在巴黎的这所医科学校开设一门跨学科的课程——把医学和数学、气象学、天文学、星相学进行交叉的课程[29]。可是这样一门把星相学和医学混杂在一起的课程以及他的某些蒙人的治疗惹怒了医生们；于是，维勒纳沃，或者用拉丁语的名字叫维拉诺乌斯[30]——亦即塞尔维特和上述各专业领域的权威人士发生了冲突，他最终被公开告上巴黎最高法院，指控他利用占星术——一种受到教会和世俗律法谴责的巫术进行招摇撞骗。塞尔维特通过迅速潜入地下再次拯救了自己，这才使得官方在调查时没有发现他原来就是那个多方寻找的大名鼎鼎的异端分子。大学教师维拉诺乌斯一夜之间就从巴黎消失了，就像从前的神学家塞尔维特突然从德国消失一样[31]。人们很长时间不再听到关于他的消息。而当他重新出现时，他又已戴上了另一副面具：维埃纳大主教保尔米埃[32]的新任私人医生，谁又怎能会去猜想这样一位每个礼拜日都去做弥撒的虔诚的天主教徒原来是一个遭到教会强烈谴责的异端分子和一个被巴黎最高法院判为江湖骗子的人呢？当然啦，米歇尔·德·维勒纳沃小心翼翼地保护着自己[33]，他也不再宣传异端的观点。他静悄悄地生活着，完全不去惹人注意。他出诊治愈了许多病人，也赚了不少钱。所以，每当米歇尔·德·维勒纳沃博士先生——维埃纳大主教阁下的私人医生以西班牙人的翩翩风采气宇轩昂地从敦厚的维埃纳市民们身旁走过时，市民们都会恭敬而又毫无猜疑地向他脱帽致意：他本来就是一个非常高贵虔诚、博学而又谦逊的人嘛！

然而实际上，离经叛道的异端思想在这样一个雄心勃勃的人的心中就根本没有泯灭，也就是说，原来那种刨根问底的不安秉性仍然丝毫未损地埋藏在塞尔维特的心灵最深处。倘若一个人曾经一度被某种思考所攫住，而且这种思考始终左右着他的全部思维和感情，那么这种思考势必会永远在他的内心激起不可遏制的热情。一种活跃的思考从来不愿意只依附在仅仅一个人身上——不愿意随着这个人的死去而消逝。这种思考愿意拥有自己的空间、拥有自己的天下和拥有自己的自由。所以，任何一个思想家总会遇到这样的时刻：他毕生思考得出的认知会在这一刻从内心脱颖而出，就像瓜熟蒂落、水到渠成一样。而且像塞尔维特这样一个充满激情和自信的人也不会长时间地忍受自己单独一个人为自己而去思索自己毕生思考的问题；他必定会坚持不懈地渴望着天下所有的人最终都会和他一起进行思考。可是塞尔维特现在却仍然每天每日亲眼目睹福音派新教的领袖们继续宣扬婴孩要受洗礼和三位一体这样的信条——而这样的信条在塞尔维特看来是错误的，他仍然亲眼目睹所有的基督徒还要一直蒙受那些"违背基督者"

所犯错误带来的玷辱，这些事情对塞尔维特而言不啻是对良知的折磨。难道他的职责不正是在此时此刻终于挺身而出，将真正的信仰传遍天下吗？那些被迫沉默的岁月想必已经使塞尔维特感到不堪忍受。一方面是没有说出来的话使他感到心情憋闷，另一方面是作为一个遭到教会强烈谴责的人和一个潜逃的被告他不得不始终双唇紧闭。在这样一种痛苦难言的处境中，塞尔维特终于试图至少要在远方找到一个能进行思想交流的知音——这种要求完全可以理解。由于塞尔维特不敢在自己的居住地和任何人进行思想上的沟通，于是他只能在书信中通过笔谈阐述自己的神学信念。

塞尔维特找到的这个远方知音正是加尔文，而最后使塞尔维特遭到杀身之祸的也恰恰就是这个他曾寄予无限信任的加尔文。塞尔维特盼望自己对《圣经》所作的更为严密和更无顾忌的解读能得到加尔文——这样一位福音派教义的最激进和最大胆的革新家的理解。塞尔维特希望加尔文或许会重新回想起他们从前曾经有过一次口头交谈。因为这两个同龄人[34]早在他们的大学时代就已经在巴黎见过一次面[35]，只不过许多年以后——当加尔文已经成为日内瓦的主人而米歇尔·德·维勒纳沃已经成为维埃纳大主教的私人医生时——两人之间的通信联系才通过里昂的一名书商[36]的介绍而得以建立。塞尔维特以一种不容拒绝的执拗——甚至可以说是纠缠不休地强烈要求加尔文——这位最坚强的宗教改革理论家能支持他为反对三位一体的信条所进行的斗争。塞尔维特为此给加尔文写信，一封接一封。加尔文最初的回信仅仅是进行教条式的劝阻。加尔文觉得自己有责任教育误入歧途的人,并且觉得自己身为教会的领袖有责任将迷途的羔羊重新引入完好的羊栏。不过,到末了,塞尔维特的异端论点以及他表达自己论点的那种狂妄傲慢、自以为是的语气大大触怒了加尔文。塞尔维特竟敢在给这样一个天性故步自封的加尔文的信中这样写道:"我曾一再要让你明白,你之所以走在错误的道路上,是由于你无视圣父、圣子、圣灵三者的重大区别。"——这当然会使一贯专横而又心胸狭窄的加尔文怒不可遏,也就是说,塞尔维特已经以极其危险的方式和这样一个危险的对手结下了怨恨。更有甚者,塞尔维特在加尔文所著《基督教要义》一书上的页边空白处批注了他认为是错误的论述——就像小学老师批改小学生作业似的又涂又改——然后将这本书寄到遐迩闻名的作者本人——加尔文的家中。人们不难想象,这位日内瓦的主人怎能忍受这样的羞辱。他在给自己的朋友法雷尔的信中写道:"塞尔维特大肆攻击我的著作,并用辱骂的批注在上面又涂又画,就像一条狗咬住一块石头来回啃个没完似的。"——加尔文对业余神学家塞尔维特的鄙视跃然纸上。加尔文心想,和这样一个不可救药的白痴争辩岂不是白白浪费时间吗?于是他一脚踢开塞尔维特的所有论证。加尔文写道:"我无非是把这个家伙的话当作驴叫而已。"[37]

可是,塞尔维特——这个不幸的堂·吉诃德却未能及时意识到自己正举着一支脆弱的长矛向铁一般坚固的盔甲——充满自信的加尔文冲去呢,而且丝毫不知退却。塞尔维特执意要得到加尔文对他自己的新的神学思想的支持,简直就像"中魔"似的——正如加尔文所写;而加尔文根本不愿意理睬塞尔维特。塞尔维特非但不去设法保护自己免遭加尔文——可想而知是最危险的对手——的陷害，反而将自己的一部尚未出版的神学著作的清样寄给加尔文并请他阅读。然而，首先是这部著作的书名、然后是这部著作的内容大大激怒了加尔文！因为塞尔维特故意把自己的这部神学著作的书名称作《再论基督教教义》[38]，目的只有一个：要令人触目地在所有的世人面前强调，他不得不用自己的《再论基督教教义》来对抗加尔文的《基督教要义》。加尔文顿时觉得，对基督教教义刨根问底已成为这样一个挑衅者的病态欲望，而且塞尔维特的那种痴迷的纠缠不休也让加尔文感到非常不快。于是他特意写信给那个迄今为止一直帮助他们交换信件的书商弗雷戎[39]，说他自己确实有更为迫切的事情要做，没有时间浪费在这样一个自吹自擂的白痴——塞尔维特身上，希望弗雷戎予以谅解。不过，与此同时，加尔文也写信给自己的朋友法雷尔[40]，信中写道："塞尔维特最近写信给我，并且随信附寄给我一册厚厚的痴人说梦的书，以不可思议的狂妄声称，我将会在其中读到一些会让我感到惊讶的内容。他还说，他已准备好到我这里来，只要我有这样的愿望……但是我不愿为此多费口舌，因为如果他真的来，那么我将不会容忍让他活着离开日内瓦，只要我在这座城市还有若干影响的话。"——这些话后来就显示出有多么可怕的分量。

塞尔维特是否认识到这样一种威胁，或者加尔文自己是否直接警告过他——譬如说在一封今天已经遗失的信件中——这些均不得而知。但不管怎么说，塞尔维特似乎终于预感到：他已经把自己的性命交到了一个充满杀气的仇人手中。他第一次为自己的那部危险的手稿感到忐忑不安——那部手稿是他加了"盖印密封"[41]后寄给加尔文的；后来塞尔维特才知道这部手稿已经落到了一个如此公开表示对自己怀有敌意的人手中。于是担惊受怕的塞尔维特给加尔文写信说："由于你认为，在你看来我无异于是一个魔鬼撒旦，那么我也就不再说什么了。不过，如果你真的认为，教皇是违背基督精神的人，那么你也必须确信，三位一体和婴孩受洗礼的信条——这些是教皇的一部分教义——乃是与基督精神背道而驰的信条。"

然而，加尔文回避对这封信作出回应，而且更不想将这部可以制造祸端的手稿寄还给塞尔维特。加尔文将这部异端分子的文稿小心翼翼地保存在一只抽屉里——就像保存一件危险的武器似的，以便能够在适当的时刻取出来使用。因为他们两人都知道，在这最后一次的唇枪舌剑之后势必会开始一场你死我活的斗争，而塞尔维特在此后的日子里则是忧心忡忡，曾怀着不祥的预感在给一位神学家的信中这样写道："我现在心里完全明白，我将要为此事付出生命。但这样的想法并不能动摇我的勇气。我作为耶稣基督的弟子将会遵循我主的足迹前进。"

现在，每一个人——卡斯泰利奥、塞尔维特，以及其他数以百计的人——都已亲身体验到：和一个像加尔文这样刚愎自用的人对立——哪怕仅有过一次，而且仅仅是在有关加尔文教义的一个无关紧要的见解上对立——也都是一件鲁莽和有生命危险的事。因为加尔文怀恨记仇的本性如同他的所有其他性格——譬如固执阴险一样根深蒂固。他的仇恨不像马丁·路德的愤恨似的全都显露在外——会突然暴跳如雷而后又慢慢收敛，也不像法雷尔似的粗鲁鄙俗。加尔文的仇恨是一种积怨，犹如一柄青铜利剑似的坚硬、锋利和致命。路德的憎恨源自热血、气质、冲动或者肝火太盛；加尔文的仇恨源自深谋远虑的大脑，因而旷日持久而又冷酷无情，况且记仇的记性好得可怕。加尔文从来不会忘记任何一个仇人，诚如一位名叫德·拉·马雷的牧师所说："一旦他对谁怀有仇恨，他就绝对不会忘记此人。"[42] 也就是说，一旦他把一个仇人的名字铭刻在自己的心间，那么此人的名字在此人自己死亡之前就不会被抹去。所以，即便加尔文在以后的若干年中再也没有听到有关塞尔维特的任何消息，所有的人在这几年中不再有过关于塞尔维特的任何议论，加尔文却依然没有忘记塞尔维特。他默默地保存着那些会使塞尔维特陷入窘境的书简——就像在自己的箭筒里保存着利箭——足见在他的冷酷无情的灵魂深处始终埋藏着原有的不容改变的仇恨。

从表面上看，塞尔维特在这样一段漫长的时期内的态度是完全保持静默。他已放弃去说服顽固不化的加尔文；他把自己的全部热情倾注在那部《再论基督教教义》著作上。这位维埃纳大主教的私人医生以不事声张和真正感人的献身精神继续偷偷地写他的《再论基督教教义》一书。诚如塞尔维特自己所希望的那样：这部著作在追求真谛方面远远超过加尔文、路德和茨温利等人的宗教改革，而且这部著作终于成为拯救世人的真正的基督教教义，因为塞尔维特绝对不是而且从来不是一个"蔑视福音派教义的库克罗普斯[43]式的人物"——这是加尔文后来试图强加于他的罪名；他也绝对不是一个无所畏惧的具有自由思想的人物和无神论者——这是今天人们有时候对他的赞颂。塞尔维特始终是一个笃信宗教的人。他觉得自己是一个非常虔诚的基督徒，他必须把自己的一生奉献给对天主的信仰。他在自己那部书的前言中这样写道："啊，耶稣基督，你是上天赐予我们的天主，你用自身启迪你的仆人，从而使我们将会真正明白一种如此伟大的启示。我听从自己内心神圣而又强烈的愿望所要捍卫的事正是你的事。我以前已经作过第一次尝试；我现在又必须重新尝试，因为时机确实已经成熟。你曾教导我们不要蒙蔽我们自己的眼睛，所以，如果我不去宣示真谛，我会痛苦不堪！"——从这一番对天主的信誓旦旦中足见他是多么虔诚！

塞尔维特完全意识到，他发表这样一部著作将会带来怎样的危险，他在印刷这部书稿时所采取的特别小心翼翼的措施就充分说明这一点。因为身为大主教的私人医生竟敢在一座喜好饶舌的小城市让人去印刷一部长达七百页的离经叛道的异端著作，这是多么大胆的冒险行为呀！不仅作者本人而且印书商和所有的帮手们都在这种鲁莽的冒险行为中拿自己的性命当赌注呢！可是塞尔维特却乐于献出自己以多年辛勤行医所得的全部财产去笼络那些犹豫不决的工人们，让他们不去顾忌宗教裁判所而偷偷地印刷他的书。除此以外，塞尔维特出于谨慎还特意弄到了一幢偏僻的房子，把印刷机从原来的印刷所搬到那里。现在，那些通过宣誓承诺保守秘密的可靠的人在静悄悄地印刷这部异端著作了。在已经印刷完成的书中自然都隐去了关于印刷地点和出版地点的任何说明。塞尔维特只是让人在书的最后一页的出版年份的上方印了姓名的三个首写字母

M.S.V.——这分明是塞尔维特的拉丁语姓名的缩写[44]——这就留下了祸根；这三个字母向宗教裁判所的嗅觉灵敏的密探们提供了无可辩驳的证据：此书的作者是米格尔·塞尔维特。

不过，塞尔维特根本无须自我暴露。他的冷酷无情的敌手——善于韬光养晦的加尔文所怀的仇恨就足以将他出卖。加尔文在日内瓦所建立的庞大的谍报与监视系统的组织愈来愈完善、联络网愈来愈密集，其活动范围已远及所有邻国，其在法国的活动甚至比罗马教皇设在那里的宗教裁判所还要严密。塞尔维特的这部著作根本还没有真正出版——几乎所有近一千册书还成捆地放在里昂的仓库里，或者是尚未打开的成捆包装正放在载书的马车车厢里被运往法兰克福书展途中——加尔文的手中就已经有了一本塞尔维特当初从自己手中仅发出的极少量的书，以致今天世界上总共也只不过留下三本书而已。加尔文见到这本书后就当机立断：要一举消灭这两者——这个异端分子和他的著作。

加尔文要杀害塞尔维特的第一次也是鲜为人知的企图由于用心险恶实际上要比后来在尚佩尔集市广场[45]上公开用火刑处死塞尔维特更令人憎恶。因为如果加尔文在得到那部被他认为是十恶不赦的异端著作之后打算把自己的对手塞尔维特交到教会当局手中，那么他完全有一条光明正大的途径可循：他只需在布道坛上当着所有基督徒的面严厉谴责这部著作，那么天主教的宗教裁判所自己就会在短期之内发现这部著作的作者，即便这位作者深藏在一位大主教的府邸里也罢。可是这位宗教改革的领袖人物加尔文却不想让罗马教廷介入调查，而是采取一种十分卑鄙的手段。在最最不可告人的卑鄙这一点上，纵使加尔文的赞颂者们试图百般为加尔文辩解，也都纯属枉然！因为他们并没有真正了解而是完全歪曲了加尔文的性格：就个人而言，加尔文无疑是一个具有十分真诚的热忱和具有十分纯洁的宗教意识的人，但是当事关他的信条——即事关他的"事业"那一刻，他就会立刻变得不择手段。为了自己的教义——即为了自己的教派，他会立刻采取任何一种手段，只要他觉得这种手段行之有效。在这一点上，他和耶稣会的罗耀拉可谓殊途同归。所以，加尔文的手里刚刚拿到塞尔维特的那部著作，他最亲密的朋友之一——一个信奉新教的流亡者纪尧姆·德·特里厄就已经于一五五三年二月二十六日从日内瓦给他在法国的表兄弟安托万·阿尔内斯写了一封信[46]。特里厄现已成为一名福音派教徒而阿尔内斯还是一名天主教徒，但两人的宗教狂热不相上下。特里厄在这样一封信中首先泛泛地称赞了一番信奉新教的日内瓦如何卓有成效地镇压异端分子的各种阴谋活动，而信奉天主教的法国人却让异端分子如杂草丛生一般繁衍。不过，这样一种像是朋友似的闲聊突然之间变得非常严肃——甚至可以说是变得居心叵测的危险。特里厄写道，譬如说现在就有一个该受火刑处死的异端分子住在法国，而这样的异端分子无论在哪里都可能会遭到逮捕。[47]

人们不禁会大吃一惊，因为这最后一句话已经和加尔文当年的扬言同样危险：加尔文曾扬言，如果塞尔维特真的来日内瓦，那么他——加尔文就不会让这个异端分子活着离开这座城市。只不过加尔文的这个帮凶——特里厄说得更加明白而已。特里厄现在完全是公开而又清楚地告密，他写道："此事有关一个阿拉贡的西班牙人，他名叫米格尔·塞尔维特，但是现在自称是米歇尔·德·维勒纳沃，并且以医生为业。"特里厄还同时附上塞尔维特的那本书上所印的书名、内容说明以及书的开头四页。然后他怀着一种对世间罪恶的深情感慨将这封充满杀机的信寄了出去。[48]

这封来自日内瓦的告密信犹如一枚精心设计的定时炸弹，让它准时在所希望的地点——法国爆炸。事后发生的一切完全如同这封阴险的告密信所企图的那样。那个虔诚信奉天主教的表兄弟阿尔内斯接到信后惊慌失措，随即拿着这封信摇摇晃晃地前往里昂的天主教当局；里昂的红衣主教十万火急约见罗马教廷的宗教裁判所裁判官皮埃尔·奥赖[49]。于是，由加尔文一手策划的阴谋以迅雷不及掩耳之势一步一步得逞。这封来自日内瓦的告密信于一五五三年二月二十七日到达阿尔内斯手中，三月十六日[50]，米歇尔·德·维勒纳沃就已经在维埃纳受到审讯。

不过，这枚精心设计的定时炸弹最终并未爆炸——这对在日内瓦的虔诚而又急切的告密者们来说是一件痛苦而又懊丧的事。想必是有某一只援助之手割断了导火索。很可能是维埃纳大主教亲自向自己的私人医生作了宝贵的暗示：及时掩护自己。因为当宗教裁判所的裁判官皮埃尔·奥赖在维埃纳出现时，那台印刷机就已经像变魔术似的从印刷场地消失了，而工人们则解释并发誓说，他们从未印刷过一本这样一类的书。享有极高声誉的医生维拉诺乌斯[51]愤怒地矢口否认自己和米格尔·塞尔维特有任何相同之处。令人奇怪的是，宗教裁判所竟然声称，光凭维拉诺乌斯医生如此慷慨激昂的抗议就可以使宗教裁判所感到满意放心了，而这种异乎寻常的不了了之无非证实了这样一种猜测：当时必定有某个权势强大的人保护了塞尔维特。于是，平时动辄就使用拇指夹刑和拉肢索刑的宗教裁判所却让塞尔维特依然行动自由。宗教裁判所裁判官皮埃尔·奥赖没有处理任何事情就回到了里昂，并在那里告知阿尔内斯：很遗憾，他所提供的情报不足以提出一项控告。这一次在日内瓦策划的企图通过天主教宗教裁判所之手除掉塞尔维特的阴谋似乎已可悲地宣告失败。这样一次不可告人的勾当很可能会全部成为泡影，如果阿尔内斯不第二次向日内瓦求助的话——如果他不向自己的表兄弟特里厄请求得到新的和无懈可击的证据的话。

在此之前，人们也许还能够以极其宽大的胸怀认为，特里厄真的仅仅是出于纯粹的宗教信仰狂热而向自己的信奉天主教的表兄弟谈及这样一位自己并不认识的作者，人们也许还能够认为，无论是他还是加尔文都没有预料到他们亲自的告密可能会捅到罗马教廷。但是现在——罗马教廷的司法机器已经启动，而这几个日内瓦人想必也完全清楚：阿尔内斯并非出于自己的好奇，而是接受宗教裁判所的任务来向他们索取进一步证据的——这几个日内瓦人这会儿不可能再不清楚自己究竟是在为谁效劳了吧。按照人之常情，一个福音派新教的神职人员现在必定会感到后怕，因为正是天主教的宗教裁判所曾一再将加尔文的一些朋友用火刑慢慢烤死，而加尔文现在恰恰要为这样的宗教裁判所充当密探。塞尔维特后来也完全有理由向谋害自己的加尔文提出这样的责问："我不清楚……他是否知道，利用自己的职务去陷害一个人并使我成为宗教裁判所的被告人，这绝不是一个福音派教士应该做的事。"

然而，一旦事关触犯加尔文的教义，加尔文就会丧心病狂——我不得不一再重复用这样的措辞。塞尔维特必须被除掉。而使用哪些武器和采取哪种方式眼下对怀有刻骨仇恨的加尔文来说根本就无所谓。除掉塞尔维特的计划实际上是以极其阴险和极其卑鄙的方式进行的。因为特里厄给他的表兄弟新写的那封信就虚伪透顶——毫无疑问是在加尔文的口授之下写成的。特里厄首先对自己的表兄弟把他的信转给宗教裁判所一事装出无比惊讶的样子。特里厄写道，他自己确实只是想"悄悄地告诉你一个人"[52]——只是完全以个人身份告诉他单独一个人而已。特里厄继续写道："我的意图只不过是向你讲述那些自称是教会顶梁柱的人的虔诚宗教信仰有多么可怕。"而现在——当特里厄明明知道宗教裁判所将要架起火刑的薪堆时——这个卑鄙的告密者非但没有拒绝向天主教的宗教裁判所提供任何收集到的其他材料，反而真心实意地睁着双眼声称，由于上一次出了差错，他这一次一定"要为天主竭尽全力，把这样一种垃圾和这样一种致命的瘟疫清除掉，从而使所有的基督徒都变得纯洁"。于是，难以置信的事情发生了：信仰坚定而又貌似老实巴交的福音派新教徒特里厄存心要把天主和世人之间仇恨交恶之事——或者更确切地说，非人性的仇恨交恶之事——牵涉在一起。他居然不计后果会多么严重，把那些可想而知最能置人于死地的证据——塞尔维特的亲笔信和他的那部著作的部分手迹交到天主教宗教裁判所的手中。那位宗教裁判所审判异端分子的法官皮埃尔·奥赖现在就能够迅速而又方便地开始自己的工作了。

塞尔维特的亲笔信？可是塞尔维特从未给特里厄写过信呀，特里厄又是怎么和从哪里弄到塞尔维特的亲笔信呢？现在不可能再有任何隐瞒了：加尔文不得不从幕后走到台前——他原本是想在如此不光彩的事件中非常小心地躲在幕后。因为特里厄所提供的那些塞尔维特的亲笔信和《再论基督教教义》那部著作的部分手迹不言而喻都是塞尔维特寄给加尔文的，而且加尔文完全清楚，他从自己的抽屉里取出这些信件和手迹是为了交给谁——这正是关键之所在。加尔文知道这些信件将会被转交给谁：交给那些"罗马教廷的人"——正是那些被加尔文每天在布道坛上斥为"魔鬼撒旦的走卒"的人；正是那些"罗马教廷的人"拷打和用火刑烧死加尔文自己的门徒。而且加尔文也完全知道，宗教裁判所的大裁判官迫切需要这些信件是为了何种目的，那就是要把塞尔维特送上火刑的薪堆。

加尔文后来曾企图通过这样的文字为自己诡辩："有谣言说，我曾促成教皇的宗教裁判所逮捕了塞尔维特，还有一些人说，我曾极不诚实地采取行动，将塞尔维特交到福音派信仰的死敌们手中和将他投入狼群的口中。可是请你们告诉我，我能以哪种方式突然把自己和教皇的这些亲信们联系在一起呢？说我和他们互相来往，说那些站在我身边的人就像站在耶稣基督身边的彼勒[53]一样，曾一起策划阴谋——这些说法都极不可信。"——加尔文企图通过这样的文字歪曲一目了然的事实真相，但纯属徒劳。这样一种在逻辑上像蠢驴似的颠倒事实真相确实也太笨拙了一些，因为当加尔文结结巴巴地反问："我能以哪种方式突然把自己和教皇的这些亲信们联系在一起呢？"这时候各种文件已经给出了一个清楚得振聋发聩的答案：那就是他直接通过自己的朋友特里厄的途径，更何况特里厄自己在给阿尔内斯的信中就已老老实实地承认加尔文所提供的一切帮助。特里厄写道："我必须坦白承认，我费了很大的劲才从加尔文先生那里得到我附上的这些材料。这绝不是说，他认为不应该镇压这样一些可耻的渎神行为，而是因为他认为他本人的职责是通过教义去说服异端分子，而不是用司法的武器对他们进行追究。"这个笨拙的写信人企图通过写上下面这样一些话——显然是在加尔文的口授之下："不过，我是如此恳切地请求加尔文先生和如此令人信服地向他说清楚：如果他不帮助我，那么草菅人命的罪名就会落在我的头上——以致他终于同意向我提供了上述材料。"——特里厄企图通过写上这样一些话为真正的罪人开脱一切罪责，但丝毫不能混淆视听。白纸黑字的文件毕竟胜过所有的狡辩。不管是蓄意如此还是勉为其难，加尔文反正已经把塞尔维特写给他的私人信件交到"教皇的亲信们"手中，目的是杀害塞尔维特。特里厄只有通过加尔文的有意识的共谋才有可能在给阿尔内斯的信中附上这些致命的证据——实际上是交给罗马教廷宗教裁判所的证据，才有可能用这样清楚明白的提示结束自己的那封信："我相信，我提供的这些材料都是确凿的证据，逮捕和审判塞尔维特现在就不再存在任何困难了。"

根据记载，当里昂的红衣主教德·图尔农[54]和宗教裁判所的大裁判官皮埃尔·奥赖恰恰是由于他们的死对头——大名鼎鼎的异端分子加尔文的恶毒蓄谋而得到那些最终可以将异端分子塞尔维特置于死地的证据时，他们不禁失声大笑。人们完全能够理解这两个天主教会头面人物的好心情，因为这位新教领袖加尔文自己说，他是出于善意、心软和忠实于对特里厄的友谊才把塞尔维特的信件交给他的，而实际上却是确确实实帮助了这两位天主教会的头面人物——恰恰是用最最讨人喜欢的方式帮助他们去烧死一个异端分子——加尔文这种伪君子的做派也太笨拙了一些，以致它不可能掩盖加尔文在品行上的这样一个无法抹去的污点。如此殷勤和投其所好的举动在两种互相对抗的宗教之间通常极为罕见——这两种宗教正在天底下的所有国家中用铁与火以及用绞刑架与磔刑车互相残酷地斗争着呢。话又说回来，宗教裁判所的裁判官们在度过了极其短暂的轻松愉快时刻之后就立刻全力以赴去干这件棘手的事情了。塞尔维特被逮捕，被监禁和被紧急审讯。由加尔文提供的信件成了一种如此令人目瞪口呆和沮丧的证据，以致被告不再能够长时间地否认米歇尔·德·维勒纳沃和米格尔·塞尔维特就是同一个人并且是那部著作的作者。塞尔维特败诉。火刑的薪堆不久将在维埃纳熊熊燃烧。

但是，加尔文所抱的巨大希望：他的死对头宗教裁判所将会使他摆脱另一个死对头塞尔维特——第二次被证实离实现还为时尚早。因为如果不是由于塞尔维特多年来作为医生在这个地区深受爱戴——尤其是他在这里有不少愿意帮助他的好心人，那么就是由于维埃纳的教会权威人士心甘情愿对塞尔维特采取漫不经心的态度——这种可能性更大，原因恰恰是由于加尔文以前所未闻的迫切心情要把这样一个人送上火刑柱。维埃纳的教会权威人士心想，宁可让这个并不重要的异端分子逃脱，也要比那个在日内瓦的更加危险的加尔文大师——一切异端活动的组织者和鼓动者更让维埃纳的天主教会舒心一千倍！不管是由于什么原因吧，反正对塞尔维特的看守是始终出奇地松懈。异端分子通常是被关在狭窄的牢房里并把手铐脚镣的铁链拴在墙上，而塞尔维特却非同寻常地被允许每天在园子里散步，呼吸新鲜空气。一五五三年四月七日，塞尔维特在进行了这样一次园内散步之后消失了[55]。监狱长只找到他的睡袍和他越过园子围墙的梯子。在维埃纳的集市广场上被焚烧的不是活人塞尔维特而仅仅是他的模拟像和五大捆《再论基督教教义》的书[56]。那几个日内瓦人精心策划的计谋——居心险恶地通过外国人的宗教狂热去除掉自己个人思想上的敌人同时又不玷污自己的双手——可耻地失败了。如果加尔文想要继续疯狂地反对塞尔维特并将他仅仅由于个人信仰的缘故而置于死地的话，那么加尔文就必须自己去用双手沾满鲜血并被所有的世人唾弃。

注 释

〔1〕 米格尔·塞尔维特生平,参阅《大事年表》1509 年记事〔3〕。

〔2〕 浮士德(Faust),中世纪德意志民间传说中的方士,能炼丹、行医、
卜卦、占星、相面,浮士德不惜一切代价追求青春、知识和魔力,
为此和魔鬼订约:魔鬼满足其生前的一切欲望,但其死后的灵魂归
魔鬼所有。德国大文豪歌德(Johann Wolfgang von Goethe, 1749—
1832)以此民间传说为素材著有诗体悲剧《浮士德》。歌德的浮士德
具有不断追求探索的精神。

〔3〕 游击战士(德语 Franktieur,法语 franctireur,或译自由战士),原
是指法兰西古代的义勇军,但普法战争和第二次世界大战时法国游
击队均沿用此名。此处是暗喻那些在不同的学术领域"打游击"的
人,如塞尔维特。

〔4〕 指塞尔维特的著作《再论基督教教义》。参阅《大事年表》1553 年
记事〔1〕。

〔5〕 参阅《大事年表》1553 年记事〔8〕。

〔6〕 堂·吉诃德(Don Quixote)是西班牙小说家塞万提斯(Miguel de
Cervantes Saavedra, 1547—1616)的长篇小说《堂·吉诃德》中的
主人公,此人不切实际,耽于幻想,行为鲁莽,因而常常碰得头破
血流,直到临死才醒悟,但他心地善良。

〔7〕 阿拉贡(Aragón),西班牙东北部一地区,15 世纪时建立阿拉贡
王国。1469 年,阿拉贡王国的国王斐迪南二世(Ferdinando II.,
1452—1516)和当时伊比利亚半岛中部的卡斯蒂利亚王国女王伊
莎贝拉一世(Isabella I., 1451—1504)结婚,从而导致西班牙于
1479 年统一。塞尔维特自称是阿拉贡人。

〔8〕 拉曼查(La Mancha)是西班牙中部的高原,位于托莱多山脉和昆
卡丘陵西坡之间,是塞万提斯为堂·吉诃德设计的故乡。

〔9〕《堂·吉诃德》第一卷描述堂·吉诃德第二次出游行侠时在途中遇见

一座巨大的风车，他误以为碰上了"强大的对手"，于是手持长矛、骑着一匹瘦马和风车大战，结果是碰得头破血流，负伤倒在地上。后世不少画家将这一场面入画，从而使"堂·吉诃德大战风车"成为刻画其性格特点的经典情节。此处的风车是指自己树立的"对手"。

〔10〕 加尔文传记的多数作者记载，加尔文十四岁时离开自己的故乡努瓦永，到巴黎的蒙太古神学院求学。

〔11〕 据塞尔维特传记的作者记载，塞尔维特于 1522 年或 1524 年十三岁时在西班牙的萨拉戈萨（Zaragoza）大学或莱里达（Lérida）大学学习，1525 年或 1526 年十六岁时入读法国图卢兹（Toulouse）大学学习法学三年。

〔12〕 卡尔五世（Karl V., 1500—1558）是 1519—1556 年德意志神圣罗马帝国皇帝。参阅《大事年表》1500 年记事。

〔13〕 1526 年，塞尔维特成为巴黎大学博士胡安·德·昆塔纳（Juan de Quintana）的私人秘书。昆塔纳是方济各会的修士，又是卡尔五世的忏悔神父。参阅《大事年表》1526 年记事。

〔14〕 1530 年 2 月 23 日至 24 日，塞尔维特参加了卡尔五世皇帝在意大利博洛尼亚（Bologna）举行的加冕典礼。参阅《大事年表》1530年记事〔1〕。

〔15〕 指德意志神圣罗马帝国皇帝卡尔五世于 1530 年在奥格斯堡召开的帝国议会，梅兰希顿在那次会议上将自己起草的《奥格斯堡信纲》呈交卡尔五世，从而引起一场基督教旧教义和新教教义之间的大论战。1529 年 7 月至 1530 年 4 月，塞尔维特陪同昆塔纳成为卡尔五世皇帝的随从。当时塞尔维特二十岁左右。

〔16〕 参阅《大事年表》1531 年记事〔3〕。

〔17〕 尼西亚基督教普世主教会议（das Konzil von Nicäa）是指公元 325年在小亚细亚西北部（东罗马帝国版图内）古城尼西亚（Nicäa 或 Nizäa）召开的第一届基督教普世主教会议（das Ⅰ.Weltkonzil der Christlichen Kirche），在那次大会上确认圣子（Sohn oder Logos）和圣父（Vater，上帝）是同一个神（gleichwesentlich）；公元 381 年在君士坦丁堡基督教普世主教会议（das Konzil von Konstantinopel）上又确认圣灵是三位一体之一，从此，基督教正统教会将基督教信奉

132　良知对抗暴力

的天主是"三位一体"定为统一的信条，并称之为《尼西亚信经》（*Nicänum*），是基督教旧教会最重要的信条。

〔18〕参阅《大事年表》1531 年记事〔2〕、1491 年记事〔2〕、1478 年记事。

〔19〕1530 年 10 月，塞尔维特到巴塞尔拜访奥科兰帕迪乌斯，向他阐述自己对三位一体教义的看法，但奥科兰帕迪乌斯扬言要告发塞尔维特。参阅《大事年表》1482 年记事。

〔20〕犹太人信奉犹太教。广义的突厥人包括土耳其人、维吾尔人、哈萨克人、鞑靼人等等，信奉伊斯兰教，在基督徒眼里，他们都是异教徒。

〔21〕伊斯帕尼亚人（Hispanier），即西班牙人。伊斯帕尼亚（Hispania）是古罗马时代伊比利亚半岛的名称。今为西班牙的拉丁语名称。

〔22〕1531 年，塞尔维特自己出资在哈格诺刊印自己的著作《论三位一体之谬误》（拉丁语 *De Trinitatis erroribus*）。参阅《大事年表》1531 年记事〔3〕。

〔23〕阿里乌（Arius，约 250—336），一译阿里乌斯，古代基督教神学家，生于利比亚。311 年任神父。323 年反对"三位一体"教义，认为圣子（耶稣）与上帝并非同性和同体，而是从属于圣父的造物。圣灵则比圣子更低。阿里乌的观点赢得不少教徒与教士的支持，从而引起基督教内部的严重分歧。325 年在君士坦丁大帝主持召开的基督教普世主教会议上，阿里乌被定为"异端"而遭流放。三年后获赦，但未能重新获得神职。336 年阿里乌在君士坦丁堡病逝。塞尔维特在发表《论三位一体之谬误》之后，也遭到天主教会的挞伐。1532 年 5 月 24 日，西班牙萨拉戈萨的宗教裁判所决定审判塞尔维特。

〔24〕塞尔维特在发表《论三位一体之谬误》之后遭到基督教世界的口诛笔伐，于是不得不改名为米歇尔·德·维勒纳沃（Michel de Villeneuve）。塞尔维特使用这个化名是因为他出生于西班牙韦斯卡（Huesca）省的比亚努埃瓦（Villanueva），这个地名本身的意思是"新镇"，法国也有一个地名维勒纳沃（Villeneuve），本身的意思也是"新镇"，所以米歇尔·德·维勒纳沃的意思是"新镇的米歇尔"，明眼人一看就知道是假名。

〔25〕1532 年 6 月下旬，塞尔维特潜逃至里昂，然后改名换姓前往巴黎，

在巴黎大学的加尔文学院（Collège de Calvin）学习，接着在隆巴尔学院（Collège Lombards）研读数学。

〔26〕 1534 年，塞尔维特在里昂的一家出版社当编辑。参阅《大事年表》1534 年记事〔7〕。

〔27〕 参阅《大事年表》1535 年记事〔2〕。

〔28〕 安德烈亚斯·维萨里（Andreas Vesalius, 1515—1564），比利时医生，近代解剖学奠基人。参阅《大事年表》1515 年记事〔3〕。

〔29〕 参阅《大事年表》1538 年记事〔4〕。

〔30〕 塞尔维特用的法语化名维勒纳沃（Villeneuve）的拉丁语拼音是维拉诺乌斯（Villanovus），中世纪末期的欧洲常常是一个国家的民族语言和拉丁语同时并用。

〔31〕 塞尔维特于 1531 年在哈格诺刊印自己的著作《论三位一体之谬误》之后因遭到教会强烈谴责而逃离哈格诺，当时哈格诺属于德意志神圣罗马帝国版图，故曰"从德国消失"。

〔32〕 当时维埃纳大主教 (Erzbischof) 是皮埃尔·保尔米埃（Pierre Paulmier）。

〔33〕 1538 年夏，塞尔维特居住在法国的沙尔略（Charlieu），有文献记载，他在该地住了两年或三年。1540 年，他在法国的蒙彼利埃（Montpellier）研读，很可能是在该大学获得医学博士学位，同年，成为维埃纳大主教皮埃尔·保尔米埃的私人医生。

〔34〕 加尔文生于 1509 年 7 月 10 日。塞尔维特的出生日期在史学界有两说：一说是 1509 年 8 月 3 日，另一说是 1511 年 8 月 3 日。如果认定前者，那么加尔文和塞尔维特则是同龄人。

〔35〕 此处与史实有出入。1534 年，加尔文原打算在巴黎和塞尔维特见面，但塞尔维特并未出现。参阅《大事年表》1534 年记事〔4〕。

〔36〕 指当时里昂的学者兼书商让·弗雷戎 (Jean Frellon)。生平不详。塞尔维特和加尔文建立通信联系大致是在 1546 年 1 月或 2 月。参阅《大事年表》1546 年记事〔1〕。

〔37〕 茨威格在此处引用法语原文：Le hin-han d'un âne。

〔38〕 参阅《大事年表》1553 年记事〔1〕。

〔39〕 指加尔文于 1546 年 2 月 13 日致让·弗雷戎的信。参阅《大事年表》1546 年记事〔1〕。

〔40〕 指加尔文于 1546 年 2 月 13 日致法雷尔的信。参阅《大事年表》1546 年记事〔1〕。

〔41〕 茨威格在此处引用拉丁语原文：sub sigillo secreti。茨威格常常在本书中引用拉丁语原文或法语原文，是因为加尔文、卡斯泰利奥、塞尔维特等人当时都用拉丁语或法语写作，日内瓦行政公署也是用法语或拉丁语记事。

〔42〕 茨威格引用牧师德·拉·马雷（de la Mare）所说的话法语原文：quand il a la dent contre quelqu'un ce n'est jamais fait。

〔43〕 库克罗普斯（希腊语 Cyclopes），是指希腊神话中一些只有一只眼睛的巨人，故又称独目巨人。他们住在遥远西方的洞穴里，不知耕耘，不懂秩序，也不敬畏神和人。

〔44〕 M.S.V. 是 Michael Servet Villanovus 的缩写。

〔45〕 尚佩尔集市广场（Marktplatz von Champel）在日内瓦郊区尚佩尔高地上，中世纪时也用作刑场。1553 年 10 月 27 日塞尔维特在此处被用火刑处死。

〔46〕 参阅《大事年表》1553 年记事〔2〕。

〔47〕 茨威格在此处引用法语原文：qui mérite bien d'être brulé partout où il sera.

〔48〕 特里厄的告密信完全由加尔文授意。

〔49〕 皮埃尔·奥赖的原文是：Pierre Ory。

〔50〕 1553 年 3 月 15 日至 17 日，塞尔维特（化名米歇尔·德·维勒纳沃）在维埃纳受审。

〔51〕 维拉诺乌斯（Villanovus）是塞尔维特使用的法语化名维勒纳沃（Villeneuve）的拉丁语拼写。

〔52〕 茨威格在此处引用法语原文：privément à vous seul。

〔53〕 彼勒（Belial），基督教《圣经·新约》中魔鬼的别称。

〔54〕 德·图尔农（de Tournon），时任里昂红衣主教。

〔55〕 1553 年 4 月 4 日，塞尔维特在维埃纳被关入监狱。三天之后，4 月 7 日越狱成功。

〔56〕 塞尔维特的模拟像及其著作《再论基督教教义》于 1553 年 6 月 17 日在法国里昂东南郊小镇维埃纳被焚毁。

第六章　火刑处死塞尔维特

　　塞尔维特在逃离监狱之后的几个月内消失得无影无踪。永远不会有人能够想得出或者说得出这个被追捕的人忍受过哪些精神上的惊吓，直至他在一五五三年八月的那一天骑着一匹租来的马进入日内瓦——这个对他来说世界上最最危险的地方，并在那里的金玫瑰客栈下马。

　　"这个被凶神恶煞牵着鼻子走的人"[1]——诚如加尔文自己后来所说——为什么偏偏要在日内瓦歇脚呢，这一点永远也弄不明白。难道他真的只打算在这里过一夜，为的是第二天驾一艘小船横渡日内瓦湖[2]继续逃亡吗？难道他幻想通过口头交谈能比通过书信更好地说服自己的死对头加尔文吗？或者，他的日内瓦之行也许仅仅是受到过度刺激的神经所引发的那些缺乏理智的行为之一？他的日内瓦之行会不会就像人们有时候恰恰在极度的绝望之中突然感到的那样一种难以抑制的要和危险进行一搏的强烈诱惑呢？——塞尔维特为何偏偏要到日内瓦来？现在无人知晓，以后也永远无人会了解到真相。所有的审讯和记录都没有披露他到日内瓦来的真正秘密——他在日内瓦只能从加尔文那里得到最可怕的结果呀！

然而，不幸的塞尔维特还是继续被自己的莫名其妙的勇气和挑战的勇气所驱使。他刚一到达日内瓦，就在一五五三年八月十三日礼拜天的上午前往那座全部是加尔文教派的教徒们集会的教堂，更有甚者，他在所有的教堂中偏偏选中前往那座由加尔文布道的圣·皮埃尔教堂——这更令人百思不得其解。加尔文是日内瓦城内唯一和塞尔维特曾经面对面认识的人呀，虽然那是已经远去的在巴黎的日子里[3]。事情竟然有这么巧，难道是有一种无法从逻辑上得到解释的灵魂催眠术在作祟？莫非是一条蛇要四处寻觅自己的牺牲品？或者更确切地说，莫非是牺牲品要四处寻觅那条可怕地吸引自己而又冷酷的蛇？不管怎么说，想必是有一种无法抗拒的神秘力量驱使塞尔维特走向自己的命运吧。

因为在一座人人都有义务为当局监视任何一个其他人的城市里，一个陌生人不可避免地会把所有好奇的目光都吸引到自己身上。这样，预料中的事情也就立刻发生了：加尔文在自己的虔诚的羊群中认出了这匹正在觅食的野狼并且毫不迟疑地向自己的手下发出命令——在塞尔维特离开教堂时将他逮捕。一小时后塞尔维特已经戴上了手铐脚镣。

不言而喻，逮捕塞尔维特是对法律的公然践踏和对天下各国奉为神圣不可侵犯的宾客权与国际法的粗暴违背。塞尔维特是外国人，是西班牙人，他是第一次踏上日内瓦的土地，因而他绝不可能曾经在日内瓦犯下一种必须逮捕他的不法罪行。他所写的著作全都在外国印刷，因而他绝不可能用自己的异端见解在日内瓦煽动过任何人或玷污过任何虔诚的灵魂。况且在日内瓦城的范围之内，如果事先没有法院的决定，任何人都无权对一个"传教士"——一个宗教界人士实施拘捕并且给他戴上镣铐，也就是说，无论从哪方面看，加尔文对塞尔维特的突然袭击是世界历史上独裁者的一种专制行为。加尔文如此公然嘲弄一切法令和协定，只有拿破仑突然袭击并杀害当甘公爵[4]能与之相提并论。随着非法剥夺自由而开始对塞尔维特进行的审判也不是一种合乎程序的审判，而是用一种无法发誓的谎言加以掩饰的蓄意谋杀。

塞尔维特事先没有受到指控就被逮捕和被投入监狱，那么现在必须进行弥补——至少要捏造出一项罪名。而合乎逻辑的做法应该是：暗中指使逮捕塞尔维特的加尔文——他自己承认"此事由我造成"[5]——亲自以原告身份出现。但是，根据真正堪称表率的日内瓦法律，任何一个日内瓦市民指控另一个日内瓦市民违法，他也必须同时和那个被指控的人一起被羁押，直至他的指控被证实为确凿无疑才能被释放。也就是说，加尔文若要依照法律控告塞尔维特，他自己也必须在羁押中随时听候法院的传讯。身为主宰日内瓦政教合一统治的加尔文面对这种令人难堪的诉讼程序自作聪明得很。因为他想，要是日内瓦行政公署承认塞尔维特事实上无罪，那么他自己就不得不作为诬告者身陷囹圄！这对他的威望该是一种多么可怕的破坏呀！而他的被告又该会多么得意呀！所以，加尔文就像往常一样玩弄了外交手腕，他宁可指派自己的秘书尼古洛·德·拉·方丹[6]去充当令人不快的原告角色；而这个秘书还果真在事先向当局递交了一份由二十三条罪状构成的——不言而喻是由加尔文执笔的——对塞尔维特的起诉书之后，就老老实实地顶替加尔文悄悄走进了拘留所呢：一出可怕的悲剧竟然以这样一出闹剧开场。不过，在公然践踏法律之后现在毕竟至少要在表面上给人以一种符合法律诉讼程序的假象。塞尔维特第一次受审时，审讯者把他的原告指控的各种罪状逐条向他历数。塞尔维特平静而又机智地回答这些指控和所提出的问题，他并未由于坐牢而变得有气无力，也并未由于坐牢而变得神经脆弱。他把指控逐条驳回，例如，指控他在自己的著作中对加尔文先生进行人身攻击，他反驳说，事实恰恰相反，因为是加尔文首先对他进行人身攻击，然后他是为了维护自己才这么说：即便是加尔文，在若干重要论点上也并非无懈可击。他说，如果加尔文指责他——塞尔维特在某些个别论点上顽固坚持，那么他也能够指责加尔文同样顽固不化。他说，加尔文和他之间仅仅是涉及神学上的不同看法，而这些神学上的不同看法并非世俗的法庭能够进行裁决的。如果加尔文不顾这一点而指使别人把他逮捕，那么这完全是个人的报复行为。他说，当时向天主教的宗教裁判所秘密告发他的正是这个新教领袖加尔文而不是别人。而他——塞尔维特之所以没有早已被火刑处死，也并非由于加尔文这个"耶稣基督之道"[7]的布道师的缘故。

　　塞尔维特的这样一种立场就其法律依据而言是如此无懈可击，以致日内瓦行政公署官员们的情绪已倾向于对塞尔维特十分有利，而且他们很可能只打算把塞尔维特驱逐出境了结此案。不过，加尔文想必已从某些征兆中感觉到，塞尔维特一案眼下并不有利于加尔文自己，而且他的牺牲品——塞尔维特到末了还很可能逃脱他的手掌呢。于是，一五五三年八月十七日，加尔文突然出现在日内瓦行政公署官员们面前——所谓他不介入此案的闹剧就这样出乎意料地结束了。现在他公开地清清楚楚摊牌；他不再否认：他自己就是塞尔维特的真正原告。因而他请求日内瓦行政公署允许他从现在起参与审讯，"以便能够更好地厘清被告所犯的错误"——这是虚伪的借口，而真实的目的当然是通过他他自己的全部个人影响阻止自己的牺牲品——塞尔维特可能即将成功逃脱。

从加尔文自作主张强行介入到被告塞尔维特和他的审讯者们中间的那一刻起，审讯就令人忧虑地朝不利于塞尔维特的方向发展了。加尔文——这个训练有素的逻辑学家和知识渊博的法学家对塞尔维特所进行的攻击完全不同于他的小小秘书德·拉·方丹；而被告的自信也就大大地被削弱了。而另一方面，原告却大大地显示出自身的力量。当塞尔维特出乎意料地刚一看到自己的原告兼死敌正坐在审讯者们的身旁以貌似绝对客观的冷峻态度向自己提出一个又一个问题时，这个敏感的西班牙人显然已心慌意乱——他已不寒而栗地感觉到，加尔文是下定决心要用这样一些问题缠住自己并将自己置于死地。感到十分无奈的塞尔维特心中充满极度的愤怒和拼一死命的蛮劲；他没有沉着镇定地坚持住原先的立场：只回答确实涉及法律的问题。此刻的塞尔维特是被加尔文用设为圈套的问题一步一步地引诱到神学讨论的泥淖之中，而且由于塞尔维特急于要证明自己的正确反而使自己陷入危险的境地。因为哪怕是仅仅涉及他的一种神学上的见解，譬如说涉及他的这样一种神学上的见解：魔鬼也是天主本体的一部分，就足以使这些虔诚的行政公署的"日内瓦主人"们吓出一身冷汗。有一次塞尔维特竟然在自己的哲学热情的驱使下毫无顾忌地宣传起那些最最棘手和最最微妙的信条，好像在他面前的这些行政公署的"日内瓦主人"们都是一些开明的神学家似的——他可以在他们面前高谈阔论《圣经》的真谛似的。然而，恰恰是这种慷慨陈词和充满激情的辩论使得审讯官们越来越怀疑塞尔维特——他们开始越来越倾向于加尔文的看法：这样一个目光闪烁和紧握拳头的外国人胆敢公然在他们面前谈论反对他们自己的教会的教义——那么这个人必定是一个破坏宗教界和平的危险的肇事者，而且极有可能是一个无可救药的异端分子。不管怎么说，行政公署认为最好对塞尔维特进行彻底审查。于是行政公署决定：继续羁押塞尔维特，与此相反，他的原告拉·方丹却被释放了。加尔文实现了自己的愿望。他高兴地给自己的一位朋友写信，其中写道："我希望他被判处死刑。"[8]

加尔文为何如此迫切地希望判处塞尔维特死刑呢？加尔文既然胜券在握，为何不满足于较轻的惩罚呢？——譬如说将这个离经叛道者驱逐出境，或者像通常那样给予一番羞辱性的惩罚了事。人们起初可能会不由自主地得出这样的印象：好像加尔文要在塞尔维特身上发泄完全是私人的个人怨仇。其实不然，加尔文仇恨塞尔维特完全如同他仇恨卡斯泰利奥和仇恨其他任何一个反对他的权威的人一样：也就是说，对他的暴君本性而言，他刻骨仇恨任何一个敢于提出不同于他的教义的人。这绝对是他的一种本能感情。如果说，他在此时此刻用他的影响力所能采取的最最严厉的惩罚针对的恰恰是塞尔维特，那也不是由于私人的原因，而是出于强权政治的缘故。因为塞尔维特——挑战他的权威的塞尔维特——应该算作是又一个反对他的正统教义的人；在此之前，加尔文也曾同样想用判处异端分子的极端手段对付多明我修士会的修士希罗尼穆斯·博尔塞克[9]，令加尔文非常恼怒的是博尔塞克最后逃脱了。这位身为豪门显贵的私人医生的博尔塞克在日内瓦享有普遍的尊敬。他曾公开反对加尔文教义中最最脆弱和最受争议的论点——僵化的"双重预定论"[10]信仰，博尔塞克声言：这样一种想法——倡导一切善行的天主很可能会存心和故意驱使并决定着某些世人去干极其卑劣的恶行——是荒谬的。博尔塞克提出的论据类似于伊拉斯谟在这同一个问题上反对马丁·路德的"绝对决定论"所提出的论据[11]。众所周知，马丁·路德是多么不友好地对待伊拉斯谟对自己的神学思想提出异议；这位本性粗暴的神学大师马丁·路德是怎样放肆地辱骂年迈而又睿智的人文主义者伊拉斯谟的。不过，纵使马丁·路德是如此易怒、粗野和狂暴，但他毕竟还是以思想争论的方式回应伊拉斯谟，而丝毫没有产生这样的念头：仅仅因为伊拉斯谟反对马丁·路德的"得救预定论"的教义，就立即在世俗法庭面前指控伊拉斯谟为异端分子。然而，加尔文却以其一贯正确的狂妄自信早已把任何一个对其提出异议的人一概视为异端分子。在加尔文看来，对他的教会教义表示任何异议就等于是对国家犯罪。也就是说，加尔文没有作为一个神学家对希罗尼穆斯·博尔塞克作出回应，而是立刻让人将博尔塞克投入监狱。

然而，出乎加尔文意料之外的是，他想把希罗尼穆斯·博尔塞克当作惩一儆百的事例竟十分令人难堪地以失败告终。因为在日内瓦有太多的人知道这位学识渊博的医生是一名敬畏天主的人，人们怀疑加尔文只不过是想要除掉一个有独立思想而并不完全听命于他的人，完全如同他对待卡斯泰利奥一样，目的是在日内瓦始终只有他加尔文这样一个独一无二的人。那首由博尔塞克在狱中所写的表白自己无辜的鸣冤诗歌以手抄本的形式在人们手中流传，因而纵使加尔文给行政公署施加强大的压力，那些"日内瓦主人"们仍然不敢作出加尔文所要求的判处博尔塞克为异端分子的决定。"日内瓦主人"们为了摆脱作出令人难堪的决定，他们解释说，神学问题不属于他们的职权范围；他们拒绝作决定是因为这样一种神学上的事情超越他们自己的判断能力。他们说，他们在这样棘手的事情上必须首先取得瑞士其他各州教会的法律鉴定。而博尔塞克正是用这种"征求其他各州教会的意见"的谋略而得救，因为苏黎世、伯尔尼和巴塞尔的改革派教会私下早已准备好，存心要给加尔文——他们在日内瓦的这位狂热的同道的一贯自以为是一次小小的挫折：他们一致拒绝将博尔塞克的言论裁定为渎神思想的表述。于是日内瓦行政公署作出无罪释放的判决；加尔文不得不让自己的牺牲品博尔塞克逃脱——不得不满足行政公署的愿望：让博尔塞克从日内瓦城出走。

于是，唯有一次新的对异端分子的审判才有可能让人们忘却加尔文的神学权威曾遭到过那样一次公开的失败。

第六章　火刑处死塞尔维特　143

塞尔维特不得不充当博尔塞克的替罪羊，而且加尔文在这第二次维护自己权威的企图中获得成功的机遇大大超过上一次。因为塞尔维特是一个外国人——一个西班牙人，他不像卡斯泰利奥和博尔塞克那样在日内瓦拥有自己的朋友、崇拜者和愿意帮助他的人。除此以外，塞尔维特由于多年来对"三位一体"论的鲁莽攻击和自己那种挑战方式早已在整个改革派宗教界遭到憎恨；在这样一个没有靠山的局外人身上树立一个惩一儆百的范例很可能会容易得多。所以这一次审判从一开始就是一次政治性的审判——对加尔文而言是一个权力问题，考验考验自己的权力究竟有多大；对他的要实行思想专制的意志而言则是一次决定性的考验，考验考验这种意志的力量究竟有多大。假如加尔文仅仅是想要除掉自己的一个私人仇敌——神学上的对手塞尔维特的话，那么对加尔文来说，当时的处境已使得这件事情变得轻而易举！因为在日内瓦的调查几乎还没有真正开始，法国司法当局的一名使者已经出现在日内瓦，目的是要求把这个已经在法国被判刑的逃亡者塞尔维特引渡到维埃纳——火刑的薪堆正在那里等着他呢。对加尔文而言，这是一次多么好的绝无仅有的机会啊！——既可以除掉这个令人憎恨的异议者，又可以让自己扮演一个宽宏大量的角色。日内瓦行政公署只需同意引渡，对日内瓦而言，令人不快的塞尔维特事件就此了结。可是加尔文对引渡进行了阻挠。他的主要目的不是要除掉一个活人塞尔维特，而是要借助对塞尔维特的审判在世人面前彰显他自己的教义无可指摘。法国当局派来的使者没有干什么事就被送回到法国。这个新教的独裁者加尔文要在自己的权力范围之内主持并结束这一次审判，目的是要把任何一个敢于冒着生命危险试图反对加尔文的人以国法论处。

无论是加尔文在日内瓦的朋友们还是他在日内瓦的政敌们不久都觉察到，加尔文在塞尔维特案件中唯一的目的是要试验一下自己的政治权力。因此他的政敌们自然而然要千方百计阻挠他的如意算盘得逞。不言而喻，这些政客们从未觉得塞尔维特这个人有多么重要；不幸的塞尔维特也无非是他们试验一下自己的政治权力的一个对象、手中的一张牌——试图破坏独裁者加尔文的权力的一个工具而已，至于这个工具是否会在这次较量中粉身碎骨对他们来说完全无所谓。加尔文的政敌现在成了塞尔维特的危险的朋友，他们用各种不真实的谣言来提高歇斯底里的塞尔维特的动摇不定的自我意识，并且给在监狱中的塞尔维特悄悄传递这样的消息：只要他能够坚决抵抗加尔文，他便能得救——然而，事实证明他们帮了糟糕透顶的倒忙。他们唯一的兴趣只不过是要使这次审判尽可能令人瞩目和耸人听闻：塞尔维特为自己辩护愈是有力——对他们所憎恨的政敌加尔文进行的攻击愈是怒不可遏，对加尔文的政敌们愈是有利。

不过，令人沮丧的是：要使这个对自己的一切早已失去理智的塞尔维特变得更不理智——加尔文的政敌们的怂恿简直已没有必要。长时间难以忍受的牢狱生活早已替这些政客们干了他们想干的事：将这个动辄就暴跳如雷的塞尔维特逼入一个完全失去理智的狂怒境地。因为塞尔维特在狱中一直受到蓄意而又诡诈的残酷虐待——而加尔文必定知道此事。这个自己觉得完全无辜的塞尔维特几个星期以来始终被视为是一个病态的、神经质和歇斯底里的人，像一个杀人凶手似的戴着脚镣手铐被关在一间潮湿和冰冷的牢房里，穿在冻僵了的身体上的衣衫已褴褛不堪，尽管如此，他也得不到一件可以替换的干净衬衫，甚至连最起码的卫生需求——拉屎撒尿也被弃之不顾，没有人向他提供一丁点儿帮助。塞尔维特在极度痛苦的处境中给行政公署写了一封信，信中写道："我正在被跳蚤活活地吞噬，我的鞋已经穿破，我再也没有可穿的外衣和可替换的内衣了。"

虽然行政公署根据塞尔维特的申诉立即指示停止对他的恶劣待遇，但是却有一只神秘的手阻挠了对塞尔维特的待遇作任何改善——人们心中都知道这只黑手是谁，这只冷酷无情的手像一把老虎钳似的毫无人性地扼杀塞尔维特的任何抗议。狱吏们继续让这位大胆的思想家和思想自由的学者像一条癞皮狗似的躺在屎尿之中——塞尔维特在潮湿的牢房中已病得有气无力。当他几个星期之后分明要在自己的屎尿狼藉中窒息而死时，他又给行政公署写了第二封信，信中刺耳的呼救声更令人感到可怕，信中写道："我请求你们，为了遵奉耶稣基督的仁爱而不会拒绝给我一种你们会给予一个异教徒兼罪犯的待遇。……你们为使我保持卫生而指示采取的一切措施根本就没有执行。我现在所处的环境比先前更糟。在我内急的时候，无人向我提供任何方便一下的可能性，这是彻头彻尾的残忍行为。"〔12〕

可是，什么都没有发生！所以，每当塞尔维特从肮脏不堪的牢房被带上法庭时，他就怒不可遏，这难道还值得奇怪吗？——他的脚上戴着镣铐，屈辱地穿着一身发臭的破烂衣裳，眼望着面对自己的审判官席位上坐着的加尔文——他身穿一袭整洁的黑色长袍，神色冷酷，经过充分的休息后已做好一切思想准备；塞尔维特原本想要和加尔文进行一场思想交锋——一场学者对学者的唇枪舌剑；可是现在加尔文却蓄意要虐待他，采取的手段比对待一个杀人凶手还要恶毒。加尔文用极其鄙俗和狡诈的问题与挑逗——甚至用最隐私的性生活的话题——来折磨和戏弄他，从而使塞尔维特丧失一切理智和矜持，不计后果地破口大骂言行不一的伪君子[13]加尔文——这难道是能够避免的吗？塞尔维特心里清楚，这些不人道的行为的始作俑者就是加尔文，所以，当塞尔维特由于持续数日的彻夜未眠而变得火冒三丈时就难免会用这样的措辞怒斥加尔文："你就是杀人凶手，你能否认得了吗？我可以用你的行为证明这一点。至于我，我确信我自己做的事有道理，因而我不怕死。而你大放厥词，是因为报复的怒火在你心中燃烧。你满口谎言，一派胡说，你无知无识，只会诬陷！当你要把某人置于死地时，你就鬼迷心窍。我无非是想要事先就揭穿你的全部蛊惑伎俩，并且给自己一次指出你的所有错误的机会。"不幸的塞尔维特在脸红脖子粗的盛怒中完全忘记了自己是处于一个任人宰割的地位。大发雷霆的塞尔维特身上戴着叮当作响的镣铐，说话时唾沫四溅，竟然要求审判他的日内瓦行政公署对违法者加尔文——日内瓦的独裁者作出判决，而不是对他自己作出判决。塞尔维特说："因此，蛊惑人心者加尔文不仅应该被认定有罪和被判刑，而且也应该被逐出日内瓦这座城市。至于加尔文的财产应该作为赔偿归我所有，因为我的财产由于加尔文的缘故已经失去。"

可想而知，那些能干的行政公署官员们听到这样一番话，看到这样一副神情，无不惊愕不已：脸色清癯苍白、胡须稀疏杂乱、十分憔悴的塞尔维特此时此刻正用一双火红的眼睛，说着外国人腔调的法语，声色俱厉地谴责行政公署官员们自己的基督教领袖加尔文，这使他们不由自主地感觉到，塞尔维特想必是一个走火入魔的人，一个受魔鬼撒旦驱使的人。审讯的氛围越来越变得对塞尔维特不利。其实，审判现在就可以结束，塞尔维特不可避免地会被宣判有罪。不过，加尔文的那些暗地里的政敌们处心积虑地有意拖延和推迟审判，因为他们不愿意让加尔文轻而易举地取得胜利——让加尔文的论敌就这样受到法律制裁。他们试图再救援一次塞尔维特，采取的办法如同在博尔塞克案件中一样：声称要征询瑞士其他城市新教改革派教会对塞尔维特的观点的看法，而他们心中隐藏的希望则是：能够在最后一分钟从加尔文手中解救出塞尔维特——加尔文神学教条的牺牲者。

加尔文自己也十分清楚：这一次审判最终会关系到自己的权威。他不会再让自己第二次失手。这一次，他及时迅速地采取措施。当他的不幸的牺牲者——塞尔维特蹲在牢房里艰难度日束手待毙时，他就一封接着一封给苏黎世、巴塞尔、伯尔尼和沙夫豪森[14]教会当局写信，为的是要事先对他们作出的鉴定施加影响。加尔文将信使派往四面八方，让自己的朋友奔波游说，为的是要提醒自己在新教教会里的同僚们：一定不能让这样一个该受惩罚的亵渎天主的人——塞尔维特逃脱理应该得的判决！当时，谁都知道，塞尔维特是破坏新教神学正统观念的捣乱者，早在茨温利和布泽在他们自己的城市实行宗教改革以来，"狂妄的西班牙人"塞尔维特就已经遭到整个新教教会各阶层的憎恨，这种情况为加尔文单方面施加影响起到了推波助澜的作用。事实上，所有瑞士新教教会的城市都一致宣称：塞尔维特的观点是亵渎天主和错误的。这四座城市的新教教会原则上都同意对塞尔维特采取某种严厉的惩罚，尽管没有一座城市公开要求判处塞尔维特死刑或者仅仅表示赞同判处死刑。苏黎世在回信中写道："对塞尔维特采取何种惩罚，我们听凭你们的智慧。"伯尔尼的新教教会祈求天主能赋予日内瓦人以智慧和力量，以便日内瓦人既能为自己的新教教会又能为其他城市的新教教会效力，使所有的新教教会都能摆脱这样一种祸患。但与此同时，下面这样的提醒又削弱了他们对除掉祸患的严厉态度："但愿你们采取这样的方式行事——你们不会同时做各种事情，从而可能会超出不属于一个奉行基督教精神的各城市行政公署的权限。"在所有的回信中，没有一处清楚表明，他们怂恿加尔文判处塞尔维特死刑。不过，加尔文觉得，既然四座城市的新教教会赞同对塞尔维特采取司法程序，那么他们也将会赞同后来的判决，因为这四座城市的新教教会已用模棱两可的措辞放手让加尔文自己去作任何决定。再说了，加尔文一旦手中有了作出决定的自由，他总是冷酷和毫不犹豫地滥用自己手中的自由，从来都是如此。现在，那些想悄悄帮助塞尔维特的日内瓦行政公署的官员们也都获悉四座城市新教教会的表态，他们试图在最后一刻延迟即将要作出的判决，已无济于事。佩林[15]和其他一些共和派分子建议再征询一下日内瓦城的最高权力机构——二百人议会的意见，但为时已晚，就连反对加尔文的人也觉得这样抵抗太冒风险；一五五三年十月二十六日，日内瓦行政公署一致投票同意判处塞尔维特火刑处死，并决定于次日在尚佩尔广场立即执行这种酷刑。

塞尔维特在自己的牢房里和现实世界隔绝已有好几个星期，接着又是好几个星期[16]，他一直沉迷在虚无缥缈的希望之中。他天生耽于幻想和神经过敏，加之那些所谓要帮助他的朋友们的窃窃私语使他更加神魂颠倒，从而使他对自己的痴心妄想越来越执迷不悟——他自以为自己早就使那些审判他的人确信他的论点就是真谛；用不了多少天，篡权者加尔文就会颜面扫地，带着耻辱被逐出日内瓦。所以，当后来行政公署的几个紧绷着脸的秘书踏进他的牢房，并且慢条斯理地展开一张羊皮纸，向他宣读判决书时，犹如大梦初醒的塞尔维特感到格外的恐惧。对他的判决犹如五雷轰顶。他吓得目瞪口呆，好像根本没有听明白这样令人难以置信的事——竟然向他宣布：他将在明天作为渎神者被活活烧死。他有几分钟的时间就像全身麻木和失去知觉一般。不过，这个痛苦不堪的人的神经接着就完全崩溃了。他开始呻吟、悲诉和呜咽，用他的西班牙人的母语从喉咙里发出刺耳的发疯似的恐惧叫喊声："我的天哪！"[17]看来，他的那种迄今为止目空一切的病态傲慢已被这个可怕的消息一扫而光，他已是一个被彻底摧垮的人，一个沮丧颓唐的人。这个不幸的人用呆滞的目光直发愣。而那些自以为有理的布道师们却已觉得，这正是在法律方面战胜塞尔维特之后又要在神学方面战胜他的时刻，而且也是从他的绝望中迫使他自愿承认自己错误的时刻。

然而不可思议的是：当他们刚刚和这个被蹂躏和几乎已经丧失生命的人谈到他的信仰中最核心的要害之处——即他们刚刚提到要他收回自己的观点时，他原来的那种固执又高傲地勃然而起。塞尔维特说，纵使他们能够处决他、折磨他和烧死他——纵使他们能够用火舌一块一块地吞噬他的肉体，他也绝不会从自己的世界观后退寸步。恰恰是他的生命中的最后几天使这位科学界的漫游骑士升华为一名殉道者和为信念而献身的英雄。塞尔维特断然拒绝了法雷尔要他放弃自己观点的要求——法雷尔是为了分享加尔文的胜利而特意从洛桑赶来的。塞尔维特声言，一项世俗的法律判决从不可能作为判断一个人在信仰天主的问题上正确与否的证明。他说，他可以被杀害，但不足以使他信服，因为他们并没有向他提供能使他信服的任何证据，而仅仅是蓄意要杀害他罢了。法雷尔既不能通过威胁也不能通过许诺迫使这个戴着脚镣手铐和已面临死亡的牺牲者塞尔维特说出哪怕是一句认错的话。反倒是塞尔维特清楚地表明，他自己虽然已身陷囹圄，但他在宗教信仰上并非是一个异端分子，而是一个虔诚的基督徒。既然如此，他就有义务也和自己的敌人中最凶残的敌人加尔文和解。塞尔维特说，他已准备好在自己死之前在自己的牢房里和加尔文见面。

关于加尔文和他的牺牲者塞尔维特的这一次见面，我们手头只有单方面的记载，即加尔文的记载。不过，即便是在加尔文自己的描述中，加尔文内心的那种刚愎自用和冷酷无情就已显露得阴森可怕和令人憎恶。这个献祭者加尔文迈步走下一间潮湿的地牢，向自己的牺牲者塞尔维特走去，但他并不是要用言语去安慰这个濒临死亡的人——并不是要给一个明天将在最可怕的折磨下死去的人以兄弟般的或者基督徒式的宽慰。加尔文冷冰冰地直截了当用下面这样一个问题开始谈话：塞尔维特为什么要召请他来？塞尔维特有什么话要对他说？加尔文显然期待着塞尔维特此时此刻会屈膝下跪，会开始央求他这个无所不能的独裁者能够撤销判决或者至少能减刑。然而被判处死刑的塞尔维特只作了十分简单的回答：他说，他请加尔文来，唯一的目的就是请求加尔文的宽恕[18]——这一点就足以使每一个有人性的人深受感动。这是牺牲者塞尔维特表示愿意和自己的献祭者加尔文进行基督徒之间的和解。可是在加尔文冷漠的眼里，他从不可能把一个政治上和宗教上的对手视为是一个基督徒，视为一个人。他在自己的记事中冷冰冰地写道："我简单地回答他说，我从未对他怀有个人的仇恨，即便对他怀有仇恨也是理所应当。"加尔文拒绝了他们两人之间任何一种符合人性的和解，或许是他不明白塞尔维特在临死之前所要表示的基督徒的姿态，或许是他不愿意明白。加尔文说，涉及他本人的一切，塞尔维特都可以搁在一边。塞尔维特唯一要做的事是要承认他对天主所犯的错误——即塞尔维特拒绝承认天主的三位一体的本质。身为基督教思想家的加尔文无意或者有意地忽视这个第二天就要像一块毫无价值的木柴一般被投入到火焰之中而牺牲自己生命的人原本是基督徒的一个兄弟。在研究教义中固执己见的加尔文看来，塞尔维特是一个否定加尔文所论述的关于天主的教义的人，因而也是一个从根本上否定天主的人。对刚愎自用得不可救药的加尔文而言，此时此刻只有一件事重要：在即将死去的塞尔维特咽气之前，迫使他承认，塞尔维特是错的，而他——加尔文是对的。然而，塞尔维特此时已感觉到，毫无人性的宗教狂人加尔文打算褫夺塞尔维特自己的信仰——这可是留在他的已经失去生命的身上唯一能够不朽的信念呀！于是，受尽折磨的塞尔维特奋起反抗。他坚决拒绝出于怕死而承认自己有错。这么一来，加尔文觉得任何其他的话纯属多余，因为在他看来，一个在宗教事务中不完全屈从于他的人就不再是一个基督徒的兄弟，而是罪人和撒旦的奴仆，对这样一个人说任何一句友善的话只不过是浪费时间罢了。向一个异端分子表示些许善意又有什么用呢？加尔文冷漠地背转身去，离开了自己的牺牲者，没有说一句话，也没有和蔼的目光。只有铁门闩在他身后发出当啷的声响。怀有宗教狂热的控告人加尔文用非常无情的言辞结束了他的这一次记事，而他的这一次记事却会使他永远受到谴责。他写道："由于我无法通过劝说和告诫达到任何目的，我只得采取天主允许我做的最聪明的办法。我遵照圣保罗[19]的'基督徒的生活守则'，径自离开了那个有异端思想的人，让他去自作自受吧。"

在火刑柱上用小火慢慢地把人烤死，是所有死刑中最痛苦残酷的一种。即便是在因惨无人道而声名狼藉的中世纪，这种用长时间的折磨使人致死的无比残忍的火刑也仅仅是在极为罕见的案件中使用；在绝大多数情况下，被判处火刑的人在行刑前就已经在火刑柱上被绞死或者已处于失去知觉的状态。然而，为这个被新教视为异端分子而牺牲的第一人塞尔维特准备的，恰恰是最令人胆战心惊的火刑——将活人撕肝裂肺地慢慢烤死，因而人们完全能够理解，在加尔文用这样一种特别残酷的手段杀害了塞尔维特从而引起天底下一切有人性的人愤慨声讨之后，加尔文要千方百计一再为自己开脱罪责。在塞尔维特的身躯早已化为灰烬之后，加尔文声称，他曾和教会纪律监督委员会的其他成员共同努力过，争取将残忍地活活烧烤而死的火刑改为痛苦较轻的先用剑处死再上火刑架，不过"他们的努力没有成功"[20]。然而我们今天在日内瓦行政公署的议事记录中却找不到有关这样一种所谓努力的一字一句。正是加尔文独自擅权迫使听命于他的行政公署动用拇指夹刑审讯塞尔维特并将其判处火刑，而现在加尔文却又一下子成了一个在日内瓦没有影响力和没有权力的普通人，以致他所希望的一种比较人性的处死方式无法得以实现，又有哪一个不抱偏见的人会觉得这是可信的呢？就算加尔文自己的记载是真的，他确实考虑过用一种痛苦较轻的方式处死塞尔维特（姑且退一步这么说吧），但肯定是在一个唯一的条件之下才会实施，那就是塞尔维特在最后时刻以牺牲自己的思想[21]——收回自己的神学观点——来换取痛苦的减轻；就算加尔文平生第一次对一个反对他的人表现出宽大，那也并非出于人性，而是出于赤裸裸的政治上的算计。因为如果塞尔维特在离火刑柱寸步之遥时还能承认自己是错的而加尔文是对的，那对日内瓦的教义而言可是莫大的胜利哟！如果能诱使被火刑吓破胆的塞尔维特不是为了自己的教义作为殉道者而死去，而是在最后一刹那当着全体民众的面宣布：唯有加尔文的教义而不是他自己的教义才是人世间正确的和唯一正确的教义，那该是多么巨大的成功哟！

即便是塞尔维特自己也知道他将要付出的是怎样一种代价。所以，现在的较量是坚毅对抗顽固——诚笃的宗教信仰对抗狂热的宗教信仰。塞尔维特宁愿为自己的信念在极度的痛苦下死去，也不愿意为了加尔文大师的教条得到肯定而去求得一种痛苦较轻的死法！他宁愿忍受半小时难以名状的折磨，从而赢得为信仰而殉难的烈士荣誉，同时让对手加尔文永远蒙上惨无人道的罪名和耻辱！塞尔维特断然拒绝了这种交易。他已准备好为自己的坚持到底付出痛苦的代价——各种难以想象的折磨。

剩下的事就是惨不忍睹的场面。一五五三年十月二十七日上午十一时，衣衫褴褛的囚犯塞尔维特被押出牢房。已经不习惯亮光的眼睛长久以来第一次也是末日之前最后一次重见天日。被判处死刑的塞尔维特瘦骨嶙峋，蓬头垢面，胡须杂乱，戴着银铛作响的镣铐，步履蹒跚。在秋日明亮的阳光下，脸上灰暗的疲惫神色令人觉得十分可怕。几个执行死刑的人在行政公署的台阶前推着他跟跟跄跄地行走——几个星期以来他已荒疏了走路，然后他们粗暴地用力将他按下跪在地上。塞尔维特不得不低着头悉听日内瓦的行政长官当着集合起来的民众的面向他宣读判决书，该判决书的结束语是："我们判处你：米格尔·塞尔维特应被绑赴尚佩尔并被活活烧死；你的那部著作的手稿以及已经印成的那部书应随同你的躯体一起被烧成灰烬；你的一生应以这种方式结束，为的是要给其他所有想犯下这类罪行的人以儆效尤。"

塞尔维特战战兢兢地听着这样的判决，吓得魂飞魄散。在惊恐万状之中，他跪着用膝盖匍匐爬行至行政公署的日内瓦主人们面前，恳请他们能以宽大为怀，赐予一点小小的仁慈：先用剑将他处死，然后用火焚烧他的躯体。他说，过分的痛苦可能会迫使他放弃自己的信念。他还说，就算他有违背宗教的罪孽，那也不是故意的，驱使他所作所为的始终是那个唯一的想法：促使世人更加敬仰天主。法雷尔听到塞尔维特的这一番话，就立刻走到跪着的他和审判官们之间，用远处都能听得见的声音问这个已经献给死神的塞尔维特：他是否准备放弃旨在反对三位一体论的教义，以此得到痛苦较轻的处死方式。但是塞尔维特再次拒绝了这样一种交易，他下定决心要实现自己以前的誓言：为自己的信念忍受一切痛苦——这个平素表现得平平常常的人恰恰是在最后时刻得到了道德上的升华。

于是，剩下的只是一个悲壮惨烈的过程。押赴刑场的队伍开始走动。走在前面的是一名少尉和他的助手，他们两人都佩戴着表明官阶的徽章，队伍周围由弓箭手们作军事上的护卫；跟在后面的是永远感到好奇的人群。在队伍穿过城市的整个路程中，道路两旁站着无数胆怯和默不作声的观望者。法雷尔紧挨着死囚塞尔维特在队伍中行走，步伐一致。他不间断地劝说塞尔维特在最后一刻承认自己的错误并收回自己的错误观点。塞尔维特说，他虽然被不公正地处死，但他依然会祈求天主仁慈地对待那些控告他的人。对塞尔维特的这样一种真正出自内心的回答，教条主义者法雷尔勃然大怒，说道："你说什么？你在犯下所有宗教罪孽中最严重的罪孽之后还想要为自己辩护吗？如果你继续一意孤行，我只好让你去听凭天主对你的判决了，我不会再继续陪伴你，而我原先确实是下决心在你咽气之前不离开你。"

此时，塞尔维特不再作任何回答。那些刽子手们和争论不休者们使他感到恶心：他不愿意为他们再多说一句话！这个所谓的异端分子和不承认天主是三位一体的人不断地喃喃自语，仿佛是要麻痹自己的神经似的："啊，天主，拯救我的灵魂吧！啊，耶稣，永恒的神明之子，怜悯怜悯我吧！"然后他又提高嗓门请求在场的人能够和他一起为他而祈祷。他甚至在刑场上已经面对火刑柱时还再次跪在地上虔诚地默默祈祷。可是，宗教狂热分子法雷尔出于害怕一个所谓的异端分子的这样一种纯洁的姿态很可能会给民众留下印象，便大声喊道："你们看，当撒旦用自己的魔掌抓住一个人的时候，撒旦会显示出多么巨大的魔力！这个跪着的人很有学问，也许他还以为自己以往的所作所为是对的呢。然而，他现在完全是在撒旦的掌控之中。这样的事情也可能会在你们每个人身上发生。"——法雷尔的话音在怀着对天主的敬畏跪在地上的塞尔维特的上空回荡。

在此期间，最最残忍的用火刑处死的各项准备工作都已开始。火刑柱周围已堆起木柴，那根用来把塞尔维特吊到火刑柱上去的铁链已在叮当作响，那个刽子手已绑住塞尔维特的双手。塞尔维特还一直在轻声叹息："啊，天主，我的天主呀！"法雷尔又一次也是最后一次挤到塞尔维特的身边，恶狠狠地大声喝道："难道你就没有任何别的话要说？"自以为有理的法雷尔还总是希望塞尔维特在看到火刑柱的那一刻会承认加尔文的教义是唯一正确的真谛。而塞尔维特却回答说："此时此刻我除了祈祷天主，难道还能做别的事情吗？"

法雷尔沮丧地离开了自己的牺牲者塞尔维特。只是塞尔维特身边现在又多了另一名刽子手——一名亲自动手的职业刽子手，他得去完成自己的差事——令人憎恶的差事。他用一根铁链把塞尔维特吊到火刑柱上，还用一根绳索在他的消瘦孱弱的身躯上缠绕了四五圈，绳索残酷地勒入他的肉体。接着，他的几个帮手又把塞尔维特的那部书和书的手稿塞进捆绑的绳索和他的还活着的肉身之间。那部手稿是当年塞尔维特在加了密封盖印后寄给加尔文的，以征求他的看法——一种怀有兄弟情意的看法。最后，刽子手们把一顶用硫磺浸泡过的树叶冠——一顶令人生厌的苦难之冠戴在他的头上，以示侮辱和嘲弄。为刽子手要干的活所做的各项残酷无比的准备工作都已完成。现在刽子手只需点燃起火刑的柴薪堆就行了。杀害塞尔维特的行动已真正开始。

当四处升起熊熊烈火时，被折磨得死去活来的塞尔维特发出的惨叫声是如此撕肝裂肺，以致围观者们瞬息之间都骇然背转身去。不一会儿，烟雾和火焰已吞没了那具在剧痛中不断扭动的躯体，但是人们自始至终都能不断地从慢慢吞噬活着的肉体的烈火中听到受难者极度痛苦的尖厉惨叫声，并终于听到最后的苦苦哀求声："耶稣啊，永恒的神明之子，怜悯怜悯我吧！"这样一种难以形容的可怕的垂死挣扎持续了半个小时。然后，火焰才心满意足地渐渐熄灭，烟雾缓慢地四处飘散。那根烧红的铁链在已经变黑的火刑柱上挂着一堆冒烟和烧焦的黑色东西——一种不再使人想起和人有任何关系的令人毛骨悚然的胶状物。一个曾经有思想、热情追求永恒真理的尘世造物、一个曾经是天主的灵魂的生命化身，如今已成为一团可怕的渣滓——一堆如此令人惊骇和散发着臭味的东西，以致这样一番景象很可能会使加尔文悔悟一闪念：他自己的行为——擅权审判和杀害一个基督徒的兄弟是多么没有人性！

然而，在如此骇人听闻的时刻，加尔文又在哪里呢？他小心翼翼地待在自己家中，坐在书房的几扇紧闭的窗户旁，听凭那个刽子手和比自己更加粗暴的法雷尔——和自己的信仰相同的兄弟去干那件残忍的事，目的是要假装自己没有参与其事，或者是为了避免自己的神经受刺激。而当追踪、指控、威逼无辜的塞尔维特并把他送上火刑柱的时候，加尔文可是不知疲倦地赶在所有其他人的前头呢。但在用火刑处死塞尔维特的时刻，人们只看到用钱雇来的刽子手，却不见真正的罪人加尔文——是加尔文要求并下令为了"虔诚地信仰天主"而用火刑处死塞尔维特的呀。一直到下一个礼拜日，加尔文才穿着黑色长袍庄严地登上布道坛，当着默不作声的教区信众的面，把处死塞尔维特赞誉为一种伟大的、必要的和正义的行为——而他自己却不敢公开地、自在地看一眼处死塞尔维特的情景。

注　释

〔1〕 茨威格在此处引用拉丁语原文：malis auspiciis appulsus。

〔2〕 日内瓦湖位于瑞士西南端，日内瓦城又是位于日内瓦湖西南端，和法国毗邻，从日内瓦湖向东北方向行驶可到达位于瑞士中部的伯尔尼，从伯尔尼向北可达巴塞尔，从伯尔尼向东北方向可达苏黎世，那三座城市当时属于新教茨温利教派。从日内瓦湖向东南方向可达意大利北部边境，据塞尔维特在日内瓦受审时的供词，他自称是要借道日内瓦前往那不勒斯王国，打算在那里行医。参阅《大事年表》1553 年记事〔9〕。

〔3〕 加尔文和塞尔维特并未在巴黎见过面。在教堂里认出塞尔维特的也不是加尔文，是某个在维埃纳让塞尔维特看过病的教徒。参阅《大事年表》1534 年记事〔4〕、1553 年记事〔9〕。

〔4〕 当甘公爵（Louis-Antoine-Henri de Bourbon-Condé，duc d'Enghien，1772—1804），法国波旁王族孔代支系的最后一名男性继承人。生于尚蒂伊（Chantilly）。原在军队服役。1789 年法国大革命爆发后与父母一同逃亡国外，加入王党军。1792—1804 年参加反法战争。在王党军将领卡杜达尔（Georges Cadoudal，1771—1804）暗杀拿破仑事件发生后受牵连，1804 年 3 月被捕并被押往巴黎，数日后在万森被军事法庭处决。

〔5〕 茨威格在此处引用法语原文：me auctore。

〔6〕 尼古洛·德·拉·方丹的法语原文是：Nicolaus de la Fontaine。

〔7〕 此处"耶稣基督之道"的原文是 Gotteswort。身为新教领袖的加尔文理应拯救被天主教宗教裁判所迫害的人，但加尔文并未这样做，反而为虎作伥。

〔8〕 这是指加尔文于 1553 年 8 月 20 日给在瑞士纳沙泰尔（Neuchâtel）的法雷尔写的信。参阅《大事年表》1553 年记事〔10〕。

〔9〕 希罗尼穆斯·博尔塞克（Hieronymus Bolsec，生卒年不详），日内瓦

名医。原为多明我修士会修士，因反对加尔文的"双重预定论"而被判刑，后逃脱。

〔10〕 基督教神学的"预定论"（英语 predestination，德语 prädestination）认为，这是"天主永恒的旨意，天主按照自己的旨意决定每个世人的命运。这是因为天主并不是以同样的条件创造每个人，而是命定某些人有永恒的生命，其他人则受永远的刑罚"，这种"预定论"一般被称为"预定永生论"（拉丁语 praedestinatio ad Vitam，英语 predestination to life）。加尔文的"预定论"更激进，被称为"双重预定论"（英语 double predestination，拉丁语 praedestinatio gemina），认为"天主已根据其主权预定每个人——无论是信徒或是非信徒——的命运"，更强调天主对其创造物的主权。

〔11〕 伊拉斯谟反对马丁·路德的"绝对决定论"的论据，参阅《大事年表》1524 年记事〔2〕。

〔12〕 见塞尔维特于 1553 年 10 月 10 日致日内瓦行政公署的信。参阅《大事年表》1553 年记事〔11〕。

〔13〕 此处原文是"这个法利赛人（Pharisäer）"，法利赛人是古代犹太教的一个派别，在《圣经》记载中是言行不一的伪善者。

〔14〕 沙夫豪森（Schaffhausen），瑞士最北部的一个州——沙夫豪森州的首府，在苏黎世之北三十七公里处。该城在莱茵河北岸，博登湖之西。1045 年建城。1190—1218 年为神圣罗马帝国自由贸易城。1501 年加入瑞士联邦，北部、东部、西部均与德国接壤。居民主要讲德语，信奉新教。

〔15〕 阿米·佩林（Ami Perrin，？—1561），瑞士基督教政治活动家。早年主张宗教改革，支持法雷尔。后来反对加尔文的政教合一的统治，拥护自由派，并最终成为该派领袖。1555 年 5 月，佩林在日内瓦领导武装暴动，失败后被判处死刑。最后逃至伯尔尼，率少数信徒继续从事对抗斗争。但在 1553 年 10 月审判塞尔维特时，佩林任日内瓦行政公署首席行政官，没有反对加尔文。

〔16〕 塞尔维特于 1553 年 8 月 13 日在日内瓦被捕并接受审判，10 月 26 日被判处火刑处死，10 月 27 日执行。

〔17〕 茨威格在此处引用西班牙语原文：Misericordias。

〔18〕 这是基督徒的一种宗教惯例，一个人在临死之前表示希望所有的人（包括他的仇敌）能宽恕他；他也表示宽恕所有的人（包括自己的仇敌）。基督徒以这种形式彰显基督教所提倡的宽恕精神。

〔19〕 圣保罗（Paulus）是耶稣基督的使徒。据《圣经·新约》记载，圣保罗有十余封书信寄自罗马，故统称《罗马书》。《罗马书》第十二章的小标题是"基督徒的生活守则"，其中第一句话是："爱人不可虚假，恶要厌恶。"参阅中国基督教两会 2000 年 10 月出版的《圣经》（新约）第 282 页。

〔20〕 茨威格在此处引用拉丁语原文：Genus mortis conati sumus mutare, sed frustra.（尽管想努力改变处死方式，但未获成功。）

〔21〕 茨威格在此处引用拉丁语原文：sacrificio d'intelletto。

第七章　宽容宣言

> 寻求真理，并说出自己所思考的真理，永远不能说有罪。没有人会被迫接受一种信念。信念是自由的。

> ——塞巴斯蒂安·卡斯泰利奥

火刑处死塞尔维特立刻被当年所有同时代的人视为是宗教改革中的道德分水岭。虽然处死一个人本身在残暴的十六世纪并不是什么大惊小怪的事：当时，为了所谓基督不被亵渎，从西班牙的沿海远至挪威海岸和不列颠群岛都有无数异端分子被烧死。成千上万手无寸铁的人被各种各样自称唯一正确的教会和教派拖到刑场烧死、斩首、窒息毙命或者淹死。卡斯泰利奥在他的《论异端分子》[1]一书中写道，不过被屠杀的仅仅是人而已，所以没有人想到要去计算牺牲者的数目，"如果被屠杀的是猪——我还根本没有说被屠杀的是马呢，那么任何一个君主都会说他蒙受了巨大的损失"。深感沮丧的卡斯泰利奥叹息说："我不知道，是否曾经有过一个时代会像我们这个时代一样流如此多的血。"——卡斯泰利奥当然不可能预见到我们今天这个到处都是战争的二十世纪。

但是，数百年间固然始终有数不胜数的暴行，而火刑烧死塞尔维特毕竟是唯一一次唤醒世人良知的暴行——当时世人们似乎还都在沉睡之中，烧死殉道者塞尔维特的火焰照亮了他那个时代的所有其他人。两百年以后，吉本[2]还表态说："这样一次杀人献祭比宗教裁判所在火堆上处死数以千计的人更使我感到震惊。"因为处死塞尔维特是宗教改革内部第一次"出于宗教信仰的谋杀"，也是第一次明目张胆地否定宗教改革的原始思想——伏尔泰如是说。"异端分子"这个概念本身对福音派教义而言就已属荒谬，因为福音派教义允许每一个人都有阐释教义的自由权。事实上，路德、茨温利和梅兰希顿在宗教改革之初也都明确表示：他们憎恶对宗教改革运动中的过激分子和局外人采取任何残暴的措施。路德还特别解释说："我不大喜欢死刑，即便是罪有应得的死刑，而使我吃惊的是竟有人在这件事情上开了先例。因此我绝不会同意将那些巫术医生处死。"路德还有过这样言简意赅的表述："异端分子不能用人为的暴力加以镇压或者遏制，而只能用《圣经》与之斗争。因为持有异见只不过是一种思想而已，不可能用尘世的某种火或者水将其消灭干净。"茨温利也同样明确表示：他对苏黎世行政公署的每一次起诉异端分子和每一次采取残忍的暴力都非常反感。

然而，这样一种新的教义阐释者不久就不得不认识到，不使用暴力，权威就不可能长期保持新的教义——旧的教义早就知道这一点，而新的教义在此期间都已有了自己的"教会"。于是路德建议，为了推迟作出不可避免的决定，首先采取一种折中的办法：他要知道"异端分子"和"煽动分子"之间的区别——即要在那些仅仅在思想和教义上偏离改革派教会思想的"进谏分子"和那些在改变宗教信仰的同时也要改变社会秩序的真正的"骚乱分子"之间作一个区别。路德只同意当局对后一种人——当时指的是具有公社思想的再洗礼派教徒——有镇压的权力。只不过改革派教会的领袖们中没有一个愿意下决心采取这种坚决的步骤：将持有异见者和思想自由者交给刽子手。他们心中依然记得自己的那个时代：他们自己当时作为思想革命者把争取最神圣的人权作为自己内心的信念，并为此与教皇和皇帝抗争。因此他们觉得建立一个新的宗教裁判所——即新教的宗教裁判所简直不可思议。

而现在加尔文却以火刑处死塞尔维特为开端迈出了具有世界历史意义的这一步。加尔文的这一步彻底践踏了宗教改革为之奋斗的"基督徒思想自由"的权利。加尔文的这一步已远远超过天主教会；天主教会为了使自己的名声受到敬畏，在把一个人由于信仰基督坚持自己的独立看法而活活烧死之前，毕竟还犹豫了一千多年呢。加尔文却在自己统治的第二个十年中就以这次为维护自己的思想专制所采取的极其卑鄙的行动而使宗教改革名声扫地。加尔文的行为在道德意义上或许比托尔克马达[3]的暴行更加令人憎恶。因为当天主教会把一个异端分子革出教门并把他移交给世俗法庭时，天主教会并不是要以此实现个人的复仇，而是要从这个异端分子有罪孽的肉体中拯救出永生的灵魂——是为了天主而净化教会，是为了天主而救赎世人。

而在加尔文的冷酷的司法中完全缺乏这种救赎思想。加尔文用火刑处死塞尔维特不是为了拯救他的灵魂；在尚佩尔点燃起那堆薪火完全是为了向世人昭示：加尔文的神学思想不容被指摘。塞尔维特并不是作为一个无神论者——他从来不是无神论者——死得如此痛苦，而仅仅因为他不认同加尔文的某些教义。因此，即便数百年以后在自由的城市日内瓦为自由的思想家塞尔维特建立的纪念碑[4]上的碑文写着塞尔维特是"他的那个时代的牺牲品"——这是试图为加尔文开脱罪责，但纯属徒劳。因为并不是他的那个时代的蒙昧和疯狂——在他的那个时代也有蒙田，也有卡斯泰利奥——把塞尔维特推上火刑柱，而完全是加尔文的个人的专制独裁把他推上火刑柱，任何道歉都不可能使这个新教的"托尔克马达"——加尔文摆脱杀害塞尔维特的罪责。因为就算愚昧和迷信在一个历史时期之内可能是造成暴行的原因，但是，实施暴行的人始终要对自己的暴行负责。

显而易见，从塞尔维特惨烈殉难的那一刻起，人们的激愤情绪就不断上升。即便是德·贝扎——加尔文的代言人和福音派传教士也不得不报告说："如此痛苦死去的塞尔维特的尸骨未寒，围绕异端分子是否可以被惩罚的问题已经开始激烈争论。有一些人认为，异端分子必须镇压，但不必处以死刑。而另一些人则要求：对他们的惩罚应该完全听凭天主的判决。"即便是对加尔文的一切行为都要加以赞美、崇拜得五体投地的贝扎也突然在自己说话的声音中出现了奇怪的犹豫语气。而加尔文的其他一些朋友更是显得语焉不详。虽然梅兰希顿——塞尔维特本人确曾用最难听的辱骂攻击过梅兰希顿——在给他的"亲爱的兄弟"加尔文的信中说:"新教教会向你致谢,而且将来也会向你致谢。你们的日内瓦的官员们判处这个亵渎天主的塞尔维特死刑,堪称义举。"虽然甚至还有一个追赶时髦的名叫穆斯库鲁斯[5]的古典语言学家在自己的一首虔诚的节日歌曲中为加尔文杀害塞尔维特一事歌功颂德——是呀,永远会有"背叛道德的学者"[6]。但是,除此以外,听不到真正的赞同声。苏黎世、沙夫豪森和其他城市的新教教会对塞尔维特殉难一事的表态远不如日内瓦所希望的那样热烈。如果说他们原则上也赞成对"执迷不悟者"进行威慑,那么他们肯定会由衷地感到高兴:历史上新教教会第一次用火刑处死自己的异端分子不是发生在他们自己的城墙之内,而是由让·加尔文在历史面前承担作出这个可怕决定的恶名。

一时间,对塞尔维特的死众说纷纭。当年的法学大理论家弗朗索瓦·博杜安[7]公开发表有决定性意义的专家意见说:"我的立场是:加尔文无权由于一个宗教上有争论的问题而开创追究刑事责任的先例。"再者,不仅仅是整个欧洲有自由精神的人文主义者们感到震惊和义愤,而且在新教的教士阶层内部反对的声音也愈来愈强烈。就连离日内瓦城不到一小时路程的瓦特州[8]的新教教士们也都从布道坛上谴责加尔文对塞尔维特的处置有悖于宗教精神并称之为非法——这些教士们仅仅是由于伯尔尼的宗主权的保护才免遭加尔文的帮凶们的迫害。甚至在加尔文自己的城市日内瓦,他也不得不依靠警察的暴力压制批评。一名妇女在大庭广众中说,塞尔维特就是耶稣基督的一个殉道者,她因此而被投入监狱。一名印书商人说,日内瓦行政公署仅仅是为了讨好加尔文一个人而判处塞尔维特死刑，这个人也就和那名妇女一样被投入牢房。自从思想自由在日内瓦受到这样一种思想专制的威胁之后，一些杰出的外国学者纷纷离开这座他们感到不再安全的城市，以示抗议。而加尔文不久将会认识到：已经殉难的塞尔维特对他来说比当初活着的塞尔维特及其著作更危险。

加尔文听到任何反对的声音都会心烦意乱。尽管日内瓦人出于胆怯而不敢公开议论，但也无济于事。加尔文仍然能透过墙壁和窗户感觉到那种强压下去的激愤。然而，已经干了的事是无法挽回的。由于加尔文不可能逃脱与此事的干系，所以他唯一的办法无非就是公开为自己辩解。加尔文在这样一次以凌厉的攻势开始的事件中已不知不觉地被迫转入守势。他的所有的朋友们都一致劝说他，现在该是为那次火刑处死塞尔维特的耸人听闻的行为进行辩护的关键时刻了。加尔文终于违背自己的意愿真正下决心向世人"澄清"塞尔维特案件，并为自己的行为写了辩护书——那是在加尔文亲自精心策划掐断塞尔维特的喉咙之后的事。

毕竟，加尔文在塞尔维特这件事情上是问心有愧的；他既然问心有愧，也就不可能把辩护书写得理直气壮，因此他用"还沾满着塞尔维特的鲜血的双手"——这是卡斯泰利奥后来说的话[9]——所写的为自己辩护的《捍卫天主的三位一体的正统信仰／反驳米格尔·塞尔维特的严重错误》[10]一书已成为他的最苍白无力的著作之一。加尔文自己曾经承认：他是"心烦意乱地"[11]——也就是说，他是紧张不安和仓促地写成这本书的。他还让日内瓦的所有教士集体签名赞同他的论点,为的是不让自己单独承担责任,这表明他在被迫为自己的辩护中感到多么没有把握呀。他对自己被认定为是杀害塞尔维特的真正元凶,显然已感到很不愉快,所以在这本书中相当笨拙地混杂着两种截然相反的写作倾向。加尔文一方面慑于普遍的不满要把责任从自己身上推卸给"当局",另一方面又不得不证明:日内瓦行政公署除掉一个像塞尔维特这样的"怪人"[12]的行动是正确的。老练的诡辩家加尔文为了首先表白自己是一个心肠特别软的人和自己是一个内心反对任何暴行的人,便将这本书的相当一部分篇幅用来谴责天主教宗教裁判所的惨无人道的行为,说宗教裁判所在不允许辩护的情况下就对相信异端的教徒进行判决,并以极其残酷的方式将他们处死——后来卡斯泰利奥责问加尔文:"那么你呢?难道你曾经指派谁作为塞尔维特的辩护人了吗?"[13]——然后,加尔文在自己的书中竟以这样的陈述令本已十分吃惊的读者深感意外,他说,他曾经"私下不断努力让塞尔维特回归到一种更好的信念"[14],只是日内瓦行政公署始终不顾他要求宽大的意愿,坚持判处死刑并以特别残酷的方式处死。只不过,加尔文为塞尔维特所作的所谓努力——即这个凶手为自己的牺牲者所作的努力确实也太"神秘"了一些,以致任何一个世人几乎都不会相信这种事后编造的故事。而卡斯泰利奥则以不屑一顾的态度举出真正的事实:"你最初所作的努力是告诫,但无非是辱骂而已,你其次所作的努力是把塞尔维特投入监狱,你继续所作的努力是让塞尔维特离开监狱,但只不过是为了把他拖到火堆上活活烧死而已。"[15]

如上所述，加尔文用一只手推卸自己杀害塞尔维特的责任，同时还要用另一只手替"当局"为判处塞尔维特死刑开脱一切罪责。而当需要为镇压塞尔维特进行辩解时，加尔文又立刻变得振振有词。他争辩说，"让每一个人都有说出自己思想的自由"[16]——这是不行的，因为这将为那些享乐主义者、无神论者和亵渎天主者大开方便之门，只有真正的教义——其实也就是加尔文的教义——才可以被宣扬。加尔文又辩解说，不"让每一个人都有说出自己思想的自由"绝非意味着是对自由的限制。是呀，实行思想专制的暴君们总是重复着相同的违背逻辑的论据。加尔文说："这并非是对教会信众的暴虐专制，而是为了防止居心险恶的著作家公开散布自己心中的思想观念。"[17]按照加尔文和他的同道们的逻辑，当他们去封住其他持有异见者之口时，他们绝不是在实施一种强迫行为，而是在采取一种正当行动，并且是在为更崇高的思想效劳——这一次杀害塞尔维特是为了"天主的荣耀"。

然而，加尔文真正需要辩护的要害之处并非是在道义上压制异端分子这一点——这个命题早已在新教教义中作过论述——而是这样一个关键性的问题：一个权柄在手的人是否可以杀死或者借他人之手杀死一个有另一种思想的人。由于加尔文已经在塞尔维特案件中先用自己的行为对这个问题作了肯定的回答，他现在——也就是事后——必须对此说明理由。不言而喻，他要在《圣经》中为自己寻找依据，以便表明他仅仅是受天主的"崇高委托"和听从"天主的旨意"而除掉塞尔维特的。他甚至会在摩西的全部律法[18]中搜寻处死异端分子的案例——因为《福音书》谈论"要爱你们的仇敌"[19]这样的话太多;但是事实上他不可能找到任何令人信服的案例,因为《圣经》中还根本没有异端分子这个概念呢,而只有"渎神者"[20]——亦即"不信神者"[21]——这个概念,而在熊熊烈火中仍然呼唤基督这个名字的塞尔维特从来就不是一个无神论者。尽管如此,一贯善于断章取义的加尔文总会在《圣经》中找到适合于自己的依据。他声称,由当局剪除那些有另一种思想的人是"神圣"的职责。他在书中这样写道:"这就好比一个百姓家中有人崇拜别的偶像[22]和他的一个家属不信天主,而这个百姓却不立刻举起那把正义之剑,那么他就是有罪;这也正好比当宗教受到伤害时,一个君主故意视而不见,那么他的胆怯就更为卑鄙。"这把正义之剑既然给了他们,他们就应该为了"天主的荣耀"而使用这把剑——加尔文在呼吁使用暴力时总是滥用这个词;任何在"虔诚的义愤"[23]中发生的行为事先就被认为是有道理的。按照加尔文的说法,捍卫正统的教义——即捍卫真正的信仰,就得六亲不认,摆脱一切人情的羁绊,即便是自己最亲近的家属,如若他们受撒旦的驱使而不信"真正"的宗教,也必诛杀之,从而灭绝对天主的可怕亵渎。加尔文写道:"我们在为天主的荣耀而斗争时,如若我们重视各种人性的感情甚于为天主效劳,如若我们怜惜亲属、家族、自己的生命和心中牢记各种人情,那么我们就没有向天主奉献我们应该奉献的敬畏。"[24]

这一番令人惊诧的话可悲地证明了:宗教狂热能把一个平时头脑清楚的人蛊惑到何种程度!因为加尔文在这里

用赤裸裸的使人不寒而栗的文字说的是：按照他的意思，只有那些为了教义——即为了他的教义而泯灭"一切人性"[25]的人才称得上是虔诚，也就是说，一旦谁的妻子和朋友、兄弟和亲族在正当的信仰方面和教会纪律监督委员会在某一点或者某一小点上有不同的想法，那么这个人就得泯灭自己心中任何人性的感情，心甘情愿地将他们交给宗教裁判所，这才称得上是虔诚。加尔文为了不让任何人非议这种充满杀机的论调，他就诉诸自己最喜爱的最后一招——恐吓手段。他声称，任何一个为异端分子辩护或者为他开脱罪责的人，本身就犯了异端罪并应受到惩罚。由于加尔文不能容忍任何反对他的意见，他就想通过塞尔维特的遭遇对任何一个持反对意见的人进行威胁：要么保持沉默和唯唯诺诺，要么就像塞尔维特一样被拖上火刑堆！让一个持反对意见的人从一开始就闻风丧胆。加尔文想要一劳永逸地解决和结束这场令他不胜难堪的关于杀害塞尔维特的争论。

但是，尽管加尔文如此声嘶力竭和怒不可遏地向世人进行威胁，指责他这个谋杀者的声音却并未趋于沉寂。加尔文的这本要求追究异端分子的辩护书反而给世人留下非常非常坏的印象。恰恰是那些最真诚的新教教徒看到他命令式地[26]要求在他们自己的改革派教会内设立宗教裁判所，都不禁毛骨悚然。有几个新教教徒声称，假如这样一种充满杀机的论调是出自日内瓦行政公署而不是出自一个圣经布道师——基督仆人的辩护，可能更合适。而伯尔尼行政公署的文书策尔欣特斯[27]却鼓足勇气作了回应。此人后来成为卡斯泰利奥最忠实的朋友和保护人。策尔欣特斯在致加尔文的信中写道:"我坦率承认,我也是属于那些要尽可能限制死刑判决的人——要限制对宗教信仰运动的反对者判处死刑,甚至要限制对那些自觉自愿站在错误一边的人[28]判处死刑。是特殊的经历决定了我的这种立场,不仅仅是那些人们能从《圣经》中引用的反对使用暴力的言辞,而是我在伯尔尼城看到的迫害再洗礼派教徒的那个实例。我曾亲眼目睹一个八十岁的老妪和她的女儿——一个有六个孩子的母亲一起被拖到绞刑架上处死,她们除了不愿意让自己的孩子受洗礼之外,并没有犯下任何其他罪行。这样一个事例给我留下的印象使我不得不担心:各司法当局将不会在你划定的狭小范围之内行事,我不得不担心各司法当局将会把小错当作大罪进行惩罚。因此我认为值得期盼的是:但愿各有关当局宁可犯下过分温和与过分体恤的错误,而不去严厉地动用刀剑……至于我本人,我宁可自己流血,也不愿被一个确实罪不该死的人的鲜血玷污。"

这是伯尔尼行政公署的一个名不见经传的小小文书在一个宗教狂热的时代说的话;有许多人也会这样想——但他们都是悄悄地思考自己的想法。就连正直的策尔欣特斯也和他的老师——鹿特丹的伊拉斯谟一样对争论时事政治感到发怵。策尔欣特斯深感惭愧地向加尔文承认:他只是把自己的不同想法用书信的方式告诉他,而在公众场合他宁可保持沉默。策尔欣特斯在信中写道:"只要我的良知不需要我这样做,我就不会参加激烈的争论;在我的良知许可的范围之内,我宁可始终一声不吭,而不去挑起争论和伤害某个人。"充满人性情怀的人总是过快地迁就姑息,而这恰恰会使那些诉诸暴力的人更容易得逞。他们都像这个目光敏锐而又不好斗的策尔欣特斯一样行事：一直保持沉默。在这些崇尚人性的人文主义者和宗教人士以及学者们中，有一些人是出于讨厌大声争吵而保持沉默，而另一些人保持沉默则是出于害怕：倘若他们不把处死塞尔维特违心地赞颂为值得称道的行为的话，他们自己也会被怀疑为异端分子。看起来，好像加尔文的令人胆战心惊的要求：对有另一种思想的人进行普遍的追究——始终没有遭到反对，可是，这时候却突然出现了一个人的声音——加尔文非常熟悉和非常讨厌的声音——卡斯泰利奥的清清楚楚的声音。他要以已经受到伤害的人性的名义公开谴责对米格尔·塞尔维特所犯的罪行。卡斯泰利奥仍然从未被加尔文——这个在日内瓦诉诸暴力的人的威胁所吓倒，并且决心用自己的生命去拯救无数人的生命。

在任何一次思想论战中，最优秀的战士并非是那些凭一时的激情轻易开始交锋的人，而是那些长时间深思熟虑的人——内心爱好和平的人，决心和决定先在他们心中渐渐成熟的人。当他们竭尽达成谅解的各种其他可能性和认识到论战不可避免之后，他们才会怀着沉重和忧伤的心情进行迫不得已的自卫。然而，恰恰是那些最难作出决定参与论战的人后来总是成为最坚定的人和决心最大的人。卡斯泰利奥正是这样的人。身为真正的人文主义者，他天生就不是一个爱好争论和过分自信的人。他为人敦厚、宽宏大量、善于和解——这些都非常符合他的温和本性，而从最深层的意义上说，非常符合他的笃信宗教的本性。就像他的思想前辈伊拉斯谟一样，他深知任何一种世俗的真理和任何一种宗教的真谛都有多种形式和多种含义，因而他的最重要的著作之一用了这样一个意味深长的书名《论怀疑之道》[29]，绝非偶然。不过，这样一种不断的自我怀疑和自我反省绝没有使卡斯泰利奥成为一名冷漠的怀疑论者；他的谨慎只教他要考虑所有其他人的见解，因而他宁可保持沉默，也不愿冒失地干预不知情的争端。自从他为了保持内心的自由而自愿放弃荣誉和地位以来，他已完全退出时事政治，以便用自己创造性的脑力劳动——把《圣经》译成拉丁语和法语两种语言对照的版本——更好地为福音派新教效力。在他看来，巴塞尔已经成为宁静的安居乐业的地方，这是宗教和平的最后一个岛屿；这里的巴塞尔大学依然守护着伊拉斯谟的精神遗产，因此，所有那些受到教会独裁统治迫害的人都纷纷逃至这一片自由之地——当时全欧洲具有人文主义精神的最后一片自由之地。在这里安居的有：被路德驱逐出德意志的卡尔施塔特[30]、被罗马宗教裁判所赶出意大利的贝尔纳尔德·奥基诺[31]、被加尔文排挤出日内瓦的卡斯泰利奥，以及莱利奥·索齐尼[32]和库里奥纳[33]，还有在尼德兰被唾弃的再洗礼派信徒大卫·德·约里斯"[34]也隐姓埋名秘密地居住在这里。虽然这些流亡者绝对不会在所有神学问题上都有相同的信念，但是遭受迫害的共同命运把他们联系在一起；这些具有人文主义精神的人用友好的交谈互相有了人缘，而从不需要刻意在世界观方面取得完全一致。所有这些拒绝为形形色色的思想独裁效劳的人在巴塞尔过着一种不事声张和十分隐秘的学者生活。他们没有向世人四处散发宗教论文和宣传小册子。他们没有在课堂上强调自己的观点。他们没有拉帮结派。后来，人们把这样一些反对任何为了宗教教条而采取恐怖手段的人称为抗议派。唯一使这些孤单的"抗议派分子"[35]悄悄地结成兄弟情义的是他们共同的悲哀：他们为思想界越来越像兵营和受到越来越严密的控制而深感悲哀。

火刑处死塞尔维特和加尔文的充满杀机的辩护小册子诚然意味着是向这些独立的思想家们的一次宣战，面对这样一种肆无忌惮的挑战，他们既愤怒又惊骇。他们都很快地认识到，现在这个时刻具有决定性的意义。如果这样一种暴君行为始终没有人作出回应，那么在欧洲也就没有自由精神可言了——暴力就会成为公理。难道"在世界出现过曙光之后"[36]——在宗教改革让世人心中有了"要求良知自由"之后，我们真的又应该回到黑暗中去吗？难道所有那些有另一种思想的基督徒真的应该像加尔文所要求的那样，用绞刑架和刀剑被彻底灭绝吗？难道人们不是必须在现在——在这最危急的时刻，即在那个尚佩尔广场上点燃起成千个火刑薪堆之前——向世人清楚地宣告吗？向世人宣告：不许像对待凶恶的野兽那样追杀那些在思想上持有不同看法的人；不许像对待强盗和杀人凶手那样残酷地将他们折磨至死。人们必须在现在——即在最近和在这个最后时刻，大声和清楚地告诉世人：所有那些不宽容的行为都不是福音之道的行为；如果那些不宽容的人采取恐怖手段，那是非人性的行为。所有那些独立的思想家们都觉得，他们现在必须为那些受迫害的人和反对迫害的人慷慨陈词，仗义执言。

可是，慷慨陈词，仗义执言——在那样的时刻怎么还会有可能呢！在有些时代，人们为了让人类最最简单和最最清楚明白的真理深入人心却不得不旁敲侧击和指桑骂槐，这是由于那些最具人文主义精神——最神圣的思想——的人在那样的时代都不得不改头换面，就像偷偷摸摸从后门溜进来的窃贼似的，因为敞开的大门由那些当权者们的走卒和把关的官吏看守着呢。历史一再重演着这样荒谬的现象：进行各种煽动和蛊惑——煽动和蛊惑一个民族反对另一个民族，或者煽动和蛊惑一种信仰反对另一种信仰——会被允许有言论的自由；而另一方面，促使各种和解的言论——各种和平主义的设想、各种寻求妥协的愿望却会遭到质疑和压制，借口是：这些言论会危及国家的某种权威或者宗教的某种权威——这里所谓某种权威始终是指另类的权威；说什么通过弘扬人道精神促使和解的言论是"失败主义的论调"，会削弱虔诚的热情或者爱国的热情。所以，卡斯泰利奥和他的同道们绝不可能在加尔文的恐怖统治之下敢于公开和清楚地表明他们自己的观点；一篇宽容宣言——就像他们计划中的一份弘扬人道精神的呼吁书——很可能会在发表的第一天就被教会的独裁统治没收。也就是说，只能用计谋对付暴力。于是，一个完全虚构的姓名"马丁乌斯·贝里乌斯"[37]作为出版人和一个假冒的印刷地点——马格德堡[38]而不是巴塞尔——被印在《论异端分子》这本书的封面上，而首先是在正文中把这本呼吁拯救无辜受到迫害者的书伪装成一部学术著作——一部神学著作，仿佛这本书仅仅是纯粹从学术的角度探讨关于那些博学的教会权威人士和其他权威人士的言论。书中写道："异端分子是否应该被追究刑事责任和应该如何处置他们，本书采撷了许多从前的著作家和新的著作家们的行家意见。"[39]确实，人们只要匆匆翻上几页，顿时就会以为，手中这本书真的仅仅是一本虔诚的理论小册子，因为书中写的都是最最著名的教会之父[40]们——圣奥古斯丁[41]、圣克里索斯托[42]、圣哲罗姆[43]等人的名句，此外还有从那些伟大的新教权威人士如路德和塞巴斯蒂安·弗兰克[44]著作中的摘录，或者从没有教派的人文主义者们如伊拉斯谟的著作中挑选出来的与教会之父们论调一致的表述。似乎此书中所汇集的只不过是选自各种学派的哲学家们的经院哲学的专集———一种法学与神学的语录选编，目的是为了使读者有可能对这样一个棘手的问题作出个人的、不受任何影响的判断；但是，如果人们进一步仔细阅读，那么就会读到，书中所挑选的行家意见都一致认为：对异端分子判处死刑是不允许的。而在这样一些用言论反对加尔文的人——他们的语录被刊印在书上——中间还有一个人，此人的论点必定会使加尔文特别生气，这个人不是别人，正是加尔文自己。这是这本内容非常严肃的书中唯一施展的恶作剧——巧妙至极的计谋。加尔文自己的行家意见——当然，是在他自己还是一个受迫害者时发表的意见——强烈反对他现在自己杀气腾腾的叫喊：要用火与剑对付异端分子。这个残酷杀害塞尔维特的凶手加尔文不得不用自己的话让自己蒙上违背基督精神的罪名，因为在这本书中就印有他自己署名的文字记载："用武器迫害那些被逐出教会的人和拒绝给予他们享有人道待遇的权利，是违背基督精神的。"

178　良知对抗暴力

　　然而，始终是说得清楚透彻的话才会赋予一本书以自身的价值，而不是躲躲藏藏的思想观念——秘而不宣的思想观念。卡斯泰利奥是在他的作为本书引言的致符腾堡公爵[45]的献词中说出自己清楚透彻的话，而仅凭这一篇既作为本书的引言又作为本书的结束语的献词就足以使这部神学专著具有超越时代的意义。因为尽管这篇献词几乎没有超过十二页，但是献词中所说的话却是要求思想自由在欧洲享有神圣的受到保护的权利的最初言论。这些话当时只是为了有利于异端分子而写，但同时也成了为那些所有在以后的日子里由于要求政治独立或者世界观的独立而遭到其他的专制独裁制度迫害的人所说的呼吁和解的话。这篇献词为一切时代拉开了向各种正义思想的凤敌——狭隘的狂热信仰进行斗争的序幕。狭隘的狂热信仰要压制除了自己宗派的思想观念以外的其他一切思想观念。而战胜狭隘的狂热信仰的则是宽容的理念——它是唯一能把天底下各种敌视化解为和平的理念。

　　卡斯泰利奥以平心静气的逻辑推理、清楚而又无可辩驳的言辞展开自己的论点。他提出的问题是：是否可以追究异端分子的刑事责任和是否可以仅仅由于他们在思想上触犯了正统观念而处死他们。卡斯泰利奥在提出这样一个问题之前先提出另一个决定性的问题：究竟什么样的人是一个异端分子？究竟谁可以不失公正地被称作异端分子？因为"我并不认为，所有那些被人们称为异端分子的人就是异端分子……这样一个名称今天已变得如此遭人唾骂、如此令人恐惧、如此受人鄙视和如此可怕，以致如果有人想要为自己除掉一个私人仇敌，他就有一条十分便捷的途径可循：即他把自己的这个仇敌指控为有异端思想嫌疑。因为其他的人只要一听说异端分子这个名字，就会立刻惊恐万状，以致他们掩耳不迭，并且会盲目地不仅疯狂迫害那个所谓的异端分子，而且还要迫害那些胆敢替他说好话的人"。——卡斯泰利奥以无所畏惧的胆识如此断言。

但是，卡斯泰利奥却不愿意从歇斯底里的迫害狂这一点出发进行论证。他知道：任何一个时代总要为自己选择另一群不幸的人，以便将这个时代积聚起来的仇恨集中发泄在这一群人身上。每当一个较小和较弱势的群体被那些较强势的若干群体作为发泄深藏于人性之内的消灭异己力量的对象——这些群体时而由于宗教信仰、时而由于肤色、时而由于人种、时而由于出身、时而由于社会理想、时而由于世界观等等原因而形成——这时候，他们的口号和理由虽然不时变换，但是，诽谤、歧视和消灭异己的手段却始终不会变。而一个有头脑的人从不应该被那些蛊惑人心的口号和理由所蒙蔽，并且从不应该被群众丧失理性的愤怒所左右。一个有头脑的人应该每一次都要以重新进行冷静思考和重新辨明是非的态度去寻求公正。因此，卡斯泰利奥在他完全弄清楚异端分子这个含有仇恨的名词的含义之前，不愿表明自己对这个问题的看法。

那么，何谓异端分子？卡斯泰利奥一再向自己和向读者提出这样一个问题。由于加尔文和其他的宗教裁判所的裁判官们都把《圣经》当作唯一有效的法典，所以卡斯泰利奥也就一页一页地仔细研究《圣经》。可是，你看，卡斯泰利奥在《圣经》中就根本没有找到异端分子这样一个词和这样一个概念，因为必须先有一种统一的正统教义——

一种教义学，然后才有异端分子可言，这正好比要反对一个教会，就必须先建立起教会这样一个机构。《圣经》固然谈论到不信天主的人和谈论到要对他们进行必要的惩罚，但是一个异端分子还未必一定就是不信天主的人呢——塞尔维特案件已经证明这一点。恰恰相反，正是那些被称为是异端分子的人和最最激烈的再洗礼派教徒们声称他们自己是正宗的基督徒——名副其实的基督徒，声称他们将耶稣基督——救世主奉为至高无上和最受爱戴的楷模。由于一个突厥人、一个犹太人、一个异教徒从未被称作是异端分子，所以异端思想必定完全是基督教内部的一种忤逆行为。也就是说，新的表述是：异端分子是那些虽然身为基督徒但不是信仰"真正"基督教的人，而是固执地在各种不同的观点上偏离"正确"教义的人。

这么一说，似乎异端分子的最终定义已经被找到。然而，在所有各种对基督教的不同阐释中，究竟哪种基督教是"真正"的基督教呢，哪种基督教教义又是"正确"的基督教教义呢——这是要命的问题！难道是天主教对《圣经》的阐释吗？还是路德教派对《圣经》的阐释呢？或者是茨温利教派对《圣经》的阐释？是胡斯派[46]对《圣经》的阐释？是加尔文教派对《圣经》的阐释？难道宗教信仰果真有一种绝对准确无误的阐释吗？难道《圣经》的记载确实总是能够被阐释清楚的吗？不能！卡斯泰利奥有勇气用一个简洁的"不"字作出回答——这和自以为是的加尔文截然相反。卡斯泰利奥看到，《圣经》中既有清楚易懂之处也有晦涩难解之处。这位对宗教有深刻领悟的博学之士卡斯泰利奥写道："就宗教的本质而言，宗教的真谛本身就充满神秘，而且在千余年之后仍然是无休止争论的对象，如果不是《圣经》中爱的真谛使思想界的精英们恍然大悟，如果不是《圣经》中爱的真谛最后决定一切，那么，在这种宗教的纷争中就不可能停止流血。"任何一个阐释《圣经》的人都可能有欠缺和犯错误，因此互相宽容应该是第一守则。卡斯泰利奥写道："如果对《圣经》的各种阐释都像'我们只有一个天主'这样的概念一清二楚，那么，所有的基督徒很可能会轻而易举地对《圣经》的各种阐释形成一致的看法，同样，各个国家的各个民族也会达成这样的一致认识：我们固然有一个天主，但是因为对《圣经》的各种阐释都有含混不清之处，所以基督徒就不应该互相谴责。如果说，我们基督徒比异教徒更具智慧，那么我们也就应该比异教徒更善良和更有同情心。"

卡斯泰利奥又用自己了解到的情况进一步论证说：任何一个被称为异端分子的人虽然承认基督教信仰的基本教义，但是他并不承认那种在他自己的国家里被视为是权威的对基督教教义的阐释。也就是说，异端分子并不是一个绝对的概念，而是一个相对的概念——关于异端分子的概念原来绝不可以一概而论呢！一个加尔文教派的教徒在一个天主教徒看来，不言而喻是一个异端分子；一个再洗礼派教徒在一个加尔文教派的教徒看来，同样不言而喻是一个异端分子；一个在法国诚笃的天主教信徒到了日内瓦，就是一个有异端思想的信徒，反之亦然。在这一个国家被当作有罪的人火刑处死，但在邻国看来，他是一个殉道的烈士。卡斯泰利奥写道："当你在一个城市或者在一个地区作为一个真正的信徒时，你在邻近的一个城市或者在邻近的一个地区就因为'真正'两个字而被视为是异端分子，以致今天如果有人想要不受干扰地生活，那么他就不得不做到：有多少城市和国家，就有多少信念和信仰。"于是，卡斯泰利奥作出他自己的最后和最大胆的表述："当我反复思考一个异端分子究竟是什么时，我觉得，无非是我们把所有那些和我们自己的思想观念不一致的人都称作为异端分子。"

看起来，这似乎是一句非常简单的话——一句明白易懂、几乎没有深意的话。但是，公开和毫无顾忌地说出这样一句话，在当时却意味着是一种具有巨大道德勇气的行为。因为整整一个时代——那个时代的宗教领袖们、封建君主们、教士们、天主教徒们、路德教徒们被一个无权无势的独一无二的人卡斯泰利奥用这样一句话击中了要害：他们对异端分子的残酷迫害不但荒诞无稽而且是疯狂戕害生灵。所有那些成千上万的人被驱逐、被绞死、被溺死或被烧死，是无辜和违法的，因为他们根本没有犯下任何反对天主和国家的罪行；他们和别人有所不同，并不是在采取真实行动的领域，而仅仅是在看不见的思想领域。谁有这样的权利可以给一个人内心的思想定罪呢？——谁有这样的权利把一个人内心的个人信念和卑鄙的罪愆相提并论呢？国家没有这样的权利，有关当局也没有这样的权利。《圣经》中有言："君王之物当归于君王"[47]，卡斯泰利奥还特别引用路德的这样一句话：世俗的王权只拥有行使对人的肉体的权力；而天主却不愿意让人的灵魂被世俗的法律所左右。国家可以要求每一个臣民遵守尘世的秩序和政治的秩序。但是，国家的某个权威机构对人的内心世界的任何干预：对人的关于道德的信念、关于宗教的信念，我们甚至还可以加上关于文学艺术的信念的任何干预，则都意味着是对不可侵犯的个人权利的干涉和侵犯，只要上述这些信念不是明显反对国家政权，用我们今天的话说，只要不是政治煽动，都不能进行干预。没有一个人要为自己的内心世界而对国家的政权负责和被追究责任，因为"我们中的每一个人都会自行将自己的内心世界告知天主"。人的思想意识不属于国家暴力机构管辖范围之内。既然如此，如果有一个人在思想意识方面有另一种信念，那么，对他表现出令人反感的唾沫四溅的愤怒，又为了什么呢？为什么要不断地召来警察呢？为什么要有这样一种杀气腾腾的仇恨呢？一种真正的人文主义精神没有和解的意愿是不行的，因为只有"当我们善于在内心深处克制自己，我们才能在和平的环境中共同生活，这样，即使有时候我们的思想观念有分歧，我们也至少会互相谅解，并且在信仰方面达成一致以前先做到彼此相爱与和平相处"。

也就是说，要为那些玷污人类尊严的可怕的杀戮和野蛮的迫害承担罪责的，并不是无辜的异端分子。难道谁应该为自己的思想——为自己的信念承担责任吗？在卡斯泰利奥看来，要为我们这个天下的疯狂残杀和思想迷惘永远承担罪责的始终是狂热的信仰。狂热的信仰是由意识形态的理论家们的专横独断和摈斥包容造成的。他们始终只相信自己的理念、自己的宗教、自己的思想观念。卡斯泰利奥毫不留情地痛斥这样一种疯狂的自负。他写道："这些人如此坚信他们自己的思想观念，或者更确切地说，他们错误地坚信他们自己的思想观念的那种虚假的可靠性，以致他们傲慢地蔑视其他一切思想观念；各种残暴的行为和迫害就是从这样一种傲慢中产生，从而使得一旦一个人和另一个人不是同一个观点时，这个人就不再愿意容忍另一个人，尽管今天几乎是有多少人就有多少观点。所以，今天没有一个教派不谴责其他各种教派的，并企图要独霸思想界。一切卑鄙的残暴行为——各种各样的放逐、流亡、监禁、火刑、绞刑以及每天每日都在进行的处决和刑讯便由独霸思想产生。而这些残暴行为之所以产生仅仅是由于某些思想观念不讨那些大人先生们的喜欢，常常根本没有一个确切的理由。"从僵化的思想中只会产生荒谬的念头。从思想的不包容中只会产生"那种丧失理智和野蛮的欲望——干残忍勾当的欲望"。卡斯泰利奥写道："人们今天可以看到，有些人就是被一些挑战性的质疑所激怒，以致他们一旦发现：他们下令处决的那些人当中有某个人是先被绞死然后再被焚烧，而不是在火焰中极其痛苦地被活活烧死，他们就会怒不可遏。"

因此在卡斯泰利奥看来，唯有宽容能把人类从这些野蛮的行为中拯救出来。我们的天下之大足以容纳许多真理，而不是只能容纳一种真理，人与人之间只要愿意，就能毗邻而居。"让我们彼此包容而不要谴责另一个人的信仰吧！"倘若我们能这样做，胡乱叫嚷有异端分子存在的声音就会成为多余，各种由于思想上的原因而进行的迫害就会成为没有必要。当加尔文在其著作中鼓动封建君主们使用刀剑彻底铲除异端分子时，卡斯泰利奥却恳请封建君主们："你们宁可倾向于温和的这一方，而不要听从煽动你们去杀害生灵的另一方，因为当你们以后不得不在天主面前听候最后审判时，那些人是不可能站在旁边帮助你们的；他们为自己进行辩护就足够忙的了。请你们相信我，如果现在基督就在我们面前，他绝不会劝说你们去杀害那些呼唤着基督名字的人，即便他们曾经在某个细节上犯过错误或者曾经走过错误的道路。"

塞巴斯蒂安·卡斯泰利奥不是站在宗派的立场上探讨这样一个棘手的问题：所谓的异端分子究竟是否有罪。这似乎应该属于思想领域的一个问题。他对这个问题进行了考察，他对这个问题进行了衡量。当他现在出于内心深处的信念要为那些被追捕和被驱逐的人争取得到和平以及一处思想自由之地时，他几乎是谦恭地向他人陈述自己的这种观点，尽管他在自己的内心深处对此确信无疑。当宗派主义者们像市场上的小贩那样尖声厉叫、吆喝着兜售自己的信条时，当思想狭隘的教条主义者们个个都从布道坛上不停地叫嚷时，唯有他卡斯泰利奥在传播纯粹的教义——真正的教义。他只用自己的声音为自己原原本本地宣告天主的意志和福音。卡斯泰利奥直截了当地说："我不会像一个由天主派遣的先知那样对你们讲话，而是会像一个来自民众的普通人那样对你们讲话。一个来自民众的普通人厌恶无休止的争论，只期望宗教不是通过争吵，而是通过富于同情的爱——不是通过外在的宗教习俗，而是通过内在的感动心灵得到彰显。"教条主义者对别人说话，始终就像对学生和奴仆说话一样；有人性的人对别人说话，始终就像一个兄弟对另一个兄弟说话一样，始终就像是一个凡人对其他的凡人说话一样。

诚然，对一个真正有人性的人而言，当他看到非人性的事发生时，他也不可能无动于衷。当一个诚实的作家的心灵被他的那个时代的疯狂震撼时，他的手不可能若无其事地写下冷漠的和泛泛而谈的词句；当他的正义的激情燃烧时，他的声音不可能始终从容不迫。纵使是卡斯泰利奥也不能够长时间态度矜持，也不能够把在尚佩尔广场的火刑柱上残酷处死一个无辜的人仅仅当作学术研究进行讨论。那是一个信仰基督的兄弟下命令把另一个信仰基督的兄弟在那根火刑柱上活活烧死的呀！是一个学者被另一个学者活活烧死的呀！是一个神学家被另一个神学家活活烧死的呀！而且还是以宣扬爱的宗教的名义呢！塞尔维特被残忍地折磨至死的惨状和大规模残酷迫害异端分子的惨状不时在卡斯泰利奥的脑际浮现，从而使他把自己的目光从书写的手稿上转向去寻找那些暴虐行为的始作俑者——他们自称自己那样做是在虔诚地为天主效劳，所以要求天主原谅他们的不宽容；当然，这纯属枉然。卡斯泰利奥把自己严厉的目光对准了加尔文，他大义凛然地喊出这样的呼声："当这些始作俑者企图用基督的外衣掩盖自己的暴虐行为并宣称他们的所作所为符合基督的意愿时，他们犯下了一种更为骇人听闻的罪孽，尽管他们所干的勾当也都是骇人听闻的残忍。"卡斯泰利奥知道，行使暴力的人任何时候都会寻找某一种宗教的理念——一种思想意识的理念来美化他们自己的暴力行为；然而，只要是鲜血，就会玷污任何一种理念，只要是暴力，就会贬低任何一种思想。不，米格尔·塞尔维特不是根据基督的神谕，而是按照让·加尔文的指令被烧死的，而人世间的这样一种行为很可能会亵渎所有的基督教精神。于是，卡斯泰利奥大声疾呼："如果有人可以用火和水残杀那些信奉基督的人，而且对待他们比对待杀人凶手和强盗还要残忍，那么今天还会有谁想成为基督徒呢？……如果有谁看到，今天一旦某个人由于在某个细节问题上和那些攫取了权力和暴力机构的人不相一致而竟然会以基督的名义被活活烧死，尽管他在熊熊烈火之中仍然高呼他信奉基督，那么谁还会愿意侍奉基督呢？"

富于人道精神的卡斯泰利奥觉得，正因为此，那种疯狂的行为——那些仅仅因为在思想上与当时的掌权者相抵触的人就可以被折磨至死的行为——必须最终被制止。由于卡斯泰利奥还看到，掌权者们一再滥用暴力和在这个尘世除了他卡斯泰利奥孤身一人——一个小人物、一个弱者之外——没有人关心那些被迫害的人和被追逐的人，他真是悲愤难平，于是他长呼苍天，他的声音犹如《论异端分子》一书的最强音的乐章——充满同情、感人肺腑：

啊，基督呀！你是天下的创造者和天下的主宰！难道你没有看见人间的这些暴行吗？难道你真的已变成一个和以前完全不同的耶稣了吗？难道你会违背原来的你变得如此残酷和如此充满敌意吗？当你在人世时，没有人能比你更心怀仁慈、更充满善意，没有人能比你更坦然地忍受嘲弄；你被辱骂、你被啐唾沫、你被嘲笑、你被戴上荆棘冠[48]、你被钉死在十字架上，同时又在你的左右两边将两个强盗钉死在十字架上[49]，可是，你虽然蒙受如此奇耻大辱，你却还要为那些侮辱你和诽谤你的人祈祷，难道你现在真的变样了吗？我以你的神明的最最神圣的名义请求你告诉我：将那些人拖去在水中溺毙、用铁制利器破开胸膛腹腔，在内脏上撒上盐巴，用刀剑肢解躯体、用小火慢慢烤死——用各种残忍的手段将他们尽可能慢地折磨至死，仅仅因为他们没有完全遵照你在世间的"教师"[50]们的要求奉行所谓"你的各种神谕和信条"，难道这真的是你的旨意吗？基督呀，难道你真的会赞同这些事情吗？难道这样一些如此残忍把人的躯体肢解成碎块的屠杀者们真的是你的仆人吗？基督呀，如果有人呼唤你的名字去作见证，难道你真的会出现在杀戮现场吗？——好像你也巴望着人肉似的。基督呀，如果真的是你下神谕干这样的事情，那么还剩下什么事情可让撒旦去干呢？基督呀，如果你真的干了这样一些和撒旦所干的事情一模一样的事情，那可是非常可怕的渎神行为啊！不过，把这样一些只可能是魔鬼的意志和只可能是魔鬼想得出来的事情归咎于基督，那只不过是世人的卑鄙的胆大妄为罢了！

就算塞巴斯蒂安·卡斯泰利奥没有写过任何其他的著作，只写了这样一篇《论异端分子》一书的前言，而且这篇前言也仅仅只写了这样一页，但在宣扬人道精神的历史上想必他已经留下了自己的不朽之名，因为他的声音在一个武器压倒言论和战争最终说了算的天下可谓绝无仅有，尽管要实现他的感人肺腑的誓愿——希望十分渺茫。然而恰恰是这样一些最具人性的要求必须让健忘的人类永远记住，尽管这些要求曾被各种宗教和哲人先师们无数次地重申过。于是，谦逊的卡斯泰利奥又添加了这样一句话："毫无疑问，我所说的无非也是其他人已经说过的话。但是，伸张正义的真话在使自己起到作用以前不断重复，从来说不上是多余。"因为行使暴力在每一个时代都会更新为别的形式，所以思想界的人士反对行使暴力的斗争也必须一再更新形式。思想界的人士始终不可以用以下的借口逃避：眼下的暴力并不是太厉害，因而没有必要用舆论去对抗暴力。因为重申反对暴力的必要性从来不会嫌说得太多，宣扬真理也从来不会徒劳无益。即便言论没有取得胜利，但言论却会证明真理永远存在，而谁在这样的时刻为真理献身，那么他也就用自身证明了：任何恐怖手段都左右不了一个自由的灵魂，纵使是最没有人性的世纪也还会有让人性的声音存在的空间。

注 释

〔1〕 1553 年 10 月 27 日，米格尔·塞尔维特被火刑处死。1554 年 3 月，卡斯泰利奥的著作《论异端分子》拉丁语版在巴塞尔出版。此书被后世誉为"宽容宣言"（详见本书《大事年表》1554 年记事〔4〕）。本章正文前的题词是此书中的名句，但在德语原著的题词中有"1551 年"字样，原因不明，为避免误解，故将题词中的年份删去。

〔2〕 爱德华·吉本 (Edward Gibbon, 1737—1794)，被誉为"18 世纪英国最伟大的历史学家"，有《罗马帝国衰亡史》六卷传世。参阅《大事年表》1737 年记事。

〔3〕 托马斯·德·托尔克马达 (Tomás de Torquemada, 1420—1498)，西班牙宗教裁判所第一任总裁判官。在任期间，约有两千人被火刑处死。参阅《大事年表》1420 年记事。

〔4〕 1903 年，在尚佩尔集市广场附近为塞尔维特建立起一座谢罪纪念碑。碑文在对加尔文"极表敬重与感谢"之后也表示"谴责其所犯的时代错误之一"。

〔5〕 穆斯库鲁斯 (Wolfgang Musculus)，古典语言学者，当时伯尔尼城的牧师，他在 1553 年 12 月 22 日致米兰主教阿姆勃罗斯·布劳勒 (Ambrosius Blaurer) 的信中，附上一首赞成审判塞尔维特的诗，并说塞尔维特是作为亵渎天主者被处死，而不是作为异端分子。

〔6〕 "背叛道德的学者" (trahison des clercs) 原本是法国小说家、哲学家朱利安·本达 (Julien Benda, 1867—1956) 于 1927 年发表的一部著作的书名。本达在此书中称那些为了种族和政治原因而出卖真理和正义的人是道德上的叛徒。

〔7〕 在作为本书译文底本的德语原版书 (Stefan Zweig: *Castellio gegen Calvin*, Fischer Taschenbuch Verlag, 1996, s. 139) 中，此处的名字是皮埃尔·布丹 (Pierre Boudin)，此人生平不详。但在此书的英

译本《异端的权利》(*The Right to Heresy*, translated by Eden and Cedar Paul, Cassell and Company Ltd., London, 1936.p.171) 中此处的人名是弗朗索瓦·博杜安 (François Baudouin, 1520—1574)，他是法国著名法学理论家和史学家，是法学史奠基人之一。名字为何有变，原因不明。也许茨威格记忆有误，也许皮埃尔·布丹是博杜安的曾用名。

〔8〕 瓦特州 (Waadtland)，瑞士一州名，即沃州 (Vaud)。

〔9〕 这是卡斯泰利奥在其《驳加尔文书》中说的话。

〔10〕 1554年2月，加尔文出版他的为自己辩护的拉丁语版《捍卫天主的三位一体的正统信仰/反驳米格尔·塞尔维特的严重错误》一书。参阅《大事年表》1554年记事〔3〕。

〔11〕 "心烦意乱地"，茨威格在此处引用拉丁语原文：tumultuarie。

〔12〕 茨威格在此处引用拉丁语原文：monstrum。

〔13〕 这是卡斯泰利奥后来在其《驳加尔文书》中所说的话。

〔14〕 茨威格在此处引用法语原文："Je n'ai pas cessé de faire mon possible, en secret, pour le ramener à des sentiments plus saints."

〔15〕 这是卡斯泰利奥在其《驳加尔文书》中说的话。卡斯泰利奥在其《论异端分子》一书中既没有点塞尔维特的名也没有点加尔文的名。

〔16〕 茨威格在此处引用法语原文：la liberté à chacun de dire ce qu'il voudrait。

〔17〕 茨威格在此处引用法语原文：Ce n'est pas tyranniser l'Eglise que d'empêcher les écrivains mal intentionnés de répandre publiquement ce qui leur passe par la tête.

〔18〕 "摩西的全部律法"的原文是：die ganze mosaische Lehre。这是指《圣经·旧约·出埃及记》记述摩西带领以色列人离开埃及后在西奈山上领受耶和华神的谕旨，其中有著名的"十诫"(《出埃及记》第20章)，除此以外，从《出埃及记》第21章至《利未记》第27章均为借耶和华之口对摩西的教海，实为列举以色列人的律法。如《出埃及记》中第21章"对待奴仆的条例"和"惩罚暴行的条例"，第22章"赔偿的条例"和"道德和宗教的条例"，第23章"正义和公道"，等等。

〔19〕"要爱你们的仇敌"出自《圣经·新约·马太福音》第5章第43节《论爱仇敌》:"你们听见有话说:'当爱你的邻舍,恨你的仇敌。'只是我告诉你们:要爱你们的仇敌,为那逼迫你们的祷告。这样,就可以作你们天父的儿子。因为他叫日头照好人,也照歹人;降雨给义人,也给不义的人……"

〔20〕"渎神者",茨威格在此处引用德语原文:Blasphemator。

〔21〕"不信神者",茨威格在此处引用德语原文:Gottesleugner。

〔22〕《圣经·旧约》称,百姓不可崇拜别的偶像,唯有独尊耶和华神。《圣经·旧约·申命记》第4章第15节《警告百姓不可拜偶像》中载有耶和华对摩西的教诲:"所以你们要分外谨慎,因为耶和华在何烈山,从火中对你们说话的那日,你们没有看见什么形象。惟恐你们败坏自己,雕刻偶像,仿佛什么男像女像,或地上走兽的像,或空中飞鸟的像……你们要谨慎,免得忘记耶和华你们上帝与你们所立的约,为自己雕刻偶像,就是耶和华你们上帝禁止你作的偶像,因为耶和华你的上帝乃是烈火,是忌邪的神。"在《申命记》第5章《十诫》中也有类似的记载:"除了我以外,你不可有别的神……不可为自己雕刻偶像,也不可作什么形象……不可跪拜那些像,也不可侍奉他,因为我耶和华你的上帝是忌邪的神……"

〔23〕"虔诚的义愤",茨威格在此处引用法语原文:saint zèle。

〔24〕茨威格在此处直接引用法语原文,而没有用德语表述:"On ne lui〈Dieu〉fait point l'honneur qu'on lui doit, si on ne préfère son service à tout regard humain, pour n'épargner ni parentage, ni sang, ni vie qui soit et quòn mette en oubli toute humanité quand il est question de combattre pour sa gloire."

〔25〕"一切人性",茨威格在此处引用法语原文:tout regard humain。

〔26〕"命令式地",茨威格在此处直接引用拉丁语原文,ex cathedra。

〔27〕"策尔欣特斯"人名的原文是:Zerchintes,生平不详。

〔28〕此处"自觉自愿站在错误一边的人"是指当时有革命倾向的再洗礼派教徒。

〔29〕《论怀疑之道》是卡斯特利奥的最后一部重要著作。参阅《大事年

第七章　宽容宣言　193

表》1563 年记事〔2〕。

〔30〕 安德烈亚斯·卡尔施塔特 (Andreas Karlstadt，约 1480—1541)，德意志宗教改革派神学家，1519 年与马丁·路德一起在莱比锡辩论会上抨击天主教神学家约翰内斯·埃克。后与路德观点相左，被路德驱逐出德意志。参阅《大事年表》1480 年记事。

〔31〕 贝尔纳尔德·奥基诺 (Bernard Ochino，1487—1564)，意大利宗教改革家。原为天主教徒，后改奉新教，1542 年被罗马宗教裁判所传讯，遂逃至瑞士。参阅《大事年表》1487 年记事。

〔32〕 莱利奥·索齐尼 (Lelio Sozzini，1525—1562)，欧洲宗教改革时期意大利反正统派神学家。参阅《大事年表》1525 年记事〔1〕。

〔33〕 库里奥纳 (Celio Secundo Curione，1503—1569)，意大利宗教改革鼓动家。参阅《大事年表》1503 年记事〔2〕。

〔34〕 大卫·德·约里斯 (David de Joris，约 1501—1556)，佛兰德宗教改革家，再洗礼派信徒。参阅《大事年表》1501 年记事。

〔35〕 此处"抗议派分子"的原文是：Remonstranten。这个词本身含有抗议者、反对者、进谏者、告诫者等词义，在 16 世纪欧洲宗教改革时期常被使用。但不是指 17 世纪初（1610）荷兰基督教新教阿明尼乌教派，因该教派提出五条款抗议书，故被称为抗议派 (Remonstranten)。

〔36〕 "在世界出现过曙光之后"是卡斯泰利奥的著作《论怀疑之道》中的名句。

〔37〕 马丁乌斯·贝里乌斯（Martinus Bellius）是卡斯泰利奥发表《论异端分子》时使用的拉丁语化名。

〔38〕 马格德堡（Magdeburg）是德意志东北部一城市，今德国萨克森—安哈特州首府，距瑞士巴塞尔相当远。《论异端分子》封面上印有"印刷人：马格德堡的格奥尔格·卢施（拉丁语 Magdeburgi，per Georgium Rausch）"，而实际上此书是由印刷商约翰内斯·奥波里诺斯（Johannes Oporinus）在巴塞尔印刷的，很可能得到那不勒斯王国奥利亚侯爵（Marchese d'Oria of Naples）的资助。

〔39〕 这段话的拉丁语原文是：De haereticis an sint persequendi et omnino quomodo sit cum eis agendum doctorum virorum tum veterum tum recentiorum sententiae. 茨威格在此处引用原文后又将这段文字译成德语。

〔40〕 教会之父 (德语 Kirchenvater)，基督教用语，指在神学上具有权威的早期著作家。有各种不同分类：按著作语种分类，有希腊语教会之父、拉丁语教会之父；按地区分类，有科普特教会之父、叙利亚教会之父、亚美尼亚教会之父等；按时期分类，有使徒后期教会之父、尼西亚教会之父、尼西亚后教会之父、后期教会之父等；按著作内容分类，有护教教会之父、哲学教会之父、历史教会之父等。

〔41〕 圣奥古斯丁，是指奥勒利乌斯·奥古斯丁 (Aurelius Augustinus，354—430)，基督教神学家、拉丁语教会之父的代表人物。参阅《大事年表》354 年记事。

〔42〕 圣克里索斯托，是指约翰·克里索斯托 (Johannes Chrysostoms，约 347—407)，古代基督教希腊语教会之父。参阅《大事年表》347 年记事。

〔43〕 圣哲罗姆 (Jérôme，约 342—420)，是指索福罗尼乌斯·优西比乌斯·希罗尼穆斯 (Sophronius Eusebius Hieronymus)，古罗马基督教经学家、拉丁语教会之父。参阅《大事年表》342 年记事。

〔44〕 塞巴斯蒂安·弗兰克 (Sebastian Frank，1499—1543)，德意志宗教改革家。

〔45〕 符腾堡 (Württemberg) 公爵 (Herzog) 是指 1495 年以后在德意志符腾堡地区建立的公国 (Herzogtum) 的君主克里斯托夫公爵 (Christoph von Württemberg，1515—1568，自 1550 年起在位)，在他领导下，符腾堡最终完成了宗教改革。

〔46〕 胡斯派，是对捷克宗教改革家让·胡斯 (Jan Hus，约 1371—1415)及其追随者的统称。参阅《大事年表》1371 年记事。

〔47〕《圣经·新约·马太福音》第 22 章《给君王纳税的问题》一节中记载：法利赛人设圈套陷害耶稣，故意问耶稣是否能向君王纳税，耶稣说："这样，君王之物当归于君王，神明之物当归于神明。"《圣经》中这句话的意思是说各司其职，各行其事。茨威格引用这句话是要表明，世俗政权无权追究有不同神学观点的所谓异端分

子的刑事责任。

〔48〕 耶稣受难时头上被戴上一顶荆棘编成的刺冠。

〔49〕《圣经·新约》记载：耶稣在一个名叫髑髅地的地方被钉在十字架
上处死，同时有两个强盗被钉死在耶稣左右两边的十字架上，以
示侮辱。

〔50〕 教师（Lehrer），是加尔文教派教会中的一种神职人员，按照加尔
文的教规，每一个教区的教会设教师、牧师、长老、执事等神职。
此处的"教师"不是指学校的教师。

第八章 良知斥责暴力

那些企图用暴力肆无忌惮压制他人思想观念的人对任何反对意见总是极其敏感。所以，加尔文也就会把这样的事情视为是毫无道理：世人竟然会允许自己去讨论处死塞尔维特一事的是非曲直，而不是把此事颂扬为一种使天主感到满意的虔诚行为。同样毫无道理的是：加尔文刚刚冷酷无情地让人将另一个人仅仅由于思想观念和他自己有重大分歧的缘故而用火刑慢慢折磨至死，加尔文现在却一本正经地要求人们不要怜悯牺牲者塞尔维特，而要同情他加尔文自己。他在给一个朋友的信中写道："如果你知道我现在所遭受的诽谤和攻击哪怕仅仅是十分之一，你就会同情我的令人伤心的处境。那群狗东西从四面八方向我狂吠——对我竭尽诽谤之能事。这些来自我们自己阵营的人出于妒忌和仇恨现在对我的攻击比那些来自天主教阵营的公开的敌人还要凶猛。"加尔文不得不恼怒地看到，尽管他是从《圣经》中引经据典杀害了塞尔维特，但是人们并不打算默认此事，而当他获悉，卡斯泰利奥及其在巴塞尔的朋友们正准备著文反对加尔文时，心术不正的加尔文的烦躁情绪顿时上升为惊慌失措。

一个具有专制独裁秉性的人首先想到的始终是对任何反对自己思想观念的行为进行压制——使用审查制度和进行封锁。来自巴塞尔的第一个消息刚到——人们在日内瓦还根本没有看到《论异端分子》这本书呢，加尔文就立刻坐到写字桌旁，急急忙忙事先给瑞士各个新教教会代表会议[1]写信，要求他们无论如何必须将此书列为禁书。既然日内瓦方面已经说了[2]，那么现在就再也不允许对塞尔维特之死继续进行争论！因此，其他人现在对塞尔维特案件所表示的一切看法从一开始就必定是一种错误、一种谬论、一种欺人之谈、一种异端邪说、一种渎神行为，因为这一切都是为了反对他——加尔文。加尔文奋笔疾书。一五五四年三月二十八日，他就已经写信告诉布林格[3]，说有人刚刚在巴塞尔用化名印了一本书，卡斯泰利奥和库里奥纳要在此书中证明：不应该用暴力清除异端分子。加尔文说，这样一种邪说不可以被扩散，因为这种邪说是"提倡宽容的毒草，并以此否认异端邪说和渎神行为应该受到惩罚"。也就是说，要迅速封锁这样一种提倡宽容的消息！加尔文写道："新教教会的布道师们务必保持警惕，不要让这样的谬论继续流传，但愿能使天主感到满意，尽管已是亡羊补牢。"然而，这样的呼吁似乎还嫌不够。第二天，后来成为加尔文继承者的西奥多·德·贝扎又给布林格写了一封更为急切的信，信中提醒说："印在此书扉页上的印刷地点是马格德堡，但我觉得印这本书的地点应该是在莱茵河畔，那里的人才会别出心裁地想出这样可耻的行径呢。我现在倒要问问，如果我们容忍这个邪恶的卡斯泰利奥在他自己的前言里如此大放厥词,那么关于基督教还有什么道理可言呢。"

只不过他们写这样的信已嫌为时太晚。关于巴塞尔的那本小册子的消息在此期间传播得比这样的秘密通信还要快,而当《论异端分子》的第一本书到达日内瓦时,所引起的惊骇犹如一场真正的大火。怎么啦?难道真的要把人道精神凌驾于权威之上吗?难道应该像兄弟一样善待那些有不同思想的人而不是将他们拖上火刑堆吗?难道应该允许每一个基督徒大胆地用自己的悟性去解读《圣经》而不是只允许加尔文一个人解读《圣经》吗?这样的言论势必会危及教会——加尔文所指的当然是他自己的教会。于是,异端分子在日内瓦根据加尔文发出的信号被群起而攻之。日内瓦人四处嚷嚷,说有人炮制了一种新的异端邪说——一种特别危险的异端邪说,其实指的就是卡斯泰利奥所倡导的宗教信仰中的宽容理念。日内瓦人从现在起把它称作"贝里乌斯主义"[4],这是根据这种理念的倡导者的名字"马丁乌斯·贝里乌斯"——即卡斯泰利奥而得名。也就是说,在这样一种地狱之火在人世间蔓延之前,就要迅速将其扑灭。贝扎对在日内瓦首次公之于众的要求宽容的言论怒不可遏地叫嚷道:"自从开始有基督教信仰以来,还从未听说过如此渎神的言论!"

一次作战会议立刻在日内瓦举行,讨论是否应该回应卡斯泰利奥的《论异端分子》一书。日内瓦人紧急请求茨温利的继承者布林格及时将此书扣压,但布林格却显得相当明智。他从苏黎世回复说,最好让此书自生自灭,因而根本不要去触动它。然而心急如焚的法雷尔和加尔文仍然坚持要进行公开的反驳。由于加尔文根据第一次为自己辩护[5]没有取得成功的经验而宁愿退居幕后，他就托付自己的年轻门徒之一——西奥多·德·贝扎大肆挞伐"恶魔般"的宽容理念，从而使贝扎在神学领域初露头角并赢得独裁者加尔文的感激。

西奥多·德·贝扎本人是一个虔诚而又循规蹈矩的人。他后来成为加尔文的继承者，乃是加尔文为了报答他多年的忠诚效劳。贝扎十分讨厌任何点滴的思想自由，在这方面甚至超过加尔文，就像一个没有独立思想的人始终比一个有创造性思想的人更讨厌思想自由一样。贝扎曾说过这样一句令人瞠目结舌的话："良知的自由乃是一种魔鬼的教条。"[6]这句话使他的名声如同赫罗斯特拉特[7]一般，在思想史上永远承受着沉重的压力。不该有任何的思想自由！不该容忍那种自以为是的独立思考，而宁可用火与剑将那些有独立思考的人彻底铲除。贝扎用他的那张唾沫四溅的嘴激动地说道："宁可有一个暴君，即便是一个非常残酷的暴君，也要比允许任何人都可以按照自己的想法行事好……说什么不可以惩罚异端分子，这不啻是说，不应该处死那些杀死父母亲的凶手，而异端分子比这些杀死自己父母亲的凶手还要罪恶千百倍呢。"我们从这样几句代表性的言辞中就已经可以想象，贝扎在这本狂热的小册子[8]中怎样以狭隘的正统观念抨击"贝里乌斯主义"。怎么啦？难道对待异端分子——"伪装成人的妖魔"[9]最后还应该用人道精神吗？不，首先是教会纪律，然后才是人道精神！如果事关"基督教的教义"，一个宗教领袖在任何情况下都不可以向人性的冲动让步，因为这样一种人性"不是基督教的人性，而是魔鬼的人性"[10]。人们第一次但不是最后一次在这本小册子中见识到这样一种杀气腾腾的理论：贝扎说，人性——贝扎用的词是"为虎作伥的人性"[11]，乃是对人类的一种犯罪。所以，人类只有通过铁一般的纪律和毫不宽容的严厉才能达到某种意识形态的目标。贝扎以自己的宗教狂热向贝里乌斯主义者叫嚷道，世人切不可"怜悯几条凶猛的恶狼，如果我们不打算将基督的整个羊群——全体虔诚的基督徒当作牺牲品献出的话……别胡扯啦！对几条恶狼的所谓宽容其实是对全体基督徒极其残酷的行为"。贝扎还恳请当局"合乎道德地使用利剑进行打击"[12]。是呀，一个卡斯泰利奥满怀自己的同情呼唤天主的同情，祈求天主能够最终结束对异端分子的野蛮杀戮，而这个日内瓦的布道师贝扎却同样满怀自己的刻骨仇恨祈求同一个天主不要制止大肆屠杀异端分子。贝扎说："为了彻底铲除这些十恶不赦的异端分子，但愿天主能赐予信奉基督的君主们以足够的精神力量和决心。"然而，即便对持有不同思想的人要进行如此这般的斩草除根，在报复狂贝扎看来，似乎还嫌不够残酷。异端分子不仅应该被处死，而且应该尽可能地被百般折磨至死。贝扎说："如果应该按照他们所犯罪行的严重程度进行惩罚，我觉得，人们几乎无法找到一种能抵消他们所犯罪行的折磨至死的惩罚。"贝扎的这一番话无非是事先为暴行开脱罪责所作的暗示：任何一种想得出来的折磨至死的惩罚都可能会被使用。

贝扎如此这般赞美恐怖手段，如此连篇累牍地重复着反对人道精神的可怕论据，会令人非常反感！但是，我们却不得不逐字逐句记录下贝扎的这些言论，立此存照，这一方面是为了使人能够明白当时新教的天下已成为危险的渊薮——事实上，当时的新教已被日内瓦的宗教狂热者的复仇欲望所驱使而成为新的宗教裁判所；另一方面记录下贝扎的这些言论，也是为了赞扬那些勇敢的人们和有独立思想的人们为反对痴迷于迫害异端分子的人所做的可歌可泣的事情，尽管他们要为自己的敢作敢为冒巨大的危险乃至要献出自己的生命。贝扎为了及时"扼杀"宽容的理念，竟蛮横地在自己的小册子中提出这样的要求：任何一个倡导宽容的人——任何一个为"贝里乌斯主义"辩护的人——从现在起就应该被当作异端分子对待，也就是说，应该被火刑处死。贝扎写道："对于他们——不信天主的人和异端分子，应当采用我在这里提出的主要论点：应当由官署进行惩罚。"贝扎紧握着拳头威胁说，即便是假的印刷地点和化名也拯救不了他们——使卡斯泰利奥和他的朋友们"免于追究，因为任何人都会知道你们是谁和你们打算干什么……我要及时警告你们——贝里乌斯和蒙福尔[13]以及你们的整个小集团"。贝扎说这番话的目的是要让卡斯泰利奥和他的朋友们心中清楚明白，等待他们的将会是什么，如果他们继续为那些由于自己思想的缘故而受迫害的人进行辩护的话。

人们可以看出，贝扎的这本小册子从表面上看似乎仅仅是为了见解不同的争论，而其真正的意图却是这样一种威胁：这些可恨的捍卫思想自由的人们终于应该明白，他们对人性的任何进一步要求都要冒生命的危险。贝扎故意挑衅地指责这些最有勇气的人胆小如鼠，目的是要激怒这些人的领军人物塞巴斯蒂安·卡斯泰利奥失去谨慎。贝扎嘲讽说："他——这个平素行事如此有魄力和如此大胆的人却在他自己的这本只谈论同情和宽容的书中显得如此胆怯和畏首畏尾，以致只能通过掩饰和改头换面才敢伸出自己的脑袋。"贝扎或许希望，卡斯泰利奥在面临公开说出自己的姓名和承认自己的信仰的危险时刻会吓得小心翼翼地退缩回去；然而，卡斯泰利奥偏偏接受挑战。恰恰是日内瓦的新教正统派现在打算把自己的卑鄙行为提升为一种教条和一种实际行动迫使这个热情的爱好和平的卡斯泰利奥投入公开的论战。他认识到，采取行动的决定性时刻已经到来。如果不把杀害塞尔维特的罪行对簿于所有世人面前的公堂，以求最后的裁决，那么将会有数以千计的人在这样的火刑堆上被烧死。迄今还是个别的杀人行为就会被确定为一条杀人的原则。卡斯泰利奥果断地把自己的文学创作和学术研究搁到一边，专心致志撰写他的那个世纪的"我控诉"[14]——《驳加尔文书》[15]，谴责加尔文由于宗教信仰的缘故在尚佩尔广场杀害米格尔·塞尔维特的罪行。《驳加尔文书》——这样一份公开的控诉书虽然针对的是加尔文个人，但由于这本书的道义力量而成为最雄辩的声讨檄文之一：声讨任何通过法律压制言论自由的企图、声讨任何通过教条压制信念自由的企图、声讨任何通过永远是卑鄙的暴力去压制永远是天生的良知自由的企图。

卡斯泰利奥多年以来非常了解自己的对手加尔文的为

人，因而也就十分熟悉加尔文的手段。卡斯泰利奥知道，加尔文会把对他本人的任何一种攻击篡改为是对"教义"的攻击——是对宗教的攻击，甚至是对天主的攻击。所以卡斯泰利奥从一开始就说清楚，他在自己的《驳加尔文书》中既不打算赞同也不打算谴责塞尔维特的论点，同时也绝不想介入宗教信仰问题或者教义解读问题的争论，而只是要谴责让·加尔文——这一个杀害了另一个人米格尔·塞尔维特的人。卡斯泰利奥绝不容忍自己的控诉书被人恣意歪曲，于是他就像一个法学家似的在诉状的一开始就清楚陈述自己的法律依据。卡斯泰利奥这样开始自己的诉状："让·加尔文是一个今天享有巨大权威的人，我祝愿他能享有更大的权威并愿我自己能看到他是一个内心充满温情的人。然而，他的最近一次行为却是血腥处死一个人的行为和威胁到许多虔诚信奉天主者的行为。因此我——一个厌恶杀戮和流血的人要依靠天主的帮助在所有的世人面前揭露他的意图和至少将一些被他诱入错误观点的人从歧途上引回到正道。"

"一五五三年——即去年的十月二十七日，西班牙人米格尔·塞尔维特由于宗教信念的缘故经加尔文这个日内瓦教会布道师的策动在日内瓦被人用火活活烧死。这样一种处决激起了许多抗议，尤其是在意大利和法国。加尔文刚刚出版了一本书[16]作为对这些责难的回应。从各种迹象可以看出，此书被极其巧妙地涂上了'迷彩色'，其目的是：既要为自己进行辩解又要攻击塞尔维特，此外还要证明塞尔维特被处以死刑是罪有应得。我就是要对这样一本书进行一番批判性的检验。按照加尔文的惯用手法，他也许甚至会把我称作是塞尔维特的门徒，但愿没有人会上当。我不是要为塞尔维特的论点进行辩护，而是要揭穿加尔文的错误论点。我把所有关于洗礼、三位一体以及类似问题的讨论完全搁在一边，况且我手头也没有塞尔维特的著作，因为加尔文已将这些著作焚毁，也就是说，我根本不知道塞尔维特赞同哪些理念。我只是用那些和原则性意见分歧无关的几个要点说清楚加尔文的错误，并让每个人都能看清楚，被塞尔维特的鲜血弄得惶惶然不可终日的加尔文究竟是怎样一个人。我将不会像他对付塞尔维特似的对付他。他是先让人将塞尔维特活活烧死，同时又将塞尔维特的著作一起焚毁，现在又百般诋毁塞尔维特，因为反正塞尔维特已经死去。加尔文在把他的对手塞尔维特及其著作用火刑焚毁之后现在又恣意从塞尔维特的著作中援引个别的词句要我们去注意这些著作，这样的行为就好比一个纵火犯在把一幢房屋烧成灰烬之后要我们去察看各个房间的设施一样。至于我们，我们从未烧死过一个作者，也从未焚毁过一部著作。我们所批判的加尔文的这本书《捍卫天主的三位一体的正统信仰／反驳米格尔·塞尔维特的严重错误》，人人都能读到，此书有两个版本——拉丁语版和法语版，而且我将会始终注明我要复述的加尔文此书中的各个章节的序号，并用相同的序号注明我所作出的回应，从而避免可能出现的异议。"

不可能会有一种更公平的争论了。加尔文在其已经出版的书中一清二楚地表明了自己的立场，而卡斯泰利奥则在利用这份人人可以得到的文件——即加尔文的这本书。卡斯泰利奥像一名负责检查的法官阅读一个被告的陈述记录似的将加尔文的这本书又逐字逐句地全部抄录了一遍，目的是为了不给别人留下口实可以说，卡斯泰利奥以某种方式歪曲或者篡改了对手的思想观念。卡斯泰利奥为了从一开始就排除读者怀疑他通过有意的删节而歪曲加尔文书中的内容，所以他为加尔文的每一个单独的句子都编上序号。也就是说，关于塞尔维特案件的这第二次思想上的审判要比当初在日内瓦进行的第一次审判公正得多。被告塞尔维特当时在日内瓦是被关在一间地牢里，忍受着严寒的折磨，当局剥夺了他请任何证人和辩护人的权利。而现在，塞尔维特案件应当在所有人文主义者的注视下自由地作出道义上的裁决。

事实十分清楚，无可争辩。塞尔维特是在加尔文的策动下被日内瓦行政公署下令以极其残酷的方式处决的，塞尔维特在火焰吞噬他全身的时候还用听得见的声音申辩自己无罪。卡斯泰利奥现在就提出这样一些关键性的问题：塞尔维特究竟犯了哪宗罪？让·加尔文——他并没有担任什么政府职务，而仅仅是一个神职人员——怎么可以把这样一种纯属神学上的事情转交给日内瓦行政公署审理呢？日内瓦行政公署是否有权由于这样一种所谓的罪行而对塞尔维特作出判决呢？最后，这个外国神学家是根据哪个权威机构的旨意和根据哪项法律被判处死刑的呢？

卡斯泰利奥为了回答第一个问题查阅了记录原文——即加尔文自己的陈述，以便首先确定，加尔文指控塞尔维特究竟犯的是哪宗罪。而卡斯泰利奥所找到的指控无非是：按照加尔文的观点，塞尔维特"胆大妄为地歪曲了《福音书》，而且是被一种无法解释的标新立异的欲望所驱动"。也就是说，加尔文指控塞尔维特所犯的罪行无非是：塞尔维特独自和任意解读了《圣经》，并得出与加尔文的教会教义不同的结论。不过，卡斯泰利奥立即进行了回击——在宗教改革的范围之内难道塞尔维特是唯一的一个对《福音书》作出这样一种独自解读的人吗？而谁又敢断言塞尔维特的解读违背了新教教义的真正含义呢？难道这样一种对《福音书》的各抒己见不正是宗教改革的一项基本要求吗？福音派教会的领袖们所要做的难道不正是要重新解读《圣经》吗？加尔文和他的朋友法雷尔不正是改造教会和新建教会的最大胆和最坚决的人吗？卡斯泰利奥写道："他——加尔文不仅在革新教会方面真正地离经叛道，他甚至把自己的这样一种离经叛道强加给了所有的人，以致他们都已觉得，反对加尔文是非常危险的事。事实上，加尔文在十年之内对《圣经》的重新解读已超过天主教会在六百年间对《圣经》的重新解读。"如果有某个最最无所顾忌的宗教改革家，那么此人就是加尔文，所以他没有资格在新教教会内部将一些新的解读称为犯罪并加以谴责。

话又说回来，由于加尔文自以为自己一贯正确，所以他把自己的一切观点始终视为对的，而把别人的任何看法始终视为错的。卡斯泰利奥在《驳加尔文书》中随即提出第二个问题：是谁让加尔文担当甄别教义真伪的裁判？卡斯泰利奥写道："加尔文当然会把那些不愿甘当加尔文教义的应声虫的所有著作家们称为思想糟糕的著作家。因此他要求不仅要阻止他们著书而且要阻止他们说话，结果是只有他一个人才有资格阐述他认为正确的观点。"而恰恰在这一点上，卡斯泰利奥彻底驳斥了这样一种论调——某个人或者某个宗派可以自诩：唯独我们通晓真谛，而任何其他的思想观念都是错误。卡斯泰利奥认为，一切真谛，尤其是关于宗教的真谛，都可以争论和可以作多种解读。卡斯泰利奥写道："因此，以如此自以为是的态度互相争论原本属于天主自己的秘密——好像我们参与了天主的最隐蔽的各种安排似的——不啻是狂妄无知，况且，假装自己已经确切了解那些我们根本无从知道的事物，也是一种放肆的傲慢。"有史以来的一切祸端皆来自于教条主义者。他们顽固地声称自己的思想观念和对尘世的认识是唯一正确的认识。正是这样一些相信尘世有统一思想和统一行动的狂热者们以强词夺理的争论搅得天下不得安宁。他们把思想观念的天然并存转变为思想观念必定互相对立的一场杀气腾腾的论战。卡斯泰利奥指责加尔文就是一个在思想上不能包容的煽动者。卡斯泰利奥写道："所有的教派都将自己的宗教建立在《圣经》的基础上，而所有的教派又都认为自己的宗教是正确的。也就是说，按照加尔文的观念，一个教派势必要追究另一个教派。不言而喻，加尔文会声称自己的教义是正确的教义；而其他的教派也会同样声称自己的教义是正确的教义。加尔文会说，其他的教义是错误的；而其他的人也会同样声称，加尔文的教义是错误的。加尔文想要成为裁判；而其他的人也同样想要成为裁判呢。那么，这时候究竟该怎样作出裁决呢？再者，又是谁指派加尔文成为凌驾于其他一切人之上的最高裁判并使他拥有判处死刑的绝对权力的呢？加尔文进行这样专制独裁的依据又是什么呢？加尔文自己会说，他依据的是《圣经》。可是其他的人也可以说他们依据的也是《圣经》。或者加尔文会说，他的教义是无可争辩的。那么是在谁的眼里是无可争辩的呢？那是在他自己的眼里——即在加尔文的眼里。如果说他宣称的真谛果真是一种显而易见的真谛，他又为什么要写那么多的书呢？为了证明诸如谋杀或者通奸是一种犯罪，他只需要写一本书，因为这些都是人人清楚明白的事情，可是他又为什么不写呢？如果说，加尔文确实深入研究过并且揭开了思想领域的各种真谛，那么他就应该给别人留下一些时间，让他们同样去理解这些真谛才对，而加尔文为什么不这样做呢？加尔文为什么总是先将别人打倒，从而剥夺了他们认识真谛的机会呢？"

如此说来，现在已经可以确定的第一点——也是关键性的一点是：加尔文虽然以思想领域和宗教领域的裁判自居，但他根本没有资格。假如他真的担当起裁判的职责，那么当他认为塞尔维特的思想观念不对的时候，他的任务应该是向塞尔维特指出其错误，并使塞尔维特转变立场。可是加尔文并没有善意地向塞尔维特进行分析解释，而是立即采取暴力。卡斯泰利奥在《驳加尔文书》中写道："你采取的第一个行动是拘捕——你把塞尔维特关入牢房。然后你不仅把塞尔维特的所有朋友而且还把所有不反对他的人统统排斥在审判之外。"原来加尔文对那种古老而又永恒的争论手段向来训练有素：对别人的观点充耳不闻和堵住别人的嘴——这是教条主义者们每当争论会使自己处于尴尬境地时一贯采用的手段。把书报检查制度当作挡箭牌就已充分说明一个人或者一种教义完全缺乏自信。卡斯泰利奥提醒加尔文：加尔文以后是要承担道义责任的——卡斯泰利奥仿佛已经预感到自己的命运似的。卡斯泰利奥写道："我问你，加尔文先生，假如你为了继承遗产事宜和某个人打官司，而法官却只让你的对手一个人说话并禁止你进行申辩，难道你就不会立即抗议这种不公正的行为吗？那么你为什么将己所不欲施于他人呢？当我们就信仰问题进行争论时，你为什么要堵住我们的嘴呢？难道你就那么担心你自己会在这场争论中失败并失去作为独裁者的权力吗？——难道不是你自己确信自己这一方以后会处于劣势吗？"

卡斯泰利奥用这一番话其实已经表述了他对加尔文的最主要的指责。加尔文凭借自己掌握的国家权力滥用职权——在神学、道德和世俗事务中独自作出决定。他因而也就侵犯了天主赋予我们的权利——人人都有用大脑进行独立思考的权利、人人都有用自己的嘴巴说话的权利、人人都有权利将自己的良知作为内心评判道德的最后手段。加尔文仅仅由于一个人的思想观念不同的缘故而让他人对这个人像对待一个罪犯似的进行迫害，加尔文因而也就侵犯了每个人的世俗权利。

卡斯泰利奥写到这里，突然笔锋一转，请出一名证人。这名证人是一位大名鼎鼎的神学家。他反对布道师让·加尔文的作为，他作证说，根据《圣经》的律法，官方对任何纯属所谓思想上的违法行为进行追究是不允许的。不过，令人难堪的是，卡斯泰利奥请来作见证的这位大学者不是别人，恰恰就是加尔文本人。这名证人在完全违背自己意愿的情况下被牵涉到这场辩论中来。卡斯泰利奥写道："当加尔文发现一切将会纠缠不清时，他就赶紧指责别人，以免自己被人怀疑。但是在各执一词中唯有一点十分清楚，那就是加尔文的行为——是加尔文迫害了塞尔维特。是加尔文指使当局判处塞尔维特火刑，仅此一桩事实就已经不仅在日内瓦而且也在全欧洲引起愤慨。欧洲所有的国家都处于惊恐不安之中。现在，加尔文试图将自己应该承担的罪责推诿给别人。而当加尔文当年自己还属于受迫害者的行列时，他说的可是另一种语言。那时候他还连篇累牍地写文章反对这样一些迫害行为呢。为了避免有人怀疑这一点，我在这里抄录他的《基督教要义》中的一页。"

于是，卡斯泰利奥引用《基督教要义》中的词句——即加尔文以前说过的话。而如今的加尔文很可能会让人把说这样一些话的一个作者用火烧死呢。因为以前的加尔文一点也没有偏离卡斯泰利奥的论点——而卡斯泰利奥正是以这些论点批驳今天的加尔文。卡斯泰利奥逐字逐句引用了《基督教要义》第一版中加尔文所写的话："处死异端分子乃是罪恶。用铁和火毁灭他们的生命乃是无视各种人性的原则。"诚然，加尔文刚一占据统治地位[17]，就迅即从自己的这部著作中删去了这样一些弘扬人性的自白。这些话在《基督教要义》第二版中都已作了改动，从而用这些话所表示的清楚而又坚决的态度也随之消失。正如拿破仑·波拿巴在当上第一执政和皇帝之后就小心翼翼地销毁了自己青年时代所写的关于支持雅各宾派的小册子[18]一样，这个新教教会的领袖加尔文刚刚从受迫害者成为迫害他人者，就想要永远抹去自己当年弘扬宽容的自白，只不过卡斯泰利奥不让他悄悄地逃脱罢了。卡斯泰利奥逐字逐句地重复着《基督教要义》第一版中的一行行文字，并且用手指着加尔文的脊梁。卡斯泰利奥写道:"如果我们把加尔文最初宣称的这种宽容思想和他今天的言行作一番比较,我们将会看到,现在的加尔文和过去的加尔文竟是如此不同,犹如白昼和黑夜。因为是加尔文让人处死了塞尔维特,所以他现在要让所有那些对加尔文持有异议的人都像塞尔维特似的走向毁灭。加尔文现在拒不承认他自己以前提出的法律准则,而一味要求处以死刑……这是加尔文出于害怕别人很可能会揭发他自己的反复无常和变化多端,况且很可能会使他暴露在光天化日之下,是他把别人置于死地,这难道有什么可奇怪的吗?——正因为加尔文行为卑劣,所以他害怕真相大白。"

而卡斯泰利奥所要的恰恰就是真相大白,现在,加尔文——这个以前维护言论自由的人终于应该毫不含糊地向世人说明,他究竟是出于哪些理由让人将米格尔·塞尔维特在尚佩尔公共广场上极其残酷地用火活活烧死。也就是说,审讯要毫不留情地重新开始。

两个问题已经弄清。第一,事实表明米格尔·塞尔维特的言论无非是思想上的一种不随大流的言论;第二,绝不可以将偏离时下对《圣经》的流行解读视为是恶意的犯罪。既然如此,卡斯泰利奥现在就要问,作为教会一名布道师的加尔文为什么要在这样一件纯理论和纯概念的事情上呼请世俗的官署来镇压反对意见呢?在有不同思想的人士之间出现思想分歧只能用思想的方法解决。卡斯泰利奥写道:"假如塞尔维特是用武器攻击你,你有权利呼请官署予以帮助,可是塞尔维特只不过是用笔反对你的某些观点,你又为何要用镣铐和刀剑去对付塞尔维特的著作呢？请你自己说，你为什么要躲在行政公署的后面呢？"国家在内心的良知问题上没有任何权威性。卡斯泰利奥写道："捍卫宗教的教义不是日内瓦行政公署的事情。刀剑和教义毫不相干，教义完全是学者们的事情。当一个学者在肉体上受到无理对待时，日内瓦行政公署才应该保护他，就像保护一个工匠、一个工人、一个医生或者一个市民一样。只有当塞尔维特想要杀死加尔文的时候，日内瓦行政公署才有理由采取行动保卫加尔文。可是因为塞尔维特只是用著作与心平气和的说理反对加尔文的观点，所以要塞尔维特对此承担责任也只能通过著作与心平气和的说理。"

现在，卡斯泰利奥要无可辩驳地粉碎加尔文想用崇高的天主的旨意来为自己的行径进行辩护的任何企图。因为卡斯泰利奥认为，根本不存在这样一种天主的旨意——耶稣基督的旨意：去下令谋杀一个人。当加尔文在自己的著作中企图依靠摩西律法[19]——说摩西律法要求用火和剑灭绝假冒的信徒，卡斯泰利奥怒不可遏地对此作了尖锐的回答："问题是，加尔文打算怎样以天主的名义实施他在这里所祈求的摩西律法呢？难道为了实施摩西律法，他以后就不得不在所有的城市把住所、房屋、牲畜和家什器具都统统摧毁吗？而且一旦加尔文有朝一日有了足够的军事力量时，他就不得不袭击法国和所有其余他认为是异端的国家吗？难道他不得不将所有的城市夷为平地和屠杀一切生灵——杀戮妇孺乃至母亲腹中的胎儿吗？"加尔文为了替自己辩解而声称：一旦世人没有勇气把一条腐烂的肢体从基督教教义的身躯上截去，那就意味着整个身躯将会坏死。卡斯泰利奥对此回应说："将一名非信徒从教会清除出去是教士们的事情，而这仅仅是指教会将这名异己分子开除教籍和逐出教区，并不是指可以杀害他的生命。"在《福音书》中以及在任何一本尘世的伦理著作中没有一处要求如此这般的不宽容。卡斯泰利奥反诘这个用"沾满塞尔维特鲜血的双手"写下这种绝望的辩护词的加尔文说："难道你最后还要说，是耶稣基督教导你去烧死一个人的吗？"由于加尔文一再坚持说，他是为了捍卫教义——守护《圣经》而不得不烧死塞尔维特，由于加尔文一再像所有使用暴力的人那样想方设法用另一种凌驾于一切之上、超越个人的利害关系之上为自己的暴力行为开脱，所以卡斯泰利奥就用这样一句不朽的名言给加尔文当头一棒："杀死一个人从来不意味着捍卫教义，而是：杀死一个人。当日内瓦人处死塞尔维特时，他们并没有捍卫任何教义，而是把一个人当作牺牲品；况且，世人要表明自己的信仰，并非要通过烧死另一个人；而只能通过自己为了信仰被别人烧死。"——这句话在一个黑暗的世纪犹如一道照亮黑夜的闪电。

"杀死一个人从不意味着捍卫教义，而是：杀死一个人。"——这是一句光彩夺目、最最富于人性和以其精辟而成为不朽的名言。塞巴斯蒂安·卡斯泰利奥用这样一句无比洗练的话为一切时代的任何一种对思想意识的迫害作了判决。为戕害一个人作辩解往往会编造或者假托一个合乎逻辑的、伦理上的、国家的或者宗教的借口，但在这些理由中没有一个理由可以使当事人或者一个指使者推卸个人应负的责任。一个人对血债始终负有罪责，而且任何一种思想意识都无法说明谋杀有道理。真谛可以传播，但不能强迫别人接受。如果一种教义、一种真谛被狂热鼓吹，教义并不会因此而更正确，真谛并不会因此而更真；没有一种教义会由于通过使用暴力的宣传而人为地超越其自身存在的空间。如果用一种教义——用一种思想理念去迫害那些出于自己内在的信念而与之抗拒的人，那么这种教义就会变得更不真。信念源自个人的经历和经验，信念只属于抱有这种信念的个人，而不属于其他任何人。信念不可能被限制，也不可以被引为罪证。纵使一种真谛可以上千次地借助天主的名义并自称是神圣的真谛，却从不可以把残害一个由天主创造的生命视为有道理的神圣之举。在教条主义者和宗派主义者加尔文看来，不能永生的人死去是否是为了他自己认为不朽的思想，始终无关紧要；而在卡斯泰利奥看来，任何一个为了自己的信念受尽折磨并死去的人始终是被屠杀的牺牲者。诚然，卡斯泰利奥认为，思想领域里的强制行为不仅是一种束缚思想的罪过而且也是一种徒劳的费力。卡斯泰利奥写道："让我们不要强制任何人！因为强迫行为还从未使一个人变得更好。那些打算强迫别人接受一种信仰的人——他们的行为是如此愚蠢，就像打算用一根棍棒把食物捅进病人的嘴里一样。"因此要永远结束对持有异议者的一切镇压！卡斯泰利奥写道："加尔文，请你彻底夺去你的官员们行使暴力和进行迫害的权利吧！请你给予每一个人以言论和写作的权利吧！就像使徒圣保罗所要求的那样，而你不久将会认识到，一旦摆脱了强制，天下将会有多少自由呵！"

塞巴斯蒂安·卡斯泰利奥对所有的事实都作了核查，对所有的疑问都作了回答，现在他要以受到玷辱的人性的名义对塞尔维特案件作出判决——而历史已经认可了这样的判决：一个名叫米格尔·塞尔维特的人——一个天主的追随者、一个研究《圣经》的学者[20]被杀害了，此次谋杀案的幕后指使者是加尔文，而实施此次谋杀的官署是日内瓦行政公署。他们都已受到谴责。现在对这起案件所作的道义上的复审可以确定：宗教当局和世俗的行政当局都在这起案件中越出了自己的权限。日内瓦行政公署犯有侵权罪，"因为行政公署没有被授予对思想上不随大流的行为有话语权"。而把这种责任强加给日内瓦行政公署的加尔文则更有罪。卡斯泰利奥写道："日内瓦行政公署是根据你——加尔文的证词和你的同谋的证词杀害了一个人。而日内瓦行政公署并没有能力在这样一件事情上作出决定或者进行判断，就像一个盲人没有能力对颜色进行判断一样。"因而加尔文负有双重的罪责：既对蓄谋此事负有罪责，又对残忍的行刑负有罪责。加尔文让人把这个不幸的塞尔维特推入火堆，究竟是出于哪些动机无关紧要。加尔文的这种行为本身就是一种罪行。卡斯泰利奥写道："你让人将塞尔维特处死，要么是因为他思考了他自己所发表的言论，要么是因为他按照自己内心的信念说出了他自己所作的思考。如果你杀害他是由于他表达了自己内心的信念，那么也就是说，你杀害他是由于他说出了自己的真实信念的缘故，因为真实的信念恰恰是存在于世人所说出的自己的想法之中，即便他的想法有错误。如果你杀害他仅仅是由于他的错误观点，那么你的职责是要在事先想方设法用正确的观点去争取他，或者用手中的《圣经》向他证明，世人非得处死所有怀有良好信念而犯错误的人不可。"可是加尔文并未这样做就杀害了塞尔维特——毫无道理地铲除了反对自己的人，因此加尔文对这次预先策划的谋杀负有三重罪责。

三重罪责[21]，这是人性——最高的道德法庭作出的终审判决，犹如嘹亮的长号向那个时代吹响了三次。人已死去，身后的任何补偿都无法使死者复生，不过，挽回一个死者的荣誉有助于保护活着的人，而且通过世人严厉谴责一种非人性的行为，可以阻止其他无数非人性的行为。不仅加尔文本人应当受到谴责，而且他的那本宣扬可怕的教义的书——宣扬恐怖与镇压的书[22]也应当受到谴责。卡斯泰利奥怒斥罪人加尔文："难道你真的不明白，你的这本书和你的所作所为会把人们引向何处吗？有许多声称要捍卫天主荣光的人，当他们打算屠杀生灵时，他们现在就能以你的书为证。他们将会遵循你的那条罪孽深重的路，将会像你一样沾满鲜血。他们将会像你一样把所有那些和自己想法不同的人处死。"在卡斯泰利奥看来，狂热信仰者本身并不危险，危险的是狂热信仰在思想界灾难性地蔓延，也就是说，这位思想精英卡斯泰利奥不仅要和冷酷无情、刚愎自用、嗜血成性的人作斗争，而且也要和任何一种思想观念——如果这种思想观念会演变成恐怖主义的话——作斗争，因为诚如卡斯泰利奥所言，"即便最残酷的暴君用大炮让人间所流的鲜血也不如你们这些狂热信仰者用自己嗜血的阴谋活动[23]所酿成的和即将酿成的流血多，除非天主怜悯芸芸众生并且让君主们和官署睁开双眼，从而使他们终于放弃流血的把戏。"——这是一个先知般的人物在世纪之宗教大战[24]临近之际所作的预言。塞巴斯蒂安·卡斯泰利奥面对被追捕者和被追杀者的痛苦终于无法再保持冷漠的态度，他在自己的那篇温和的宽容宣言[25]中慷慨陈词，忧心忡忡地祈求天主赐予世间更多的人性；同样，他在自己的这篇声讨檄文[26]中用振聋发聩的言辞痛斥一切怀着刻骨仇恨扰乱世间和平的人；他怀着雷电般的最最正气凛然的愤慨用不同凡响的尾声结束自己这篇声讨檄文。卡斯泰利奥最后写道："这样一种利用宗教信仰进行迫害的卑鄙行为早在但以理[27]的时候就已出现。当但以理在自己的行为中没有什么把柄能被自己的敌人抓住时，他的敌人们就说：我们必须在他的信念方面攻击他。今天世人的行为也正是这样。如果一个人在自己的道德行为中没有什么把柄能被敌人抓住，敌人就会去求助于'教义'，而这是十分巧妙的做法，因为世俗的官署在这种情况下没有自己的判断而更容易被说服。今天的世人正是用这种方式——高喊着'神圣教义'的口号——压迫弱势人群。是呀，耶稣基督将会在最后审判的那一天怎样唾弃他们的'神圣教义'哟！耶稣基督审判的是人的一生品行而不是教义。如果那些人对耶稣基督说：'主啊，你曾和我们同在，我们的教义是遵照你的旨意。'那么耶稣基督就会这样回答他们：'你们给我走开，你们这些罪人！'

是呀，你们这些盲从者，你们这些受蒙蔽的人，你们这些嗜血成性、无可救药的伪君子们！你们什么时候才会终于认识耶稣基督呀！世俗的法官们，你们什么时候才会停止按照你们的恣意妄为涂炭生灵呀！"

注　释

〔1〕 教会代表会议的原文是 Synode。

〔2〕 茨威格在此处引用拉丁语原文：Genava locuta est。

〔3〕 约翰·海因利希·布林格（Johann Heinrich Bullinger，1504—1575），
瑞士宗教改革家。参阅《大事年表》1504 年记事。

〔4〕 贝里乌斯主义的德语原文是 Bellianismus。

〔5〕 指加尔文于 1554 年发表的著作《捍卫天主的三位一体的正统信仰 /
反驳米格尔·塞尔维特的严重错误》。参阅《大事年表》1554 年记
事〔3〕。

〔6〕 "良知的自由乃是一种魔鬼的教条"，茨威格在此处引用拉丁语原
文：Libertas conscientiae diabolicum dogma.

〔7〕 赫罗斯特拉特（Herostrat 或 Herostratos），一译赫罗斯特拉托斯，
希腊纵火犯。其人为了永世扬名，于公元前 356 年焚毁被后世视为
世界七大奇迹之一的阿耳忒弥斯神庙。

〔8〕 这本小册子是指贝扎于 1554 年 9 月出版的《论异端分子应受行
政当局之刑事制裁，兼驳马丁乌斯·贝里乌斯之书》（拉丁语书名
*De haereticis a civili magistrata puniendis libellus，adversus Martini
Belli farraginem，etc.*）。

〔9〕 "伪装成人的妖魔"，茨威格在此处引用法语原文：monstres
déguisés en hommes。

〔10〕 "不是基督教的人性，而是魔鬼的人性"，茨威格在此处引用法语
原文：charité diabolique et non chrétienne。

〔11〕 "为虎作伥的人性"，茨威格在此处引用拉丁语原文：crudelis
humanitas。

〔12〕 "合乎道德地使用利剑进行打击"，茨威格在此处引用法语原文：
frapper vertueusement de ce glaive。

〔13〕 贝里乌斯是卡斯泰利奥的化名，蒙福尔（Basilius Montfort）是

《论异端分子》一书的另一位作者的化名，后世有人猜测，蒙福尔很可能就是卡斯泰利奥自己。参阅《大事年表》1554年记事〔4〕。

〔14〕 "我控诉"（J'accuse），指爱弥尔·左拉在德雷富斯事件中发表于《震旦报》（L'Aurore）上的公开信，该信第一句话是"我控诉！"在此代指卡斯泰利奥的《驳加尔文书》。参阅《大事年表》1894年记事。

〔15〕 卡斯泰利奥于1554年8月起撰写《驳加尔文书》（Contra libellum Calvini），主要是批驳加尔文的《捍卫天主的三位一体的正统信仰 / 反驳米格尔·塞尔维特的严重错误》一书。其间，贝扎于1554年9月出版《论异端分子应受行政当局之刑事制裁，兼驳马丁乌斯·贝里乌斯之书》小册子，对卡斯泰利奥进行威胁，但卡斯泰利奥不为所动，继续写完《驳加尔文书》，原打算在同年出版，未果。此书于1612年才在荷兰阿姆斯特丹出版。参阅《大事年表》1554年记事〔6〕。

〔16〕 加尔文刚刚出版的一本书是指加尔文于1554年2月出版的《捍卫天主的三位一体的正统信仰 / 反驳米格尔·塞尔维特的严重错误》。

〔17〕 1536年3月，加尔文的《基督教要义》六章本拉丁语版（实为第一版）在巴塞尔出版。1536年7月，加尔文到达日内瓦，同年9月5日，加尔文被授予日内瓦圣经布道师的神职。1539年，《基督教要义》十七章增补本拉丁语版（实为第二版）出版。

〔18〕 雅各宾派，法国大革命时最激进的政治派别，因该派会址在巴黎的圣·雅各宾（Jacobin）修道院而得名，1793年6月夺取政权，建立历史上著名的雅各宾专政，实行恐怖政策。1794年7月27日（新历共和二年热月9日），丹东派余党联合平原派，在热月9日国民公会的一次会议上发动政变，雅各宾派领袖罗伯斯庇尔等人被捕，次日（10日）被处决。热月政变建立了以热月党人为代表的大资产阶级政权，标志着1789年法国大革命的终结。1793年6月，二十三岁的拿破仑率军攻打科西嘉的阿雅克修城（拿破仑的出生地）失败后携全家逃至法国的土伦。当时在法国正是雅各宾派掌权之际，拿破仑很快发表一本小册子，支持雅各宾派，反对吉伦特派。

〔19〕 摩西律法,《圣经》中上帝通过摩西所宣布的"律法",故名。

〔20〕 茨威格在此处引用法语原文：étudiant de la Sainte Escripture。

〔21〕 卡斯泰利奥斥责加尔文犯下三重罪：1. 幕后阴谋策划；2. 坚持把塞尔维特用火刑活活烧死；3. 事先并未用《圣经》的"正确观点"去争取塞尔维特。

〔22〕 指加尔文的《捍卫天主的三位一体的正统信仰 / 反驳米格尔·塞尔维特的严重错误》一书。

〔23〕 卡斯泰利奥在这段话中所说的"狂热信仰者"既是指像加尔文等人这样一些狂热的新教徒,同时也是指在法国的狂热的天主教徒。所谓"嗜血的阴谋活动"既是指加尔文精心策划的"塞尔维特案件",同时也是指天主教会的宗教裁判所和由法兰西王国瓦罗亚王朝的国王弗朗索瓦一世（François Ⅰ., 1494—1547）在位时期于1535 年设立的火焰法庭（Chambre Ardente）,火焰法庭专事审判被视为异端分子的新教徒,采用告密、酷刑等恐怖主义手段。卡斯泰利奥的《驳加尔文书》写于 1554 年,那时火焰法庭成立已将近二十年,卡斯泰利奥亲眼目睹狂热的新教徒和狂热的天主教徒之间的密谋对抗,预感到一场宗教大战势在必行。1562—1594 年法国发生了惊天动地的新教与天主教之间的宗教大战（史称胡格诺内战）,内战爆发一年之后,即 1563 年,卡斯泰利奥于 12 月 29日去世。但他在 1554 年的《驳加尔文书》中已预言狂热信仰将会使人间血流成河。

〔24〕 指 1562—1594 年法国加尔文教派（在法国称胡格诺教派）和天主教徒之间的宗教大战,史称"胡格诺战争"。

〔25〕 "温和的宽容宣言"是指卡斯泰利奥于 1554 年 3 月出版的《论异端分子》。

〔26〕 "战斗檄文"是指卡斯泰利奥于 1554 年晚些时候所写的《驳加尔文书》。

〔27〕《圣经·旧约·但以理书》记载,犹大族英俊少年但以理（Daniel）被巴比伦王尼布甲尼撒掳至巴比伦,命其在王宫中立于左右。神赐予但以理各种学问与文字,并使其通晓各种异象与梦兆。但以理为尼布甲尼撒王释梦,每每成功,遂奉为先知。尼布甲尼撒

刚愎自用，行事狂妄，被神赶出人世。大流士王即位，取得迦勒底国统治权。大流士立一百二十个总督治理全国，又在他们之上立总长三人，其中有但以理。因但以理有美好的灵性，其地位显然在其余的总长和总督之上，王又想立他治理全国。那些人便设计陷害但以理，伪称但以理的行为违背神的旨意，王出于无奈，让人将但以理扔入狮子坑中。神差遣使者封住了狮子的口，但以理未受丝毫损害，王深信但以理无辜，遂命人将控告但以理的那些人扔入狮子坑中，狮子迅即将他们咬死。

第九章　暴力扼杀良知

很少有人会写出一部比卡斯泰利奥的《驳加尔文书》更加坚决的反对一个思想独裁者的论战文章，也许从未有人写过一部类似于《驳加尔文书》这样光明磊落和充满激情的论战著作。《驳加尔文书》想必以其真实和精辟使那个时代最最漠不关心的人也受到教益：新教世界乃至欧洲思想界如果不及时抵御日内瓦的异端言论裁判所，思想自由就会失去。人们按照世间的各种可能性预料：在卡斯泰利奥对塞尔维特案件作了无懈可击的论证之后，整个道义舆论就会一致认同卡斯泰利奥的谴责性批判。而谁在这样一场斗争中被这样一只手抓住并被击倒，这个人似乎就要永远完蛋了，而且卡斯泰利奥的那篇"宽容宣言"〔1〕似乎也是对加尔文的顽固不化的正统观念的一种致命打击。

可是，实际上什么也没有发生。卡斯泰利奥的这部辉煌的论战著作以及他对宽容的庄严呼吁在现实世界中没有产生哪怕一丁点儿的作用，原因很简单也很残酷：卡斯泰利奥的《驳加尔文书》根本就没有出版。因为在这本书能够唤醒欧洲的良知以前，此书就已经受加尔文的指使事先被审查制度封杀了。

《驳加尔文书》的手抄本在巴塞尔的最可信任的人中间流传已有多日并做好了印刷准备，但是日内瓦的当权者们在最后一刻依靠自己爱献殷勤的耳目们的密报得到风声：卡斯泰利奥准备向他们的权威人物加尔文进行致命的攻击。于是，日内瓦的当权者们立即采取突如其来的行动。一个占有绝对优势的国家机构在这样的事情上去对付一个单独的个人，确实十分可怕。加尔文——这个犯下了惨无人道罪行的加尔文，他将一个有不同思想的人在惨不忍睹的折磨下活活烧死——也始终可以借助审查制度的偏袒不受阻挠地为自己的罪行辩护；而打算以人性的名义提出抗议的卡斯泰利奥却被剥夺了话语权。虽然巴塞尔城本身没有任何理由禁止本城的一个自由的市民——本城大学的一名教师打笔墨官司，但老奸巨猾的加尔文却会巧妙地玩弄政治手腕。一场外交纠纷倏然而起。由于日内瓦的"教义"遭到攻击，日内瓦城提出正式的抗议——不是由加尔文以私人的身份提出抗议。这使巴塞尔行政公署和巴塞尔大学左右为难，面临痛苦的抉择：要么剥夺一个自由作家写作的权利，要么陷入一场和强大的同盟城市日内瓦的外交冲突。像往常一样，强权政治总是会战胜道义。巴塞尔行政公署的主人们宁可牺牲一个单独的个人卡斯泰利奥，于是发布禁令，禁止任何不是严格遵守正统方式撰写的著作发表。卡斯泰利奥的《驳加尔文书》就这样被阻止出版了，而加尔文却能够如此欢呼："幸运的是，那些在我们身后狂吠的狗不能再咬我们了。"[2]

就像火刑薪堆使塞尔维特失去声音一样，现在是审查制度使卡斯泰利奥黯然无声。人世间的"权威"通过恐怖手段而再次得救。卡斯泰利奥的那只用来进行战斗的手从此受到挫折，这位作家再也不可以写作，甚至遭到更不公正和更加残酷的对待：当那些获胜的对手现在以加倍的愤恨向他攻击时，他却再也不能进行自卫了。几乎是到了下一个世纪，《驳加尔文书》[3]才得以出版。卡斯泰利奥在自己的这本小册子中所说的前瞻性的话才道出当时可怕的真相："你为何要将己所不欲施于他人呢？我们是为宗教信仰的事打笔墨官司，你为什么要封住我们的嘴呢？"

的确，对付恐怖统治，既没有法律也没有哪个法官能够管束。在暴力一度统治的地方，被暴力压服的人无处申诉。司法的初审和终审均为暴力统治而已。卡斯泰利奥在沮丧和无可奈何之中不得不谨小慎微，忍受不公正的对待。然而，对暴力蹂躏思想的一切时代而言，这位被暴力压服的卡斯泰利奥所表示的信心十足的蔑视始终令人感到欣慰，他说："你们的言论和你们的武器只不过是仰仗你们梦寐以求的专制独裁——仰仗得逞一时的统治者的地位，但不是昌明的统治者的地位。这样一种统治不是建立在天主之爱的基础之上，而是建立在强制的基础之上。但是，我不会由于你们的权力和你们的武器而羡慕你们。我有另一种力量和另外的武器——真相、清白无辜——因而襟怀坦荡，而且我还有给予我帮助和将恩典赐予我的天主。纵使真相在某个时代会被盲从的世人所掩盖，但是没有一个人能用暴力掩盖真相。如果我们不去理会一个泯灭了基督精神的世道对塞尔维特的判决，那么就是我们不关心这个世道的司法审判——在这种司法审判面前始终只有使用暴力的行径获胜。而耶稣基督的真正天下并不是这样的天下。"

恐怖统治再次证明自己估计正确，而结果甚至更令世人悲哀：加尔文的权力似乎并没有被他自己的极其卑劣的行径所动摇，反而以令人诧异的方式得到加强。因为在历史的长河中根本找不到如故事书所写的那种善良的道德和感人的正义！历史是众神在人间的影子，众神行事无所谓道德不道德。历史既不惩恶也不扬善。由于历史在最终的意义上是以强权为基础而不是以正义为基础，所以在绝大多数情况下历史总是将实际上的好处给予有权势的人：肆无忌惮的卑劣行径、残忍的决定在某个时期的斗争中给当事人——或者说不义之人带来的是好处而不是损失。

即便由于冷酷无情而遭到攻击的加尔文也认识到，唯有一件事能够拯救他：那就是更加冷酷，更加毫无顾忌地使用暴力。这样一条法则总是一再应验：谁曾使用过暴力，他以后就不得不继续使用暴力；谁曾以恐怖手段开始，他以后除了变本加厉地使用恐怖手段之外，没有别的选择。加尔文在审判塞尔维特期间和以后所遇到的反抗无非使他加深了这样一种认识，即对一种极权主义统治而言，采用合法的遏制和单纯的恫吓对付反对派并不是有效的方法，唯有一种方法可以确保权力的完整无缺，那就是彻底消灭各种反对派。原来，加尔文的如意算盘是：通过暗地里推动日内瓦行政公署官员的选举[4]朝有利于自己的方向发展，从而以合法的途径使行政公署内部少数共和派成员无所作为。那时，新从法国来的新教流亡者们——他们在物质上和思想上都依附于加尔文——在每次召开的行政公署会议上陆陆续续被授予自由民的身份并被列入选举者的名单，行政公署的投票表决情况和意向正是以这样的方式渐渐转变为对加尔文有利：所有的官职都被转移到加尔文的盲从的亲信们手中，共和派城市贵族原来的影响在行政公署内部已完全被排除。不久，有着爱国主义精神的日内瓦人彻底看透了这种有计谋地把行政公署的权力转移到外来人手中的趋势[5]。于是，曾经为日内瓦的自由流过鲜血的民主派人士开始惴惴不安——可惜已为时太晚、太晚。他们秘密集会，商讨如何抗拒清教徒们[6]的统治欲望和如何捍卫剩下的最后一点点日内瓦悠久的独立性。他们变得情绪激昂，而且越来越激昂。土生土长的日内瓦人和外来的移民在街道上发生激烈争吵，甚至终于发生了一次肢体碰撞的争吵，诚然，造成的伤害并不严重，在这次动手的争吵中总共有两个人被石块击伤。

然而，加尔文所期待的恰恰就是这样一种借口。他现在终于能够进行蓄谋已久的政变[7]了，从而确保自己掌握全部权力。一次小小的街头闹事很快就被扩大为一次"可怕的阴谋"[8]——唯有依靠"天主的恩典"方能挫败的阴谋。在玩弄这样一些手腕时最令人反感的莫过于这种假冒的道义和假冒虔诚敬畏天主的名义。那些和这次郊区街头闹事毫不相干的共和派头头们突然遭到拘捕并受到残酷拷问，直至他们招供出独裁者加尔文为了自己的目的所需要的一切。他们招供说：他们曾策划了一次宗教大屠杀[9]，加尔文及其同伙将被杀死，外国军队将被引入日内瓦城。刽子手加尔文现在终于能够根据这些仅仅用骇人听闻的严刑拷打逼供出来的关于曾经蓄谋"叛乱"和曾经策划"卖国"的"供词"开始自己的工作了。所有那些即便仅仅向加尔文作过小小反抗的人都将被处死——如果他们没有及时逃出日内瓦的话。一夜之间——仅仅隔了一个夜晚——在日内瓦除了加尔文派之外再也没有任何其他的派别了。

在取得一场如此彻底的胜利之后——把自己在日内瓦的最后一批反对者消灭干净之后，加尔文现在很可能已高枕无忧，因而也很可能变得宽宏大量了吧。可是我们知道，自从修昔底德、色诺芬[10]、普卢塔克[11]以来的一切时代中，所有政治寡头们在取得胜利之后只会变得越来越不宽容。纵使他们已经使思想独立的人在政治上毫无力量和一声不吭，但他们依然惧怕思想独立的人——这是所有暴君们的悲哀。他们并不满足于思想独立的人沉默和不得不沉默。对暴君们而言，如果思想独立的人不唯唯诺诺，不为暴君们效命，不卑躬屈膝，不处心积虑加入谄媚者和奴仆的行列，而是仍然作为思想独立的人存在和继续存在于暴君们的周围，这将会使暴君们感到非常不快。正因为加尔文在那次血腥的政变以后清除了所有政治上的对手而现在仅仅剩下这样一个道义上的对手——塞巴斯蒂安·卡斯泰利奥，所以他就会怀着加倍的仇恨竭尽全力对卡斯泰利奥下毒手。

攻击卡斯泰利奥唯一的困难之处在于：如何把这位温和的学者从他谨慎的沉默中引诱出来。因为卡斯泰利奥本人对这场公开的论战已感到厌倦。具有人文主义秉性或者说具有伊拉斯谟气质的人都不是没完没了较劲的人。他们觉得，宗派分子狂热的一意孤行和抓住与自己思想观点不同的人不放手实在有失一个贤哲之士的身份。具有人文主义秉性的人会一度坦陈自己的真言，但是一旦自己的观点表明之后，他们就会觉得，用宣传的方式三番五次地说服世人：他们自己的观点是唯一正确和有效的观点，纯属多此一举。卡斯泰利奥在塞尔维特这件事情上已经发表过自己的言论——他不顾各种危险承担起为被迫害者进行辩护的职责并反对用暴力扼杀良知的恐怖统治，其态度之坚决超过他的那个时代任何一个男子汉。但是，当时的形势和他弘扬自由的言论完全背道而驰。他看明白了：暴力会在某个时期之内战胜一切。于是他下定决心：静悄悄地等候能重新进行宽容与不宽容之间决战的时机。他虽然深感失望，但并未在自己的信念上屈服，他又回到自己原来的工作之中。巴塞尔大学终于聘任他为教师，他毕生的伟大业绩——将《圣经》翻译成拉丁语和法语——终于即将完成。在他的言论武器被夺走以后，作为论战一方的卡斯泰利奥在一五五五年和一五五六年完全保持着缄默。

然而，加尔文和日内瓦人通过密探获悉：卡斯泰利奥在巴塞尔大学这个比较狭小的圈子内继续维护着自己的人性观点，他的用来写作的手固然被人束缚住，但他绝不会让人堵住自己的嘴。那些"主张不宽容的十字军斗士们"[12]恼怒地发现：卡斯泰利奥提出的但使他们感到憎恨的"宽容要求"和卡斯泰利奥反驳加尔文的"双重预定论"的无懈可击的论据在巴塞尔的大学生中间得到愈来愈多的赞同。一个有道德的人光凭自己的存在就足可以发挥影响，因为他的品德会在自己周围造就一批信服他的人，纵使从表面上看仅限于一个狭小的圈子，但是这种对人的内心的影响会传播得很远很远，就像浪打浪一样既不被人注意又无法阻拦。由于卡斯泰利奥依然危险地存在而且并未打算屈服，所以他的影响必须及时被消除。为了把他重新诱入关于异端分子的论战，必须用诡计给他设下一个陷阱，而他在巴塞尔大学的同事中正好有一个人甘愿为这种陷阱充当挑衅的代理人[13]。此人给卡斯泰利奥写了一封非常友好的信，请求卡斯泰利奥能就"得救预定论"的教义问题向他解释一下自己的观点——好像此人仅仅是为了从理论上进行探讨似的。卡斯泰利奥表示可以进行一次公开的讨论。可是卡斯泰利奥在会场上才说了几句话，听众中就有一个人倏地站起身来，指责卡斯泰利奥散布异端邪说。卡斯泰利奥顿时明白了其中的意图。他没有落入为他设置的陷阱，也不再为自己的论点辩护，而是中断了这次讨论——为的是不给对方留下足够的指控自己的材料。同时，他在巴塞尔大学的同事们也出面阻止任何针对他的进一步干涉。然而日内瓦却不打算善罢甘休。在这样一次阴谋诡计失败之后，日内瓦方面迅速变换了手腕。由于卡斯泰利奥不让自己接受挑战去参加辩论，日内瓦方面就想方设法用谣言和小册子刺激他。有人嘲讽他的《圣经》翻译，有人要他对匿名的诽谤性文章和传单负责，有人四处散布对他最恶毒的诬蔑，就好像听从一声号响一下子从四面八方向他发起冲锋似的。

不过，正是由于这种嚣张气焰，所有非宗派分子在此期间已清楚明白，日内瓦方面在剥夺了这位真正虔诚的伟大学者卡斯泰利奥的言论自由以后，现在正直截了当要他的性命。恰恰是这种阴险毒辣的迫害使受到迫害的卡斯泰利奥赢得了各方面的朋友。德意志宗教改革的先驱梅兰希顿突然出人意料地明确表示自己站在卡斯泰利奥这一边。所有那些不是在和解中看到人生的意义而是在争论不休中看到人生的意义的人所干的那种卑鄙行径也使梅兰希顿非常反感,就像当年的伊拉斯谟一样。梅兰希顿情不自禁地给塞巴斯蒂安·卡斯泰利奥写了一封信,信中写道:"迄今为止我还从未给你写过信,因为不胜其烦的工作使我很少有时间采用这种我非常喜欢的书信往来的方式。我此前不写信的另一个原因是:我觉得我很可能会深感悲哀,如果我看到在那些自诩为智慧之友和道德之友中间有人对我给你写信产生可怕的误解的话。不过,我确实一直赞赏你的写作方式……我愿意让这封信成为我赞同你的立场的一个证据和真诚地同情你的一个证明。但愿一种永恒的友谊将我们团结在一起。

你不仅为不同的意见分歧深表痛心,而且也为有些人怀着残酷无情的仇恨迫害真谛之友深表痛心,你的哀叹只会增加一种我始终感觉到的痛苦。古老的传说告诉我们:巨人们具有提坦众巨神[14]的血统,而那些想方设法要主宰宫廷、家族、民族而又以为会遭到学者们阻挠的新的诡辩家们则承袭了不端的教士们的衣钵。不过,天主将会知道如何保护自己其余的羊群。

所以,我们必须用智慧忍耐我们无法改变的一切。对我而言,是老迈年高缓解了我的痛苦。我希望不久会走进天国的教堂,远离尘世的教堂——尘世的教堂如此可怕地承受着狂风暴雨的震撼。如果我依旧活着,我愿意和你谈论许多事情。祝你一生平安。"[15]

这封信很快就以手抄本的形式广为流传。梅兰希顿写这封信原本是想要保护卡斯泰利奥，同时想要提醒加尔文：最终放弃对这位伟大的学者卡斯泰利奥进行非同寻常的迫害。事实上，梅兰希顿认同卡斯泰利奥的这些言论在人文主义者的整个范围之内产生了巨大影响。即便是加尔文最亲密的朋友们现在也都敦促和解。例如，博杜安[16] 就给日内瓦的加尔文写了这样一封信："现在你能看到梅兰希顿是如何谴责你满怀憎恨地迫害卡斯泰利奥的，同时你也能看到梅兰希顿根本就不赞同你的所有那些自相矛盾的话。如果你继续把卡斯泰利奥当作第二个撒旦对待，同时又把梅兰希顿尊奉为一个天使，难道这真的还有什么意义吗？"

话又说回来，人们何曾能够规劝一个狂热中的人，或者能够使他息怒呢——这是何其错误的一个想法！梅兰希顿的这封保护卡斯泰利奥的信违背常理地对加尔文所起的作用却完全相反。其实，这倒更合乎逻辑。因为竟然还有人对自己的对手倍加赞许这一事实只会增加加尔文的仇恨。加尔文非常清楚：对他奉行暴力的独裁统治而言，这些思想界的和平主义者是比罗马天主教会、罗耀拉及其耶稣会的会士们更加危险的对手。加尔文和罗马天主教会的那一群人交锋，无非是教条对教条、言论对言论、教义对教义，而卡斯泰利奥所要求的是自由，加尔文觉得自己的一切打算和作为的根本原则——即自己的理念：维护统一的权威和维护正统的观念——都会在卡斯泰利奥所要求的自由中遭到质疑。再说了，在任何一次战争中，自己队伍中的和平主义者始终要比军事上的对手更危险。也就是说，正因为梅兰希顿表示声援的那封信提高了卡斯泰利奥在世人面前的声望，加尔文认识到自己现在唯一的目标就是要败坏卡斯泰利奥的名声，别无其他。于是，从此时此刻起开始了一场真正的战斗——白刃相见的战斗。

加尔文亲自出场这一事实就已表明：现在所进行的是一场消灭卡斯泰利奥的战斗。就像在塞尔维特案件中一旦有必要进行最后的打击——决定性的打击时，加尔文就会将自己的傀儡尼古洛·德·拉·方丹推到一边自己亲自上阵一样，他现在也不再利用自己的帮手贝扎了。加尔文现在所关心的不再是什么是非真伪、不再关心《圣经》的词句是什么和应该如何解读，他所关心的仅仅是如何迅速和彻底地除掉卡斯泰利奥。虽然眼下找不到一个向卡斯泰利奥发难的正当理由，因为卡斯泰利奥已经回到自己原先的工作中去了。但是，正因为无法找到一个理由，加尔文就要人为地编造一个理由，并且为了痛打可恶的卡斯泰利奥他就随便抓起一根棍棒。加尔文拿起一篇匿名的讽刺文章作为借口——这篇文章是加尔文的密探们从一个行商那里找到的。尽管没有丝毫迹象可以证明这篇文章是卡斯泰利奥写的，而且事实上卡斯泰利奥也从来不是这篇文章的作者。但是，"迦太基必须被消灭"〔17〕，也就是说，卡斯泰利奥必须被消灭，于是，加尔文就利用这册根本不是卡斯泰利奥写的匿名书当作把柄，硬把卡斯泰利奥当作这册匿名书的作者而用最卑俗和最放肆的语言加以辱骂。加尔文自己的这篇题名为《一个无赖的诽谤》〔18〕的攻击文章不再是一个神学家反对另一个神学家的一册书，而仅仅是内心怒火的疯狂发泄罢了。卡斯泰利奥在书中被谩骂为窃贼、流氓、渎神者——就连一个车夫谩骂另一个车夫也不会使用这样一些不堪入耳的话。其中最恶毒的莫过于指责这位巴塞尔大学的教授卡斯泰利奥在光天化日之下偷木头。这本怒气冲冲的小册子通篇都是泄私愤图报复，疯狂的仇恨随着书中的一页又一页飙升，直到最后是声嘶力竭的怒吼："祈求天主灭了你这个撒旦！"

加尔文的这本诬蔑性小册子能够作为最值得思考的事例之一，说明宗派仇恨会怎样大肆诋毁一个精神高尚的人。不过，这本小册子同时也是一种警告，告诫一个政治家：如果他不懂得克制自己的冲动，那么他的行为又是多么不懂得政治。巴塞尔大学校务委员会从加尔文的这本小册子中得到的印象是：在自己的大学备受尊敬的卡斯泰利奥受到了极不公正的攻击，从而撤销了对卡斯泰利奥的写作禁令。一所享有欧洲声誉的巴塞尔大学可能觉得：一名由该大学聘任的教授被人在所有人文主义者面前指责为一个下流的窃木贼、一个流氓、一个流浪汉，有失该大学的尊严。由于加尔文的攻讦显然已不再是有关"教义"的讨论，而仅仅是个人的怀疑和恶意的诋毁，巴塞尔大学评议会明确表示：准许卡斯泰利奥对加尔文进行公开反驳。

卡斯泰利奥的反驳文章[19]堪称是在弘扬人性和人文主义论战中的一个出类拔萃的典范。即便是无以复加的恶意攻击也未能使内心深处无比宽容的卡斯泰利奥怀有仇恨，没有任何卑鄙的行径能使卡斯泰利奥自己变得卑鄙。反驳文章开头的节奏就显得十分从容不迫，卡斯泰利奥写道："我在毫无狂热的情况下走上这条公开的辩论之路。我曾经多么热切地希望：能以所有的兄弟情义和以基督的精神同你交换意见，而不是以粗俗的方式，因为粗俗的谩骂方式只会损害教会的声望。但是，由于你和你的朋友们使我希望平心静气进行讨论的梦想成为泡影，所以我认为，有节制地回应你的激烈攻击，是和我身为基督徒的义务相一致的。"接着，卡斯泰利奥揭露了加尔文的不诚实做法：加尔文在《一个无赖的诽谤》的第一版中还公开称卡斯泰利奥是那本匿名小册子的作者，但在该书的第二版中却已只字不提卡斯泰利奥是那本匿名小册子的作者了——毫无疑问，加尔文已认识到自己的错误——不过，加尔文的表现并不光明磊落：他没有老老实实地承认自己曾经怀疑过无辜的卡斯泰利奥是那本小册子的作者。现在，卡斯泰利奥理直气壮地责问加尔文："难道你事先不知道，你指责我是那本小册子的作者是没有道理的吗？我自己无法判断你是否知道。但是，如果你明知我不是那本书的作者而将错就错地指责我，那么这是一种欺骗世人的行为；如果你尚不能肯定我就是那本书的作者就无端指责我，那么这至少是一种轻率行为。无论哪种情况，你的行为都不是高尚的行为，因为你所说的均不符合事实。我既不是那本小册子的作者，也没有将那本小册子送到巴黎去印刷。如果说，那本小册子的扩散是一种罪恶的扩散，那么应该是你为这种罪恶受到谴责，因为是你首先将那本小册子公之于世的。"

卡斯泰利奥在揭露了加尔文利用哪些破绽百出的借口对自己进行攻击之后，现在转而挞伐加尔文的攻击是如此粗鲁无礼。卡斯泰利奥写道："你骂人的脏话非常丰富，你满嘴的污言秽语乃是出自你的肺腑。你用拉丁语的詈言接二连三谩骂我：骂我是渎神者、诽谤者、十恶不赦的混蛋、一条狂吠的狗、一个极端无知而又狂妄的家伙、一个不虔诚的篡改《圣经》的人、一个愚弄天主的小丑、一个蔑视信仰的人、一个寡廉鲜耻的人，还再次骂我是一条肮脏的狗、一个行为不端和有失体统的小人、一个心灵扭曲而又举止反常的幽灵、一个流浪汉、一个坏蛋。你有八次骂我是一个无赖——我将拉丁语的 nebulo 为自己译成无赖——你幸灾乐祸地用两个印张的篇幅散布对我的这种恶意谩骂，并将你的书题名为《一个无赖的诽谤》，书中的最后一句话是：'祈求天主灭了你这个撒旦！'书中所有的内容都是这样的腔调。难道一个具有使徒般真挚和基督徒般温和的人都会是这样的吗？如果你所领导的民众受到这样一种心态的侵蚀，如果事实证明：你的弟子们都像他们的老师——你加尔文一样，那么你的民众很可能就要遭殃了。不过，我绝不会被你的所有这些辱骂所动……被钉在十字架上的基督[20]总有一天会复活，而你加尔文将不得不为你的所作所为向天主说明理由：你为何要如此谩骂另一个人——耶稣基督同样也是为这个人而死去的呀。难道你真的不觉得有任何耻辱吗？难道你真的在自己的心中不记得耶稣基督所说的话吗？耶稣基督说，'凡无缘无故向弟兄动怒的，难免受审判。'[21]耶稣基督还说，'凡称弟兄为坏人的，就会被投入地狱。'[22]"卡斯泰利奥在这段话之后几乎是以轻松的心情——出于对自己无可指摘的信心十足的感觉——回应加尔文对自己的主要指责：说卡斯泰利奥曾在巴塞尔偷过木头。卡斯泰利奥用嘲讽的口吻写道："假如我真的干了这件事，那确实是十分严重的罪行，但是，诽谤别人也同样是严重的罪行。假如我们现在设想这是真的：我确实偷了木头，那是因为我命中注定会去这样做，诚如你的教义所说。"这显然是对加尔文的"得救预定论"的绝妙讽刺——"那么你为什么还要辱骂我呢？既然天主预先决定了我这样的命运并且使我不能不去偷窃，难道你不应该更加同情我吗？也就是说，你为什么要把我偷窃的事叫嚷得让世人都知道呢？是想以此来阻止我今后再去偷窃吗？换一个角度说，假如我是迫不得已去偷窃——是天主预定我去偷窃，那么你就应该在你的文章中为我的迫不得已而开脱。在这种命中注定的情况下，我不可能远离偷窃，就像我不可能使自己的身高再往上长一寸一样。"

卡斯泰利奥在对加尔文的荒唐的指责进行了一番冷嘲热讽之后，现在才描述事情的真实经过。那是在莱茵河一次洪水泛滥的时候，卡斯泰利奥和近百个其他人一样用一把大鱼叉将漂浮的木头从水流中打捞上来，不言而喻，这不仅是一种法律允许的行为——因为谁都知道漂浮的木头在任何地方都是没有物主的——而且还是巴塞尔行政公署明确表示受欢迎的一种行为，因为在洪水中漂浮的一堆堆木头会威胁到桥梁的安全。卡斯泰利奥甚至能够证明：他和其他"窃贼们"一样曾经得到巴塞尔行政公署支付的约四分之一金币[23]的酬劳，因为这种"偷窃行为"实际上是一种有生命危险的社会服务。在卡斯泰利奥作了这样的辩驳之后，就连日内瓦的那一小撮带头诬蔑他的人也不再敢重复这种愚蠢的诽谤了——因为这种诽谤只会使加尔文丧失名誉，而不是卡斯泰利奥。

无论是矢口否认还是遮遮掩掩都抹杀不了这样的事实：就像在塞尔维特案件中一样，加尔文试图不择手段地隐藏自己的真实打算——那就是加尔文怀着刻骨的仇恨要不惜一切代价除掉自己的一个政治上的敌人———一个思想意识上的敌人。但是要找到卡斯泰利奥在人品方面哪怕仅仅是最微小的瑕疵，也从未获得过成功。卡斯泰利奥能够坦荡荡地这样回应加尔文："所有的人都能够对我曾经写过的一切进行评判，我不怕任何人的意见，只要他不是怀着仇恨评判我。任何一个从我的童年起就认识我的人都能证明我个人生活的贫困。如果有必要，我也可以提供无数证人。但是，难道真的有这个必要吗？难道由你自己和你的同伙们提供的证词不就足够了吗？……甚至连你自己的弟子也不得不多次承认：对我无可指摘的生活不可能有丝毫的怀疑。他们不得不只局限于声称我犯了错误，因为我认知的教义不同于你认知的教义。那么，你怎么敢散布关于我偷木头这样的事情并祈求天主保佑你呢？加尔文呀，难道你真的不明白，你祈求天主为你的那些完全由仇恨和狂怒煽动起来的指责作证会有多么可怕吗？

不过，我也会祈求天主保佑我。你祈求天主保佑你，是为了你以最粗野的方式在世人面前指责我，而我祈求天主保佑我，是因为你对我的指责不符合事实。假如是我说了假话而你说的是实情，那么我会请求天主按照我的罪恶程度惩罚我，同时我也会请求世人让我身败名裂。但是，如果我说的是实情而你的指责完全属于捏造，那么我会请求天主保佑我不会落入我的对手们为我设置的圈套。但愿天主在你死之前还会给你悔改自己行为的机会，为的是减轻你的罪孽，不至于使你的灵魂得不到拯救。"

一个有自由精神和没有偏见的人在一个过于自信而麻

木不仁的人面前，其语气显得何其不同！其人格显得何其高尚！在一个富有人性的人和一个拘泥于教条的人之间永远存在这样一种气质上的截然相反！一个不计荣辱的人心中想的乃是如何坚持自己的思想信念，而那些刚愎自用的人却无法忍受并不是天底下所有的人都屈服于他们——唯唯诺诺、亦步亦趋。须知，纯洁无瑕的良知是以节制的方式说话；神经质的统治欲望是以恫吓和诅咒声嘶力竭地叫嚷。只不过，真正纯洁的良知不可能被仇恨搅得不知所措罢了。思想界最纯粹的成就始终不是由于狂热的信仰所能取得，而是被那些懂得自我克制和态度温和的人所获得。

与此相反的是，宗派分子从不关心正义而只关心战胜别人。他们不愿意承认别人是对的，而只愿意相信自己始终不会错。卡斯泰利奥的反驳文章刚一发表，对他的新一轮攻击又开始了。由于辱骂卡斯泰利奥是"疯狗""野兽"这样一些人身攻击和所谓他偷木头的无稽之谈已可耻地宣告破产，连加尔文自己也不敢再旧调重弹，因此对卡斯泰利奥的攻击迅速转移到另一个领域——神学的领域。日内瓦的印刷机由于不久前印刷《一个无赖的诽谤》还油墨未干呢，但是现在又开始运转。贝扎第二次充当马前卒。他忠于自己的导师加尔文超过忠于耶稣基督。他在为日内瓦官方版本的《圣经》（一五五八年版）所写的序文中不是把介绍《圣经》放在首要位置，而是大肆攻讦卡斯泰利奥，在一本《圣经》中使用如此恶毒的言辞，可以说贝扎的这种行为本身就是一种渎神行为。贝扎这样写道："魔鬼撒旦——我们的老对手如今已明白，他不可能像往昔那样阻碍耶稣基督之道的流传，于是以更危险的方式作梗。由于长期以来没有《圣经》的法语译本，或者说，至少没有一本名副其实的法语译本，而魔鬼撒旦现在却找到了那么多的译者——就像四处飘荡而又可怕的鬼魂那么多。如果不是天主及时予以制止，魔鬼撒旦也许还会找到更多的译者呢。如果现在有人要我举出一个魔鬼撒旦所选译者的例子，那么我就会提到由塞巴斯蒂安·卡斯泰利奥翻译的《圣经》法语译本和拉丁语译本。此人由于他的忘恩负义和厚颜无耻，同样也由于人们已不愿意为了把他引上正道而费劲，他在我们的教会中并非鲜为人知。所以我们也就不再隐瞒他的姓名，而在此前我们一直没有点出他的名字，我们现在反而要提醒所有的基督徒今后应严防这样一个由魔鬼撒旦选中的人——我们认为这是一种良知应尽的义务。"[24]

这分明是在向法庭告发一名学者是异端分子，没有比这样的措辞更为清楚和更加居心叵测的了。不过，这个"被魔鬼撒旦选中"的卡斯泰利奥现在不再需要沉默很久，巴塞尔大学评议会由于非常反感对卡斯泰利奥进行卑鄙的攻击，同时也由于受到梅兰希顿的那封保护信的鼓舞，决定再次给予受迫害的卡斯泰利奥以言论自由。

卡斯泰利奥对贝扎的回应充满深深的悲哀——几乎可以说是不可思议的悲哀。像贝扎这样有教养的人竟会怀有如此不可抑制的仇恨，这在纯粹的人文主义者卡斯泰利奥心中只会觉得很可怜。虽然卡斯泰利奥清楚地知道，加尔文的信徒们并不关心真谛，而只关心他们自己如何垄断真谛，他还清楚地知道，加尔文的信徒们在把他除掉之前绝不会早早地善罢甘休——就像他们迄今为止要把所有思想上的对手或者政治上的对手彻底铲除一样。但是，卡斯泰利奥的高尚情操并没有让自己堕入仇恨的深渊。卡斯泰利奥怀着先知般的预感写道："你们煽动和怂恿巴塞尔行政公署把我置于死地。要不是通过你们的著作公开证实了此事，我还不敢写下这样的断言呢，尽管我对此确信无疑。因为我一旦死去，我也就不再可能给予你们任何回应了。我现在还活着，这对你们来说是真正的噩梦。而且由于巴塞尔行政公署没有屈服于你们的压力，或者说，至少目前还没有屈服，你们明白，情况很可能不久就会有变化，所以你们千方百计要让世人憎恨我和唾弃我。"[25]卡斯泰利奥完全清楚：他的对手们正公然图谋要害死他，所以他只对准这些人的良知。他责问这些耶稣基督之道[26]的仆人们：请你们告诉我，你们反对我的行为能够依据耶稣基督之道的哪方面？耶稣基督即便在被叛徒犹大送交给捕役的那一刻还充满着善意和犹大说话呢，耶稣基督被钉在十字架上时还在为杀害他的刽子手们请求宽恕呢。可是你们呢？由于我在基督教个别的教义和思想理念上和你们不一致，你们就怀着敌意在不同地方迫害我，还怂恿别人同样怀着敌意反对我……当你们的行为会受到耶稣基督极其严厉的谴责——就像耶稣基督所言，'凡仇恨自己弟兄的，乃杀人凶手……'想必你们会偷偷地感到非常痛苦呢。很清楚，耶稣基督之道一旦摆脱各种神学的面纱，人人都可明白。你们自己也都在用语言和在自己的著作中教导耶稣基督之道嘛。那么，你们为什么不在自己的生活中也奉行耶稣基督之道呢？"

当然，卡斯泰利奥知道，贝扎无非是一个马前卒而已。杀气腾腾的仇恨不是源自贝扎，而是源自加尔文——

这一个除了自己对《圣经》的解读以外打算禁止任何其他人对《圣经》进行解读的思想独裁者。因此卡斯泰利奥越过贝扎直接责问加尔文。卡斯泰利奥毫不激动，只是用目光直面加尔文："你授予自己一个基督徒的头衔，你宣称自己信奉《福音书》，你自吹自己坚持的是天主的教导，你自诩自己已洞悉天主的各种意图，你声称自己知道《福音书》的真谛。那么，为什么当你教导别人的时候也不教导你自己呢？为什么你在布道台上说：不应该进行诽谤，而你的著作却充斥诽谤呢？你们为什么要如此盛气凌人地谴责我呢？——说是为了要彻底整垮我的傲慢，好像你们就坐在天主的顾问席上似的，难道天主真的向你们揭示了他的内心秘密了吗？……好好反省反省你们自己吧，并请多加小心，不要为时太晚。如有可能，请你们不妨用片刻的时间质疑一下自己吧。你们将会明白其他许多人已经明白的事情。抛弃那种吞噬你们自身的自负吧。抛弃那种对别人的仇恨吧，尤其要抛弃对我本人的仇恨。让我们以宽容的态度互相切磋吧。你们将会发现，你们指责我不敬畏天主正如同你们无端指责我不知羞耻一样——这都不真实。请你们包容我在若干教义的见解上和你们不一致。在虔诚的基督徒之间很可能思想理念有所不同，但他们的虔诚之心是相通的——难道这一点真的不能实现吗？……"

一个充满人性和善于和解的思想精英回应狂热分子和墨守教条的人，从未有过比这更宽厚的态度了。如果说，卡斯泰利奥此前已在自己的言论中出色地体现了宽容理念，那么，他现在通过在这场强加于他的斗争中所表现的人性态度也许更是为宽容理念作出了表率。他不是以嘲讽还嘲讽，不是以仇恨还仇恨——正如他自己所说："假如我提出捏造的类似事情反对你们，就像你们为了反对我所捏造的事情那样，我还真不知道我该去何处藏身呢。"所以，他宁愿再次尝试通过人性化的讨论结束敌对的论争——按照卡斯泰利奥的想法，哲贤之间人性化的讨论始终应该是可能的。卡斯泰利奥再次向自己的对手伸出和解之手，尽管那些对手已把杀人之斧对准了他。卡斯泰利奥写道："所以，为了体现基督之爱，我请求你们尊重我的自由，并最终放弃把捏造的各种罪名堆在我头上。请你们让我不是在被迫的情况下表明我自己的信仰，就像你们允许自己有自己的信仰一样，就像我愿意承认你们可以有自己的信仰一样。请你们不要总是误以为那些在教义上和你们不一致的人都在犯错误。请你们不要总是很快就指责他们的教义是异端思想……如果我像其他许多虔诚的基督徒那样解读《圣经》和你们有所不同，那么这正证明我在为信奉耶稣基督而竭尽全力。在我们双方之间肯定有一方会错，但是正因为此，愿我们彼此相爱！天主总有一天会向迷途的羔羊昭示真谛。咱们——你们和我肯定知道，或者说，至少应该知道唯一的一件事：就是要为体现基督之爱尽责。让我们尽到体现基督之爱的责任吧，并且通过尽到这种责任，让我们理念不一致的所有的人不再唇枪舌剑。你们不是认为自己的看法正确？而别人也同样认为自己的看法正确呢。但愿更有智慧的人同时表明自己是最讲兄弟情义的人，而不会由于自己的智慧变得傲慢自大。因为天主洞察一切，天主会让傲慢者低头，让谦恭者昂首。[27]

　　我是出于对基督之爱的殷切期盼才向你们说这些话

的。我把爱心和基督徒的和解之心献给你们。我呼吁你们也献出爱心。我这样做完全出自真心实意，我在天主和圣灵面前发誓。

不过，如果你们继续一意孤行——怀着仇恨攻击我，那么我只能保持更多的沉默了。但愿天主是我们的最后审判者，并将根据我们对他的忠诚程度在我们双方之间作出裁决。”

一种如此令人感动的和解呼吁——一种如此深通人情的和解呼吁竟然不能使一个思想上的对手回心转意，让人觉得不可理喻。然而，恰恰是那些始终只为自己唯一的理念献身的思想家们具有这种尘世间的荒谬本性。他们除了自己的思想以外完全感觉不到任何其他的思想——纵使那是最最富有人性的思想。话又说回来，思想的片面性不可避免地会导致行为的非正义性。如果在某个地方一个人或者一个民族始终完全狂热地信仰唯一的一种说教，那么在那个地方也就不会有任何谅解和宽容的空间存在。卡斯泰利奥不进行公开布道，不作宣传和不与人争论，也不为一丁点儿虚荣心所动，他从未强迫世上的任何人接受他自己的思想，然而他的感人肺腑的劝告却没有给加尔文留下丝毫印象；虔诚的日内瓦把卡斯泰利奥提出的基督徒之间进行和解的要求当作“洪水猛兽”而加以拒绝。新一轮的密集炮火带着各种嘲讽和煽动的毒气很快就开始了。为了让卡斯泰利奥蒙受嫌疑或者至少让他成为笑柄，另一种谎言——也许是所有谎言中最为阴险的谎言现在被改编为一出戏剧。正当日内瓦的民众享受各种戏剧的乐趣被视为是罪孽而遭到严厉禁止的时候，加尔文的弟子们却在日内瓦的神学院排练一出"敬畏天主"的校园剧，剧中有一个名叫"瘦子卡斯特洛"的角色——明眼人一看就知道是影射卡斯泰利奥，身份是魔鬼撒旦的仆役领班，在台上念着这样的诗句：

> 我嘛，谁都可以伺候
> 写散文和诗歌为的是挣钱
> 别的什么都看不见……[28]

这是对卡斯泰利奥的最后一次诬蔑：说这个过着使徒般贫困生活的卡斯泰利奥是为了钱而卖文，说他为了纯洁的宽容教义而斗争只不过是作为某些教皇雇用的煽动家——这样的诬蔑只能在加尔文的允许之下并且毫无疑问是在这位基督徒的引路人——宣扬耶稣基督之道的布道师的怂恿之下才敢如此放肆地出炉。不过，是诬蔑抑或是真相，这对加尔文信徒的宗派仇恨而言早已变得无所谓了——他们每个人的心中唯有一个念头：把卡斯泰利奥从巴塞尔大学的讲台上拉下来，焚毁他的著作，如有可能，也把他本人一起烧死。

因此，当有人在日内瓦的一次例行住宅搜查中当场碰见两个市民各自在读一本违禁的书——这本书没有郑重声明得到加尔文的印刷许可，这已经构成犯罪行为了——这对那些咬牙切齿的怀恨者来说是一个大受欢迎的发现。这本题名为《沉痛忠告法兰西》[29]的小册子既没有作者姓名也没有印刷地点，因此更具有异端思想的味道。这两个市民立刻被带到教会纪律监督委员会。他们由于惧怕夹压拇指刑和严刑逼供，很快就承认此书是卡斯泰利奥的一个侄儿[30]借给他们的。现在，追捕者为了最终捕获到被追捕的猎物而怀着巨大的狂热顺着新的踪迹追去。

其实，这本"用心恶毒和错误百出的书"是卡斯泰利奥的一部新著。卡斯泰利奥再次陷入自己过去那种不可救药的"错误"——一种打引号的所谓"错误"：卡斯泰利奥要用伊拉斯谟式的努力去敦促和平解决教会之间的争端。他不愿意默不作声地目睹煽动宗教狂热最终会在自己热爱的祖国——法国酿成血流成河的苦果，他不愿意目睹新教教徒在日内瓦的悄然怂恿下对法国天主教徒动武而保持沉默。与此同时，卡斯泰利奥仿佛已能够预感到圣巴托罗缪之夜惨案和胡格诺战争的恐怖与残酷似的，他觉得自己有责任在最后关头再次阐述这样的流血毫无意义。他阐释说，不是这一种教义或那一种教义本身是错误的教义，而是用暴力去强迫一个人接受一种他不信奉的信仰，那才始终是错误和罪恶呢。人世间一切不幸都源自这种"对良知的强迫"[31]——源自狭隘的狂热信仰强迫良知的各种企图，这些企图始终是花样一再翻新而且始终嗜血成性。但是，卡斯泰利奥也指出：强迫某个人去接受他内心并不信奉的信仰不仅不道德和违背公理，而且也是毫无意义和荒谬的。因为为了一种说教而采取任何强迫的做法无非是造就了一群假信徒罢了。任何一种要靠拇指夹刑的方法所进行的强迫宣传无非是从表面上和数量上增加了一个宗派的追随者罢了。然而在实际上，任何一种要靠如此强制的方法去逼迫改宗者改变自己的信仰，绝不能用这样一种错误的算计。

这样做，很容易自欺欺人。卡斯泰利奥的下面这一段话适用于各个时代，他说："那些人——他们只想拥有数量上尽可能多的追随者，而且也确实有了许多人，但他们完全如同一个傻瓜——这个傻瓜有一个装着少量酒的大酒桶，他为了想要得到更多的酒，便用水将酒桶装满。然而这个傻瓜绝不会因此而得到更多的酒，反而只会使原来装在桶里的好酒变质。你们将永远不可能断定，那些被强迫接受某种信仰的人是否真的打心坎里相信。假如他们有了自由，那么他们就会说：我从心底里认为，你们是毫无正义可言的暴君；我从心底里认为，你们迫使我接受的一切没有任何价值。劣酒并不会因被强迫喝下而变成好酒。"

卡斯泰利奥因而一再以新的激情再三重申自己的信念：不宽容不可避免地会导致战争，而只有宽容才会引向和平。一种思想意识深入人心不可能通过拇指夹刑、战斧和大炮，而只能依靠每个人自己的深信无疑。只能通过互相谅解，战争才得以避免，各种思想才得以融合。也就是说，让愿意成为新教徒的人成为新教徒，让真诚信奉天主教的人仍然身为天主教徒，既不要去强迫这一些人，也不要去强迫那一些人。一个孤寂而又充满悲情的人文主义者卡斯泰利奥早在一代人的时间——三十六年以前就已为法兰西草拟了宽容敕令[32]，而使两个教派达成和解的南特敕令[33]则是建立在成千上万无谓牺牲者的坟墓之上。卡斯泰利奥在《沉痛忠告法兰西》中写道："法兰西呀，我对你的忠告是，但愿你能停止压制良知、停止迫害良知、停止扼杀良知，但愿你能允许在你的国家里的每一个信仰基督的人不是按照外来的看法侍奉天主，而是按照他自己的看法。"

这样一种旨在促使在法国的天主教徒和新教教徒之间互相理解的建议不言而喻会在日内瓦被视为是万恶之最。因为加尔文的秘密外交此时恰恰正忙于在法国竭力煽动胡格诺战争。所以对加尔文的侵略性的教会政策而言，没有什么能比这种充满人性的和平主义更不受欢迎的了。加尔文立刻采取一切手段压制卡斯泰利奥的这本宣扬和平的小册子。加尔文派遣使者奔赴四面八方，给所有掌权的新教当局写去恳求的信。事实上，加尔文用自己精心策划的鼓动也达到了目的：新教改革派教会全体代表会议于一五六三年八月通过决议——"谨此告知各教会，《沉痛忠告法兰西》一书业已出版，此书作者乃是卡斯泰利奥。此书十分险恶，务必严加防范。"

卡斯泰利奥的这一本——对狂热的信仰而言——"十分险恶的书"再次被成功地在其流传之前就压制下去了。但是现在要对付的是人，要对付这个毫不动摇、坚强不屈的反教条主义者和反对传统教义的人——卡斯泰利奥！要最终结束他的性命——不仅要最终堵住他的嘴，而且要打断他的脊梁骨，永世不得翻身！贝扎再次被召来，为的是要给卡斯泰利奥捅上一刀。他将自己的著作《回应塞巴斯蒂安·卡斯泰利奥的辩护与反驳》[34]呈交给巴塞尔的牧师们，仅此一举就已向巴塞尔教会当局表明，该在何处对卡斯泰利奥下手。贝扎暗示，该是时候了——该是教会的司法当局处置这个危险的异端分子卡斯泰利奥和他的朋友们的最关键性的时候了。于是这个虔诚的神学家贝扎粗野和语无伦次地公然谴责卡斯泰利奥是撒谎者、渎神者、最最恶劣的再洗礼派分子、玷辱神圣教义的人、臭名昭著的诳媚者，不仅是一切异端分子的庇护者，而且也是一切性犯罪分子和其他各种犯罪分子的庇护者。贝扎最后直截了当把卡斯泰利奥称作是一个杀人凶手，说卡斯泰利奥是在魔鬼撒旦的作坊里炮制了自己的辩护词。

贝扎的著作《回应塞巴斯蒂安·卡斯泰利奥的辩护与反驳》意味着那种蓄谋已久的向审判异端分子的法庭提交的指控。现在，此书居心叵测的意图以其赤裸裸的挑衅性已昭然若揭。因为人们势必会要求巴塞尔教会代表会议立即呼吁巴塞尔行政当局像拘捕一个卑鄙的作恶者那样拘捕卡斯泰利奥。而贝扎为了加速司法的进程还亲自在巴塞尔露了几天面。可惜还有一种形式上的手续和贝扎的急不可待相违背：按照巴塞尔的法律首先需要有一份具名的书面报告提交当局，然后才能提出诉讼。可是一本已出版的书——《沉痛忠告法兰西》——从不可能作为正式的指控。此时此刻，最自然不过的事——最不言而喻的事，无非是加尔文和贝扎以自己的名义向当局提交这样一份书面指控，如果他们两人确实打算控告卡斯泰利奥的话。然而加尔文却愿意采取自己在塞尔维特案件中得心应手的老办法：宁愿通过一个爱献殷勤的第三者提出指控，而他自己不必承担任何责任。完全如同在维埃纳演出的极其虚伪的那一幕闹剧现在又在日内瓦重演。一五六三年十一月，就在贝扎的书刚刚出版之后不久，某个名叫亚当·冯·博登施泰因[35]的人——一个完全与此事无关的人向巴塞尔行政公署呈交了一份书面诉状，指控卡斯泰利奥犯有异端思想罪。而这一个亚当·冯·博登施泰因自己现在好像成了维护正统信仰的最后一位辩护士似的，因为他不是别人，他正是那个被马丁·路德视为危险的狂热分子而逐出维滕贝格大学的声名狼藉的卡尔施塔特的儿子；同时，亚当·冯·博登施泰因又是同样极不虔诚的帕拉切尔苏斯[36]的弟子，因此他几乎不能被视为是新教教会正直的顶梁柱。不过，很可能贝扎在访问巴塞尔时以某种方式成功地争取到这个博登施泰因为这种可耻的勾当效劳，所以博登施泰因在致巴塞尔行政公署的信中逐字逐句地重复着贝扎的那本书中杂乱无章的各种论据，诽谤卡斯泰利奥既是罗马天主教徒又是再洗礼派分子，还咒骂卡斯泰利奥是飘忽不定的幽灵，卡斯泰利奥的第四个骂名是渎神者；此外，卡斯泰利奥还是性犯罪分子和其他各种犯罪分子的庇护者。不管博登施泰因所写的内容是真还是假，但他毕竟用自己的控告信履行了正式的法律程序——这封控告信至今还保存在巴塞尔行政公署的官方档案里呢。由于有了这样一份记录在案的文件，巴塞尔法庭除了展开调查之外别无选择。加尔文及其同伙达到了自己的目的：卡斯泰利奥将作为异端分子坐在受审者的座位上。

对卡斯泰利奥而言，为自己进行辩护，驳斥所有那些漏洞百出的指控，原本并不难。因为博登施泰因在盲从和匆忙中同时加罪于卡斯泰利奥如此之多自相矛盾的事情，以致暴露出这些事情根本不可信。此外，人们对卡斯泰利奥在巴塞尔的无可指摘的品行太了解了，以致陷害不可能像在塞尔维特身上似的那么容易得逞：不能立刻将卡斯泰利奥投入监狱、戴上脚镣手铐和严刑逼供，而是必须首先要求他作为巴塞尔大学的教授在巴塞尔大学评议会前对提出的各项指控进行申辩。大学评议会的同事们对卡斯泰利奥的申辩感到满意：卡斯泰利奥按照真实情况指出他的原告博登施泰因是一个被推到前台的傀儡；卡斯泰利奥要求加尔文和贝扎能够亲自出场，如果他们真的要控告他的话。卡斯泰利奥说："由于有人如此热衷于指控我犯有多项嫌疑，我恳切地请求你们——大学评议会的同事们允许我可以为自己进行辩护。如果加尔文和贝扎确信各项指控是真的，那么他们就应该自己挺身而出并向你们证明他们指控我的罪行。如果他们意识到自己这样的举动是对的——他们在所有的世人面前指控我的罪行之后仍然能心安理得，那么他们就不需要害怕巴塞尔的审判法庭……我知道，指控我的人有权有势，但是，天主也是无所不能，天主的审判不分人的高低。我知道，我只不过是一个贫穷的、遭人猜忌的人物，地位低微，没有煊赫的名声。但是天主关注的恰恰是低微的人，天主不会让低微者的鲜血因不公正而白流，鲜血要用鲜血来抵偿。"卡斯泰利奥还说，他本人乐于承认法庭的裁决。即便他的对手的指控中只有一项能成立，他也愿意为应得的赎罪献出自己的头颅。

不言而喻，加尔文和贝扎为了保护自己都不会接受一项如此光明正大的建议。他们两人都没有在巴塞尔大学评议会上出现。从表面上看，这次阴险的控告似乎已经搁浅，可是，这时候一次偶然事件却给卡斯泰利奥的对手们帮了意想不到的忙。因为一件可疑的事情恰恰在现在灾难性地浮出了水面——这件事情大大地增加了对卡斯泰利奥具有异端思想并和异端分子有过密切关系的嫌疑，对卡斯泰利奥十分危险。原来，在巴塞尔曾经发生过这样一件怪事：

一个名叫让·德·布罗日[37]的高贵的外国富翁在巴塞尔附近的宾宁根[38]自己的城堡里生活了十二年。由于他的乐善好施，他在所有的市民阶层中赢得了极高的崇敬和爱戴。当这位高贵的外国人在一五五六年去世时，巴塞尔全城的人都参加了他的场面盛大的葬礼。他的灵柩被安葬在圣莱昂哈德教堂[39]最庄严的地方。几年过去了。有一天，那种最初几乎难以置信的传言在巴塞尔散布开来，说这个高贵的外国人根本不是什么外国的贵族或者外国的富商，而正是那个臭名昭著和被人唾弃的大名鼎鼎的异端分子大卫·德·约里斯——那个在残酷的宗教大屠杀时期随同再洗礼派分子一起从佛兰德神秘消失的"奇书"的作者。巴塞尔人曾对这样一个无可救药的教会的敌人在他生前和死后都公开表示过最崇高的敬意。而现在，巴塞尔全城的人都为这件事感到怎样的悔恨和恼怒呵！巴塞尔的好客受到了欺骗和被滥用了。巴塞尔当局为了补偿这种明显的罪过而对这个早已死去的人进行了身后审判——举行了一种令人毛骨悚然的仪式：这个异端分子的半腐烂的尸体被人从庄严的坟墓中挖出并悬吊在绞刑架上，然后在巨大的集市广场上当着数千名观看者的面将尸体连同他的成堆的异端著作一起焚毁。卡斯泰利奥想必也和巴塞尔大学的教授们一起目睹了这种令人恶心的场面——人们能够想象那会是一种多么压抑和多么厌恶的感觉哟！因为真诚的友谊曾在以往的岁月中把大卫·德·约里斯和卡斯泰利奥紧密地联结在一起：他们曾共同试图拯救塞尔维特，这个大名鼎鼎的异端分子约里斯甚至很有可能是马丁乌斯·贝里乌斯的《论异端分子》一书的匿名的合作者之一呢。同样毋庸置疑的是，卡斯泰利奥从来没有把这位宾宁根城堡的主人视为是一个自称普通的商人，而是从一开始就知道这个所谓的让·德·布罗日的真实身份。不过，卡斯泰利奥一生主张宽容，就像他在自己的著作中一贯坚持的那样。卡斯泰利奥从未想到过要扮演告密者的角色，也从未想到过要和约里斯断绝友谊，仅仅因为约里斯已被世上所有的教会和当局唾弃。

而现在，卡斯泰利奥和这个在所有再洗礼派教徒中最最声名狼藉的约里斯之间的密切关系被突然揭露，这使得加尔文一伙的指控如虎添翼，证明卡斯泰利奥就是一切异端分子和罪犯的庇护者和窝藏者，这给他带来几乎是致命的危险。一切偶然的巧合从来都是祸不单行。卡斯泰利奥和另一个承受着重大压力的异端分子贝尔纳尔德·奥基诺[40]之间的关系也同时暴露。奥基诺原本是多明我修士会的一个著名修士，曾以无与伦比的布道闻名于整个意大利，后来由于被罗马天主教的宗教裁判所传讯而突然逃离家乡。然而，即便在瑞士，奥基诺固执己见的论点不久也使那里的新教牧师们大吃一惊，尤其是他的最后一部著作《三十篇对话》对《圣经》的解读被整个福音派新教视作难以置信的渎神，因为他在书中声称摩西律法并没有涉及多妻问题，按照《圣经》，多妻原则上是被允许的，因而在法律上也是准许的，虽然他自己并不提倡多妻。

这样一本含有如此惊世骇俗的论点和其他许多正统教义难以忍受的观念的书立刻使贝尔纳尔德·奥基诺受到指控，而将此书从意大利语译成拉丁语的不是别人，恰恰就是卡斯泰利奥。奥基诺的这部异端著作是用卡斯泰利奥的译文印行的，因此可以说，实际上是卡斯泰利奥传播了这样一些渎神思想，其罪责难逃。不言而喻，作为知情者的卡斯泰利奥受到宗教法庭审判的威胁几乎不会比此书的原作者少。由于卡斯泰利奥和约里斯与奥基诺的亲密友谊被揭发，加尔文和贝扎指控卡斯泰利奥是最出格的异端思想的保护者和首领在一夜之间从含糊其辞转变为令人不安的证据确凿。巴塞尔大学不可能也不愿意继续保护这样一个人了。卡斯泰利奥在真正的审判开始之前就已经输了。

卡斯泰利奥能够从瑞士各教会当局对自己的伙伴贝尔纳尔德·奥基诺的残酷迫害中掂量出，自己作为要从自己的同时代人的不宽容中为宽容进行辩护的人，现在面临的将会是什么。名声败坏的奥基诺一夜之间被逐出了苏黎世[41]——他当时在苏黎世意大利移民居住区担任布道师。他曾恳求缓延时日，但未获恩准。他已七十六岁[42]高龄，并且十分贫困，但这也没有给他带来丝毫的怜悯。他几天前刚刚丧妻，但这也没有使他得到宽限日期。他不得不带着几个未成年的子女浪迹天涯，但这也平息不了那些"虔诚"的神学家们的怒火。时值寒冬，山上隘口的积雪已有齐膝那么深，掩埋了道路，但那些疯狂迫害他的人对此漠不关心。他们巴不得他——一个蛊惑人心者、一个异端分子在半途中命丧黄泉，这样一个年迈体弱、胡须皆白的老翁正是在十二月中旬被驱赶出门的。他不得不拖着沉重的双腿、带着自己的子女翻越结冰的山岭和岩峰，去寻找世上某个地方的一处新的避难所。然而，即便是这样一种残酷迫害对那些满怀仇恨的神学家们——耶稣基督之道的

"虔诚"的布道师们来说也还不够残酷呢。因为乐善好施的好心人很可能会出于同情最终在某个夜晚给这个漂泊的白发老人和他的孩子们一间温暖的小屋或者一捆麦秸。所以，这些满怀仇恨的神学家们以"虔诚"得令人反感的热情赶在被唾弃的奥基诺到达之前就将信函送到一个又一个的地方。信函中说，任何一个善良的基督徒都不得容忍这样一个怪物在自己的屋檐下栖身。于是，所有的城市和村庄都立刻紧闭大大小小的门户，好像要防止一个麻风病人似的。白发苍苍的学者奥基诺找不到任何安身之处，他不得不像乞丐似的在整个瑞士四处流浪。他在储藏干草的仓棚里过夜，由于严寒而浑身乏力。但他还得继续往前走，朝瑞士和德国的边界走去，然后还要穿过整个广袤的德意志——但是那里的所有教区也都同样事先得到必须防范他的警告。只不过奥基诺心中的希望依然支撑着他——希望最终能在波兰的那些比较人性的人家那里为自己和子女找到一个住处。当然，作这样的努力对这样一个精疲力竭的老人来说毕竟已力不从心。贝尔纳尔德·奥基诺从未到达自己希望中的目的地，也从未找到一个和平的安身之处。这个耗尽了最后一点力气的老人最后还是倒毙在摩拉维亚的某一条乡间小道的路中央。他是不宽容的一个牺牲品。来自异国他乡的奥基诺在那里被当作一个流浪汉埋葬在一处今天早已被人忘却了的墓地里。

卡斯泰利奥能够从奥基诺的可怕的曲折经历中清楚地预见到自己的命运。对卡斯泰利奥的审判已准备就绪。卡斯泰利奥的唯一过错是自己的感情太人性和对太多的被迫害者表示出自己的同情，这样一个人在那样一个如此非人性的时代不可能指望得到任何的同情，不可能指望得到任何人性的对待。在他这样一个为塞尔维特辩护的人看来，已经可以预见到自己会遭到和塞尔维特同样的命运。时代的不宽容已经把他这样一个时代的最危险的敌人——宽容思想的辩护士的脖子卡住。

只不过一种善良的命运安排不愿意给那些迫害他的人以显而易见的胜利：他们没有看到塞巴斯蒂安·卡斯泰利奥——这个各种思想独裁者的头号敌人坐牢或者被迫流亡或者在火刑的薪堆上。突如其来的死亡在最后时刻拯救了塞巴斯蒂安·卡斯泰利奥免受他的敌人们的审判和充满杀机的围攻。他的身体由于工作过度劳累早已虚弱得步履维艰，而现在，忧虑和愤激更使他心力交瘁。他的病病歪歪的身体再也坚持不住了。卡斯泰利奥虽然在生命的最后时刻还迈着沉重的步伐走进巴塞尔大学和坐在自己的书桌旁，但都是无济于事的最后挣扎罢了。死神已经战胜了他的想要活下去和想要用脑筋工作的意志。因发烧而浑身颤抖的卡斯泰利奥被抬到病床上，剧烈的胃痉挛使他除了牛奶以外不能进任何食物。所有的器官都已衰竭，心脏终于不再能够继续跳动了。一五六三年十二月二十九日，塞巴斯蒂安·卡斯泰利奥离开人世，终年四十八岁。正如一位有同情心的朋友在他临终时所说："是天主的双手帮助他挣脱了对手们的魔爪。"

对他的诬蔑也随着他的死去而烟消云散。巴塞尔的市民们认识到：他们没有全力以赴去捍卫自己的这样一位最优秀的人物——但这种认识已为时太晚。这位纯粹而又伟大的学者的遗物无可辩驳地证明他曾经过着像使徒一般清贫的生活。在他家中找不到任何一件银器。他的朋友们不得不支付买棺材的钱、替他偿还小额的债务、募集安葬费和领养他的未成年的孩子。不过，塞巴斯蒂安·卡斯泰利奥的葬礼似乎补偿了对他的因被指控所蒙受的耻辱。葬礼成了一次显示道义胜利的游行。所有那些在卡斯泰利奥被怀疑为异端分子时因胆怯而小心翼翼保持沉默的人们现在都涌向送葬队伍，以表明他们曾经非常爱戴和崇敬卡斯泰利奥。因为捍卫一个死者始终要比捍卫一个活着的人和捍卫一个不受欢迎的人更容易嘛。巴塞尔大学的全体师生都庄严地跟在送葬队伍的后面。大学生们抬着灵柩走进巴塞尔大教堂，然后将灵柩安葬在大教堂修道院的回廊旁。卡斯泰利奥的三名弟子[43]自己出资让人在卡斯泰利奥的墓碑上铭刻这样的献词：“献给声名卓著的导师，感谢其渊博的学识，纪念其纯洁的一生。”

但是，当巴塞尔悼念这个纯洁而又博学的人物时，在日内瓦却是一片响亮的欢呼声。只不过日内瓦人没有敲响教堂的钟声来欢迎这样的好消息罢了：卡斯泰利奥——这个捍卫思想自由的最大胆的辩护者被消灭掉了；他的那张驳斥加尔文一伙压制良知的最善于辞令的嘴终于闭上了，这是何其幸运的事呀！日内瓦的那一伙人——所有那些敬畏《圣经》的“耶稣基督之道的仆人们”都幸灾乐祸地互相庆贺，好像耶稣所说的“要爱你们的仇敌”这样的话没有写进《福音书》里似的。苏黎世的布道师布林格先生写道：“卡斯泰利奥死了吗？这岂不是更好！”另一个布道师讥讽道：“想必是卡斯泰利奥为了不在巴塞尔大学评议会上为自己进行辩护而早早地逃到冥府之王拉达曼堤斯[44]那里去了。"曾用告密之箭将卡斯泰利奥击倒在地的贝扎则赞美天主让尘世摆脱了这样一个异端分子，并自诩自己是神示的宣告者，贝扎说："当我对卡斯泰利奥说天主会因为你的渎神而惩罚你的时候，我就是一个了不起的先知。"卡斯泰利奥——这样一个单枪匹马的斗士因而也是被加倍赞扬的失败者离开了人世，纵然如此，对他的刻骨仇恨却依然如故。不过，像往常一样，刻骨的仇恨纯属徒劳：任何冷嘲热讽都不再能够伤害这位死者了，而他为之活着和为之而死的理念就像一切真正弘扬人性的思想一样将会战胜世间一切得逞一时的暴力。

258 良知对抗暴力

注 释

〔1〕 "宽容宣言"是指卡斯泰利奥的《论异端分子》一书。

〔2〕 茨威格在此处引用法语原文：Ilvabienque les chiens qui aboyent derrière nous ne nous peuvent mordre.

〔3〕《驳加尔文书》写于 1554 年，1612 年才在阿姆斯特丹出版，时隔五十八年，所幸此书的手抄本一直在坊间流传。参阅《大事年表》1554 年记事〔6〕。

〔4〕 参阅《大事年表》1549 年记事〔1〕。

〔5〕 1555 年 2 月，在日内瓦行政公署选举中新当选的四位行政官全是加尔文的支持者。参阅《大事年表》1555 年记事。

〔6〕 此处的清教徒是指奉行苦行主义的加尔文教派的信徒。

〔7〕〔8〕 此处的政变和一次"可怕的阴谋"是指加尔文通过选举掌控日内瓦行政公署和行政公署平息佩林等人领导的一次未遂暴动。参阅《大事年表》1555 年记事。

〔9〕 此处"一次宗教大屠杀"的原文是 Bartholomäusnacht（圣巴托罗缪之夜），原是指法国胡格诺内战期间发生在 1572 年 8 月 24 日凌晨 2 点天主教集团对胡格诺教徒进行的一次大屠杀。此惨案发生在加尔文去世之后，但后世常常将"圣巴托罗缪之夜"借喻为消灭新教徒的宗教大屠杀，茨威格亦然。参阅《大事年表》1572 年记事〔1〕。

〔10〕 色诺芬（Xenophon，公元前 430—前 354），古希腊历史学家，苏格拉底的弟子。公元前 401 年率领希腊雇佣军帮助小居鲁士争夺波斯王位，未遂而返。公元前 396 年离开自己的希腊城邦投奔斯巴达城邦，旋被希腊城邦判处终身放逐，避居于斯巴达。公元前 365 年，雅典城邦和斯巴达城邦联手反对底比斯城邦。雅典城邦对色诺芬的放逐令得以解除。色诺芬返回故乡，在阿提卡去世。主要著作有《远征记》《希腊史》《回忆苏格拉底》等。

〔11〕 普卢塔克（Plutarch，公元 46？—120？），古希腊传记作家、随

笔作家。一生写有大量作品，其中最著名者为《希腊罗马名人比较列传》。

〔12〕此处的"十字军斗士们"（德语 Kreuzfahrer）是指中世纪以罗马教皇为首的天主教会勾结世俗封建统治者所组织的军队，用以镇压各国民众反封建反天主教会的"异端"运动，如镇压 15 世纪捷克胡斯运动等。不是指 1096—1291 年西欧封建主、意大利商人和罗马天主教会对东部地中海沿岸各国发动的八次为宗教和财富的目的而进行的远征，史称"十字军东征"。茨威格在此处借用"十字军斗士们"一词，是指加尔文教派讨伐所谓的"异端分子"而言。

〔13〕茨威格在此处引用法语原文：agent provocateur。

〔14〕提坦众巨神（die Titanen），希腊神话中的巨神家族，宙斯、赫拉、波塞冬等均为提坦巨神家族成员。提坦巨神是自然力的体现，诸如海神、天神、光明之神等。提坦巨神的形象在近代具有新的象征意义，用来比喻英勇的革命家、向不合理的罪恶世界提出挑战的天才的独立思想家等等。如"列夫·托尔斯泰是'世界文学的提坦'（有人译为巨擘或泰斗）"。

〔15〕指德意志宗教改革家菲利普·梅兰希顿（Philipp Melanchthon）于1557 年 11 月 1 日从德意志的沃尔姆斯（Worms）写给卡斯泰利奥的信。参阅《大事年表》1557 年记事〔1〕。

〔16〕弗朗索瓦·博杜安（François Baudouin，1520—1574），法国著名法学理论家和历史学家，法学史奠基人之一。

〔17〕"迦太基必须被消灭"（Carthaginem esse delendam），是古罗马政治家大加图，即马库斯·波尔齐乌斯·加图（Marcus Porcius Cato，公元前 234—前 149）的名言。公元前 3 世纪和公元前 2 世纪，罗马同迦太基为争夺地中海西部的统治权而发生战争（史称"布匿战争"）。迦太基在第二次布匿战争后，政治上一蹶不振，但在商业与物质财富上却迅速复兴。大加图在出使迦太基（约公元前 153年）之后确信，迦太基日益恢复的繁荣对罗马构成了新的威胁，因此力主消灭迦太基。

〔18〕《一个无赖的诽谤》的拉丁语原文是：*Calumniae nebulonis cujusdam*，这是加尔文写于 1557 年的论战文章。参阅《大事年

表》1557 年记事〔2〕。

〔19〕 卡斯泰利奥的反驳文章是指其完成于 1558 年 5 月的论战文章《反驳〈一个无赖的诽谤〉》，但此文在其生前没有出版，只有手抄本流传。

〔20〕 此处的德语原文是 Wahrheit，即英语的 truth，在此处是基督教科学派用语，是指耶稣基督；此处的 Wahrheit 不是通常的释义，如真理、真相、真谛等。

〔21〕 参阅《圣经·新约·马太福音》第五章。此处译文和中文版《圣经》的译文略有不同，因为德文版《圣经》的译文和中文版《圣经》的译文不尽相同。

〔22〕 参阅本书本章注〔21〕。

〔23〕 此处的原文是：quaternos solidos。

〔24〕 贝扎的这段话出自他为自己与加尔文合作出版的《圣经·新约》法语新译本所写的序文。参阅《大事年表》1560 年记事〔1〕。

〔25〕 这段引言和以下几段引言均出自卡斯泰利奥于 1562 年 3 月发表的《捍卫神圣的〈圣经〉翻译》一书。参阅《大事年表》1562 年记事〔2〕。

〔26〕 此处德语原文是 Wort Christi，即英语的 Word of God，是指成为肉身的耶稣基督之道。

〔27〕 此处茨威格的德语原文是：Denn Gott weiβ alles und er beugt die Stolzen und erhebt die Demütigen. 英译本《异端的权利》将这句话译为：God knows all，and we must remember that He 'hath put down the mighty from their seats，and exalted them of low degree'. 内地若干译自英译本《异端的权利》的中译本将此句英译文转译为中文：“上帝全知全能；我们必须铭记：上帝‘叫有权柄的失位，叫卑贱的高贵’。”（《新约·路加福音》第一章）其实，此处的英译文不是茨威格的德语原文翻译。

〔28〕 “瘦子卡斯特洛”的法语原文是：de parvo Castello。此处诗句的法语原文是：Quant à moy，un chacun je sers

　　　Pour argent en prose oy en vers

　　　Aussi ne vis-je d'aultre chose…

〔29〕 《沉痛忠告法兰西》是卡斯泰利奥发表于 1562 年的著作，被视为作者对面临宗教内战的祖国的遗言。参阅《大事年表》1562 年记事〔3〕。

〔30〕 此处"一个侄儿"是指塞巴斯蒂安·卡斯泰利奥的兄弟皮埃尔（Pierre）的儿子米歇尔（Michel）。米歇尔是住在日内瓦城堡的钉马蹄铁的匠人。参阅《大事年表》1562 年记事〔3〕。

〔31〕 "对良知的强迫"，茨威格在此处引用法语原文：forcement des consciences。

〔32〕 此处所谓"宽容敕令"是指卡斯泰利奥的《沉痛忠告法兰西》。

〔33〕 "南特敕令"是法国国王亨利四世为结束"胡格诺战争"于 1598 年 4 月 13 日在南特颁布的敕令。距卡斯泰利奥发表《沉痛忠告法兰西》相隔约 36 年。参阅《大事年表》1562 年记事〔1〕、〔3〕。

〔34〕 贝扎的著作《回应塞巴斯蒂安·卡斯泰利奥的辩护与反驳》于 1563 年在日内瓦出版。参阅《大事年表》1563 年记事〔1〕。

〔35〕 亚当·冯·博登施泰因（Adam von Bodenstein）是德意志宗教改革派神学家安德烈亚斯·卡尔施塔特（Andreas Karlstadt, 1480—1541）的儿子。安德烈亚斯·卡尔施塔特原本姓博登施泰因（Bodenstein），1534 年起任卡尔施塔特（Karlstadt）大学教授，遂改姓为卡尔施塔特。参阅《大事年表》1480 年记事。

〔36〕 帕拉切尔苏斯（Philippus Aureolus Paracelsus, 1493—1541），瑞士医学家兼神学家。参阅《大事年表》1493 年记事。

〔37〕 让·德·布罗日（Jean de Brugge）是佛兰德（Flanders，今在荷兰境内）的宗教改革家大卫·德·约里斯（David de Joris, 1501—1556）的化名。参阅《大事年表》1501 年记事。

〔38〕 宾宁根（Binningen）城堡，在巴塞尔西南郊三英里处。

〔39〕 圣莱昂哈德教堂（Kirche von St.Leonhardt），巴塞尔的著名教堂之一。

〔40〕 贝尔纳尔德·奥基诺（Bernardo Ochino, 1487—1564），意大利宗教改革家。参阅《大事年表》1487 年记事。

〔41〕 茨威格在此处将地名写为瑞士城市洛迦诺（Locarno），但据奥基诺传记，奥基诺于 1563 年被逐出苏黎世。英译本《异端的权利》

根据史实将洛迦诺改写为苏黎世。

〔42〕 茨威格在此处记为七十岁，英译本《异端的权利》根据史实改写为七十六岁。

〔43〕 据卡斯泰利奥传记，这里所说的三名弟子是指卡斯泰利奥曾经教过的三名波兰贵族青年，他们是斯坦尼斯拉夫·史塔奇柯夫斯基（Stanislav Starzekowski）、扬·奥斯特洛罗格（Jan Ostrorog）、耶里奇·尼姆斯塔（Jerzy Niemsta）。他们以自己的波兰同胞的名义在卡斯泰利奥的墓碑上铭刻献词。

〔44〕 拉达曼堤斯（Rhadamanthys），希腊神话中的神，宙斯和欧罗巴的儿子，因生前主持正义，死后成为冥府三判官之一，即冥府之王。

第十章　殊途同归

度过战乱骚动的岁月，

雨过天晴，苦尽甘来。

经历各种战争的创伤，

不幸即止，和平将来。

但在这两者之间

人间经受了多少多少苦难！

——奥地利玛格丽特的诗歌[1]

斗争似乎已经结束。加尔文清除了卡斯泰利奥这样一个唯一和他旗鼓相当的思想上的敌人，而且由于加尔文同时又在日内瓦使所有的政敌们噤若寒蝉，加尔文现在就可以毫无阻碍地以愈来愈大的规模推进自己的事业了。如果独裁统治一旦克服了开始时不可避免的危机，那么独裁统治一般就可以站稳脚跟相当长的一段时间，就像人的机体在经过最初的不舒服之后最终都会适应气候的变换和生活环境的改变一样，各国民众不久也都会令人惊讶地习惯于新的统治方式了。那些愤世嫉俗地把暴力统治的年代和相对比较可爱的往昔进行对照的老一代的人在过了一段时间之后开始渐渐死去，而在他们之后的年轻一代的人是在新的传统中长大成人的。这些年轻一代的人会自然而然盲从地接受独裁统治所鼓吹的"新理想"——唯一能够接受的理想。一种理念总是能够在一代人的过程中决定性地改变一个民族。所以，纵使是加尔文的神圣信条也会在二十年之后从神学思维的本身结晶为可以感觉到的显而易见的生活方式，今天，人们不得不给予加尔文——这个天才的组织者一个公正的评价：他在取得胜利之后以出色的深思熟虑把自己的神学体系从狭义引申到广义，并逐渐扩大到世俗生活。就日内瓦人表面的生活态度而言，铁一般严厉的制度使日内瓦成为一座模范城市。宗教改革的各派人士从各个国家到这个"新教的罗马"来朝圣，以赞赏这里所实施的堪称表率的政教合一的统治。严厉的管束和斯巴达式[2]的素质所能做到的一切都已在这里达到。虽然为了平淡单调而牺牲了创造性的多样化，虽然为了数学一般冷峻的精确性而牺牲了欢乐，但是教育本身却因此而上升为一种艺术。各类学校、各种福利机构都经营得无可指摘。科学获得了最广泛的空间[3]。随着日内瓦学院[4]的创办，加尔文不仅建立了新教的第一个思想中心，日内瓦学院同时也是一个和罗耀拉——加尔文从前的同学——创办的耶稣会对着干的团体，这两个团体互相比试着谁的纪律更严明、谁的意志更坚强。经过用加尔文的神学思想精心培训的传教士们和煽动家们按照精心策划的战略部署被派往世界各地，因为加尔文早已不再想把自己的权力和理念仅仅局限于瑞士这样一座小小的城市——日内瓦了。他的日益膨胀的统治意志已在觊觎越过海洋的各个国家，谋求将整个欧洲乃至整个天下置于自己的极权主义体系之下。苏格兰已通过他的特使约翰·诺克斯[5]而臣服于他。荷兰和北欧的部分王国已被清教徒的精神深深感染。胡格诺教派已在法国为决定性的出击做准备。只要再迈出幸运的一步，《基督教要义》很可能就会成为整个天下的《基督教要义》，加尔文主义很可能就会成为整个西方的统一的思维方式和生活方式。

人们能够从加尔文主义在极短的时间内就已经给那些信奉加尔文主义的国家带来不同寻常的社会结构的转变中推测到：加尔文的教义得到如此顺利的贯彻给欧洲文化带来了多么决定性的变化。凡是日内瓦教会能够实现自己在习俗和宗教方面苛刻要求的地方——即便只是在一段时间之内，那些地方就会在常态的国家生活范围之内产生一种特殊类型的人：一种不引人注目地生活着的、"品行端正"的市民——一种"无可挑剔地"履行着自己道义责任和宗教义务的市民。感官享受的欲望在那些地方已被压抑得可以进行有序的自控；人变得冷漠无趣，生活变得十分单调。时至今日，人们仍然可以在任何一个国家的街道上从行人的拘谨举止、衣着和仪表的简朴无华，甚至从石砌建筑物的不事装饰和庄重中一眼看出加尔文的严厉管束对当代或者说对当时的影响——一个强势人物竟能如此强烈地使自己永存于客观事物之中！加尔文主义通过在各个方面扼杀个人主义和个人对生活的热烈追求，并通过处处加强统治当局的权威性，从而在那些被其统治的国家里塑造了一类符合他的标准从事奉献的人——一类克己而又坚毅地将自己奉献给社会的人，也就是说，造就了一批清廉的官吏和有理想的中产阶层。韦伯[6]在其对资本主义的著名研究中以充分的理由证实了没有一种因素能像主张绝对服从的加尔文主义的教义那样大大有助于推动工业主义[7]向前发展，因为民众在学校里就已经用宗教的方式被培养成为同一个模式和机械服从的人。然而，下定决心把自己的国民完全组织起来必然会增强一个国家对外扩张的势力——军事扩张的势力。先后从荷兰和英格兰去占领新大陆并在那里定居的那一代人——那些艰苦卓绝、英勇顽强的航海家们和开拓殖民地的先驱们主要是清教徒出身的人。然后，他们的这样一种精神力量的源泉又开创性地确立了美国独特的立国理念[8]，所有这些国家都把自己在世界政治舞台上所取得的无数成就归功于受到加尔文这位出生于皮卡第的圣·皮埃尔教堂的布道师严格教育的影响。

然而，这又是多么可怕的噩梦！加尔文、贝扎、诺克斯——这样一些"令人扫兴的人"[9]原本是要用他们自己最初提出的各种要求以极其粗暴的形式去征服天下的呀！所以，欧洲原本很可能会变得非常乏味、非常单调、毫无生气！这些敌视艺术、敌视欢乐、敌视生活的宗教狂人原本会怎样怒气冲冲地反对生机勃勃的美好生活和反对一切反映精神生活丰富多彩的光辉灿烂的艺术呀！这些宗教狂人原本会怎样为了一种枯燥单调的生活而完全抹杀各种社会的和国家之间的差异呵！而恰恰是这些差异使得西方在艺术史上成为一个绚丽多姿的艺术王国！这些宗教狂人原本会怎样用可怕的清规戒律去扼杀艺术创作的巨大灵感哟！他们在日内瓦使艺术创作停滞了数百年。英国的清教徒为了统治英格兰迈出的第一步就是彻底践踏天底下精神生活中最瑰丽的花朵之一——莎士比亚[10]的戏剧。加尔文教的教徒们砸碎挂在教堂里的老一辈艺术大师们的各种绘画，因为教徒们在教堂里除了一心一意敬畏天主之外不得有任何赏心悦目之情。倘若在整个欧洲任何一种对生活的热烈向往——哪怕只不过是不用圣徒般的虔诚去追求美好的事物——果真都成了加尔文教派的清规戒律的牺牲品的话，那么，欧洲的十七世纪、十八世纪、十九世纪就不会有音乐、不会有画家、不会有戏剧、不会有舞蹈、不会有兴盛的建筑学、不会有欧洲的各种节日、不会有高雅的爱情文学、不会有悠闲的社交活动，试想一下，那该有多么令人沮丧！倘若当时的欧洲果真只有光秃秃的教堂和只有作为修身的布道——只有严厉的管束、诚惶诚恐和对天主的敬畏，倘若传教士们果真把艺术——在我们感到压抑和看不到光明的工作日子里天主赐予我们的光明——当作"邪恶"的纵情、当作猥亵和淫荡而加以禁止，那么伦勃朗[11]很可能仍然是一个磨坊工，莫里哀[12]很可能仍然是一个编织挂毯的手艺人或者王宫的一个仆役。加尔文教派的宗教狂热者们原本很可能会令人惊愕地焚毁鲁本斯[13]的那些生动的绘画，也许还会连同他本人一起焚毁呢！他们原本很可能会去阻止莫扎特[14]的轻松愉快而又庄严的乐曲的流传，他们原本很可能为了提倡替《圣经·旧约·诗歌篇》中的歌咏谱曲而贬低贝多芬[15]。人们不难设想，在加尔文的唯命是从的各级教会纪律监督委员会的"控告信"和"出版许可证"的监管下难道还可能会有雪莱[16]、歌德[17]和济慈[18]这样一些诗人吗？在"教会纪律"的阴影下，康德[19]和尼采[20]还有可能建立自己的思想体系吗？像在凡尔赛宫和在罗马的巴罗克式[21]建筑中的那样一种过分强调雕琢和装饰奇异的艺术风格很可能从来就不会存在。在建筑、绘画乃至在服饰和舞蹈中追求轻巧华丽、用涡卷形曲线百般装饰和色彩柔和多变的洛可可[22]艺术风格很可能从来就不会发生。欧洲的思想界很可能会在神学的诡辩中一蹶不振。因为世人如果不用自由和欢乐去浇灌和培育，天下始终是一片贫瘠的不毛之地，而在任何一种僵化体制下的生活永远是死气沉沉的生活。

幸亏并不是整个欧洲都被加尔文的"教会纪律"所同化，也并不是整个欧洲都是清教徒和日内瓦的天下。就像要将整个天下强行纳入一种独一无二的体制的一切企图都会遭到永远向往新生活的意志的反抗一样，加尔文主义这一次也遭到了这种生活意志的顽强抵抗。加尔文主义的扩张仅仅在欧洲的一小部分地区获得成功。再说了，即便在那些加尔文主义占据统治地位的地区不久也自动放弃了专制的《圣经》教条。加尔文的教会统治无法持久地将自己的无限权力强加于一个国家。而曾经一度敌视生活、敌视艺术的冷酷无情的"教会纪律"也在加尔文去世之后不久面对现实生活的抗拒而变得人性化和温和起来。因为时间一久，充满情感的生活终究会战胜任何一种抽象的教义。充满情感的生活会用自己温暖的汁液湮没各种僵化的教条，松动各种严厉的规定，软化各种冷酷的纪律。任何一种思想专制从不能够长时间地保持自己肆无忌惮的狂热状态，就像人体的肌肉不可能不间断地处于极度的紧张之中一样，就像一种激情不可能始终处于炽热状态之中一样：在大多数情况下也只不过仅仅是一代人不得不痛苦地忍受思想专制的高压手段。

加尔文的教义也一样，教义中凌驾于一切之上的不宽容性丧失得比预期要快。几乎从未有过一种教义在一百年之后还可以和当初教义的创始人同日而语。而将加尔文本人所要求的一切和加尔文主义在其历史发展中所演变的一切相提并论，很可能是大错特错。虽然在让-雅克·卢梭时代，日内瓦还在争论不休：是应该允许戏剧上演呢还是应该禁止，并且还非常认真地讨论："表现美的各种艺术"究竟意味着是人类的进步呢还是灾难，但是执行加尔文的"教会纪律"的极其危险的高压手段早已不复存在。僵化的《圣经》信仰已灵活地适应了人性的需要。永不停止发展和富于生命力的思想界始终知道：起初作为严重的倒退而使我们感到害怕的一切最终却会达到神奇的目的：永远向前的历史进步从任何一种体制中仅仅汲取其促进历史发展的部分，而将其阻碍历史发展的部分抛弃，就像我们扔掉已将汁液榨出的水果渣一样。专制独裁在人类宏伟的蓝图中仅仅意味着是短暂的调整而已。那种打算妨碍和谐生活的反动实际上只不过是在短暂的倒退之后更有力地推动了和谐生活向前发展。巴兰[23]就是一个最好不过的永恒的象征：他原打算去诅咒以色列人，末了却是违背自己的意愿为以色列人祝福。所以，政治自由的理念恰恰就是从要竭力扼杀个人自由的加尔文思想体系中演变而来——最最耐人寻味的演变。荷兰、克伦威尔[24]统治下的英国和美利坚合众国——这些最早受加尔文思想体系影响的国家恰恰最热衷于把自由、民主作为立国的理念。近代最最重要的文献之一——美利坚合众国的《独立宣言》[25]就是从清教徒思想中孕育而出，而《独立宣言》又对法国的《人权宣言》[26]产生决定性的影响。而在所有这些演变中最最奇怪的演变是两种极端对立的理念——"宽容"的理念和"不宽容"的理念，恰恰是在那些受到"不宽容"的理念影响最大的国家令人惊讶地成为欧洲最早提倡宽容思想的自由国家。卡斯泰利奥的宽容理念也恰恰是在加尔文的宗教成为法律的地方变成了现实。被视为"天主之敌"的非基督徒伏尔泰所逃往的地方也正是昔日加尔文由于神学上的分歧而将塞尔维特活活烧死的日内瓦。然而你看：那些在职的加尔文的继承人——即加尔文教会的布道师们却十分友好地去拜访伏尔泰，并极富人性地和他——这个蔑视天主的人探讨哲学。那些在人世间无处找到知音的人，如笛卡尔[27]和斯宾诺莎[28]又是在荷兰完成自己的著作——他们的著作要使世人的思想摆脱一切教会的和传统的桎梏。那些由于自己的信仰和想法而受到威胁的人要逃往的地方恰恰就是在最最严酷无情的加尔文的教义的阴影笼罩下的地方，就连平素很少相信奇迹的勒南[29]都把这种转变——由严厉的新教转变为启蒙运动——称为是一种奇迹。截然相反的对立面往往会在当初极端对立的地方找到共同的归宿。同样，两个世纪以后，卡斯泰利奥所要求的宽容和加尔文所要求的宗教在荷兰、英国和美国几乎像兄弟似的难分彼此。

因为卡斯泰利奥的那个时代虽已过去，但是卡斯泰利奥的各种理念依然存在。有关卡斯泰利奥的消息似乎也仅仅由于他本人的沉默无声而沉默了短短一段时间。就像泥土掩埋着他的棺椁一样，他的名字也在黑暗中被密封了数十年。没有人再问起卡斯泰利奥。他的朋友们有的离世，有的销声匿迹。他的已经印刷成书的少数著作渐渐地难以得到。尚未发表的著作又无人敢出版。他的斗争似乎徒劳无功。他的一生似乎岁月蹉跎。然而，历史的脚步神秘莫测：恰恰是他的对手加尔文的胜利促使了卡斯泰利奥的复活。加尔文主义在荷兰迅猛地取得胜利——也许是太迅猛了！那些在日内瓦学院被狂热信仰的教育打造出来的传教士们认为，在这个新皈依加尔文教的国家荷兰更应该雷厉风行地奉行加尔文的严格的教会纪律。但是，刚刚才抵抗过西班牙国王腓力二世[30]——两个世界的皇帝的荷兰国民不久又奋起进行反抗：他们不愿意使自己新获得的政治自由成为加尔文的教条压制良知的牺牲品。在荷兰的教士阶层内，一些布道师们抗议加尔文主义的极端要求——他们日后被称为荷兰抗议派[31]。当他们在这场反对冷酷无情的正统观念的斗争中寻找思想武器时，他们突然想起那个早已没有踪影、几乎已成为传说的先驱人物卡斯泰利奥。于是，科恩海特[32]和其他一些自由派的新教教徒们发掘出卡斯泰利奥的著作，并且自一六〇三年起以重印本和荷兰语译本的形式一部接一部地出版。卡斯泰利奥的著作到处备受关注，并且赞誉之声不绝于耳。这一切清楚表明：卡斯泰利奥的理念绝没有被彻底埋葬，而仅仅是度过了一个犹如极其冷酷的严冬时代。现在，卡斯泰利奥的理念产生真正影响的时刻已经来到。不久，荷兰人已不再满足于已经出版的卡斯泰利奥的著作，他们派人前往巴塞尔搜寻遗稿。卡斯泰利奥的遗稿被带往荷兰，并在那里一次又一次地以原著和译本的形式印行。在被人遗忘的卡斯泰利奥逝世半个世纪之后，荷兰人献给他一部很可能连他本人也不敢奢望的著作《全集》[33]。这么一来，卡斯泰利奥又成为热议的中心。他成功地复活了。在他的周围第一次有了大批的追随者。纵使他的追随者几乎都是一个群体或者是匿名的个人，但他的影响仍然不可估量。卡斯泰利奥的思想在他不相识的人的著作中——在他不相识的人的斗争中得到充分的发挥。荷兰阿明尼乌派[34]的信徒为在新教内部进行自由改革而展开著名的辩论时，大部分论据都源自卡斯泰利奥的著作。瑞士格劳宾登州[35]的布道师甘特纳尔[36]——诚如一名瑞士诗人所褒奖，他是一位光彩夺目的人——在库尔[37]的宗教法庭上舍身为一个再洗礼派的教徒辩护时，手中拿的就是"马丁乌斯·贝里乌斯"的书[38]。当卡斯泰利奥的著作在荷兰得到异乎寻常的传播时，笛卡尔和斯宾诺莎很可能同卡斯泰利奥的思想产生过共鸣，纵使几乎没有任何文献可以证实这种揣测，但是这种揣测足以令人觉得简直就是事实。然而，不仅仅在荷兰的那些思想精英们——人文主义者们接受宽容的理念，宽容精神也渐渐地渗透到这个对神学家们的争吵和残酷的宗教战争感到十分厌倦的国家——荷兰的每一个角落。在十八世纪的乌得勒支和约[39]中，宽容的理念已表现出是国家的一种政策。宽容思想也随之不容置疑地从抽象变为现实。一个崇尚在政治上自由的国家势必会响应卡斯泰利奥当初向君主们[40]发出的感人肺腑的呼吁：互相尊重对方的看法，并将这种呼吁提升为法律。尊重任何一种信仰和任何一种信念——这样一种主宰未来天下的理念正从它的实际上的发祥地荷兰迈着胜利的步伐继续走进新时代。一个又一个的国家用卡斯特利奥的思想遣责任何一种宗教上的和思想意识上的迫害。在十八世纪的法国大革命中，终于将人人享有的天赋权利——自由和平等地表明自己的信仰和看法的权利给予了个人[41]。又过了一个世纪，即在十九世纪，自由的理念——民族的自由、个人的自由、思想的自由已成为整个文明世界不可剥夺的最高准则。

又过了整整一个世纪，到了我们这个时代——二十世纪初，这样一种自由的理念以绝对毋庸置疑的方式统治着欧洲。人人享有的天赋权利作为任何一部宪法中最不可侵犯和最不可更改的条款而成为任何一个国家的基石。我们已经认为，思想专制——强迫接受某种说教、强迫接受某种信念和进行舆论监督的各种时代已一去不复返；任何一个个人要求有思想独立的权利就像生命要求有生存的权利一样，原本早已得到保证。然而历史的潮流有涨有落，永远处在起伏之中。从来不可能通过斗争得到一种适用于一切时代的权利。没有一种自由肯定能够对抗始终变换着形式的暴力。对世人而言，任何一种历史的进步都会反反复复。即便是不言而喻的事情也会重新成为问题。恰恰是当我们觉得自由已经是一种习以为常的事而不再是神圣的拥有时，一种扼杀自由的神秘意志就会在本能世界的黑暗中悄然滋生。每当世人为和平高兴得太久和太无忧无虑时，炫耀武力的危险的好奇心和嗜好战争的罪恶的乐趣就会侵袭世人。因为历史为了向自己的遥不可测的目标继续前进，历史自己会时不时地倒退——这令我们难以理解，就像猛烈的洪水能冲垮最坚固的堤坝一样，历史的倒退也会使遗传下来的权利的大墙倒塌。在历史倒退的可怕时刻，世人好像退化到了原始部落嗜血的疯狂之中，好像退化到了芸芸众生都像奴隶般的屈服之中。然而，就像每次涨潮之后海水必将退去一样，一切专制独裁都会在极短的时期内衰老或者消亡。一切意识形态和它们暂时的胜利都会随着它们的时代的结束而结束。唯独思想自由的理念——产生一切理念的理念，因而也是不屈服于任何理念的理念——会永远再次重现，因为只要思想界永远存在，思想自由的理念也会永远存在。如果一时不让人们公开议论思想自由的理念，那么思想自由的理念就会躲藏到良知的最深处——从而使任何一种迫害都无法达到。因此，如果当权者以为他们不让人们议论思想自由就算战胜了自由的思想界，这对当权者而言，无非是枉费心机。因为一种新的良知会随着每一个新诞生的人而诞生，而一种新的良知始终会意识到自己在思想界的职责：为了世人不可出让的天赋权利要把旧的斗争继续下去。像卡斯泰利奥那样的人将会一再出现，对抗任何一个像加尔文那样的人，为了捍卫信念的完全独立而对抗思想界的暴力——一切暴力的元凶。

注 释

〔1〕 奥地利的玛格丽特（Marguerite d'Autriche，1480—1530），是哈布斯堡皇朝德意志神圣罗马帝国皇帝马克西米利安一世（Maximilian I.，1459—1519）的女儿，曾任尼德兰摄政（1507—1515年在位和1519—1530年在位）。玛格丽特以关注文学与艺术的保护与发展著称于世。这首诗歌，茨威格直接引用法语原文：

> Le temps est troublé，le temps se esclarsira
>
> Après la plue l'on atent le beau temps
>
> Après noises et grans divers contens
>
> Paix adviendra et maleur cessera.
>
> Mais entre deulx que mal l'on souffrera!
>
> ——*Chanson de Marguerite d'Autriche*

〔2〕 斯巴达是古希腊著名城邦，该城邦崇尚简朴、刻苦、禁欲、律己和黩武。

〔3〕 关于加尔文如何明确鼓励自然科学研究，参阅《大事年表》1561年记事。

〔4〕 日内瓦学院（日内瓦大学的前身）创办于1559年，首任院长是贝扎。

〔5〕 茨威格在此处使用"特使"这个词的原文是légat，原意是罗马教皇特使。关于约翰·诺克斯的生平，参阅《大事年表》1514年记事。

〔6〕 马克斯·韦伯（Max Weber，1864—1920），德国社会学家兼经济学家。《新教伦理与资本主义精神》是其主要代表作。韦伯认为加尔文主义的首要贡献在于其信仰体系引发了资本积累的精神动力。参阅《大事年表》1864年记事。

〔7〕 工业主义（Industrialismus），韦伯理论中的术语，即现代资本主义。

〔8〕 美国关于国家命运的观念可追溯至美国清教徒的早年经历。早期北美的殖民史，不管是被荷兰的加尔文教徒还是被英国的清教徒进行

殖民的历史，都被视作上帝的子民进入新的应许之地。就像米勒所言，原初的新英格兰人第一个前提是他们已进入与上帝的约定之中，建立虔诚的共和国。真正的美国是以新耶路撒冷为原型，上帝从来就已预定美国成为"山上之城"，而新英格兰则处在实现上帝这一旨意的过程之中。1763年的巴黎条约签署之后，原来受天主教统治的法国与西班牙在北美的殖民地落到新教的手中。也许更重要的一点是，美国革命之后许多人更加坚信美国的独立是天主对美国的召唤。罗伯特·史密斯（Robert Smith）起草的《宾夕法尼亚宣言》声称："美国的事业就是耶稣基督的事业"，反映了当时美国社会的普遍认知。公理会牧师约翰·狄沃逊（John Devosion）宣告，上帝已选出美国作为蒙他拣选的国家："万国啊，请听耶和华伟大的旨意吧！美国今后自成一体，将会在万国中坐上皇后的宝座。"

〔9〕 "令人扫兴的人"，茨威格在此处引用英语原文：kill joy。

〔10〕 威廉·莎士比亚（William Shakespeare，1564—1616），文艺复兴时期英国伟大的戏剧家和诗人，有著名悲剧《哈姆雷特》传世。其作品主题热烈歌颂人性和人的伟大、赞美现世生活、鞭笞邪恶的性格，是对中世纪和16世纪宗教改革时期大肆推崇神权和神性的反悖。英国的加尔文教又称清教，因要求清除教会内的天主教残余而得名。英国17世纪资产阶级革命的领导人物均系清教徒。

〔11〕 伦勃朗·哈尔门松·范·赖恩（Rembrandt Harmenszoon van Rijn，1606—1669），17世纪荷兰著名画家，以人物画享誉世界。父亲是磨坊主。参阅《大事年表》1606年记事。

〔12〕 莫里哀（Molière，1622—1673），17世纪法国喜剧大师。著名代表作有《伪君子》《吝啬鬼》等。父亲是挂毯商和宫廷室内陈设商。参阅《大事年表》1622年记事。

〔13〕 彼得·保罗·鲁本斯（Peter Paul Rubens，1577—1640），巴罗克时期佛兰德最著名的画家，在其不少绘画中，多有富于性感的裸体美女或女神，和加尔文教派的禁欲主义背道而驰，故茨威格有言，加尔文教派的信徒很可能会将他烧死。参阅《大事年表》1577年记事〔2〕。

〔14〕 沃尔夫冈·阿马多伊斯·莫扎特（Wolfgang Amadeus Mozart，

1756—1791），奥地利著名作曲家，维也纳古典乐派代表人物之一。参阅《大事年表》1756 年记事。

〔15〕路德维希·范·贝多芬（Ludwig van Beethoven，1770—1827），德意志伟大作曲家。参阅《大事年表》1770 年记事。

〔16〕珀西·比希·雪莱（Percy Bysshe Shelley，1792—1822），英国著名浪漫派诗人。参阅《大事年表》1792 年记事。

〔17〕约翰·沃尔夫冈·冯·歌德（Johann Wolfgang von Goethe，1749—1832），德国伟大诗人。参阅《大事年表》1749 年记事。

〔18〕约翰·济慈（John Keats，1795—1821），英国著名浪漫派诗人。参阅《大事年表》1795 年记事。

〔19〕伊马努埃尔·康德（Immanuel Kant，1724—1804），德国古典唯心主义哲学创始人。参阅《大事年表》1724 年记事。

〔20〕弗里德里希·威廉·尼采（Friedrich Wilhelm Nietzsche，1844—1900），德国著名哲学家、唯意志论者。认为必须否定受理性主义、基督教和人文主义影响而日趋没落的西方文明，创造新的价值观。参阅《大事年表》1844 年记事。

〔21〕巴罗克艺术风格（Baroque），17 世纪（约 1600—1720）流行于欧洲的一种过分强调雕琢和装饰奇异的艺术和建筑风格。它一反文艺复兴盛期崇尚严肃、含蓄、对称的风格，倾向于豪华、铺张，并将建筑、绘画、雕塑融为一个整体，追求动感的起伏，以产生幻象。

〔22〕洛可可艺术风格（Rococo），是继巴罗克艺术风格之后流行于法国国王路易十五统治时期（1715—1774）的艺术和建筑风格，其特点是具有纤细、轻巧、华丽和烦琐的装饰性；多用 C 形、S 形、涡卷形的曲线和轻淡柔和的色彩。其影响遍及 18 世纪欧洲各国。

〔23〕巴兰（Balaam 或 Bileam），《圣经·旧约·民数记》中的人物。据记载，巴兰不是以色列人的先知。摩押国王巴勒命令巴兰去诅咒在摩押平原上的以色列人。巴兰在途中得到天使的启示，后来不但不诅咒以色列人，反而为他们祝福。

〔24〕奥利弗·克伦威尔（Oliver Cromwell，1599—1658），英国资产阶级革命政治领袖。1653 年解散长期国会，自任"护国主"，建立军事独裁统治。参阅《大事年表》1599 年记事。

〔25〕 美国《独立宣言》，参阅《大事年表》1776 年记事。

〔26〕 法国《人权宣言》，参阅《大事年表》1789 年记事。

〔27〕 勒内·笛卡尔（René Descartes, 1596—1650），法国哲学家，二元论者，后定居荷兰。曾提出"我思故我在"。参阅《大事年表》1596 年记事。

〔28〕 贝内迪克特·德·斯宾诺莎（Benedictus de Spinoza, 1632—1677），荷兰哲学家，被认为是泛神论的主要代表之一。参阅《大事年表》1632 年记事〔2〕。

〔29〕 欧内斯特·勒南（Ernest Renan, 1823—1892），法国哲学家。以其《耶稣的一生》受到教会猛烈攻击而闻名于世。参阅《大事年表》1823 年记事。

〔30〕 西班牙国王腓力二世（Philipp Ⅱ., 1527—1598）是德意志神圣罗马帝国皇帝卡尔五世的儿子。1556 年卡尔五世退位后，腓力二世继任西班牙国王，除统治西班牙本土外，还领有尼德兰、那不勒斯、西西里、米兰及美洲殖民地，故有"两个世界的皇帝"之称。参阅《大事年表》1527 年记事〔4〕。

〔31〕 荷兰抗议派（Remonstranten），荷兰基督教会中信从阿明尼乌的观点的教派。该教派反对加尔文教义中的"得救预定论"。1609 年阿明尼乌死后，该派因受到加尔文派的猛烈攻击，乃于 1610 年向联省议会提交抗议书《五条款》而得名。

〔32〕 迪尔克·福尔克尔茨措恩·科恩海特（Dirck Volkertszoon Coornhert, 1522—1590），16 世纪荷兰人文主义作家和雕塑家。参阅《大事年表》1522 年记事〔2〕。

〔33〕 1612 年，《塞巴斯蒂安·卡斯泰利奥全集》在荷兰的豪达（Gouda）出版，故称豪达版。

〔34〕 阿明尼乌派是基督教新教中信奉荷兰神学家阿明尼乌（Arminius, 1560—1609）学说的派别。该派反对加尔文派的"得救预定论"，认为各人得救与否，虽由天主所"预定"，但并非完全由天主"预定"，还在于各人本着自己的自由意志对天主恩宠的接受或拒绝，故又名"荷兰新归宗派"。该派学说除流传于荷兰外，在法国、普鲁士和英国等地亦有传播。

〔35〕 格劳宾登州：Kant Graubünden。

〔36〕 甘特纳尔：Gantner，生平不详。

〔37〕 库尔：Chur，瑞士格劳宾登州首府，位于莱苏尔河畔。

〔38〕 "马丁乌斯·贝里乌斯"的书，是指卡斯泰利奥的《论异端分子》。

〔39〕 乌得勒支和约（Frieden von Utrecht），结束西班牙王位继承战争的一系列双边和约，因签订于荷兰的乌得勒支（Utrecht）而得名。和约使英国在海上和殖民地的势力大为增强，结束了法国称霸欧洲的局面。参阅《大事年表》1713 年记事〔1〕。

〔40〕 这里所说的呼吁是指卡斯泰利奥在其《论异端分子》一书中所提倡的宽容思想。《论异端分子》一书的引言名义上是一篇写给符腾堡的大公的献词，呼吁君主们保护思想自由。参阅《大事年表》1554 年记事〔4〕。

〔41〕 这是指 1789 年法国《人权宣言》的内容。

茨威格附记

塞巴斯蒂安·卡斯泰利奥的著作目前尚无新的版本问世。我所参考的由 A.奥利维牧师经手和由 E.舒瓦齐教授作序的《论异端分子》的重印本（日内瓦，一九一三年版）[1]可以说是例外。我还参考了伊丽莎白·法伊斯特博士小姐依据在鹿特丹发现的手稿正在为罗马科学院准备首次发表的《论怀疑之道》的书稿[2]。本书中的引文有的引自原著，有的引自斐迪南·比松著《塞巴斯蒂安·卡斯泰利奥》（巴黎，一八九二年版）[3]一书和艾蒂安·吉朗著《塞巴斯蒂安·卡斯泰利奥和加尔文主义者的宗教改革》（巴黎，一九一四年版）[4]一书。这是迄今献给塞巴斯蒂安·卡斯泰利奥的仅有的两部重要著作。由于材料缺乏而又分散，我必须特别感谢在韦瑟内的莉莉亚纳·罗塞小姐[5]和在日内瓦的加尔文教主教堂的让·朔雷尔牧师对我的决定性鼓励和诸多善意的帮助。此外，我还必须向十分慷慨地允许我查阅卡斯泰利奥手稿的巴塞尔大学图书馆、苏黎世中央图书馆和伦敦不列颠博物馆表示由衷的感谢。

斯蒂芬·茨威格

一九三六年四月

注　释

〔1〕 *Traicté des Hérétiques*,besorgt von Pfarrer A.Olivet,mit Vorwort von Professor E.Choisy,Genf 1913.

〔2〕 *De arte Dubitandi*, bearbeitet von Fräulein Dr.Elisabeth Feist.

〔3〕 Ferdinand Buisson: *Sébastien Castellion*,Paris,1892.

〔4〕 Étienne Giran:*Sébastien Castellion et la Réforme Calviniste*,Paris,1914.

〔5〕 韦瑟内：Vésenay, 瑞士一小地名。1935 年 5 月 24 日，日内瓦的加尔文教牧师让·朔雷尔（Jean Schorer）致信茨威格，说他的教区内有一位爱读茨威格作品的女读者莉莉亚纳·罗塞（Liliane Rosset）小姐建议茨威格撰写一部当时几乎不为人知但又十分重要的人文主义者卡斯泰利奥的传记。让·朔雷尔的这个建议后来成为茨威格完成《良知对抗暴力》的直接动机。

本书大事年表和重要注释

舒昌善　编写

《本书大事年表和重要注释》(简称《大事年表》)系根据各种图书资料编写而成，其中有下列尚未译成中译本的外语版图书:《加尔文大文集》拉丁语版五十九卷，1863—1900年在德国不伦瑞克/柏林出版(*Ioannis Calvini opera quae supersunt omnia*，59 volumen,1863—1900，Brunsvigae/Berlin);[美]布斯马著《约翰·加尔文——一个十六世纪的人物写照》英语版，纽约/牛津:牛津大学出版社，1988年(William James Bouwsma:*John Calvin—A Sixteenth CenturyPortrait*，New York/Oxford,Oxford University Press,1988);[波兰]马里安·希拉尔著《米格尔·塞尔维特案件》英语版，纽约:埃德温·梅伦出版社，1997年(Marian Hillar: *The Case of Michael Servetus*，*1511—1553——The Turning Point in The Struggle for Freedom of Conscience*，New York,The Edwin Mellen Press,1997);[瑞士]古吉斯贝格著《塞巴斯蒂安·卡斯泰利奥的一生》英语版，英国，奥尔德肖特:阿什盖特出版社，2003年(Hans Rudolf Guggisberg: *Sebastien Castellio,1515—1563,Humansit*

本书大事年表和重要注释　　**283**

and Defender of Religious Toleration in a Confessional Age,translated and edited by Bruce Gordon,England,Aldershot, Ashgate Publishing Limited,2003）。在本年表中仅注明外语版图书的中译名，不一一注明书名的外语原文。

在本《大事年表》中，主要是记述加尔文、塞尔维特、卡斯泰利奥三人的生平事迹，目的有二：其一，茨威格是在 1936 年流亡英国期间完成《良知对抗暴力》的，由于当时诸多条件的限制，书中的个别记述与史实略有出入，现通过《大事年表》予以匡正。其二，鉴于时下中国内地尚未有翔实客观的中文版《塞尔维特传》《卡斯泰利奥传》面世，《大事年表》中对此两人生平所作的简要说明，有助于读者较深入全面地了解塞尔维特案件的来龙去脉。

342　　是年，哲罗姆（Jérôme，约 342—420），即索福罗尼乌斯·优西比乌斯·希罗尼穆斯（Sophronius Eusebius Hieronymus）出生，准确日期不详。中国学者惯于使用其英文名"哲罗姆"。他是古罗马基督教经学家，拉丁语教会之父。生于罗马帝国斯特利同（Stridon）城。359 年至罗马求学。366 年信奉基督教。约 379 年在东罗马帝国的安提条克（Antitochia）任神父，后在君士坦丁堡校译和注译《圣经》。382 年又赴罗马，任教皇达马苏一世（Damasus I.）的宗教事务秘书，并受命编订一部统一的《圣经》拉丁语译本。385 年定居伯利恒，405 年根据《圣经》拉丁语旧译本编订成新译本，名为《拉丁语圣经通用文本》（Vulgata）。著有《圣经》注疏和神学著作多种。420（或 419）年 9 月 30 日在伯利恒去世。

284　良知对抗暴力

347　是年，圣克里索斯托（Johnannes Chrysostoms, 约347—407）在安提条克出生，准确日期不详。他是古代基督教希腊语教会之父。曾研习修辞学、哲学、法学等。擅长辞令，故有"金口约翰"之称（Chrysostomos, 希腊语原义是金口）。约370年受洗信奉基督教，度隐修生活。386年升任神父。主张哲学应为宣传基督教教义服务，虔诚即真正的哲学。397年被选为君士坦丁堡主教。锐意改革，但操之过急，得罪权贵。在403年宗教会议上受多方谴责，被指控为"诬蔑皇后，公开叛国"，因而被撤职，流放，407年9月14日在黑海之滨的开塞利（Kayseri）附近的科马纳（Komana）去世。著作颇多，主要是宣传教义的讲稿和《圣经》的注释。

354　是年，圣奥古斯丁（Aurelius Augustinus, 354—430）出生，准确日期不详。他是基督教神学家、哲学家、拉丁语教会之父的代表人物。376—386年间在塔加斯特、迦太基、米兰等地教授修辞学。387年弃摩尼教而改奉基督教。388年回塔加斯特，391年升任神父。395年任罗马帝国北非领地希波主教。用新柏拉图主义论证基督教教义，使哲学与神学相结合。宣扬"恩宠论"，提出"得救预定论"，为中世纪西欧基督教的教权至上论提供理论根据。著有《忏悔录》《论天主之城》《三位一体论》等。

1371　是年，让·胡斯又名约翰内斯·胡司（Johannes Huβ）出生（也有文献记载为1369或1370），准确日期不详。他曾任布拉格大学教授、校长。1401年任神父，次年起兼任布拉格伯利恒教堂教士。深受英国威克里夫（Wiclif）宗教改革思想的影响，要求有一个"清廉的教会"（arme Kirche），即要求废除烦琐豪华的宗教仪式，废除严格的教阶制度，教士应服从世俗政权，教士和普通信徒平等；胡斯还用本民族语言捷克语传道，并将《圣经》译成捷克语，胡斯的活动推动了捷克民众反教会的斗争。1412 年教皇约翰二十三世在捷克滥发赎罪券，胡斯奋起反对并公开和天主教会决裂，号召民众起来抵制这些穿着教士长袍的"狐狸"，认为用剑保卫自己权利的时刻已经到来。1412年 6 月，胡斯领导布拉格贫民和学生举行反教皇的示威。因而教皇把胡斯视为最危险的敌人，决定解除他的布拉格大学校长和教授的职务，禁止他到教堂做礼拜，强迫他离开布拉格。1412 年末，胡斯在捷克南部深入农村用捷克语进行传道活动，斥责教皇为违背基督者，号召农民起来反对天主教会，为后来的农民起义播下革命种子。罗马教皇为镇压捷克的异端分子和欧洲日益高涨的宗教改革运动，于 1414 年在德意志的康斯坦茨（Konstanz）主持召开基督教普世主教大会，德意志神圣罗马帝国皇帝也参加并向胡斯保证其安全，大会责令胡斯到会问罪。胡斯到达康斯坦茨后，德意志神圣罗马帝国皇帝随即食言，胡斯被逮捕。1415 年 7 月 6 日，胡斯在康斯坦茨城郊被火刑处死。胡斯之死进一步激起捷克民众反天主教会的怒潮，在为胡斯复仇的口号下捷克爆发了轰轰烈烈的以胡斯宗教改革为旗帜的胡斯战争（一译胡司战争），这是中世纪欧洲时间最长的一次农民起义，也是一场震撼整个欧洲的民族解放斗争。

1420　是年，西班牙宗教裁判所第一任总裁判官托马斯·德·托尔克马达 (Tomás de Torquemada) 出生。他的西班牙语名字 Torquemada 按西班牙语发音应译为托尔克马萨，因为在西班牙语中 da 的发音是［ða］，但中国的早期译者往往把西班牙的人名按英语的发音翻译，现沿用约定俗成的译名。托尔克马达原是多明我会修士 (Dominikaner)。1483 年起任西班牙宗教裁判所总裁判官。他是西班牙两位伉俪国王的忏悔神父。托尔克马达虽是犹太人，但在 1492 年却说服当局将拒绝受洗礼的十七万犹太人驱逐出西班牙。其人以使用酷刑和抄家等手段著称。托尔克马达于 1498 年 9 月 16 日去世。

286　良知对抗暴力

1452　9月21日，15世纪意大利政治家兼宗教改革家吉罗拉莫·萨伏那洛拉（Girolamo Savonarola）在费拉拉（Ferrara）城出生于一个医生家庭。1475年加入多明我修士会。1482年移居佛罗伦萨，布道时开始抨击教皇与天主教会的腐败，揭露美第奇家族的暴政，反对富人的骄奢淫逸。1491年任佛罗伦萨圣马可修道院院长。1494年领导佛罗伦萨民众起义，推翻美第奇家族的统治，恢复佛罗伦萨共和国，并采取若干改革措施，如对不动产征收累进所得税，驱逐高利贷者，发放低利息贷款等；同时将许多华丽服饰、珠宝、奢侈品、艺术品和书籍（其中包括但丁、薄伽丘和彼特拉克的著作）付之一炬，禁止演奏世俗音乐，代之以圣歌。1497年教皇亚历山大六世宣布革除萨伏那洛拉教籍。美第奇家族的支持者也竭力进行反对共和国的活动。1498年5月萨伏那洛拉在战斗中失败后被俘，5月23日以异端分子罪名被火刑处死。

1469　10月27日至28日夜间，文艺复兴时期北欧（荷兰）最伟大的人文主义学者和拉丁语大师德西德里乌斯·伊拉斯谟（Desiderius Erasmus）出生。因他出生于荷兰的鹿特丹，故被人习称为鹿特丹的伊拉斯谟（Erasmus von Rotterdam），他是版本校勘家、语法学家、《圣经》注疏家和神学家，宗教改革杰出的思想家，青年时代入修道院，厌恶经院哲学和教士生活。伊拉斯谟1495—1499年在巴黎蒙太古神学院就读，曾旅居英国、意大利、德意志，与同时代的人文主义者联系密切，特别是和托马斯·莫尔（Thomas More，1477—1535）结成莫逆之交。1516年初，由伊拉斯谟翻译编订的希腊语和拉丁语双语版《圣经·新约》（*Novum Instrumentum*）出版，这个版本后来成为马丁·路德将《圣经》译成德语的蓝本。伊拉斯谟的著作有三十余种，重要的代表作有《圣哲罗姆文集》九卷、《古代西方名言辞典》（拉丁语：*Adagia*）、《基督徒君主之教育》《基督徒军人之手册》《论自由的意志》《古代西方箴言辞典》（*Apophthegmata*）、《拉丁语常用会话》

（*Colloquia familiaria*）等等。他的诙谐戏谑作品《赞美傻气》（希腊语 *Encomium moriae*，拉丁语 *Laus stultitiae*）在后世广为流传，这是一篇博朋友们一笑的戏谑之作，假托一个象征傻气的"傻女"（Stultitia，实为伊拉斯谟代言人）披着学者袍、顶着小丑帽登上讲坛夸夸其谈，傻女夸耀说，只有她能与名叫"谄媚""自私"的女仆一起维持世道，假如人们不是时而互相欺骗、时而互相奉承，并最后加上"各种傻乎乎的行为"，人们就不能彼此相容。这部讽刺作品揭露专制统治的罪恶，嘲讽教会对民众的愚弄和教士的放荡，以及世俗贵族的庸碌，对欧洲的宗教改革起到舆论的先导作用。伊拉斯谟的思想融合了古典文化和基督教精神，他批判传统教会的腐败，但主张在传统教会内部进行改革，自始至终反对路德的宗教改革和新教的暴力行为，希望天主教会和新教教会达成和解，因而受到主宰宗教和世俗两个领域的德意志神圣罗马帝国皇帝卡尔五世的青睐和庇护。1521 年起伊拉斯谟定居巴塞尔，1536 年 7 月 12 日在该地病逝。

1478 是年，德意志基督教人文主义者沃尔夫冈·法布里齐乌斯·卡皮托（Wolfgang Fabricius Capito）在哈格诺（Hagenau）出生，准确日期不详。他原名姓克普夫尔（Köpfel）。1515 年起任瑞士巴塞尔主教座堂布道师，其间结识人文主义者伊拉斯谟和宗教改革领袖茨温利。1519 年任德意志美因兹（Mainz）主教座堂布道师，后改任秘书。1523 年辞职前往斯特拉斯堡，与马丁·布泽一起推行宗教改革。1530 年与马丁·布泽共同起草《四城市信纲》（拉丁语：*Confessio tetrapolitana*，德语：*Vier-Städte-Bekenntnisschrift*），四城市是斯特拉斯堡 (Straβburg)、梅明根（Memmingen）、林道（Lindau）、康斯坦茨 (Konstanz)，《四城市信纲》全文二十三条，内容和《奥格斯堡信纲》相似，但调和了茨温利和路德之间的分歧。1534 年以前，卡皮托同再洗礼派以及不赞成宗教改革的斯特拉斯堡当局都有良好的关系。1541 年 11 月 3 日在斯特拉斯堡去世。

288 良知对抗暴力

1480 德意志宗教改革派神学家安德烈亚斯·卡尔施塔特（Andreas Karlstadt，原本姓博登施泰因：Bodenstein）约出生于1480年，准确日期不详。1510年起任维滕贝格大学教授，1519年和马丁·路德一起在莱比锡辩论会上抨击天主教神学家约翰内斯·埃克。1534年起任卡尔施塔特大学教授，后来成为新教改革激进派的发言人，与路德的观点相左。1541年12月24日在巴塞尔去世。

1482 是年，德意志人文主义者、布道师、神学著作研究家约翰内斯·胡斯根·奥科兰帕迪乌斯（Johannes Hussgen Oecolampadius 或 Ökolampadius）出生，准确日期不详。早年在海德堡大学求学，1515年移居巴塞尔，协助伊拉斯谟编订拉丁语文本《圣经·新约》；以后逐渐景仰路德。曾任巴塞尔大学教授，1522年起加入茨温利领导的宗教改革，1529年任巴塞尔牧师领袖，制定宗教改革条例。他的宗教思想对加尔文发生过影响。1531年11月24日在巴塞尔去世。

1483 11月10日，16世纪德意志宗教改革的发起者和领导者马丁·路德 (Martin Luther) 在德意志的艾斯莱本（Eisleben）出生。父亲是矿主。早年在马格德堡（Magdeburg）和爱森纳赫（Eisenach）求学，1501年进入爱尔福特（Erfurt）大学攻读法学，1505年进入爱尔福特的奥古斯丁修道院并研究神学。1507年成为教士。1508年在爱尔福特大学教哲学。1512年获得神学博士学位。同年任维滕贝格（Wittenberg）大学哲学与神学教授。1517年10月31日在维滕贝格大学教堂的正门上张贴《九十五条论纲》，从而揭开德意志宗教改革的序幕，成为基督教新教路德宗创始人。1546年2月18日在艾斯莱本去世。

1484 1月1日，瑞士宗教改革家乌尔里希·茨温利（Ulrich Zwingli）出生。他领导的宗教改革比马丁·路德的宗教改革更激进和更具政治色彩。茨温利出身于瑞士一个富裕的务农家庭，先后就读于伯尔尼及维也纳大学和巴塞尔大学，深受人文主义思想影响，1506年任瑞士格拉乌斯教区天主教会神父。1516年起开始宣传宗教改革思想。1519年初在苏黎世主教堂传教，反对教皇在瑞士出售赎罪券，否认教皇是天主的代表，主张《圣经》是信仰的唯一依据，反对天主教会的教阶制、反对偶像崇拜、反对教士的斋戒和独身，以及反对教会的繁文缛节，主张宗教仪式中讲道比做弥撒更重要。他自己就利用讲道不断抨击时弊，反对雇佣兵制。1522年与教皇公开决裂。苏黎世州政府支持茨温利。在1523至1524年苏黎世民众的三次宗教大辩论中，他的新教主张《六十七条论纲》得到肯定。他在《论真假宗教》（1525）一书中进一步阐述自己的宗教主张。他认为，路德所坚持的圣餐礼仪中基督身体的"临在说"（即饼和酒与基督同在）乃是天主教信仰的残余。茨温利在政治上主张新教教会应拥护共和政体，反对依赖诸侯，要用方言读《祈祷》，解散修道院。在茨温利的宗教改革的推动下，以苏黎世为首的一些瑞士新教城市和新教州宣布脱离罗马教廷。但坚持天主教信仰的瑞士其他各州与奥地利政府联合，反对新教改革，于是在瑞士爆发内战。1531年10月11日茨温利在卡佩尔（Kappel）战役中阵亡。

1487 是年，意大利宗教改革家贝尔纳尔德·奥基诺（Bernard Ochino或Bernardo Ochino）在意大利锡耶纳出生，准确日期不详。他原是天主教徒，曾受命审读并批判宗教改革家的著作。1536年会见西班牙宗教著作家瓦尔德斯，不久改奉新教。1542年被罗马宗教裁判所传讯，遂逃至瑞士，在日内瓦参加加尔文宗，并以结婚表明信仰新教。1545年在奥格斯堡任布道师。1553年起在苏黎世意大利移民居住区任布道师。1563年发表神学著作《三十篇对话》。同年秋，由卡斯泰利奥译成拉丁语的《三十篇对话》（*Dialogi triginta*）在巴塞尔散发。在苏黎世当局提出警告之后，巴塞尔官方设法阻止此书的传播。苏黎世特别提到此书中的第二十一篇对话。奥基诺在这篇对话中声称，摩西律法并没有清楚说明多妻就是犯有重婚罪。奥基诺的这一论调被视为是同情再洗礼派分子，因为指控再洗礼派的主要罪状之一就是他们犯有重婚罪。此外，《三十篇对话》还被指控为反对"三位一体"的教义，因而此书被视为异端著作，翻译此书的卡斯泰利奥被指责为积极传播渎神思想。在苏黎世茨温利派和日内瓦加尔文派以及巴塞尔当局的共同反对下，奥基诺最终被逐出苏黎世，出走波兰，1564 年在贫病交迫中死于摩拉维亚奥斯特利茨（今捷克布尔诺附近斯拉夫科夫），日期不详。

1489 是年，瑞士法语区宗教改革家兼布道师纪尧姆·法雷尔（Guillaume Farel）在法国多菲内（Dauphiné）地区的加普（Gap）出生，准确日期不详。他早年在巴黎大学求学，曾任巴黎勒穆瓦纳主教区学院（Collège Cardinal Lemoine in Paris）教授，讲授语法和哲学。1532 年，他带着信奉福音派的伯尔尼（Bern）当局的安全通行证到达日内瓦，开始在日内瓦传播福音派教义。他的宣传收效显著。1533 年 5 月，日内瓦城内爆发天主教徒暴乱。伯尔尼当局于 1533 年 12 月 31 日命令皮埃尔·维雷（Pierre Viret）火速赶到日内瓦协助法雷尔。在危机过程中，受伯尔尼保护的法雷尔和维雷不断给日内瓦市议会施加压力，要求日内瓦全盘接受宗教改革。1535 年初夏，日内瓦市议会宣布废止天主教的弥撒。日内瓦天主教会的主教于 8 月 22 日将日内瓦全城市民逐出天主教会，以此作为报复。尔后，天主教神职人员和宗教人士立即撤离日内瓦，来到萨伏依公爵统治的阿讷西（Annecy）寻求庇护。日内瓦市议会接管了天主教会的土地和财产，废除原来天主教会主教的传统领主权和神职建制。日内瓦前领主萨伏依（Savoy）公爵用军队围攻日内瓦直至 1536 年 1 月，日内瓦只得向伯尔尼求援。1536 年 2 月 2 日，伯尔尼援军进入日内瓦。2 月 17 日，日内瓦共和国举行开国大典。1536 年 10 月，法雷尔将日内瓦新教教会的领袖地位让给加尔文，而自己竭尽助手之责。1538 年，加尔文和法雷尔两人均被日内瓦自由派逐出日内瓦。1540 年日内瓦上层市民得势，加尔文重返日内瓦，自 1541 起加尔文成为日内瓦教会领袖并领导政教合一的城市共和国政权长达二十五年之久；而法雷尔在被逐出日内瓦后则前往瑞士的纳沙泰尔（Neuchâtel），在该地组织宗教改革派的教会。法雷尔在宗教改革中主张取消神职制度、取消教士独身制；主张废除斋戒和废除向"圣人"与"圣像"敬礼，以及改弥撒为"圣餐"等；否认炼狱的存在。主要著作有《言语之剑》《十字架的正确使用》。1565 年 9 月 13 日在纳沙泰尔去世。1916 年，日内瓦巴斯蒂恩公园建立宗教改革家国际纪念碑，紧挨着纪念碑屹立着四位日内瓦新教领导人的人物雕像，自左至右依次是纪尧姆·法雷尔、让·加尔文、西奥多·德·贝扎（Théodore de Bèze,1519—1605）和约翰·诺克斯。（参见本书插图 4）

1491　〔1〕耶稣会第一任总会长依纳爵·德·罗耀拉（Iñigo López de Loyola）于 1491 年（亦有文献记载为 1495 年）在西班牙阿斯佩蒂亚（Azpeitia）附近的罗耀拉城堡（Schloß Loyala）出生，准确日期不详。他出身于西班牙罗耀拉领地的贵族家庭，后在一次战役中受伤，退伍。1528 年赴巴黎就读于蒙太古神学院，研究神学，1534 年 8 月在巴黎联合一批同道，建立耶稣会，目的是反对宗教改革，重振天主教会，维护教皇权威，1540 年获教皇保罗三世（Paulus Ⅲ.,1534—1549 在位）批准。1541 年罗耀拉任耶稣会第一任总会长（被称为"将军"），曾编写《精神训练》（*Spiritual Exercise*，旧译名《神操》）一书。耶稣会是天主教会反宗教改革的重要工具，始终与罗马教廷保持紧密联系。耶稣会有极严格的纪律，耶稣会士必须绝对服从自己的领导。为了效忠教皇巩固天主教会的统治，他们的格言是"只要目的正当，可以不择手段"。耶稣会士不穿教士服装，不住修道院，和俗人自由交往。他们开办学校、医院，深入各国宫廷，结交显贵，甚至担任高级官职，破坏新教运动。耶稣会士的活动范围不仅仅在欧洲，还扩展到美洲、非洲和亚洲。他们当中不少人经营工厂、地产，跻身于贸易公司，从事殖民活动。西欧早期殖民扩张的远征队伍中不乏耶稣会士。也有一些博学多才的耶稣会士，为了扩大天主教的影响而远涉重洋到外地，在传播科学和文化交流中做出过一定贡献。罗耀拉于1556年7月31日在罗马去世。

〔2〕11月11日，16世纪欧洲宗教改革家马丁·布泽（德语：Martin Butzer，法语：Martin Bucer）出生。布泽早年加入多明我修士会，后受伊拉斯谟和路德影响，参加新教改革，先在德意志西南地区活动，曾在斯特拉斯堡、乌尔姆（Ulm）、黑森（Hessen）、科隆（Köln）等地传教，最后到达英国剑桥（Cambridge）。布泽希望用人文主义改造人和社会，认为只要宣传真正的福音之道，只要根据《圣经》的教导，便可实现这种改造。在新教与天主教、路德派和加尔文派发生冲突时，他往往采取温和态度，以期折中。他是新教坚信礼的创立者。1551年2月28日在剑桥去世。

1493 11月10日，菲利浦斯·奥勒奥卢斯·帕拉切尔苏斯（Philippus Aureolus Paracelsus，又名巴拉赛尔苏斯，原名泰奥弗拉斯托斯·邦巴斯托斯·冯·霍恩海姆，Theophrastus Bombastus von Hohenheim）出生。他是瑞士医学家、化学家、神学家。主张医学科学必须建立在经验与观察的基础之上，反对古代关于疼痛的"体液说"，否定盖仑的医学体系和阿维森纳的著作。有"医学界的路德"之称。其主要贡献在于将人体的生活功能看作是一个化学过程。主要著作有《外科学》《论精神病》《汞剂对梅毒的用途》《矿工职业病》《论矿泉浴》《一百十四种实验及其疗法》等。在德意志农民战争中支持战斗的农民。1541年9月24日去世。

1497 2 月 16 日，德意志人文主义者、宗教改革家菲利普·梅兰希顿 (Philipp Melanchthon) 出生。梅兰希顿自 1518 年起在维滕贝格 (Wittenberg) 大学教授希腊文。1519 年参与马丁·路德同约翰内斯·埃克 (Johannes Eik) 在莱比锡举行的辩论会，从此成为路德的主要助手。曾协助路德将《圣经》译成德语，起草德路派的信仰纲要《奥格斯堡信纲》(*Verfassung der Augsburger Konfession*)，主张废除教士独身制，改弥撒为圣餐。路德死后成为路德派的主要领导人。主要著作有《宗教改革家的主体》等。1560 年 4 月 19 日去世。

1500 2 月 24 日，德意志神圣罗马帝国皇帝卡尔五世 (Karl V.) 出生。卡尔五世出身哈布斯堡皇室，祖父马克西米利安一世 (Maximilian I., 1459—1519) 是德意志神圣罗马帝国皇帝 (1493—1519 在位)，在祖父的促使下，父亲腓力一世和西班牙阿拉贡王国国王斐迪南二世 (Ferdinando II.,1452—1516) 与西班牙卡斯蒂利亚王国的女王伊莎贝拉一世 (Isabella I.,1451—1504) 生育的公主胡安娜 (Juana) 结成连理。1516 年，斐迪南二世逝世后无嗣，卡尔五世以外孙身份继承西班牙王位 (1516—1556 在位，在西班牙称卡洛斯一世：Carlos I.)，统治西班牙以及属于西班牙的南意大利、西西里、撒丁尼亚和在美洲的西班牙殖民地。1519 年，卡尔五世当选为德意志神圣罗马帝国皇帝 (1519—1556 在位，因其英语名为 Charles, 故在中国史学界曾译为查理五世)。1535 年，卡尔五世出兵北非，从土耳其人手中夺取突尼斯 (不久复失)。卡尔五世反对德意志的宗教改革和德意志农民战争 (1524—1526)，1552 年被德意志新教诸侯联军击败，被迫于 1555 年缔结《奥格斯堡宗教和约》(*Augsburger Religionsfrieden*)，1556 年逊位并在西班牙隐居，德意志神圣罗马帝国皇位由其弟斐迪南一世 (Ferdinand I.,1503—1564) 接任；西班牙王位由其子腓力二世 (Philipp II.,1527—1598) 接任。卡尔五世于 1558 年 9 月 21 日逝世。

1501 是年，佛兰德（西欧历史地区名，今为荷兰与比利时一部分，佛兰德语：Vlaanderen，德语：Flandern，英语：Flanders，一译佛兰德斯，系译自英语）宗教改革家大卫·德·约里斯（David de Joris）出生，准确日期不详。他原以经营彩绘玻璃为业。后卷入宗教改革的论战，直接抨击天主教会。1528年因所谓诬蔑一次宗教游行而被海牙法庭判处罚款、鞭笞、穿舌与徒刑三年。后成为再洗礼派信徒。在再洗礼派中的主和派与革命派发生争执时，约里斯自称在异象中蒙上帝之恩而自立为"大卫三世"，成为先知，在双方之间进行调解。1544年潜至巴塞尔，化名"让·德·布罗日"（Jean de Brugge）。后来成为殷富而有地位的新教教徒，不再宣传世界末日救世主教义，转而强调个人灵修。最后，其领导的教派内部发生争执，约里斯于1556年在争执中死去。由于他乐善好施并和巴塞尔城的显贵有众多联系，当时巴塞尔全城的人都参加了他的场面盛大的葬礼。但若干年后，巴塞尔人发现这位高贵的外国富翁竟是大名鼎鼎的再洗礼派分子。1559年，巴塞尔大学及巴塞尔当局对他进行身后审判，定其为异端分子，并掘墓焚尸。此后当局继续审判并迫害约里斯的信徒，导致该教派在16世纪末绝迹。约里斯除著有内容神奇而兼有寓意的《奇书》外，还撰有小册子多种。1550年，很可能通过当时住在巴塞尔的尼德兰人让·鲍因（Jean Bauhin）医学博士的介绍，卡斯泰利奥和布罗日建立了密切的联系。这一年，卡斯泰利奥将自己为自己的《圣经》法译本所写的序言草稿寄给布罗日看。1550年10月8日布罗日致信卡斯泰利奥表示自己赞同序言中的观点，而只提出少许供参考的意见。1553年秋，塞尔维特在日内瓦遭到加尔文残酷迫害的消息传到巴塞尔，率先谴责加尔文和日内瓦行政公署的不是卡斯泰利奥而是布罗日。1553年10月初，布罗日致信新教教徒同盟会，表示自己担忧塞尔维特会被杀害，他虽然没有为塞尔维特的教义辩护，但坚决反对处死塞尔维特。当卡斯泰利奥于1554年3月在巴塞尔出版《论异端分子》时，布罗日

（约里斯）也于1554年在尼德兰出版了自己的小册子《基督徒的警告》（*Christliche Warnung*）。这本小册子虽然没有直接引用《论异端分子》一书中的论述，也没有点塞尔维特和加尔文的名，但小册子所宣扬的信仰自由和宽容思想简直和《论异端分子》如出一辙。有研究文献指出，卡斯泰利奥想必早就知道布罗日的真实身份就是约里斯，但一直隐瞒至约里斯去世。1559年，布罗日的真实身份败露，是年5月30日约里斯的遗体被当众焚毁时，卡斯泰利奥就在现场，但他们两人之间的密切关系尚未被深究。1563年11月，当指控卡斯泰利奥为渎神者的正式起诉书被递交到巴塞尔当局时，他们两人之间的关系被彻底调查，这给卡斯泰利奥带来了致命的危险。

1503 〔1〕约翰·弗里思（John Frith）在英格兰肯特郡(Kent)的韦斯特汉姆（Westerham）出生，准确日期不详。他是英国第一批新教殉道者之一。1525年在剑桥大学毕业后受红衣主教沃尔西(Wolsey)之聘在牛津新成立的红衣主教大学（后改称基督堂学院）任教。他被怀疑是提倡新教的异端分子，因而在1527至1528年间遭监禁。出狱后逃至德意志，在德意志出版一本书，内容包括《灵魂净化的争论》和一部比较基督与教皇的讽刺作品，同时也协助丁道尔（William Tyndale）从事《圣经》的翻译。1533年7月4日在史密斯菲尔德(Smithfield)以异端罪被用火刑处死。

〔2〕是年，意大利人文主义者库里奥纳（Celio Secundo Curione）在意大利的皮埃蒙特（Piedmontese）地区出生，准确日期不详。1538年，这位古典语言学者由于同情福音派而被迫辞去意大利帕维亚(Pavia)大学语法学和修辞学的教职。1542年到瑞士洛桑任教。1546年移居巴塞尔教授修辞学，直至1569年在巴塞尔去世。库里奥纳的神学思想非常接近茨温利的神学思想，并一直和布林格(Heinrich Bullinger)保持良好关系。但是库里奥纳

有强烈的唯灵论 (spiritualist) 的倾向，不放弃寻求"神秘的神灵"（hidden truth），他的某些异端思想使他受到怀疑，从而被排斥在正式的神学讨论之外。他在巴塞尔一直主张消融宗教信仰之间的隔阂，并和各方人士进行通信联系，包括波兰的大学生和学者。他自己表示，他毕生是一个不墨守成规的人。他是卡斯泰利奥真正的忠实朋友。库里奥纳于 1569 年去世，准确日期不详。

1504 7 月 18 日，瑞士宗教改革家约翰·海因利希·布林格（Johann Heinrich Bullinger）出生。布林格原为天主教徒，在德意志科隆大学学习时逐渐改变信仰，同情宗教改革。1523 年结识茨温利，遂成为茨温利的信徒。1531 年茨温利阵亡后，任苏黎世教会布道师，成为茨温利的主要继承人。为弥合同路德在圣餐问题上的分歧以维护新教教会的统一，参与起草 1536 年第一份《瑞士信纲》。1549 年与加尔文签署蒂古里诺协议，1566 年又与其他福音派和归正教会达成协议，拟定第二份《瑞士信纲》。1575 年 9 月 15 日在苏黎世去世。

1509 〔1〕7 月 10 日，加尔文在巴黎附近皮卡第（Picardie）地区的努瓦永（Noyon）小城出生。父亲热拉尔·科文（Gérard Cauvin）是努瓦永城的主教秘书兼主教座堂教士会的法律顾问和该郡的财务官员。他是父亲的第二个儿子。

〔2〕8 月 3 日，法兰西人文主义学者、出版家、被称为"第一位为文艺复兴事业牺牲的烈士"艾蒂安·多雷（Étienne Dolet）在法兰西的奥尔良（Orleans）出生。他曾先后在巴黎大学、帕多瓦大学、威尼斯大学求学，一度居住于图尔兹。多雷热心文艺复兴事业，反对极权主义，因卷入争论被逐出大学后迁居里昂。曾三次被指控为无神论者。1542 年和 1544 年先后因出版加尔文著作及柏拉图关于否定灵魂不灭的对话录而遭监禁。1546 年再次入狱，最后被巴黎大学神学教师团认定有罪而于1546 年 8 月 3 日在巴黎受火刑处死。

〔3〕9月29日，米格尔·塞尔维特（西班牙语拼写：Miguel Serveto）出生。这一天是大天使圣米歇尔（St.Michael）降临之日，故塞尔维特起名米歇尔（拉丁语拼写：Michael Servetus）。但他的出生年份和出生地点有两种说法，都源自他自己的供词。他于1553年在日内瓦受审时说自己四十四岁，那么他应出生于1509年；但他在维埃纳受审时又说自己四十二岁，那么他应出生于1511年。塞尔维特在其于1531年7月出版的《论三位一体之谬误》（De Trinitatis erroribus）一书中说自己时年二十岁，这也可以说是他出生于1511年的佐证。关于他的出生地点，塞尔维特在日内瓦受审时说自己出生于西班牙的阿拉贡（Aragón）锡耶纳（Sijena）的比亚努埃瓦（Villaneuva）。但在维埃纳受审时又说自己出生于纳瓦拉（Navarra）南部的小镇图德拉(Tudela)。有些史学家猜测，塞尔维特是由他父亲带着从别处迁往比亚努埃瓦的，并在该地长大。但这种猜测并无事实根据。不过，也不是空穴来风，因为塞尔维特自1536年起居住在里昂东南郊小镇维埃纳时使用化名米歇尔·德·维勒纳沃（Michel de Villeneuve），目的是为了防止遭到迫害。而维勒纳沃是西班牙语比亚努埃瓦（Villaneuva）的法语拼音，两者之间仅有两个字母不同和发音不同，但意思相同：均为"新镇"之意。法国也有一个小镇名叫维勒纳沃。米歇尔·德·维勒纳沃的意思是新镇的米歇尔，明眼人一看就知道是化名，塞尔维特使用的法语化名维勒纳沃的拉丁语拼音是Villanovus（维拉诺乌斯），故塞尔维特在其拉丁语著作中署名Michaele Villanovano。西班牙锡耶纳的比亚努埃瓦是西班牙阿尔卡纳德雷(Alcanadre)河畔的一座小村庄，地处韦斯卡（Huesca）省，属于莱里达（Lérida）主教区，离萨拉戈萨(Zaragoza)六十英里。

1511　是年，瑞士宗教改革家皮埃尔·维雷（Pierre Viret）在瑞士奥尔出生。1531年起受法雷尔影响在瑞士的沃州（Cant.de Vaud）

298　良知对抗暴力

宣传新教。1536 年伯尔尼与沃州合并，皮埃尔·维雷继续在沃州首府洛桑（Lausanne）推行宗教改革，1536 年 10 月在洛桑主持辩论会，继而在沃州各地成立加尔文宗教会（又名归正宗），曾于 1534 年 1 月 4 日奉伯尔尼市议会命令抵达日内瓦，协助法雷尔推翻日内瓦的天主教势力。1559 年因布道引起争议被迫离开洛桑，死前在法兰西奥尔泰兹神学院任教授。1571 年5 月 4 日在奥尔泰兹逝世。

1514　约 1514 年，苏格兰宗教改革家、苏格兰长老会创始人约翰·诺克斯（John Knox）在苏格兰洛锡安哈丁顿附近出生。准确日期不详。诺克斯 1554 年到达日内瓦会见加尔文，参与将《圣经》译成英语版，受到加尔文重视。1559 年回苏格兰，反对王族与苏格兰天主教会的亲法政策，谋求民族独立与建立新教。在英格兰援助下，法国被迫撤军。1560 年，苏格兰议会决定接受诺克斯根据加尔文的教义制定的教会组织条例和信仰条文，苏格兰长老会成立。1567 年苏格兰国会确定长老会为国教。诺克斯著有《苏格兰宗教改革史》。1572 年 11 月 24 日在爱丁堡逝世。

1515　〔1〕是年，新教神学家、人文主义者塞巴斯蒂安·卡斯泰利奥（拉丁语人名拼写 Sebastianus Castellio；法语人名拼写Sébastian Castellio）在当年萨伏依（Savoy）公国西部边境多菲内（Dauphiné）地区的圣·马丁·德·弗莱森（Saint-Martin-du-Fresne）小村庄出生。（该地区今在法国境内，但在 1416—1720 年间属于意大利北部萨伏依公国的领土；在 1494—1559年“意大利战争”中，1536—1559 年间属法兰西势力范围。）出生日期不详。卡斯泰利奥由于受加尔文影响而于 1540 年改信新教，次年被委任为日内瓦河滨学校主任教师（校长），但后来由于对宗教信仰的看法和加尔文不同，尤其是他认为《圣经》中《所罗门的雅歌》是情歌的观点，使他不能继续担任神职。1545 年移居巴塞尔,1552 年成为巴塞尔大学的希腊语教授。1554 年他用马丁·贝利(Martin Bellie)的化名出版《论异端分子》的两种文本(拉丁语版 *De Haereticis* 和法语版 *Traité des hérétiques*)。此书力陈宗教信仰的自由和宽容,同时谴责塞尔维特(Michael Servetus)在信仰加尔文教的日内瓦因异端分子罪名而遭处死一事,从而使他成为提倡宽容思想的先驱人物。卡斯泰利奥最著名的作品是将《圣经》译成拉丁语和法语。拉丁语版注重古典语言的美,法语版则用当时的口语译成。卡斯泰利奥于 1563 年 12 月 29 日在巴塞尔病逝。

巴塞尔(Basel),位于瑞士西北边境,今为瑞士第二大城市,莱茵河流经市中心,是瑞士最重要的港口及主要工业中心之一。公元 44 年由罗马人所建,公元 374 年罗马皇帝瓦伦提尼安一世(Valentinian Ⅰ.)访问该城时,起名为巴西利亚(Basilia),传说该城由恺撒部下大将巴西卢斯所建,故命名如是。今巴塞尔城名系从巴西利亚演变而来。该城主教堂建于 1019 年。1096—1501 年,巴塞尔为瑞士联邦成员,是德意志神圣罗马帝国的自由城市。教皇庇护二世(Pius Ⅱ.)于 1459 年 11 月 12 日颁布敕令建立巴塞尔大学,它是瑞士最古老的大学,造就了许多欧洲文化名人,如鹿特丹的伊拉斯谟,从此巴塞尔人文荟萃。1529 年,宗教改革时期巴塞尔属于新教徒的势力范围,是欧洲新教徒的避难中心。

〔2〕卡斯泰利奥出生于一个子女众多的农民家庭,他有三个兄弟(在日内瓦当钉马蹄铁工匠的 Pierre 和 Monet,在里昂当印刷工人的 Michel)和三个姐妹(Etiennette,Jeannette,Jeanne),家境显然不富裕,但父母却是受人尊敬的乡村居民,虽然所受教育不多,但勤劳一生,而且是虔诚的天主教徒。母亲姓名不详。父亲的名字是克劳德·沙蒂永(Claude Chastillon),为人善良,对偷盗和谎言深恶痛绝。塞巴斯蒂安·卡斯泰利奥毕生深爱自己的父亲,感谢父亲自幼教育他俭朴和诚实。卡斯泰利奥的家族

自称姓沙蒂永（Chatillon）或者沙泰永（Chataillon），这是法语的拼音，意大利语的拼音是卡斯泰利奥纳（Castellione）或者卡斯蒂格里奥纳（Castiglione）。16世纪的欧洲人在国与国之间来去十分自由，国与国之间的边界模糊。学者们无须护照或签证，足迹就能遍及欧洲各大学。所以学者们的姓名往往有多种语言的拼写，例如，加尔文的法语姓名是 Jean Calvin，英语是 John Calvin，拉丁语是 Iohannis Calvini，布泽的德语姓 Butzer，法语姓 Bucer，也正因为此，虽然西罗马帝国和东罗马帝国分别于公元476年和公元1453年先后灭亡，作为罗马帝国官方语言的拉丁语已进入历史，但是16世纪的欧洲学者仍然把拉丁语作为自己写作的首选语言，以便扩大超越国界的影响。

〔3〕1月1日，安德烈亚斯·维萨里（Andreas Vesalius）在布鲁塞尔出生。他是比利时医生。近代解剖学奠基人。曾任意大利帕多瓦（Padua）大学和巴黎医学院等院校的教授。其重大贡献在于通过详细描述人体解剖使解剖学成为一门科学，并使之成为生理学和所有生物科学的基础。主要著作有《人体构造》七卷。1564年10月15日去世。

1517 10月31日，马丁·路德在维滕贝格大学教堂的正门上贴出自己写的《九十五条论纲》，痛斥教皇出售赎罪券的恶劣行径，从而揭开德意志宗教改革的序幕。在欧洲文化史中，文艺复兴盛期是指意大利文艺复兴，但自1494年法国国王查理八世率军入侵意大利，占领佛罗伦萨、赶走美第奇家族起，意大利文艺复兴日趋式微。文艺复兴重心移至北欧，而北欧的人文主义者思想和意大利的人文主义思想颇多不同。茨威格称之为"古典的人文主义"是指1494年至1517年间北欧的人文主义者思想。

1519 〔1〕6月24日，法国神学家西奥多·德·贝扎（Théodore de Bèze）在法兰西勃艮第的韦泽莱（Vézelay）出生于一个贵族家庭。他早年在法兰西奥尔良学习法学，后在巴黎当律师。1548年因发表情诗《青春集》而成为著名拉丁语诗人。同年成为加尔文教派的信徒。1549年任瑞士洛桑大学教授。其后数年在欧洲各地宣传新教思想。1558年到日内瓦，次年协助加尔文创立日内瓦学院，并任首任院长。1564年继任加尔文日内瓦首席布道师直至去世。其大量著作对加尔文教派（归正宗）神学的发展有很大影响。代表作有《加尔文的一生》(*Vie de Calvin*,1564)、《法兰西改革派教会史》等。1605年10月13日在日内瓦去世。

〔2〕6—7月，马丁·路德阐述自己神学思想的"莱比锡辩论"(Leipzig Disputation)举行。

1520 教皇宣布革除马丁·路德天主教会教籍。

1521 〔1〕是年，马丁·路德当众焚毁教皇革除他教籍的谕令，从而促使宗教改革迅猛发展。宗教改革中创立的教派称新教(Protestantism)。新教和旧教（天主教）的主要区别在于：新教强调"因信得救"，即教徒凭自己的信仰即可得救，不必通过由教士主持的各种宗教仪式(所谓"圣事")；反对天主教的教阶制，反对崇拜偶像，新教只设少数牧师管理教会事务，牧师可以结婚；强调《圣经》是信仰的唯一依据，主张人人可以读《圣经》；反对教皇对各国教会事务的控制和干涉，要求建立独立于罗马教廷的民族教会，用本民族语言做礼拜，并且取消天主教的大部分宗教仪式，只保留洗礼和圣餐礼，因此新教教会被称为"廉俭教会"。参与宗教改革的人有市民和中产阶级、农民和城市平民，乃至封建主和世俗国王。新教有三宗：由马丁·路德创立的路德宗，产生于德意志，后传播至斯堪的纳维亚诸国以及瑞士和法兰西，属温和派；由加尔文创立的加尔文宗，产生于瑞士日内瓦，后传播至法兰西、尼德兰和苏格兰，属激进派；英国圣公会(Anglican)，又称英国国教会，是英王亨利八世(Henry Ⅷ.,1491—1547)领导下的自上而下建立的教派，属保守派。宗教改革打击了教皇和天主教会的势力，也在一定程度上打击了封建制度，但新教各宗仍然是民众的新的精神枷锁，加尔文宗尤甚。

〔2〕5 月，德意志神圣罗马帝国皇帝卡尔五世（Karl V.,1500—1558）在沃尔姆斯（Worms，今位于德国莱茵兰—法耳茨州境内）城召开帝国议会，旨在反对宗教改革倡导者马丁·路德及其教义。路德本人也应召与会。会后，皇帝颁布一道敕令，宣布路德为异端分子，应予逮捕，其拥护者的领地予以没收；禁止传播路德的教义，并责令将其全部著作销毁。路德由于得到一些世俗大公的支持，拒不悔罪。萨克森州选帝侯智者弗里德里希三世（Friedrich Ⅲ.der Weise,1463—1525）允许马丁·路德在萨克森的瓦特堡（Wartburg）避难。路德在瓦特堡避难期间开始将全部《圣经》译成德语。

1522 〔1〕十三岁的米格尔·塞尔维特被送到萨拉戈萨大学（University of Zaragoza）或者莱里达大学（University of Lérida）求学。（如果按照他出生于 1511 年计算，则是在 1524 年。）

〔2〕是年，16 世纪荷兰人文主义诗人、翻译家、雕塑家迪尔克·福尔克尔茨措恩·科恩海特（Dirck Volkertszoon Coornhert）出生，准确日期不详。其作品朴实无华，是 16 世纪文学的典范。在市政厅任职期间，曾投入反对西班牙统治荷兰的斗争，为奥伦治亲王起草宣言。1568 年在海牙被捕入狱，后逃至克莱沃。曾将西塞罗、塞内卡、波伊提乌等人的作品译成荷兰语。代表作有《诗歌集》《外世之道》（民俗学著作）以及译著《奥德赛》。1590 年 10 月 29 日去世。

1523 有一种说法认为，是年，年仅十四岁的加尔文初次到巴黎，然后在蒙太古神学院（Collège de Montaigu）上大学。这种说

法的依据源自法国历史学家雅克·德迈（Jacques Desmay）于
1621 年首次发表的简短论文。雅克·德迈发现努瓦永大教堂会
议记录册上有 1523 年 8 月 5 日的记录，大意是加尔文的父亲
热拉尔·科文获准送其子让·加尔文离开努瓦永，假期至同年
10 月 1 日。但是这项记录既未提及巴黎这座城市，也没提到巴
黎大学，只是明确说明热拉尔·科文希望儿子让·加尔文离开
努瓦永，以避开一场使努瓦永镇深受其害的瘟疫。雅克·德迈
根据这项记录推论说，这段时间是加尔文开始在巴黎学习的合
适时间。然而，这样的推论并无确凿的证据。也有一些传记作
者质疑说，假如加尔文果真有像人们所说的近乎超常的智力，
那么他在十二岁那年也许就已经有能力攻读大学的课程了。因
为根据当时的标准，十四岁上大学可以说是偏晚了。大概由于
早慧学生的人数骤增，巴黎的文学院于 1598 年规定，凡满十
岁者就可以正式上大学。于是，加尔文何时接受大学教育也就
有了其他的可能性。1521 年 5 月 19 日，努瓦永主教的秘书雅
克·勒尼亚尔（Jacques Regnard）向大教堂的全体教士报告说，
让·加尔文已被任命为拉热辛教堂（La Gésine）的牧师助理
（chaplaincy）。当年，牧师助理的俸禄是接受大学教育的先决
条件，因为这笔俸禄实际上可以用来交学费。有鉴于此，有传
记作者认为，加尔文可能于 1521 年岁末前往巴黎上大学，当
时他十一岁或者十二岁。但这也仅仅是一种推测。加尔文究竟
哪一年踏足巴黎上大学，至今仍然是悬案。参阅［英］阿利斯
特·麦格拉思著、甘霖译《加尔文传——现代西方文化的塑造
者》，中国社会科学出版社 2009 年 7 月第 1 版，第 20—21 页。

1524 〔1〕"一场宗教革命"（eine religiöse Revolution）是指 1524—
1526 年间的德意志农民战争。路德宗在新教中固然属于温和派，
但马丁·路德发动的宗教改革后来在德意志引发了武装起义。高
举宗教改革旗帜进行武装斗争的领袖和思想家是德意志宗教改革
家托马斯·闵采尔（Thomas Müntzer, 约 1490—1525），他是莱比

锡大学的神学博士，早年在德意志萨克森的哈勒（Halle）的一家修女院当神父。德意志宗教改革之初，闵采尔曾积极拥护路德的主张，1520 年 4 月到德意志东部茨维考 (Zwickau) 城教堂任牧师，宣传新教教义，由于经常接触矿工和贫苦农民，日渐不满路德依靠贵族进行其温和的宗教改革，从 1520 年末起便同路德决裂，积极帮助再洗礼派制定教义，强调"千年天国"不能靠等待，而应当通过斗争在现世建立，1521 年和再洗礼派一起领导茨维考城工匠起义，起义失败后被逐出德意志，1522 年初重返德意志后，任德意志东部小镇阿尔施泰特（Alstätte）教堂牧师，积极进行民众的宗教改革，宣传他的"千年天国"的教义，称现实的世界是教会和世俗封建主的罪恶统治，天主的选民——农民和工人应该拿起剑，只有用"大震荡""大打击"的暴力手段才能将那些不敬天主的贵族推翻。1524 年冬闵采尔到达施瓦本 (Schwaben) 地区，参与领导声势浩大的德意志农民战争。全德意志约有三分之二的农民以不同形式投入斗争，其中有较大规模的六支农民军，总数达三四万人。这次农民起义以失败告终。闵采尔在战斗中受伤被俘后被处死。当德意志农民战争 (1524—1526) 风起云涌之时，正值卡斯特利奥十岁左右的少年时代。

〔2〕是年，伊拉斯谟的《论自由的意志》（拉丁语 *De libero arbitrio diatribe*）问世。伊拉斯谟认为，根据《圣经》的教导和早期教士们的阐释、并经哲学家们证实，人是有理性的，因而人的意志是自由的。如果不承认人的自由意志，表达天主的正义和仁慈的词语就没有意义。倘若万物都是按照纯粹而难免的必然发生，那么《圣经》（《提摩太前书》第三章）里的教导、责备和告诫又有何意义呢？路德为了反驳伊拉斯谟的上述观点撰写了《论不自由的意志》（拉丁语 *De servo arbitrio*），路德认为，人的意志就好比是一匹坐骑，介于天主与魔鬼之间，骑手可能是天主，也可能是魔鬼，亦即人的意志可能被天主驾驭，也可能被魔鬼驾驭。伊拉斯谟的观点是：人行善或行恶，亦即

能否救赎自己，可以由自己的意志决定。路德的观点是：人行善或行恶，亦即人能否救赎自己，是由天主决定。天主决定着被他抛弃的人去行恶，从而进入地狱。路德的这种观点被称为"绝对决定论"（英语 absolute determinism）和加尔文的"双重预定论"同出一辙。大多数正统的天主教徒和大多数德意志的人文主义者支持伊拉斯谟的观点，加尔文则支持路德的观点。

1525 〔1〕3 月 25 日，欧洲宗教改革时期意大利反正统派神学家莱利奥·索齐尼（拉丁语名为 Laelius Socinus，意大利名为 Lelio Sozzini，在百科全书中以拉丁语名为准）在意大利锡耶纳出生。1547 年抵苏黎世宣传其反对"三位一体"论等主张，被茨温利拒绝；在日内瓦时更被加尔文视为异端分子。1555 年放弃己见，宣誓服从茨温利派。1559 年回意大利，受到宗教裁判所迫害，只得再次流亡苏黎世，1562 年 5 月 14 日在苏黎世去世。

〔2〕十六岁的米格尔·塞尔维特被送到图卢兹大学学习法学三年（或者是在 1526 年）。图卢兹（Toulouse）位于法兰西朗格多克 - 鲁西永（Languedoc-Roussillon）地区。中世纪时是文化名城，有众多学府，圣托马斯·阿奎纳（St.Thomas Aquinas,1225—1274）葬于此地。

1526 米格尔·塞尔维特被胡安·德·昆塔纳（Juan de Quintana）聘为秘书。胡安·德·昆塔纳是巴黎大学的博士和方济各会（Franciscan）的修士。方济各会（意大利语 Ordo Franciscanorum，一译法兰西斯派，亦称小兄弟会），天主教托钵修会主要派别之一。13 世纪初由意大利人方济各 (Francesco d'Assisi, 约 1182—1226，一译法兰西斯）创立。方济各出身于意大利阿西西（Assisi）城的一个呢绒商家庭。1202 年在与佩鲁贾（Perugia）城作战中被俘。一年后获释。1205 年起信奉清苦生活，后又宣讲所谓"清贫福音"，收纳信徒（互称小

兄弟），遂建立方济各会，并为之规定生活准则。1210 年方济
各会获教皇英诺森三世（Innocentius Ⅲ., 1160—1216）批准。
1212 年又协助创立方济各第二会（修女会）。方济各死后被教
皇尊为"圣徒"。

1527 〔1〕加尔文哪一年抵达巴黎上大学是一个悬案。哪一年离开巴
黎转学到奥尔良修读民法，也是一个悬案。一种说法是 1527
年，另一种说法是 1528 年。据加尔文自己表示，其父要他改
学法学纯粹出于经济上的考虑，因为当律师可赚更多的钱，而
且有迹象表明，当时他父亲热拉尔·科文由于涉嫌努瓦永一些
财务违规行为而给加尔文在教会里的任职前景蒙上了阴影。而
当初父亲要加尔文在巴黎研读神学的意图也是相当明显：由于
热拉尔·科文给主教和全体教士留下良好的印象，这一点就足
以促使其子加尔文在教会中迅速攀升。关于加尔文在巴黎上大
学的经历，20 世纪英国的福音派神学家阿利斯特·麦格拉思
（Alister McGrath）在其著作《加尔文传——现代西方文化的塑
造者》（*A Life of John Calvin—A Study in the Shaping of Western
Culture*）一书中在对各种版本的加尔文传记进行考证之后认
为，加尔文在巴黎时期曾师从当时巴黎圣巴尔贝学院 (Collège
de Sainte-Barbe) 的著名教师马图林·科尔迪耶（Mathurin
Cordier）学习拉丁语法，但这并不意味着加尔文曾在圣巴尔
贝学院正式注册上学。早期的加尔文传记曾记载加尔文在巴
黎的圣巴尔贝学院或者在马尔什学院（Collège de La Marche）
上过学，可能是出于早期的加尔文传记作者的错误推断或误
解。加尔文也许是在科尔迪耶的指导下在圣巴尔贝学院或者在
马尔什学院上拉丁语课。但年轻的加尔文并不是这两所学院的
正式学生。而后，加尔文正式入读蒙太古神学院 (Collège de
Montaigu)，他攻读文科，可能打算在顺利毕业之后研读神学。
（在本《大事年表》中关于加尔文的生平主要参考〔英〕阿利
斯特·麦格拉思著、甘霖译《加尔文传——现代西方文化的

塑造者》；同时参考茜亚·凡赫尔斯玛（Thea B.Van Halsema）著、王兆丰译《加尔文传》（*This Was John Calvin*），华夏出版社 2006 年 1 月第 1 版；刘林海著《加尔文思想研究》，中国人民大学出版社 2006 年 10 月第 1 版，以及［美］布斯马著《约翰·加尔文——一个十六世纪的人物写照》英语版。）

〔2〕1527 年或 1528 年，年轻的文科学士加尔文离开巴黎前往奥尔良，师从堪称"法兰西律师王子"的皮埃尔·德·勒斯图瓦热（Pierre de l'Estoile）主修民法。奥尔良大学不是一所学院式大学，只拥有一个系——法律系。

〔3〕日内瓦名义上的权力机构是 1527 年设立的二百人议会（法语 Conseil des Deux Cents）。日内瓦政府是行政公署（法语 Senatus 或 Conseil Ordinaire，亦可译为行政常务委员会；德语 Magistrat），行政公署由二十四名男性公民组成，其中包括四名行政官，每个成员被称为"日内瓦的主人"（法语 Messieurs de Genève），分别管理日内瓦公共事务的各个部门。

〔4〕5 月 21 日，西班牙国王腓力二世（Philipp Ⅱ.）出生。他是德意志神圣罗马帝国皇帝卡尔五世的儿子。1554 年，腓力二世和英国女王玛丽一世结婚。1556 年卡尔五世退位后，腓力二世继任西班牙国王，除西班牙本土外，还领有尼德兰（荷兰）、那不勒斯、西西里、米兰及美洲殖民地。腓力二世在位时，西班牙是欧洲版图最大的国家，故腓力二世有"两个世界的皇帝"之称。1568 年以后，尼德兰（荷兰）抵抗运动不断。当时的英国和法国则竭力支持尼德兰（荷兰）抵抗西班牙。使西班牙卷入对付尼德兰的"八十年战争"。由于尼德兰（荷兰）民众的反抗，加上西班牙"无敌舰队"在远征英格兰时失败。西班牙终于在 1648 年承认尼德兰（荷兰）的完全独立。腓力二世于 1598 年 9 月 13 日驾崩。

308   良知对抗暴力

1528   教皇承认嘉布遣修士会（Capuchin），其正式名称是嘉布遣小兄弟会，是天主教方济各会的一支，该会会服附有尖顶风帽。

1529   〔1〕7月，塞尔维特作为胡安·德·昆塔纳的秘书和昆塔纳一起成为卡尔五世（Karl V., 1500—1558）的随行人员，直至1530年4月。当时卡尔五世是德意志神圣罗马帝国皇帝兼西班牙国王，他在西班牙被称为卡洛斯一世（Carlos I.）。昆塔纳当时是西班牙议会的议员，自1529年任卡尔五世皇帝的忏悔牧师。

〔2〕路易·德·贝尔坎（Louis de Berquin）在巴黎作为异端分子被火刑处死。

1530   〔1〕2月23日至24日，塞尔维特随从昆塔纳出席在意大利北部城市波伦亚（Bologna, 今译博洛尼亚）举行的卡尔五世双重加冕典礼。

〔2〕5月，塞尔维特不再担任昆塔纳的秘书。

〔3〕7月，塞尔维特抵达巴塞尔，逗留十个月。

〔4〕10月，塞尔维特在巴塞尔拜访德意志人文主义者、神学著作研究家、当时巴塞尔的牧师领袖约翰内斯·奥科兰帕迪乌斯（Johannes Oecolampadius,1482—1531），并表示自己对天主的三位一体有不同看法，但遭到奥科兰帕迪乌斯的严厉谴责。

1531   〔1〕年初，加尔文毕业于奥尔良大学，获法学学士学位（Licencié ès lois）。

〔2〕5月，塞尔维特在斯特拉斯堡会见宗教改革家马丁·布泽和基督教人文主义者法布里齐乌斯·卡皮托。

〔3〕7月，塞尔维特自己出资在哈格诺刊印自己的著作《论三位一体之谬误》（拉丁语 De Trinitatis erroribus，全名是《论三位一体之谬误七章》，De Trinitatis erroribus libri septem）。哈格诺（拉丁语 Haguenau，德语 Hagenau），今法国东部下阿尔萨斯（Unterelsaß）一城市，中世纪末期属于德意志神圣罗马帝国版图，1648年后属法国版图。

三位一体（英语 Trinity，拉丁语 Trinität，德语 Dreieinigkeit），或称"三一论"，或称"天主三位"，是基督教基本教义之一，认为基督教信奉的天主包括圣父、圣子、圣灵三位。但在基督教《圣经》的《旧约》和《新约》中均无"三位一体"（Trinität）这个词，这是后世基督教正统派教会对基督教所作的神学诠释，声称基督教信奉的天主是通过圣父（Vater——创世的耶和华 Jahve）、圣子（Sohn 或 "Logos" ——耶稣 Jesus von Nazareth）、圣灵（Heiliger Geist——存在于人们心中的耶稣神灵）的行动或表现，显示其本体。从理论上说明既三又一的关系，向来是神学上的一大难题。基督教的东西两派教会（君士坦丁堡的东正教会和罗马的天主教会）都认为，"三一论"的教义是"奥秘的启示"，只能凭信仰接受，无法用理性说清。

〔4〕7月，塞尔维特在哈格诺出版《论三位一体之谬误》以后，重返巴塞尔。

〔5〕10月11日，茨温利在卡佩尔战役（the battle of Kappel）中阵亡。

1532　〔1〕4月，二十二岁的加尔文在巴黎自费出版一本用拉丁语写的论集，注解塞内卡（Seneca）的《论仁慈》（De clementia），当时加尔文正在巴黎修读古典文学，而巴黎的街头巷尾已处处在谈论宗教改革，新教的烈士型人物事实上也已在法国出现，不少人还是加尔文的朋友，其中有尼古拉·科普（Nicholas Cop）。

〔2〕5月中下旬，加尔文离开巴黎前往奥尔良，目的是大概要完成他的一项法学研究。

〔3〕5月至6月间，加尔文被任命为奥尔良的皮卡第大学（Picard Nation）的年度代理视察员（substitut annuel du procureur）。这个职位的确切性质并不清楚，好像是名誉行政职务，但任期却是整个学年（1532—1533）。学年结束后，加尔文回到自己的故乡努瓦永。

〔4〕4月17日，罗马教廷驻德意志神圣罗马帝国皇帝卡尔五世皇宫的使节奇罗拉莫·阿雷安德卢（Girolamo Aleandro）主教致信教皇克雷芒七世（Clement Ⅶ., 1478—1534）的秘书桑加（Sanga），报告塞尔维特的著作《论三位一体之谬误》一事。

〔5〕5月24日，西班牙萨拉戈萨（Zaragoza）的宗教裁判所决定审判塞尔维特，因为一个名叫亚历山大（Alexander）的人于1532年4月向宗教当局报告了塞尔维特的《论三位一体之谬误》一书。

〔6〕6月17日，图卢兹的宗教裁判所发出拘捕塞尔维特的教令。

〔7〕托马斯·莫尔爵士（Sir Thomas More）下令以异端分子罪名逮捕约翰·弗里思（John Frith）。

〔8〕是年秋，塞尔维特在巴塞尔出版了第二本共计十九页的小册子《关于三位一体的对话之二》（拉丁语题名为 *Dialogorum de Trinitate libri duo* ），并在小册子后面附有一篇拉丁语题名为 *De Iustitia regni Christi, capitula quatuor* 的共计二十五页的论文，

再次阐述他不赞同神的三位一体的教义。塞尔维特指出,《圣经·新约》中并无"三位一体""位格""本体""本质"等这样一些词语。这些词语是后来产生的。塞尔维特声称,耶稣基督是人,是神明之子,是救世主,虽然具有神性,但不具有永恒性。道是永恒的,但耶稣基督不是,因此耶稣基督不等同于神明。同样,圣灵也不是一个位格。圣灵是耶稣基督升天后驻留在信徒心中的耶稣基督。塞尔维特的论点全面否定自尼西亚基督教普世主教会议以来正统教会关于天主的三位一体的教义。公元325 年,罗马帝国皇帝君士坦丁一世(当时还不是基督徒)在罗马帝国境内小亚细亚俾提尼亚的尼西亚(Nicǎa,今为土耳其的伊兹尼克 Iznik)城召开第一次基督教普世主教会议,旨在解决基督教各教派之间的论争,加强罗马帝国皇帝对教会的控制。会议制定了强制性的统一信条(《信经》),决定"耶稣基督(圣子)与上帝(圣父)同性(同体)",应被所有教会共同遵守,宣布拒不接受此项信条的阿里乌派为"异端",将其开除出教,会议还制定教会法规,以加强主教权力,实为加强罗马帝国皇帝的权力,因为主教由皇帝任免。尼西亚会议使基督教在政治上和思想上成为罗马帝国的统治工具。

1533 〔1〕2 月 28 日,文艺复兴后期法国著名随笔作家米歇尔·德·蒙田(Michel de Montaigne)出生。蒙田出身富商家庭,蒙田的父亲皮埃尔·埃康年轻时曾随法国国王弗朗索瓦一世征战意大利,作为对他忠诚效劳的报答,他得到了蒙田领主这一贵族头衔。蒙田出版《随笔集》时署名为"蒙田领主米歇尔",以后一直沿用米歇尔·德·蒙田这个贵族名字,而隐去了原来的平民姓氏——埃康,故有高贵的蒙田一说。蒙田于 1592 年 9 月 13 日在蒙田城堡去世。

〔2〕7 月 4 日,约翰·弗里思(John Frith)在英国史密斯菲尔德(Smithfield)以异端分子罪被火刑处死。

312 良知对抗暴力

〔3〕8月23日，加尔文在自己的故乡努瓦永参加教会的一次大型会议，两个月后，加尔文出现在巴黎。

〔4〕是年秋，加尔文的朋友尼古拉·科普（Nicholas Cop）当选为巴黎大学校长，科普选择以教会需要改革和内部需要更新作为就职演说的主题，结果表明这是一个灾难性的错误判断。

〔5〕11月1日，科普按照惯例发表标志新学年开始的演说。演说在巴黎各阶层激起愤怒，听众认为演讲的内容放肆且具有攻击性。11月19日，科普之前的前任校长葡萄牙学者安德里亚斯·德·戈维亚（Andreas de Gouveia）接替科普复出任校长。第二天，科普被要求前往大理院（Parlement）。科普当时仍在巴黎，但并未在大理院出现，随后潜逃至巴塞尔。

〔6〕11月中下旬，加尔文逃离巴黎，因为有人怀疑他和科普的11月1日的讲演稿有牵连。

〔7〕12月的某一天，加尔文回到巴黎。由于城内形势紧张，加尔文深居简出。

1534 〔1〕1月，加尔文离开巴黎市区，因为友人警告加尔文，他已被列入黑名单，迟早会被当作宗教改革激烈分子而遭拘捕。而后，他借居在昂古莱姆（Angoulême）的教士——克莱克斯（Claix）的教区长路易·杜·蒂利特（Louis du Tillet）——的家乡圣东日（Saintonge）的住宅。杜·蒂利特家族在昂古莱姆拥有一座几千册藏书的图书馆。加尔文利用那些藏书开始撰写其巨著《基督教要义》。

〔2〕2月，大批来自荷兰、比利时的再洗礼派（Wiedertäufer）信徒在德意志威斯特法伦地区的首府明斯特（Münster）城

举行声势浩大的武装起义，依靠当地贫困平民的支持，在约翰·冯·莱登（Johann von Leiden）领导下驱逐明斯特领主（也是明斯特天主教主教），建立一个具有公社性质的"国家"，采取若干平均主义的政策，例如，没收教会财产及所有金银，以应公需；取消货币；粮食及日用品实行平均分配；禁止投机的商业活动；居民都要从事公益劳动和参加城市防卫；凡破坏社会秩序或临阵退缩者，都要予以惩戒，直至处死。富裕的新教徒与天主教徒因恐慌而纷纷逃离该城。明斯特"国家"得到德意志和尼德兰一些城市的支援，斗争坚持了十六个月，直至1535 年 6 月 25 日明斯特城被主教（领主）的军队攻陷。茨威格在本书中将这次起义称作"可怕的悲喜剧"。

〔3〕再洗礼派（Wiedertäufer）是 16 世纪宗教改革时期在德意志、瑞士、荷兰等国产生的基督教团体。该教派不承认为婴儿所施的洗礼，主张成年后需重行受洗。其主要成员是农民和城市平民。该教派对封建制度及其支柱天主教会十分不满，热切盼望在现世实现社会公正。其中一部分人主张财产公有，反对贵族、地主与教会的土地占有制度。其不少成员后来参加1524—1526 年的德意志农民战争和 1534 年的明斯特起义，但均以失败告终。

〔4〕5 月 4 日，加尔文辞去家乡努瓦永的拉热辛教堂牧师一职，标志着他与天主教会的决裂。据加尔文传记作者尼古拉斯·科拉顿（Nicolas Colladon）记载，加尔文离开努瓦永之后曾在纳瓦尔王后玛格丽特的宫廷度过一段时间，随后又在巴黎和奥尔良住过。加尔文潜回巴黎期间曾和许多新教领袖联系。据科拉顿记载，加尔文在巴黎时曾打算与米格尔·塞尔维特见面。鉴于巴黎的危险处境，他们事先约好在位于圣安托万街（Rue Saint Antoine）的一个安全地点见面。但塞尔维特最终并未出现。这段史实源自《加尔文大文集》拉丁语版第 8 卷

第 481 页。参阅［英］阿利斯特·麦格拉思著、甘霖译《加尔文传——现代西方文化的塑造者》，第 75 页。

〔5〕10 月 18 日（星期天）清晨，巴黎和法国某些乡镇的醒目位置上皆张贴着猛烈抨击天主教弥撒的匿名告示。这是法国纳沙泰尔 (Neuchâtel) 福音派运动的著名作家安托万·马科特（Antoine Marcourt）所为。这些福音派的海报宣称"教皇制度下的弥撒带来可怕、巨大、令人不堪忍受的弊端"。这就大大激怒了虔诚的天主教徒。福音派一夜之间被视为是"造反派的宗教"，是扰乱法国社会和破坏现状的威胁。法国国王弗朗索瓦一世（François Ⅰ.,1515—1547 年在位）也同样被激怒，他从昂布瓦斯城堡的行宫回到巴黎后就大肆迫害一切涉嫌支持福音派的人。

〔6〕英国都铎王朝国王亨利八世（Henry Ⅷ.,1491—1547，1509—1547 年在位）以教皇不准其与王后西班牙公主凯瑟琳离婚为理由，于 1534 年促使国会通过《至尊法案》(*Act of Supremacy*)，同教皇决裂，实行自上而下的宗教改革，建立国教。亨利八世遂成为英国教会（English Church）领袖。

〔7〕是年，塞尔维特在里昂为印刷商梅尔基奥尔（Melchior）和卡斯帕尔·特雷克塞尔（Kasper Trechsel）担任编辑，先后编辑过盖伦、希波克拉底、托勒密等人的著作。

〔8〕塞尔维特重返巴黎，在巴黎大学研读医学；同时担任数学教师。塞尔维特在巴黎时原打算秘密会见加尔文，讨论神学问题。但这次秘密会见最终因故没有实现。

〔9〕四十七岁的贝尔纳尔德·奥基诺（Bernardio Ochino）成为嘉布遣修士会修士。

1535 〔1〕7月6日，英国空想社会主义者和《乌托邦》的作者托马斯·莫尔（Thomas More, 1477—1535）因反对英国自上而下的宗教改革，拒不承认亨利八世为英国教会领袖，以叛国罪在希尔塔楼 (Tower Hill) 被处死。

〔2〕塞尔维特编校的托勒密（Ptolemy）的《地理学》(*Geography*) 在里昂出版。此处的托勒密是指克劳狄乌斯·托勒密（Claudius Ptolemäus，约90—约160），他是来自埃及的希腊天文学家和数学家。著有《天文学大成》(*Almagest*)，集古代天文学看法之大成，提出"地心说"宇宙观（太阳围绕地球转）。托勒密的非科学的宇宙观得到基督教会的支持，长期统治中世纪欧洲的思想界，直至波兰天文学家哥白尼（Nikolaus Kopernikus, 1473—1543）提出日心说（行星地球围绕太阳转）后，托勒密的地心说才退出历史舞台。托勒密还著有《地理学》(*Geographie*) 八卷，但限于当时的历史条件，在他的《地理学》中没有美洲，也没有太平洋。

1536 〔1〕3月，加尔文的《基督教要义》拉丁语第一版在巴塞尔出版。关于《基督教要义》的概述，参阅《大事年表》1559年记事。

〔2〕5月19日，日内瓦行政公署在福音派神学家纪尧姆·法雷尔 (Guillaume Farel) 的压力下决定召集扩大会议，征询民意，是否愿意按照宗教改革后的信仰生活。5月21日，日内瓦居民公开集会投票，发誓"按照福音书和耶稣基督之道生活，废除教皇的一切弊端"。日内瓦宗教改革的第一阶段就此结束。日内瓦共和国的新教政权持续了二百五十年，直至18世纪末法国大革命的军队侵占日内瓦后才告结束。

〔3〕7月12日，伊拉斯谟在巴塞尔逝世。

〔4〕7月，加尔文前往日内瓦。

〔5〕9月5日，加尔文在日内瓦被任命为布道师。

〔6〕欧洲的罗讷河（Rhône）流经日内瓦全城，将城区一分为二，河的左岸是老城区，坐落在山冈上，中世纪时曾有城墙。老城以圣·皮埃尔大教堂（St.Pierre cathédrale）为中心，该教堂建于12至13世纪，曾用名圣·彼得教堂，周围是罗马时代的建筑和哥特式建筑，古貌风韵保存至今。1536年加尔文抵达日内瓦后不久，任该大教堂布道师（Prediger），实为日内瓦新教领袖，1541年，加尔文在此建立政教合一的城市共和国。城市国家是中世纪欧洲的自治共和国。11世纪以后，欧洲一些在贸易上处于有利位置的城市，由于有较发达的商业和手工业，因而有较强的财力建立起自己的武装，经过同封建领主的斗争获得了自治权，而后又获得了对周围农村的统治权，从而建立起城市共和国。18世纪末，由于法国大革命的影响，日内瓦政教合一统治瓦解。日内瓦罗讷河的右岸今是现代化新城区，是金融机构和国际性政治机构的中心。

〔7〕塞尔维特按照里昂的著名医学家桑福里安·尚皮耶（Symphorien Champier）的建议，重返巴黎大学隆巴尔学院（Collège Lombards）学医。

1538　〔1〕2月3日，日内瓦的爱国志士、秘密的天主教徒和一个主张宗教信仰自由的团体——自由党（Libertins）的成员在新一届行政公署的选举中获得多数，因为日内瓦人虽然习惯于接受宗教统治，但过于严厉和苛刻的宗教统治使他们难以接受。过去在天主教统治下，道德要求很宽，他们尚且感到不便，如今新教的规定使他们动辄得咎，于是他们便准备反抗了。新的行政公署命令教士不得过问政治。法雷尔和加尔文一方面声称新的行政公署为非法，同时又声称，如果行政公署不收回成命，他们就不举行圣餐礼仪。4月23日（也有文献记载为4月21日复活节），行政公署举行公民投票表决，决定解除法雷尔和加尔文的布道师职务，同时命令他们三天之内离开日内瓦。日内瓦的市民对行政公署的决定表示支持，曾公开举行庆祝活动。而后加尔文去了斯特拉斯堡，法雷尔应法国南部纳沙泰尔市（Neuchâtel）之聘，前往布道，他在那里度过了整个晚年，1565 年在纳沙泰尔去世，如今在那里还保存着一块纪念法雷尔的石碑。

〔2〕2 月 12 日，塞尔维特确认月球与火星的月食现象。

〔3〕3 月 24 日，塞尔维特在巴黎大学注册。

〔4〕2 月至 3 月，塞尔维特在巴黎出版以拉丁语 *Michaelis Villanovani in quendam medicum apologetica disceptatio pro astrologia* 为书名的小册子，声称要开设一门跨学科的课程——把医学和数学、气象学、天文学、星相学进行交叉的课程，但遭到医生们的强烈反对。

〔5〕夏天，塞尔维特移居法国的沙尔略（Charlieu），在该地住了两年或三年。

〔6〕10 月前后，加尔文在斯特拉斯堡完成《基督教要义》新版本。

1539 〔1〕接替加尔文和法雷尔的布道师们无论在布道及维系道德方面都显得非常无能。日内瓦市民不把他们放在眼里并又恢复了宗教改革前的放逸生活。赌博、酗酒、斗殴和奸淫事件经常发生。到处充满靡靡之音。人们赤身露体招摇过市。领导驱逐加尔文和法雷尔的四名官员中有一个因谋杀罪被判处死刑，有一个因伪造文书受罚，有一个犯了叛国罪，有一个因拒捕被杀。左右行政公署的工商界人士发现行政公署一团糟。日内瓦城由于缺乏领导人而秩序混乱，而这种混乱的秩序使工商业无从发

318　良知对抗暴力

展。难道让被驱逐的天主教主教复辟？行政公署的官员们害怕自己被复辟的主教撤换或被逐出教会。他们斟酌再三，决定还是请加尔文回来。参阅〔美〕威尔·杜兰著《世界文明史》卷六《宗教改革》，东方出版社，1998年9月第1版，第358页。

〔2〕6月24日，法国颁布反对路德教派的法令（General Edict）。

1540　〔1〕1月，三名路德教派信徒在里昂（Lyons）被活活烧死。

〔2〕加尔文的《基督教要义》法语版首次出版。

〔3〕耶稣会被教皇批准。

〔4〕塞尔维特在法国的蒙彼利埃（Montpellier）大学研读，很可能在该大学获得医学博士学位。

〔5〕塞尔维特成为维埃纳（Vienne）大主教皮埃尔·保尔米埃（Pierre Paulmier）的私人医生。

〔6〕塞尔维特在里昂校订桑托斯·帕格尼尼（Santes Pagnini）的七卷本《圣经》（新版式），他在此书中使用塞尔维特医学博士头衔。

〔7〕8月，加尔文在斯特拉斯堡由布泽安排和荷兰女子伊多莱特·范·布伦（Idoreit van Buren，法语名 Idelette de Bure，？—1549）结婚。布伦在和加尔文度过"精神上完全和谐"的九年夫妻生活之后于1549年3月底离世。加尔文在布伦去世后的十五年余生中一直过着独身生活，直至1564年逝世。据俄国学者梅列日科夫斯基的考证，加尔文和布伦共生过四个孩子，

均夭折，而不是如多数史料记载只生过一个孩子。加尔文教派又称"归正宗"，意指经过改革而复归正确的教义，所谓"归宗"是指从别的教派改信加尔文教派。布伦和加尔文结婚后自然"归宗"（改信）加尔文教派。

〔8〕10月，日内瓦行政公署内亲法雷尔的派系又控制了日内瓦。法雷尔与加尔文不在日内瓦时所发生的事情已经证明宗教改革与自治之间、道德与社会风气之间的相互依存关系。亲法雷尔的派系也许对宗教改革和维护公德并没有多大兴趣，但他们关注城市的独立与社会风气，关注日内瓦城市共和国的生死存亡。他们首先采取的举措之一就是召回法雷尔和加尔文。试探性的书信已送达斯特拉斯堡，询问加尔文是否愿意回日内瓦。

斯特拉斯堡（Strasbourg），位于今法国东北部阿尔萨斯（Alsace）地区，地处莱茵河畔，和德国隔河相望，这座城市在历史上曾数次是德意志领土，城内的教堂和民居颇似德意志风格，中世纪时这里是人文荟萃之处。加尔文于1538至1541年在此居住。当时该城是直属德意志神圣罗马帝国皇帝的自由城之一。该城的实际统治权是掌握在名为"外乡人教会"（L'Église des Étrangers）的新教会众（教徒大半来自法兰西）的手中。"外乡人教会"每年给加尔文的圣俸是五十二盾（相当于今一千三百美元年俸），为弥补开销不足，加尔文有时卖掉自己的藏书，同时把房间租给学生寄宿。

〔9〕5月，卡斯泰利奥公开宣布信仰新教，并从里昂出发前往斯特拉斯堡会见加尔文。看来两人之间已有特别亲密的关系，虽然具体细节不详。卡斯泰利奥到达斯特拉斯堡后就在加尔文家中下榻。但一星期之后他不得不搬到别处去住，因为他要为那位高贵的流亡者德·韦琪夫人（Madam du Verger）腾出房间。在加尔文前往哈格诺(Hagenau)参加宗教高级研讨会（religious colloquy）期间，卡斯泰利奥仍留在斯特拉斯

堡照顾加尔文的一个男仆——一个名叫萨伏亚（Savoyard）的小伙子，因为此人病得很重。1541年初，鼠疫袭击斯特拉斯堡，当时照顾病人要冒极大的生命危险。但当加尔文前往德意志的雷根斯堡（Regensburg）参加德意志神圣罗马帝国的帝国议会（imperial diet）时，卡斯泰利奥却在斯特拉斯堡照顾那些感染瘟疫的加尔文的家庭成员和他的学生。卡斯泰利奥的忘我精神和勇气感人至深。他的这种高尚品质在后来的岁月中也常有表现，他志愿照顾病人和濒死的人而不顾自己的安危。没有文献记载他在斯特拉斯堡逗留的将近一年的时间内靠什么为生，很可能是当私人家庭教师辅导学童，也可能是某所文理中学的代课教师或者教师的助手。他在斯特拉斯堡获得的是重大的人生经验。他深入了解到人文主义教育和两种宗教信仰的并存。他遇到不少加尔文的朋友和学生，还结识了纪尧姆·法雷尔（Guillaume Farel），是他为卡斯泰利奥开辟了通往日内瓦的道路。参阅〔瑞士〕古吉斯贝格著《塞巴斯蒂安·卡斯泰利奥的一生》英语版，第25—26页。

1541　〔1〕塞尔维特编校的托勒密著《地理学》第二版在里昂出版。

〔2〕2月24日，塞尔维特签署校订帕格尼尼七卷本《圣经》的合同。

〔3〕5月1日，日内瓦行政公署撤销过去对加尔文和法雷尔的驱逐令，并宣布恢复他们的名誉。行政公署为了劝加尔文回日内瓦主持宗教事务，派出了一个又一个的代表团。法雷尔并不介意日内瓦行政公署对他未像对加尔文那样的盛大邀请。当日内瓦行政公署的代表团对加尔文的推辞感到无能为力时，法雷尔反倒挺身而出，劝加尔文回日内瓦。当时加尔文已经习惯在斯特拉斯堡的生活。当地的人也希望他留下。他本人对重返日内瓦并无多大兴趣，然而盛情难却，最后加尔文仅同意回日内

瓦作一次礼节性访问。1541年9月13日,加尔文重返日内瓦,日内瓦的盛大欢迎使他深受感动。一遍又一遍的致敬、道歉和保证——保证在加尔文领导下信奉福音派并整顿秩序。这一来,加尔文想走也走不成了。1541年9月16日,加尔文写信给法雷尔:"你的盛情我领了。我已决定不离开日内瓦。愿天主赐福大家。"

加尔文为了管理圣·皮埃尔教堂和日内瓦城内其他几处教堂而任用了八位助理布道师。他一天工作十二至十八小时。他的工作有布道、行政管理、讲授神学、主持教会纪律监督委员会及学校会议,向行政公署提供意见,维系公共道德、指导教徒祈祷。除上述工作外,他还增订《基督教要义》,注释《圣经》以及回复各地教友来信——其通信就数量而言,虽不及伊拉斯谟,但影响力远远超过伊拉斯谟。加尔文睡得少、吃得少,并经常斋戒,他的继任人——亦即其传记作者西奥多·德·贝扎(Théodore de Bèze)说:"说来真奇怪,这么文弱的人却能挑起这么沉重的担子!"参阅〔美〕威尔·杜兰著《世界文明史》卷六《宗教改革》,中文版第358—359页。

〔4〕6月17日,日内瓦行政公署根据法雷尔的提议,任命二十六岁的卡斯泰利奥为河滨学校(Collège de Rive)的主任教师(régent)。6月20日,卡斯泰利奥接受此职位。自从日内瓦实行宗教改革以来,就面临着改进教育体制的问题。1536年5月,原来的市立学校——韦松内克斯学校(Collège Versonnex)搬迁到罗讷河滨的方济各修道院(Franciscan house),更名河滨学校。新校长是教长安托万·索尼埃(Antoine Sonier),他来自法国多菲内(Dauphiné)地区,和法雷尔是同乡。虽然该校设有人文课程和教授三门古典语言,但就整体课程而言,河滨学校乃是一所简陋的学校。自从加尔文1536年到达日内瓦那一刻起,他就期盼着该校逐渐扩大。他看到该校有良好的机遇能造就新一代受过教育的人,造就一批能

为日内瓦宗教改革事业尽力的虔诚的教士和信徒，希望河滨学校能按照斯特拉斯堡的德意志式高级文理中学（Gymnasium）的模式建校，办成一个像日内瓦的那所阿尔萨斯学校一样进行福音派人文教育的中心。可是随着1538年加尔文和法雷尔被逐出日内瓦，一切设想均成泡影。待到1541年5月1日，日内瓦行政公署宣布恢复加尔文和法雷尔的名誉并邀请他们重返日内瓦时，河滨学校亟须会说法语的有名望的人文主义者来执教。正在此时，法雷尔建议行政公署聘任卡斯泰利奥为主任教师（相当于校长）。

〔5〕是年，罗耀拉任耶稣会第一任会长。

〔6〕9月13日，加尔文接受隆重邀请重返日内瓦，不久，建立政教合一的日内瓦城市共和国。

1542 〔1〕是年，加尔文在日内瓦建立教会纪律监督委员会（consistoire），其成员包括（每年由该委员会选出的）十二位平信徒长老和牧师圣职公会（英语 Venerable Company of Pastors）的成员（1542年有九位，1564年有十九位）。教会纪律监督委员会每周四开会，目的是维护教会纪律，实际上具有监督公众的宗教信仰和日常生活以及处罚违纪犯规者的一切权力。加尔文时任教会纪律监督委员会主席。该组织实际上是日内瓦政教合一的神权国家的最高统治机构。

〔2〕卡斯泰利奥任日内瓦河滨学校主任教师的俸禄总数是四百五十盾（gulden），这是一笔微薄的收入。除执教外，他还定期在日内瓦郊外五公里处的旺多瓦（Vandoeuvres）村教堂布道。尽管如此，卡斯泰利奥仍然是入不敷出。

　　卡斯泰利奥在河滨学校任职期间与于吉内·帕盖隆（Huguine Paquelon）结婚。她是自1521年起就已成为日内瓦市民的来自故乡多菲内（Dauphiné）的一个裁缝阿米·帕盖隆（Ami Paquelon）的女儿。结婚的年月日不详，但大致是在卡斯泰利奥在河滨学校执教期间。此后于吉内·帕盖隆陪同丈夫到了巴塞尔，他们共生有三个子女，仅第一个女儿苏珊娜（Susanna）于 1544 年在日内瓦出生。其后两个子女——德波拉（Debora，1547 年生）、纳塔内尔（Nathanael，1549 年生）均在巴塞尔出生。1549 年 1 月，于吉内·帕盖隆去世。1549 年 6 月 20 日，卡斯泰利奥第二次结婚。第二个妻子玛丽 (Marie)，娘家姓不详，关于她的家庭背景所知甚少，只知她的母语是法语，有亲戚在里昂。他们共生有六个子女：安娜 (Anna，1551 年生）、芭芭拉（Barbara，1552 年生）、萨拉（Sara，1554 年生）、波尼法西（Bonifacius，1558 年生）、托马斯（Thomas，1559 或 1560 年生）和弗里德里克（Frédéric，1562—1613）；此外，1558 年，卡斯泰利奥的侄女燕妮（Jeanne）过继给他，也是家庭中的一员。

几乎在相同时间或者稍后，卡斯泰利奥的妹妹嫁给了河滨学校的两名年轻助手之一的皮埃尔·莫萨（Pierre Mossard）。

〔3〕贝尔纳尔德·奥基诺被天主教宗教裁判所判定为路德教派分子。奥基诺逃离意大利，移居巴塞尔和奥格斯堡。

〔4〕瘟疫爆发期间，塞尔维特在里昂染病。

1543 〔1〕4 月，日内瓦再次爆发瘟疫，加尔文及其手下的布道师们拒绝到传染病医院为病人作祈祷。卡斯泰利奥表示愿意作为志愿者进驻传染病医院任牧师。日内瓦行政公署接受了卡斯泰利奥的申请，但随后又推迟了任命。无从知道任命为何被推迟，也无从知道谁应对这样的决定负责，但毋庸置疑的是，加尔文周围的布道师们不希望卡斯泰利奥担任此职。瘟疫过后，日内瓦生活必需品匮乏，食品价格迅猛上涨，收入微薄的卡斯泰利奥生活非常困难,忍饥挨饿以致最后病倒。他寻求提高自己的薪俸并谈到要续签聘任合约。1543年12月17日,行政公署作出一项值得注意的决议:继续聘用卡斯泰利奥,但不是作为学校校长,而是作为布道师。不过,此项决议遭到日内瓦布道师们的质疑,理由是卡斯泰利奥对《圣经》的解读有两点背离了加尔文的教导。第一点,卡斯泰利奥不认为《圣经》中《所罗门的雅歌》的寓意为基督徒之间的爱,而认为是世俗的爱情诗歌。第二点,卡斯泰利奥并不认为,《圣经》中耶稣的地狱之行可以被解读为是对耶稣良心的测试。尽管这两点和加尔文的解读存在差异,但微不足道,而加尔文却以此为理由,要求行政公署不要任命卡斯泰利奥为日内瓦城内的布道师。参阅〔瑞士〕古吉斯贝格著《塞巴斯蒂安·卡斯泰利奥的一生》英语版,第35页。

〔2〕卡斯泰利奥完成于1542年的拉丁语和法语著作《关于〈圣经〉的问答》(四卷,*Dialogi sacri*)在日内瓦出版。这是一部既介绍《圣经》又普及拉丁语的著作。其中卷一、卷二、卷三的内容于1543年由日内瓦出版商让·吉拉尔(Jean Girard)印行。其中详细介绍《圣经·新约》的卷四于1545年在巴塞尔由出版商罗伯特·温特(Robert Winter)印行,那是在卡斯泰利奥离开日内瓦之后不久。

1544 〔1〕1月14日,日内瓦行政公署决定继续任命卡斯泰利奥为河滨学校校长(主任教师),但不增加俸禄。

〔2〕由于卡斯泰利奥和加尔文在神学上的分歧日益加深,而且卡斯泰利奥也不接受日内瓦牧师公会某些成员的批评,终于在1544年5月30日牧师公会的一次会议上和加尔文决裂。

〔3〕加尔文发动六个月之久的反卡斯泰利奥运动,终于迫使卡

斯泰利奥辞职。

7月，卡斯泰利奥在旺多瓦村教堂的布道师职务被免除。日内瓦河滨学校的主任教师（校长）职务亦被撤销。

7月和8月间，卡斯泰利奥离开日内瓦前往伯尔尼，后移居巴塞尔。

1545 塞尔维特完成帕格尼尼七卷本《圣经》的校订。

1546 〔1〕自1546年起至1547年，塞尔维特经里昂书商让·弗雷戎（Jean Frellon）介绍和加尔文通信。塞尔维特对《基督教要义》的批判使加尔文恼羞成怒，而后塞尔维特又将自己尚未发表的《再论基督教教义》的手稿抄本寄给加尔文，令加尔文更为震怒。1546年2月13日，加尔文致信让·弗雷戎说，他收到了塞尔维特的一封非常傲慢的信，加尔文已用严厉斥责的口吻回复了这封信。不过，他为了教训塞尔维特放谦虚点，他又在致弗雷戎的信中加了这样一段话："如果他继续用这样的腔调给我写信，那么我无非是在他身上浪费时间，因为我实在有更紧迫的事情要关心，但我会更加注意他的来信，因为我毫不怀疑他就是魔鬼撒旦，他分散了我对更有用的读物的注意力。"同一天，加尔文在致法雷尔的信中说："如果塞尔维特敢来日内瓦，我一定不让他活着离开。"参阅〔波兰〕马里安·希拉尔著《米格尔·塞尔维特案件》英语版，第241—242页。

〔2〕2月18日，马丁·路德逝世。

〔3〕8月3日，艾蒂安·多雷（Étienne Dolet）以异端分子罪名在巴黎被火刑处死。

〔4〕塞尔维特在自己的《再论基督教教义》的手稿中描述了他所发现的血液小循环。

326 良知对抗暴力

1547 〔1〕1月28日，英格兰国王亨利八世（Henry Ⅷ.）逝世。爱德华六世（Edward Ⅵ.）继位。

〔2〕奥基诺定居英格兰，直至1553年。

1548 是年，意大利思想家、"日心说"支持者乔达诺·布鲁诺（Giordano Bruno）在诺拉城（Nola）出生。布鲁诺继哥白尼创立日心说之后，进一步认识到太阳不是宇宙的中心，只是太阳系的中心，在太阳系以外，宇宙间还存在着无数个星系，因此宇宙是无限的，是没有中心的，从而彻底推翻了天主教会奉为经典的地球中心说。1600年2月17日，布鲁诺作为异端分子在罗马被火刑处死。

1549 〔1〕自1549年至1560年，住在日内瓦的人的身份发生了变化。大批新教徒难民来日内瓦避难。这些难民主要来自法国。他们中许多人被迫丢下私人财产，境况贫寒，但也有一些人相当富裕、受过高等教育、社会地位显赫。这些人被日内瓦行政公署视为可以开发的巨大财富资源，而行政公署早就拥有授予自由民身份的权力，于是这些人就成了自由民，而他们的选举无疑会大大有利于加尔文势力的扩大。

住在日内瓦的人的身份从1526年起被分为三类：公民（citoyen）、自由民（bourgeois）、居民（habitant）。公民是指父母均为日内瓦公民的人，公民必须是在日内瓦出生并在日内瓦受洗礼的人，日内瓦的政府机构——行政公署全部由公民组成。自由民是指不在日内瓦出生但在日内瓦居住的人，他们通过购买或者协商获得自由民身份。有自由民身份的人有选举权，可以选举行政公署的官员，但自由民本人不得进入行政公署，而可入选二百人议会。居民，是指非日内瓦人但在日内瓦合法居住的人。居民身份的人没有选举权、不允许携带武器，也不得在市内担任任何官职，不过有一个特例：住在日内瓦居民身份的人可以成为牧师或在高等学校（haute école）任教，条件是日内瓦公民中无人能履行这样的职责。加尔文本人在1559年以前一直是居民身份。居民身份的加尔文没有选举权，不能竞聘公职。他被排斥在日内瓦政治决策机构之外。1559年12月25日，日内瓦共和国才最终授予加尔文以自由民身份。但即便是自由民身份的加尔文也不能进入行政公署，因此加尔文是通过在行政公署任官职的忠实的加尔文教徒间接对政治权力发挥影响。而在行政公署内部信奉加尔文教派的官员和自由派以及共和派官员之间的权力之争一直不断。虽然加尔文于1541年9月13日重返日内瓦时受到日内瓦民众的隆重欢迎，但当时日内瓦行政公署内部依然是自由派（Libertins）和以行政官阿米·佩林（Ami Perrin）为首的佩林派（Perrinists）占优势。他们既需要加尔文的布道和思想统治用以改变日内瓦奢侈放纵的社会风气和稳定社会秩序，但又要把民事审判权牢牢掌握在行政公署手中。

〔2〕布泽（Bucer）经克兰默（Cranmer）推荐在剑桥被聘任为神学教授。

1551 2月28日，布泽在剑桥逝世。

1552 9月27日，塞尔维特著《再论基督教教义》（拉丁语原文书名 *Christianismi Restitutio*）开始秘密印刷。这一天是大天使圣米歇尔降临之日。

1553 〔1〕1月3日，塞尔维特的《再论基督教教义》在维埃纳秘密印刷完成，共一千册。此书是在塞尔维特于1531年发表的《论三位一体之谬误》的基础上扩充而成，1546年完成初稿，1552年9月27日开始印刷，署名 M.S.V.。

塞尔维特著述此书的意图是要恢复基督教的原本教义，而不是要实行符合当时形势的宗教改革，尽管如此，此书中阐释的神学观点受到再洗礼派的欢迎。全书共分六部分：第一部分共七章，论述天主的三位一体的教义。第一部分中有五章的论述涵盖了1531年发表的《论三位一体之谬误》的共七章的内容；第二部分论述宗教信仰和基督的公正善良、耶稣基督的天国和爱，共三章。这第二部分更为详细地论述了塞尔维特于1532年发表的《关于三位一体的对话》（拉丁语原文书名 *Dialogorum de Trinitate*）小册子中的内容；第三部分论述灵魂的新生和违背基督者的管辖领域，这第三部分详述了基督徒的圣事活动：谢恩祷告、布道、洗礼、圣餐仪式；第四部分是塞尔维特致加尔文的三十封信；第五部分是列举违背基督者管辖领域的六十种征兆；第六部分包括一篇"关于三位一体的神秘性"的答辩书和一篇塞尔维特回应梅兰希顿对他进行攻击的答辩书。这第六部分体现了塞尔维特神学思想的概要。

塞尔维特在此书的扉页上引用《圣经·旧约·但以理书》中的一段希伯来文语录：

> 那时，保佑你本国之民的天使长米迦勒必站起来，并且有大艰难，从有国以来直到此时，没有这样的。你本国的民中，凡名录在册上的，必得拯救。〔但以理书12：1。译文引用中国基督教两会2000年10月出版的《圣经》（旧约），第1431页。后仅注明页码。〕

塞尔维特还在此书的扉页上引用《圣经·新约·启示录》中的一段希腊文语录：

> 在天上就有了争战。米迦勒同他的使者与龙争战。龙也同它的使者去争战。〔启示录12：7。同上书，第445页。〕

这两段语录显示出塞尔维特要承担起拯救基督教教义的使命。他的矛头所向，主要是指加尔文和路德的宗教改革并不彻底。加尔文和路德两人不打算修改三位一体（Trinity）、道成肉身（Incarnation）和救赎（Redemption）这样一些神学信条。塞尔维特认为，基督教神学必须恢复基督教原本的教义，并重建和实际生活的关系。他对当时基督教的发展感到失望，并设想，在他有生之年《圣经》中所说的世界末日善恶大决战就会到来。他相信，违背基督者（罗马天主教会）正临近没落，基督复活亲自为王的千年天国就会来临。他认为，罗马天主教会的腐败和违背基督者的产生始自公元4世纪。当时是罗马帝国君士坦丁大帝（Constantine Ⅰ.，306—337年在位）和圣西尔维斯特一世教皇（Saint Sylvester Ⅰ.，314—335年在位）时代。当时前者成为基督教的修士，而后者成为教皇，也就是说，罗马教廷实际上成了罗马帝国政权的核心力量。塞尔维特在书中写道，公元325年在小亚细亚西北部（东罗马帝国版图内）古城尼西亚召开的第一届基督教普世主教会议上所确认的圣父、圣子、圣灵为三位一体的同一个天主的教义是由撒旦捏造的，目的是要转移认识真正耶稣基督的注意力。

塞尔维特还引用《圣经·新约·启示录》中的这样一段记载：

> 妇人生了一个男孩子，是将来要用铁杖辖管万国的。她的孩子被提到神宝座那里去了。妇人就逃到旷野，在那里有神给她预备的地方，使她被养活一千二百六十天。〔启示录12：6。同上书，第445页。〕

塞尔维特认为，《圣经·新约》中这个一千二百六十天，是天主暗谕违背基督者（罗马天主教会）统治天下的一千二百六十年。如果从公元325年将三位一体定为教义算起，腐败的罗马天主教会统治天下的一千二百六十年将近结束，因此塞尔维特期望在自己的有生之年能看到耶稣基督再次复活为王统治天下千禧年。塞尔维特没有具体说明耶稣基督再次降临天下的日期，但他在1547年的《再论基督教教义》的手稿中就已肯定耶稣基督即将再度降临天下。他已看到天使长米迦勒和他的信众所进行的反对违背基督者一切斗争——诚如他在此书扉页上引用《圣经》中的两段语录所云。塞尔维特认为，天主教和新教的教义与圣事惯例均有讹误。他写道："凡是真正相信教皇是违背基督者的人，他也就应该相信，天主教的三位一体教义、婴儿洗礼以及天主教的其他圣事均由魔鬼作崇所引起。啊，耶稣基督，神明之子，仁慈的救赎者，你已多次从你的子民的极度痛苦中救赎过你的子民。请你把我们这些苦难的人——'巴比伦囚房'从违背基督者和从他的伪善、专横与盲目崇拜中解救出来吧。阿门。"

塞尔维特在反对当时罗马天主教会教义的同时还联系当时的实际，说教皇是违背基督者，而加尔文则是窃贼和强盗。罗马就是《圣经》中所说的奢华淫靡的巴比伦城。三位一体就是希腊神话中有三个躯体和带翼的怪物吉里昂（Geryon），就是希腊神话中守卫冥府入口的有三个头的猛犬刻耳柏洛斯（Cerberus），就是希腊神话中狮头、羊身、蛇尾的吐火女怪客迈拉（Chimera）。

塞尔维特的关于天主的教义类似于普罗提诺（Plotinus, 204？—270？）在新柏拉图主义中所称的"太一"（the ultimate One）。新柏拉图主义认为，万物本质是"太一"，即"神明"；"太一"通过不同媒介"流溢"（emanation）于"理性""智慧""灵魂"和物质世界，类似于光的流溢。耶稣基督是"太一"流溢之一。

塞尔维特在《再论基督教教义》这部著作中多次提到《圣经》中"光芒四射"的诗句。塞尔维特祈求光，是因为他把光作为神明显露自我的手段，并把《圣经》中的天主领悟为光之父。塞尔维特相信，天主是不可理解的、看不见的、无形体的、不可言喻的、无边无际的，超越一切生命和精神。塞尔维特写道："天主遍及天地万事之中，包括阴间。"正因为此，有人将某种泛神论也归因于塞尔维特的关于天主的教义。其实不然，塞尔维特是一个真正的基督徒，他只不过是一个光的"流溢说"罢了。塞尔维特的"流溢说"包括三个基本断言：天主赋予所有其他的物质存在和精神存在以本质；天主赋予所有这些存在以个性；天主使所有这些存在持续不息。耶稣基督乃是神明创造的精神存在，并赋予"道"的实质。耶稣基督乃是道之光。塞尔维特写道："有太阳之光，另有月亮之光，火之光，还有晶莹的水之光。所有这些光都是由耶稣基督——道之缔造者安排的。"塞尔维特称，光是结合神灵和肉体的要素。光是源自其他一切形式的实在形式。光是所有天地万物之中的一种可见形式。在灵魂的重生过程中，光会改变我们的精神，就像光在最后审判日会将全部死者复活变成肉身一样。

塞尔维特称，在《圣经》中没有天主有三位一体这样的任何记述。

塞尔维特除了不赞同天主教和新教关于三位一体的教义之外，也不赞同婴儿洗礼的仪式，他说这是一种在《圣经》中没有任何根据的宗教仪式，因此人在成年后必须再洗礼。这也是再洗礼派的主要教义之一。塞尔维特于1531年在斯特拉斯堡著述《论三位一体之谬误》时就知道再洗礼派是一个有组织的运动。但是他自己的"再洗礼"的教义和再洗礼派运动的政治目的毫无关系。塞尔维特接受"再洗礼"的教义仅限于有关洗礼的神学意义。他显然非常了解在西班牙的天主教会履行强迫或者非自愿的婴儿洗礼仪式，这常常是西班牙的天主教会迫害穆斯林教徒与犹太教徒和扩大天主教会势力的一种手段。

塞尔维特认为，洗礼是一个虔诚圣洁的人的生成时刻，是一个人获得永恒的宗教感受的时刻，是重新唤起生命的时刻，就像耶稣基督复活一样。我们洗礼之后就会摆脱撒旦的枷锁并获得基督赋予的自由、荣光和生命。婴儿没有能力识别善与恶或者内疚与罪孽，因而没有能力使灵魂新生，所以婴儿不应该受洗礼。塞尔维特认为，人大约在二十岁的年纪形成鉴别善与恶的能力，所以他建议将洗礼仪式延期到三十岁。他自己三十岁时在沙尔略或者在维埃纳重新受洗。

关于天主教的圣餐仪式和加尔文教派的圣餐仪式（咀嚼象征基督肉身的食物），塞尔维特认为两者都必须进行彻底改革。

塞尔维特在日内瓦受审时，非难他的人力图证明塞尔维特是一个再洗礼派教徒。这是莫须有的罪名。塞尔维特并不接受再洗礼派的社会思想，更不认同再洗礼派的一切革命性推论。

塞尔维特赞成遵守社会法律，虽然他认识到法律很可能不公正。他写道："从不公正中产生一项法律不是罪孽。只要有天下存在，不管我们愿不愿意，我们都要被迫遵守天下的秩序。"由此可见，塞尔维特不认同天主教和新教的某些教义，只不过源自他自己毕生对宗教所作的独立思考。今天，新的发现和对《圣经》研究的学术成果证明塞尔维特所作的探讨完全是正当的。而更令人崇敬的是他的刚正不阿的精神，他为自己的虔诚信仰和对天主所怀的深厚的宗教忠诚，以及不惜牺牲自己生命的道德勇气。以上内容参阅［波兰］马里安·希拉尔著《米格尔·塞尔维特案件》英语版，第246—251页："Christianismi restitutio —— Highlights and Impact"。

塞尔维特的《再论基督教教义》拉丁语原版书至今只有三本留存于世。一本在维也纳的奥地利国家图书馆。这本书原属于当时住在罗马尼亚的特兰西瓦尼亚（Transylvania）地区的一个名叫丹尼尔·马尔库斯·什恩特-伊凡尼亚（Daniel Márkos Szent-Iványi）的"一位论"教派教徒（Unitarian，"一位论"教派认为天主只有一位而不是三位一体，否认耶稣基督的神性）。这名"一位论"教派教徒于1665年流亡至伦敦。他在回到自己的祖国以后，将这本书捐赠给他自己所属的罗马尼亚的克卢日（Cluj）"一位论"教派教友会。该教友会又于1786年将此书捐赠给哈布斯堡皇朝的皇帝约瑟夫二世(Josef Ⅱ.)，以后这本书又辗转被奥地利国家图书馆（National Library of Austria）收藏。第二本拉丁原版书现被收藏于巴黎的国家图书馆（National Library in Paris）。第三本拉丁语原版书是残本，仅有封面页及前面的十六页，于1695年被收藏于爱丁堡大学图书馆（Library of the University of Edinburgh）。1790年，德国一名"一位论"教派教徒穆尔（C.G. von Murr）根据奥地利国家图书馆的原版书，而实际上是根据他自己得到的手稿复本，在纽伦堡（Nürnberg）出版重印本。穆尔的重印本至今也已成为稀世珍宝，仅有五本留存于世，分别收藏在纽伦堡图书馆、巴黎国家图书馆、日内瓦、耶鲁大学图书馆和马德里国家图书馆。1964年，穆尔的重印本用新的照相术被翻拍。目前绝大多数图书馆收藏的均为这一次的影印本。以上内容参阅［波兰］马里安·希拉尔著《米格尔·塞尔维特案件》英语版，第244—246页：'The Misadventures of Christianismi restitutio'。

〔2〕2月26日，纪尧姆·德·特里厄（Guillaume de Trye）发出给他在法国的表兄弟安托万·阿尔内斯（Antoine Arneys）的第一封信，透露住在维埃纳的米歇尔·德·维勒纳沃就是米格尔·塞尔维特。

〔3〕3月15日至17日，塞尔维特在里昂南郊小城维埃纳（Vienne）受审。

〔4〕4月4日，塞尔维特在维埃纳被关入监狱。

〔5〕4月7日，塞尔维特在维埃纳越狱成功。

〔6〕6月17日，塞尔维特的模拟像及其著作《再论基督教教义》在法国里昂东南郊小镇维埃纳被焚毁。

〔7〕7月6日，英格兰国王爱德华六世（Edward Ⅵ.）去世，英格兰国王亨利八世（Henry Ⅷ.）和第一任妻子凯瑟琳所生的女儿玛丽（Mary）继位，称玛丽一世（Mary Ⅰ.）。玛丽继位后，天主教势力在英国复辟，被以"异端"罪名火刑处死的新教徒达三百余人，女王因此而被称为"血腥玛丽"。

〔8〕塞尔维特在其《再论基督教教义》一书中无意间发表了他所发现的血液小循环。这是塞尔维特自1540年起在法国里昂东南郊小镇维埃纳行医时独自发现的。血液小循环又称"肺

循环"，血液从右心室出发，沿着肺动脉到肺部的毛细血管进行气体交换，再循肺静脉回到左心房而入左心室。但是这一发现触犯了当时被教会和神学奉为传统学说的理论。当时流传着这样一种说法："灵魂本身就是血液"，"心血管的基本活动由三灵气——自然灵气、活力灵气、动物灵气所左右"，"血液不是朝一个方向流动，而是像希腊爱琴海的海浪一样，阵阵往复，方向不定"，显然，这些都是在中世纪神学影响下的非科学的解释。由于塞尔维特遭到教会的残酷杀害，科学也因此蒙难——血液循环科学原理的发现至少被推迟了七十五年之久，直到1628年才由英国生理学家威廉·哈维（William Harvey,1578—1657）阐明。

〔9〕8月13日，塞尔维特在日内瓦被认出并被拘捕。据塞尔维特在日内瓦受审时自供，他在维埃纳越狱后决定前往（意大利）那不勒斯王国（Kingdom of Naples），打算生活在当地的西班牙人侨民中间并行医。一天夜里，他步行到达日内瓦，在靠近莫拉尔城楼(La Tour du Molard）的罗讷河（Rhône）大街的金玫瑰客栈（Rose d'Or）下榻。他并不打算在日内瓦逗留，而是打算渡过日内瓦湖去苏黎世，然后再经过格里松（Grisons）到达意大利北部。1553年8月13日，他为了不引起人注意，而去教堂做礼拜，但被一个曾在维埃纳让他看过病的教徒认出并报告加尔文。

塞尔维特的供词原载《加尔文大文集》拉丁语版第8卷第770、782页。参阅〔波兰〕马里安·希拉尔著《米格尔·塞尔维特案件》英语版，第289页。

〔10〕8月20日，加尔文给在瑞士纳沙泰尔（Neuchâtel）的法雷尔写信，表示他希望塞尔维特被判处死刑。这封信原载《加尔文大文集》拉丁语版，第14卷第590页。参阅〔波兰〕马里安·希拉尔著《米格尔·塞尔维特案件》英语版，第290页。

〔11〕10月10日，塞尔维特给日内瓦行政公署写信，全文如下：

> 尊敬的日内瓦的主人们：
>
> 自从我被捕以来已逾三周，我曾要求面见日内瓦的主人，但未能得到任何机会。我请求你们，为了遵奉耶稣基督的仁爱而不会拒绝给我一种你们会给予一个异教徒兼罪犯的待遇。我有一些重要的事情必须向你们陈述。
>
> 你们为使我保持卫生而指示采取的一切措施根本就没有执行。我现在所处的环境比先前更糟。此外，我现在被寒冷折磨得痛苦不堪，还由于腹泻和疝气，使我的遭遇非常尴尬，其他的难堪之处，我羞于描述。这是极不人道的虐待，只要改善了我的困境，我是绝不会这么说的。尊敬的主人们，请你们看在天主的怜悯之心的面上，出于同情或者出于责任，采取必要的措施。
>
> 米格尔·塞尔维特　1553 年 10 月 10 日　写于日内瓦狱中

参阅马里安·希拉尔著《米格尔·塞尔维特案件》英语版，第 299 页。此处译文译自英语，和茨威格在正文中的引文略有不同，因为信的原文是拉丁语。

〔12〕10月26日，塞尔维特被日内瓦行政公署判处死刑。

〔13〕10月27日，塞尔维特在日内瓦附近的尚佩尔（Champel）广场被活活烧死。

〔14〕12月23日，维埃纳教会法庭对塞尔维特进行死后宣判。

〔15〕4月9日，文艺复兴时期法兰西著名小说家弗朗索瓦·拉伯雷（François Rabelais,1493 或 1494—1553）去世。拉伯雷是人文主义者，所著长篇小说《巨人传》(*Gargantua und*

336　良知对抗暴力

Pantagruel,1532—1552）以夸张手法塑造了理想君主——巨人卡冈都亚及其儿子庞大固埃的形象，以弘扬人文精神。这是一部寓言式的讽喻小说，笔调诙谐戏谑，故事离奇夸张，通篇笑话不断，以致有人误以为拉伯雷只是一个很会讲笑话的滑稽丑角而已，将他的小说当作一本闲书看待，小说曾一度以"猥亵"的罪名被查禁，但后来领会到小说中除宣扬拉伯雷重视实践、重视德智体全面发展的新教育方法之外，字里行间是对当时的经院哲学、巴黎神学院、教会、修道院、法官和教育机构等的嘲讽和批判，由于小说毕竟是用讲寓言说笑话的暗喻方式，教会难以作为确凿的证据定罪。

1554 〔1〕奥基诺移居巴塞尔和苏黎世，直至1563年。

〔2〕诺克斯到日内瓦访问加尔文，并前往苏黎世访问布林格。

〔3〕2月底，加尔文为自己在塞尔维特案件中的行为发表第一篇辩护文章《捍卫天主的三位一体的正统信仰》拉丁语版 (*Defensio orthodoxae fidei de Sacra Trinitate, etc.*) 以及用法语写的《反驳米格尔·塞尔维特的严重错误》(*Declaration, etc. contre les erreurs détestables de Michael Servetus*) 在日内瓦出版。两篇文章辑成一书。

〔4〕3月，卡斯泰利奥的著作《论异端分子》(*De haereticis an sint persequendi*) 拉丁语版在巴塞尔出版。这部八开本仅有一百七十五页的著作至今仍被认为是要求宽容和宗教信仰自由的历史性里程碑，也是卡斯泰利奥最有影响的作品。为避免当时的宗教迫害，书的作者、出版商、印刷地点用的都是假名。封面上印有"印刷人：马格德堡的格奥尔格·卢施（拉丁语 Magdeburgi,per Georgium Rausch）"，而实际上此书是由印刷商约翰内斯·奥波里诺斯（Johannes Oporinus）在巴塞尔印刷的，很可能得到那不勒斯王国奥利亚侯爵（Marchese d'Oria of Naples）的资助。此书的出品人兼序言的作者署名为马丁乌斯·贝里乌斯（Martinus Bellius），后来卡斯泰利奥确认这是他自己的化名。序言假托是献给符腾堡的大公克里斯托夫(Herzog Christoph von Württemberg)和神学家巴斯里乌斯·蒙福尔（Basilius Montfort）。蒙福尔是化名，后世没有文献资料指认蒙福尔是谁，有人猜测，蒙福尔很可能就是卡斯泰利奥自己。从书的内容看，此书不是一部论战著作，似乎是一部进行学术讨论的神学著作。此书没有涉及塞尔维特案件，既没有点塞尔维特的名，也没有点加尔文的名。贝里乌斯（卡斯泰利奥）在序言中提出两个问题：（一）什么人是异端分子；（二）如何对待异端分子。《序言》之后的内容分两部分：第一部分是早期的教会之父（早期的基督教著作家）关于这两个问题的论述摘录，其中包括圣奥古斯丁、圣克里索斯托、圣哲罗姆等人。第二部分是十六世纪上半叶著名神学家、宗教改革家、人文主义者关于这两个问题的论述摘录，如马丁·路德、伊拉斯谟，甚至包括加尔文等人。两大部分论述摘录之后是通过两人对谈形式表述的《结论》，两位作者，一位是蒙福尔（化名），另一位是格奥尔格·克莱因贝格（Georgius Klémburg），后者是真名，但其生平不详。结论的中心主题是：（一）所谓异端分子只是思想不同而已，并非犯罪，比如耶稣曾被视为异端分子而被钉在十字架上。（二）惩罚乃至迫害异端分子是没有道理的。因此，本书虽然没有涉及塞尔维特案件，但其矛头所向，直指加尔文残酷迫害塞尔维特。贝扎认为，此书是由卡斯泰利奥、索齐尼（Lelio Sozzini）、库里奥纳（Curione）三人合作编写而成，后世的研究文献表明，当时使用化名的布罗日［Brugge, 即约里斯（de Joris)] 也参与其事，但著作权所有人是卡斯泰利奥。

〔5〕3 月 28 日，加尔文为卡斯泰利奥的《论异端分子》一书致信布林格。

〔6〕是年，卡斯泰利奥完成《驳加尔文书》(*Contra libellum Calvini*)，原计划在当年出版，但1612年才首次在荷兰阿姆斯特丹出版。这是因为卡斯泰利奥于1554年3月在巴塞尔出版《论异端分子》之后，巴塞尔和日内瓦的关系一度变得紧张，尽管巴塞尔对加尔文的作为有很大的保留，但巴塞尔出版审查机构对卡斯泰利奥更警觉和更严格，因此根本不可能在同一年批准《驳加尔文书》在巴塞尔出版，所幸此书的手抄本一直在坊间流传。参阅〔瑞士〕古吉斯贝格著《塞巴斯蒂安·卡斯泰利奥的一生》英语版，第109—110页。

1555　2月，日内瓦行政公署选举中新当选的四位行政官全是加尔文的支持者。4月18日，行政公署宣布授予流亡到日内瓦的合适的（即富裕而有威望的）新教徒难民以自由民身份。截至当年5月2日，有五十七人获得自由民身份。同时日内瓦的金库也大大丰盈起来。选举行政公署官员的日内瓦二百人议会在4月和5月开会期间，挤满了突然之间获得选举权的加尔文的支持者。时至1556年行政公署的选举，加尔文的支持者已接管日内瓦的全部行政权。

　　1555年5月16日夜，佩林等人在日内瓦一家酒馆密谋暴动。他们烧毁房屋，袭击牧师，并抢夺行政官奥贝尔（Aubert）的权杖，组织武装力量，准备夺取领导权，但遭到新选举产生的行政公署的镇压。暴动阴谋失败后，佩林等人逃往国外，被行政公署缺席判处死刑。自由派的失败标志着加尔文的权威完全确立。

1556　〔1〕3月21日，克兰默（Cranmer）在牛津被火刑处死。

　　〔2〕诺克斯（Knox）重返日内瓦。

　　〔3〕7月31日，罗耀拉（Loyola）在罗马去世。

本书大事年表和重要注释　339

1557

〔1〕11 月 1 日，德意志宗教改革家菲利普·梅兰希顿（Philipp Melanchthon）从德意志的沃尔姆斯（Worms）致信卡斯泰利奥，表示对他的支持。当时梅兰希顿六十岁，这在中世纪已属高龄，故自称老迈年高。1560 年 4 月 19 日梅兰希顿去世，享年六十三岁。参阅［瑞士］古吉斯贝格著《塞巴斯蒂安·卡斯泰利奥的一生》英语版，第 141 页。

〔2〕是年，加尔文完成其论战文章《一个无赖的诽谤》（拉丁语原文是：*Calumniae nebulonis cujusdam*，茨威格将其译成德语为 *Verleumdungen eines Lumpen*），文章于同年发表，但以书的形式出版是在 1558 年 1 月。1556 至 1558 年间，日内瓦、洛桑和巴塞尔的神学界有过一场持续两年的论争，焦点是质疑加尔文的"得救预定论"，不少反对加尔文的文章用的是化名或者匿名，而加尔文及其支持者们相信，在每一篇反对他们的文章背后都有卡斯泰利奥插手。当时有一部反对加尔文的"得救预定论"教义的匿名法语著作，加尔文猜测该书的作者就是卡斯泰利奥，于是写了《一个无赖的诽谤》。参阅［瑞士］古吉斯贝格著《塞巴斯蒂安·卡斯泰利奥的一生》英语版，第 137、144 页。

1558

11 月 17 日，英国都铎王朝玛丽女王去世。都铎王朝伊丽莎白（Elizabeth）女王继位。

1559

是年，加尔文的《基督教要义》（最后定稿版）拉丁语本由出版商罗伯特·艾蒂安（Robert Éstienne）在日内瓦出版。

第一版《基督教要义》（拉丁语书名为 *Institutio Christianae religionis*）于 1536 年 3 月初由印刷商托马斯·普拉特（Thomas Platter）和巴尔塔萨·拉修斯（Balthasar Lasius）在巴塞尔出版。书名中"Institutio"一词很容易让人以为这部著作和查士丁尼（Justinian）的《法律原理》（*Institutes*）有相似之处。其实，从结构和内容来看，《基督教要义》和《法律原理》毫不相干。加尔文起这个书名的灵感很可能得益于伊拉斯谟使用"Institutio"一词所表示的"指南"或"入门书"这样的意思。比如伊拉斯谟在1516年完成的《基督教原理要义》(*Institutio Principis Christiani*)。第一版《基督教要义》在形式上模仿路德于1529年完成的《小教理问答》(*Lesser Catechism*),这表明加尔文力图要写一部教学式的著作。第一版《基督教要义》的小开本长达五百一十六页,总共有六章,前四章模仿路德的教义问答集的形式。第一章主要解说十诫,第二章阐述《使徒信经》(*Apostles' Creed*),第三章和第四章依次说明"律法""信心""祷告"和"圣礼"。第五章和第六章分别讨论"错误的圣礼"和"基督徒的自由"。

第二版《基督教要义》完成于加尔文在斯特拉斯堡时期,其拉丁语文本于1539年由出版商文德林·里赫尔(Vendelin Rihel)在该城出版。第二版的篇幅比1536年的第一版长三倍,从六章增至十七章。开篇两章探讨有关神的知识和人类本性的知识,然后增加了如下内容:三位一体教义、新约和旧约的关系、悔改、因信称义、天主的护理和"得救预定论"的关系、基督徒生活的本质。虽然《基督教要义》的第二版保留了第一版的大部分内容,但第二版的特点和性质显然已有所改变。它不再是入门读物,而是对基督教信仰的解读,足可以和托马斯·阿奎那的《神学大全》媲美。加尔文在第二版中写道:"本书的目的是给研究神学的学子以思想武装,并且培养他们学习耶稣基督之道,使他们能较容易地认识耶稣基督之道和顺利地实践耶稣基督之道。"由此可见,《基督教要义》第二版是《圣经》的导读,是明白既复杂又深奥的《圣经》所必备的手册和注释。

在《基督教要义》第二版之后和在1559年最后定稿版之前还曾出版过若干种经过修订的拉丁语版,但不再标明版次,而仅冠以年份。1543年拉丁语版仍由文德林·里赫尔在斯特拉斯堡出版。1543年拉丁语版《基督教要义》的内容扩展到二十一章，其中包括探讨教会教义的重要部分，还包括两章探讨立誓和人类传统，并另辟一章论述与天使有关的内容。1543年拉丁语版和1539年的第二版都存在明显的缺点：那就是结构凌乱，加尔文增加篇章时没有考虑这些篇章对整本书结构的影响，很多篇章极长。1550年的拉丁语版把全书二十一章进行分段，试图弥补这一缺陷，但根本的缺陷依然存在：这是一部结构松散之作。

晚年的加尔文意识到有必要从整体上修订这部作品，也意识到自己的时间和精力有限，所以在1559年拉丁语版《基督教要义》（最后定稿版）中添加的内容少之又少，而且这些内容一般也不怎么吸引人，但是这一版最明显的改变是所有内容都经过重新编排，使得以前支离破碎的内容重新有了整体性。整本书的内容由原来的二十一章扩展到现在的八十章，每一章又细分为小节，全书共分四"卷"（libri）。1559年拉丁语版《基督教要义》在结构上的成功使其在欧洲的传播如虎添翼。

1559年拉丁语版《基督教要义》第一卷是讨论对造物主神（圣父）的认识，特别是造物和护理（providence）的思想。在探讨这个问题之前，加尔文首先强调"对天主的认识和对自己的认识是相关的"。不认识天主，就无法真正认识自己；不认识自己，就无法认识天主。加尔文断言，天主是"造物主和尘世的至高统治者"，透过天主的造物（如人类、自然秩序和历史进程）可以大致认识天主。加尔文阐释说，唯有透过《圣经》，信徒才能知道天主在历史中的救赎，而耶稣基督的降生、受死与复活则完成了救赎。因此耶稣基督的位格是启示的核心。耶稣基督是帮助我们认识神明的中介。加尔文接着又说，由于人唯有透过《圣经》的记载才能了解耶稣基督，所以人唯有借助心中圣灵的默示，才能正确解读并理解《圣经》。于是，三位一体（圣父、圣子、圣灵）的教义成为认识天主本性的切入点。三位一体教义不是他加尔文的个人独创，所以具有正统性，起着捍卫耶稣基督神性的护教作用。第一卷以阐述护理这一概念作为结束。加尔文肯定天主的护理是神明创世的延展，是神明创世之后的继续关爱、指引并支撑天下。一切造物皆降服在造物主的智慧与慈爱的掌管之下。

第二卷讨论救赎问题，其中包括论述人的罪，详尽分析救世主耶稣基督（圣子）的位格和作为。加尔文论述耶稣基督的救赎，是从救赎的前提开始分析——即堕落及其后果，然后论述律法与福音的关系、《圣经》中旧约与新约的关系。加尔文认为，神明最初创造的人类在各方面都是好的，但全人类皆与亚当一样从恩典中堕落，人的理性与意志皆被罪恶污染，因而缺乏拯救自己的必要条件。有鉴于此，对天主真正的认识与人的得救，必须来自人的外部。加尔文有关耶稣基督中介身份的教义正是以此为基础。加尔文接着谈论耶稣基督的到来所做的历史准备。加尔文认为，神明把律法赐给亚伯拉罕及其后裔，是拯救人类的神圣计划的第一步。加尔文清楚地说明，"律法"一词指的是神明"借摩西之手交付人类的宗教法度"，而不仅仅是十诫。律法是神明赐给犹太人的恩典之礼，预先表明耶稣基督将会降世。加尔文将律法区分为三方面：道德、仪式与司法。后两者涵盖一系列规定和方法，如屠宰祭祀动物的正确方法、洁净仪式与各种饮食禁戒。不过，加尔文不太看重律法的这些内容，认为很多规定和方法源于古代近东农村经济的旧式犹太传统，在很大程度上受历史与文化的制约。例如《旧约》中禁止人借钱取利。虽然如此，加尔文却强调在这些文化仪式与条款之中蕴藏着与现今的基督徒有关的行事与为人准则。神明颁布的这些道德规章，比如十诫，对现今的基督徒仍然具有约束力。加尔文认为道德律法现今有三种功能。首先，有教育的功能，能够使人认识罪恶的真实存在，并因此为救赎奠定基础。其次，有政治的功能，能抑制不悔改者和不信耶稣基督者陷入道德混乱。最后，即所谓"第三大功能"，就是像鞭策一头懒驴的鞭子一样，激励信徒更完全地顺服天主的旨意。不少批评加尔文的人指责这"第三大功能"是鼓吹某种形式的基督教律法主义，混淆了律法和福音，从而也就把《旧约》等同于《新约》。为此，加尔文不得不界定《旧约》与《新约》的关系，鉴别两者的异同。加尔文强调《旧约》与《新约》有着基本的相似之处与一致性，理由有三。其一，神明旨意的不变性。神明不会在《旧约》时代做一件事，在《新约》时代做另一件截然不同的事。神明在《旧约》时代和《新约》时代的作为与目的必然有着基本的连续性。其二，《旧约》与《新约》都颂扬并宣告神明在耶稣基督身上彰显的恩典。《旧约》也许只能"从远处隐晦地"见证耶稣基督，但对耶稣基督的见证却是真实的。其三，《旧约》和《新约》皆有"相同的神明奇事与圣礼"，都是见证神明的恩典。加尔文接着指出《旧约》与《新约》的五个不同点。这些不同之处在于形式，而不在于实质。（一）《新约》比《旧约》更清晰。（二）《旧约》和《新约》在使用意象方面有重大不同。《旧约》借助各种比喻和视觉形象表现现实，让人间接接触真理。《新约》则让人直接体验真理。（三）《旧约》和《新约》之间的第三个不同点主要是律法与福音的区别。加尔文认为，律法虽然可以命令、禁止与允许，律法的首要目的是为了从根本上改变人性，但律法却缺乏足以从根本上改变人性的必要能力，而福音则能够"改变或纠正全人类天生就有的邪恶"。不过，加尔文的这个把律法与福音相对立的观点并未得到神学界的普遍认同。多数神学家认为，这种对立并不存在，律法与福音是连续的，不是完全对立的。（四）第四个不同点是由第三个不同点演绎而来。加尔文认为，律法与福音所唤起的情感不同。《旧约》教人心生恐惧，并束缚人的良知；《新约》则教人自由与喜乐。（五）《旧约》启示的对象仅限于犹太民族；《新约》启示的范围则包括普天下所有的人。加尔文在强调《旧约》和《新约》共同见证耶稣基督降世（虽然两者不完全一样）之后，详述耶稣基督的身份和重要性。耶稣基督是神明与人之间的中介。我们人因为有罪不可能直面神明。耶稣基督为了担任中介必须既是神又是人。"神明的儿子成了人子"。加尔文声称,耶稣基督为了从罪恶中拯救我们世人,耶稣基督必须以人的身份顺服神明。耶稣基督借着受难,为世人偿还罪债;借着战胜死亡(复活),打破了死亡对人的主宰。加尔文特别强调,耶稣基督(圣子)——耶稣基督之道成为肉身时就有了人的本性,但耶稣基督并不局限于人的本性。所谓"道虽已成肉身,却仍居于高天!"加尔文声称耶稣基督的职责有三:分别为先知、祭司、君王。耶稣基督将《旧约》的三大职分集于一身。身为先知,他是神明恩典的使者与见证人;他充满神明的智慧和一个有权能的教师。身为祭司,耶稣基督能够以自己的死为我们世人赎罪,让我们重新得蒙神明悦纳。身为君王,耶稣基督开创了一个国度。这国度属于上天,而非属于世俗,属于灵魂,而非属于肉体。这国度通过圣灵管辖信徒,但也延伸到恶人身上,耶稣基督借着行使其权能,挫败恶人的反叛。加尔文接着详述了基督顺服神明的方式,特别强调耶稣基督的受死和世人获得救赎的密切关系。

第三卷探讨"领受耶稣基督恩典的方式所带来的益处以及随之而来的效果"。加尔文依次探讨如下问题:信心、重生、基督徒的生活、因信称义、得救预定论。首先探讨信心。加尔文在探讨我们世人领受耶稣基督带来的益处时指出,一旦我们世人和耶稣基督分离,他在十字架上所成就的一切对我们就全无功效。信徒只有通过信心才能领受这些益处。加尔文将信心的本质定义为:"对天主向我们所怀的美好旨意的坚定无疑的认识。"对加尔文为信心所下的定义,需作几点解释:信心的对象不是天主本身,而是《圣经》所启示的天主对我们世人的旨意和天主的作为。信心是手段,而不是目的。信心能促使信徒和真实永存的耶稣基督同在。我们世人通过信心不但享有耶稣基督带来的益处,还和耶稣基督本身联系在一起。信心促使耶稣基督进入信徒的人生并改变信徒的人生。按照逻辑顺序,论述"信心"之后,应论述"得救预定论""因信称义""重生"

和"基督徒的生活"。但是加尔文的论述顺序并不按照逻辑顺序，因为他考虑的是如何对教导有利，而非神学上的精确，"因信称义"（Justification by faith）被广泛认为是宗教改革最重要的教义，也是加尔文在第三卷中论述的重点。"因信称义"的教义认为，信的本质就是相信通过耶稣基督获得神恩，即赦罪之爱。加尔文的论述解决了神学界存在的关于"因信称义"教义的两个问题。第一个问题是耶稣基督在因信称义（被天主认可）中起什么作用。加尔文提出，"是要使耶稣基督进入到信徒心中。"我们世人通过信仰耶稣基督之道得以在心灵中和耶稣基督结合在一起，从而我们世人不但拥有属于耶稣基督的一切，而且享有耶稣基督带来的益处。加尔文用这样的论述说明了耶稣基督在"因信称义"中所起的作用，同时，这样的论述也回答了神学界存在的第二个问题：即罪人无须付出任何代价就能被天主认可（称义），但人随后必须顺服天主，这两者之间关系如何？在加尔文看来，称义（被天主认可）和成圣（顺服天主）都是信徒在心灵中和耶稣基督结合所带来的两个直接结果。如果信徒已通过信仰耶稣基督之道在心灵中和耶稣基督结合，那么信徒已在天主眼中被认可（称义），也就是说，我们世人被天主认可（称义）不需要任何条件，与此同时，信徒已开始走上成圣（顺服天主）之路。不过，尽管这条探讨个别罪人如何得以与天主相交的"因信称义"之路的教义被宗教改革的第一波（主要源自路德）视为宗教改革的中心，而且加尔文也为阐释这条教义作出了贡献，但是宗教改革的第二波（以加尔文为主要代表）并不过于重视这条教义，而是以教会秩序和纪律为中心。加尔文在第三卷中论述的另一个重点是得救预定论（predestination）。最为普遍的得救预定论是"永生预定论"（拉丁语 praedestinatio ad vitam；英语 predestination to life）。得救预定论认为，天主已通过某种方式预定了各人的命运。但预定是一种奥秘。加尔文提出的预定论更激进，称为"双重预定论"（拉丁语 praedestinatio gemina；英语 double predestination），认为关于世人——无论是信徒或是非信徒（故称双重）——的得救和被弃都已由天主预定。"双重预定论"更强调天主对其造物拥有主权。"双重预定论"令人对天主深感恐惧。

《基督教要义》第四卷论述一系列与教会有关的问题。首先，为什么教会有存在的必要？加尔文认为，教会是天主建立的团体，天主在其中帮助自己的选民成圣。为了肯定崇高的教会论，加尔文引述了迦太基的西普里安两句伟大的教会论格言："除非你以教会为母，否则你就不可能有天主为父"；"教会之外既不可能盼望罪孽得到赦免，也没有救赎"。加尔文将施行圣礼界定为"教会的标记"（notae ecclesiae）。中世纪教会规定的圣礼有七种：洗礼、圣餐礼、按立礼、补赎礼、坚振礼、婚礼、临终涂油礼。宗教改革将这些圣礼缩减为二：洗礼和圣餐礼。宗教改革家强调说，真正的圣礼是耶稣基督亲自设立的圣礼。加尔文给圣礼下了两个定义。圣礼是"一种外在的象征，耶稣基督借着圣礼在我们的心灵中印下耶稣基督对我们善意的应许，从而支撑我们信心的软弱"。圣礼也是"神圣事物的有形标记，或者说，是无形恩典的有形形式"。加尔文认为，洗礼就是公开表明我们对耶稣基督的忠贞，但在强调洗礼的宣告功能的同时，加尔文也强调洗礼是信徒的原罪得到赦免和在耶稣基督那里得到新生命的标志。加尔文坚持婴儿洗礼是合宜的。他指出这种惯例是早期教会真正的传统，而非中世纪晚期的发展。洗礼是一个标志，表明婴儿属于教会这一《新约》团体，从而使婴儿享受洗礼带来的益处。圣餐礼的饼和酒是耶稣基督肉身和血的象征。加尔文指出，圣餐礼，尤其是设立圣餐礼的经文，使信徒确信耶稣基督的肉身已为信徒掰开，血已为他们流出。圣餐礼"证实了耶稣基督的应许，耶稣基督在应许中宣告耶稣基督的肉是可吃的，他的血是可喝的，我们因为吃了耶稣基督的肉和喝了耶稣基督的血而得到生命"。圣餐礼的实质在于我们领受耶稣基督的肉身，从而得到"耶稣基督的恩惠"（beneficia Christi）——即耶稣基督通过顺服神明为信徒赢得的益处，如救赎、公义和生命。

自 1536 年《基督教要义》拉丁语第一版至 1559 年拉丁语定稿版之间共有六种拉丁语版问世。每次拉丁语版出版之后都有相应的法语版出版。但是相应的法语版的内容和拉丁语版的内容并不完全相同。例如，1541 年法语版《基督教要义》并不是 1539 年拉丁语版的直接翻译。1541 年法语版囊括了 1536 年拉丁语版的内容，但没有涵盖 1539 年拉丁语版中修改的内容，1541 年法语版中有很多细微的修改，目的是为了照顾预期的法语读者。这一版删掉了可能比较难懂的神学见解，删掉了所有的希腊词语和出自亚里士多德的引语，添加了法语读者可能熟悉的内容，例如法语谚语和习语。

截至 1600 年，《基督教要义》共有拉丁语版十七种，法语版十七种，英语版七种，荷兰语版四种，德语版两种，意大利语版一种，西班牙语版一种。

虽然各种版本在形式上有所不同，但加尔文的基本思想不变。加尔文像路德一样主张"因信得救"，建立"廉俭教会"，但比路德更激进。加尔文自 1541 年起成为日内瓦新教教会的领袖，并在此后二十五年间将日内瓦变成一个政教合一的神权国家。他按照共和制的原则，把教会的管理权置于由教徒选举产生的长老（一般都是富人和工商业者）和牧师的手中，对民众实行严厉统治。一切浮华的宗教仪式被取消，许多宗教节日被废除，并取缔赌博，甚至连跳舞演戏等娱乐活动也加以禁止，认为这些都是浪费，民众只有平时做工，礼拜天祈祷。另一方面，加尔文提出"得救前定"说，认为人的得救与否不是靠斋戒、忏悔、赦罪等善行，而完全依赖于天主的旨意所先定，人在现实生活中的成功与失败，就是天主"选中的人"和"抛弃的人"的标志。加尔文要人们相信某些人的发财致富（如银行家、富商和新兴的工厂主）不是由于剥削或欺诈，而是因为他们是天主先定"选中的人"，那些受剥削受苦难的穷

348 良知对抗暴力

人也是天主先定"抛弃的人",所以他们应当恭顺地服从天主的旨意,忍受剥削和压迫。显然,加尔文企图以宿命论掩盖剥削的实质。加尔文的神学思想无论是"廉俭教会"还是"得救前定"说均反映了16世纪欧洲资本原始积累时期的社会经济状况,符合新兴资产阶级的利益。

1560　〔1〕是年初,由加尔文和贝扎合作出版的《圣经·新约》的法语新译本在日内瓦由出版商罗伯特·艾蒂安(Robert Éstienne)印刷发行。此新译本在正式出版之前已有手抄本于1558年在日内瓦流传。贝扎为此法语新译本写了一篇序文,撰写日期的落款为1559年10月10日。贝扎在此序文中抨击卡斯泰利奥翻译的《圣经》法语译本和拉丁语译本,并辱骂卡斯泰利奥是魔鬼撒旦挑选的译者。此前,贝扎于1556年岁末在洛桑出版自己翻译的《圣经·新约》拉丁语译本,他在此译本的序文和注释中批评了其他的译本,其中包括批评卡斯泰利奥的译本,虽然他没有点出卡斯泰利奥的名字,但读者都能明白,贝扎所指的是谁。卡斯泰利奥为了反驳贝扎的批评,于1557年5月完成论战文章《捍卫神圣的〈圣经〉翻译》(*Defensio suarum translationum Bibliorum et maxime Novi Foederis*),但此文当时由于受到巴塞尔书刊检查的阻挠而未能出版。参阅〔瑞士〕古吉斯贝格著《塞巴斯蒂安·卡斯泰利奥的一生》英语版,第136—137、183页。

〔2〕4月19日,梅兰希顿(Melanchthon)去世。

〔3〕诺克斯的信仰声明(Knox's Confession of Faith)被接受,苏格兰议会正式废止罗马天主教。

1561　是年,加尔文主义者发表《比利时信条》(*Confessio Belgica*),声称可以经由详尽地研究自然界——神明的创造物来认识神明。迄今大量的社会学研究表明，新教比罗马天主教更有能力促进自然科学的发展。法国学者阿尔冯斯·德·康多尔（Alphonse de Candolle）的研究发现，在1666—1883年巴黎科学院（Académie des Sciences）的外籍院士中，罗马天主教教徒的院士仅占18.2%，新教教徒的院士占81.8%。16世纪时荷兰的加尔文主义者人数并不多，但当时荷兰的自然科学家绝大多数是加尔文主义者。伦敦皇家学会（Royal Society of London）的早期会员绝大多数是清教徒。16世纪和17世纪的物理学与生物科学的领军人物均为加尔文主义者。可以说，加尔文为自然科学研究赋予了宗教动力与宗教意义。参阅〔英〕阿利斯特·麦格拉思著、甘霖译《加尔文传——现代西方文化的塑造者》，中国社会科学出版社2009年7月第1版，第254—255页"加尔文与自然科学"一节。

1562 〔1〕3月1日，法国天主教徒袭击法国新教胡格诺派的集会，史称"胡格诺战争"的法国宗教内战由此爆发。法国新教胡格诺派自1534年以后虽然一直遭受残酷镇压但势力仍然不断壮大。1572年8月23至24日，法国天主教贵族在巴黎制造屠杀胡格诺派的圣巴托罗缪之夜惨案，使法国宗教内战更趋激烈，导致法国四分五裂。1573年胡格诺派在法国南部和西南部组成联邦共和国。1579年法国爆发农民起义，西班牙乘机支持法国天主教会参与内战，于1598年迫使信奉胡格诺派的国王亨利四世改奉天主教。但是亨利四世为结束胡格诺派与天主教会之间的内战，于1598年4月13日在南特（Nantes）颁布敕令，南特位于法国西部卢瓦尔河下游。"南特敕令"责成新教地区恢复天主教会，归还其财产；新教教徒中遵守本敕令者免受异端审判，准其宗教活动，可自由进入各级学校接受教育，并可在政府机构任职，其教士和牧师同样免除兵役。"南特敕令"虽然承认天主教仍为法国国教，但胡格诺派得到了宗教信仰自由以及政治、经济上的平等权利。胡格诺战争遂告结束。

〔2〕3月，卡斯泰利奥为了回应贝扎对他翻译《圣经》的攻击，出版了《捍卫神圣的〈圣经〉翻译》一书，由出版商约翰内斯·奥波里诺斯（Johannes Oporinus）印刷发行。1562 年 12 月此书再版，卡斯泰利奥在再版中说明，此书完成于 1557 年 5 月，1562 年出版时仅对原来的文本作了部分修改。参阅［瑞士］古吉斯贝格著《塞巴斯蒂安·卡斯泰利奥的一生》英语版，第 184 页。

〔3〕10 月，卡斯泰利奥完成其著作《沉痛忠告法兰西》（Conseil à la France désolée），刚好在他去世前的一年。这部著作阐述的主题是宽容，但不是自 1554 年以后他和加尔文与贝扎关于宽容思想争论的直接继续，而是联系法国即将面临的宗教内战。此书完稿数周后即被印成小册子。但在封面页上没有印上作者的名字和出版者的名字，也没有标明出版地点。今天已毋庸置疑，这本九十六页的小册子是在巴塞尔印刷的，并且很可能是由奥波里诺斯印刷出版。关于此书的作者不久也就不再成为秘密。卡斯泰利奥的一个侄儿米歇尔（Michel）在日内瓦教会纪律监督委员会询问时肯定地说，此书的作者就是他的叔伯塞巴斯蒂安·卡斯泰利奥。米歇尔是卡斯泰利奥的兄弟皮埃尔（Pierre）的儿子，此人住在日内瓦城堡，是钉马掌的铁匠。他在审讯时供认：1563 年 8 月 19 日，他从巴塞尔得到两册《沉痛忠告法兰西》，看完以后就传给别人看。日内瓦教会纪律监督委员会决定将此事报告日内瓦行政公署处理，并公开谴责此书。在议事记录中，此书被描述为用心恶毒和错误百出。参阅［瑞士］古吉斯贝格著《塞巴斯蒂安·卡斯泰利奥的一生》英语版，第 186—196 页。

1563 〔1〕是年，贝扎的著作《回应塞巴斯蒂安·卡斯泰利奥的辩护与反驳》（Responsio ad defensiones et reprehensiones Sebastiani Castellionis）在日内瓦出版。

〔2〕是年，卡斯泰利奥完成其拉丁语著作《论怀疑之道》(*De arte dubitandi et confitendi, ignorandi et sciendi*)，在此书手稿原件的第1页上注明：此书完成于1563年。这是卡斯泰利奥一生中最后一部著作，是为反驳加尔文和贝扎而作，内容仍然是力陈宽容和良知的自由。但此书在卡斯泰利奥生前并未出版，直至1613年才在卡斯泰利奥的文集中刊载了部分章节。1981年，此书全文在荷兰莱顿(Leiden)出版。参阅〔瑞士〕古吉斯贝格著《塞巴斯蒂安·卡斯泰利奥的一生》英语版，第218—232页。

〔3〕奥基诺的著作《对话三十篇》(*Thirty Dialogues*)出版。

〔4〕11月，指控卡斯泰利奥为渎神者的正式起诉书呈交巴塞尔当局。

〔5〕12月29日，塞巴斯蒂安·卡斯泰利奥在巴塞尔逝世。

1564 〔1〕5月27日，加尔文在日内瓦去世。

〔2〕贝扎接替加尔文任日内瓦布道师。

〔3〕贝尔纳尔德·奥基诺在摩拉维亚去世（亦有文献记载为1565年去世）。

1572 〔1〕8月24日，法国发生"圣巴托罗缪（一译圣巴多罗买）之夜"(Bartholomäusnacht)惨案。圣巴托罗缪是耶稣十二使徒之一。每年8月24日是祭拜巴托罗缪的节日。法国胡格诺内战期间，1572年8月，许多信奉新教的贵族因参加胡格诺教派（即新教）的领袖——那瓦尔王国的国王亨利·波旁的婚礼聚集在巴黎。信奉天主教的法兰西王国国王亨利三世的母亲凯瑟

352　良知对抗暴力

琳·德·美第奇太后和天主教集团的首领吉斯公爵密谋企图全部消灭这些胡格诺教徒。8 月 24 日凌晨 2 点，在统一信号指挥下，开始对胡格诺教徒进行大屠杀。胡格诺派的另一首领——海军大将科里尼被杀死。那瓦尔国王亨利·波旁因答应改奉天主教才得以幸免。被杀害的新教徒约八千人，仅在巴黎就达两千，因 8 月 24 日是圣巴托罗缪节，故史称"圣巴托罗缪之夜"惨案。

〔2〕11 月 24 日，约翰·诺克斯逝世。

1577　〔1〕6 月，哲罗姆·博尔塞克（Jerome Bolsec）的著作《加尔文的一生》（*Vie de Calvin*）在里昂出版。

〔2〕6 月 28 日，佛兰德最著名的画家彼得·保罗·鲁本斯（Peter Paul Rubens）出生。一位同时代的人曾将他誉为"诸画家之王，诸王的画家"。他不仅是在自己的祖国——西班牙统治下的尼德兰（佛兰德）的画坛之王，而且在他旅居过的英国、法国、荷兰、意大利和西班牙等国备受欢迎，在那些国家留下深远的影响。他除了活跃于画坛之外还担任过外交官的职务，使英国和西班牙两个世仇化干戈为玉帛，是他的许多功勋之一。由于他在画坛和外交界的卓越成就而荣获骑士勋位。从他以家族为题材的众多绘画中可以看出他的家庭生活十分美满，对妻子和子女怀有深厚和丰富的感情。1640 年 5 月 30 日因心脏病突发在安特卫普逝世，享年六十二岁，身后被世人誉为一位划时代的伟人。其最著名的代表作品有《玛丽·美第奇抵达马赛》《亨利四世升天和玛丽·美第奇摄政》《基督下十字架》《劫持留西帕斯的女儿》《帕里斯的评判》《战争与和平》《从史廷城堡中望见的秋景》《亚伯大公爵像》等。鲁本斯的绘画构图气势恢宏、色彩富丽、融合尼德兰和意大利的画风，成为巴罗克时期具有特色的佛兰德画派最杰出的代表。在这位天才画

家的不少绘画中，多有富于性感的裸体美女或女神，和加尔文教派的禁欲主义背道而驰。

1592 5月22日，宗教裁判所下令逮捕布鲁诺（Bruno）于那不勒斯(Naples)。

1596 3月31日，法国哲学家、自然科学家勒内·笛卡尔（René Descartes）出生于一个贵族家庭。曾就读于普瓦提埃大学和长期从军。1629至1649年间隐居荷兰潜心著述。1649年应瑞典女王之聘赴斯德哥尔摩，1650年2月11日在瑞典去世。笛卡尔著有关于生理学、心理学、光学、流星学、代数学和解析几何学的论文和专著，发明笛卡尔坐标和笛卡尔曲线，被誉为是解析几何学的奠基人。在哲学上，主张彻底抛弃经院哲学的偏见；将数学从公理出发进行推导的方法应用于哲学研究；提倡"普遍怀疑"，认为精神存在是主体，宣称"我思故我在"，同时也肯定物质世界的客观存在，灵魂和肉体是哲学的基础。提出"思维"实体和"广延"实体的二元论。主要著作有《几何学》《方法谈》《哲学原理》等。

1598 11月7日，西班牙画家弗兰西斯科·德·苏巴朗（Francisco de Zurbarán）受洗。1614年，苏巴朗在塞维利亚一个专门制作膜拜用画像的画匠门下习艺。1629年受塞维利亚市议会的邀请，定居于此。1634年造访马德里，为国王画了一幅《加的斯的攻击》(Siege of Cadiz)，以此配合委拉斯贵支（Velázquez）的《布雷达之降》(Surrender of Breda)与麦诺（Maino）的《圣萨尔瓦多湾的夺回》(Recovery of the Bay of St.Salvador)悬挂一处。1635年回塞维利亚，此后十年间曾为西班牙西南部各地修道院及教堂作画。1658年迁居马德里，重逢委拉斯贵支。他早期所作圣徒画像，具有庄严平实的宗教氛围。这使他成为表现朴实教理的祭坛画理想画家。其作品色彩清晰明朗，人物厚

354　良知对抗暴力

实庄重，有暗色调主义（Tenebrism）的风格。著名代表作品有油画《受胎告知》（*Annunciation*，约 1658），今藏美国费城美术馆；油画《圣塞拉庇昂》（*St.Serapion*，1628），今藏美国康州哈特福德华兹渥斯文艺协会。1664 年 8 月 27 日在马德里去世。

1599　4 月 25 日，17 世纪英国资产阶级革命的政治领袖奥利弗·克伦威尔（Oliver Cromwell）出生于一个乡绅家庭。两度赴伦敦学习法学，后经营农牧场。1628 年、1640 年先后两次当选为长期国会议员。在 1642—1648 年两次内战中显示出自己的军事才能，先后统率"铁骑军"和新模范军在马斯顿战役和纳斯比战役中击溃王党军队，并最终取得胜利。1648 年，清洗了国会中长老派的势力。1649 年在城市平民和自耕农的压力下，处死国王查理一世，5 月宣布成立共和国。同时，残酷镇压平等派和掘土派的民主运动，于 1649—1652 年亲自率军远征爱尔兰，镇压民族起义、掠夺爱尔兰土地，其间于 1650—1651 年平定苏格兰王党的叛乱。1653 年解散长期国会，建立军事独裁统治，12 月自任"护国主"。为了向外扩张和争夺殖民地及海上霸权，曾对荷兰、西班牙和葡萄牙用兵并取得胜利。1658 年 9 月 3 日去世。

1600　2 月 17 日，布鲁诺在罗马鲜花广场（Campo dei Fiori）被火刑处死。

1606　7 月 15 日，17 世纪荷兰著名画家伦勃朗（Rembrandt Harmenszoon van Rijn）出生。父亲是磨坊主。也就是说，他出身于中产阶级家庭。17 世纪初荷兰新兴的中产阶级掌握政权后，以加尔文教为国教，废除教堂内的天主教装饰画和祭坛画，而对现实主义绘画表现出浓厚兴趣，从而成为伦勃朗的绘画在社会上备受欢迎的契机。伦勃朗早年师从拉斯特曼（Pieter Lastman）学画，后又吸收意大利画家卡拉瓦乔（Caravaggio）

的明暗对比方法而加以发展，形成独特的风格，在肖像画和人物构图中善于以简洁的手法表现人物性格的特征，擅长用聚光及透明阴影突出主题。西欧画界称这种画风为"紫蓝色的黑暗"。主要代表作品有《夜巡》《刺瞎参孙》《丹娜埃》《犹太新娘》《磨坊》《戴金盔的人》《三棵树》等。伦勃朗于1669年10月4日去世。

1622 1月15日，17世纪法国伟大的喜剧大师莫里哀（Molière）出生。他原名让·巴蒂斯特·波克兰（Jean Baptiste Poquelin）。莫里哀是他参加剧团后用的艺名。父亲是挂毯商和宫廷室内陈设商。外祖父也是挂毯商。两家可能都有作坊。宫廷陈设商有机会接近国王，每当国王出巡，他们先行一步，布置行宫。莫里哀十五岁时得到父亲的这个职位的继承权。据说，莫里哀曾于1642年为路易十三去过南方纳博讷布置行宫。莫里哀十岁丧母，外祖父经常带他去看闹剧、喜剧和悲喜剧，使他从小就喜爱戏剧。1635年，法国在首相黎塞留推动下成立了法兰西学院。文艺理论家布瓦洛当了院士，他劝说莫里哀放弃演丑角这个行当，莫里哀谢绝了他的好意。莫里哀去世后，据说路易十四曾问布瓦洛，在他统治期间，谁在文学上为他带来最大的光荣？布瓦洛回答："陛下，是莫里哀。"莫里哀虽非法兰西学院的院士，但学院在大厅里为他立了一尊石像，下面写着这样的话："他的光荣什么也不少，我们的光荣少了他。"1658年10月24日，莫里哀率团在巴黎宫廷演出，首次晋见国王路易十四。国王把卢浮宫剧场赐予莫里哀剧团使用。莫里哀从此得到路易十四的庇护。莫里哀一生创作近三十部喜剧，其中最著名者有《伪君子》（《达尔杜弗》）、《吝啬鬼》（《悭吝人》）、《愤世嫉俗》（《恨世者》）、《贵人迷》《太太学堂》《唐璜》等。莫里哀的不少喜剧揭露教士的虚伪、抨击教会，适应当时君主专制的政治需要、代表谋求自身发展而和王权结合的资产阶级，但屡遭教会的反对。莫里哀对喜剧的表现手法作过深入的探索，他认为，

356 良知对抗暴力

并不是人物生理上的缺陷使人发笑，而是某种怪癖、某种恶习令人发噱。他抛弃在他之前喜剧的情节荒唐、充斥海盗劫掠、多角恋爱、女扮男装、误会重叠等俗套，写出风格喜剧和性格喜剧，从根本上改造了法国旧喜剧。1673 年 2 月 17 日，莫里哀在演出时去世。

1632

〔1〕8 月 29 日，英国哲学家、英国唯物主义经验论创始人约翰·洛克（John Locke）出生。洛克早年在牛津大学学习哲学与医学。1660 年起在牛津讲授希腊文、修辞学和哲学。1667年后一度参加政治活动，并曾流亡国外。光荣革命后回国。1691 年完全退出政界，从事研究和写作。他在哲学上继承培根和霍布斯的学说，论证知识起源于感觉。反对天赋观念说，认为人的心灵本是一块"白板"，后天获得的经验是认识的源泉。他在政治上反对君权神授说，提出"三权分立"说。拥护代议制度，主张自由和宽容，强调保护私有财产。主要著作有《政府论》《教育漫话》《人类理解力论》等。洛克于 1704 年 10 月28 日去世。

〔2〕11 月 24 日，荷兰哲学家贝内迪克特·德·斯宾诺莎（Benedictus de Spinoza）出生于阿姆斯特丹的一个犹太人家庭。家境清贫，以磨镜片为生。1656 年因反对犹太教教义而被开除教籍。1670 年移居海牙。斯宾诺莎从自然界是自身的原因这一基本论点出发，提出"自因"（拉丁语 Causa Sui）的概念，"坚持从世界本身说明世界"。肯定"实体"即自然界，是一切事物的统一基础，否定超自然的神存在，但又把"实体"称为"神"，从而给唯物主义披上泛神论的外衣。反对唯心主义的目的论和笛卡尔的自由意志说。强调自然界的一切都是必然的。意志自由的想法是由于想象和无知；理性和意志不是相对立的，而是同一的，"必然性的认识"就是自由。在认识论方面，是唯理论的主要代表之一。主要著作有《神学政治学论》《论笛

卡尔的〈哲学原理〉《伦理学》《知性改进论》等。1677年2月21日去世。

1694　11月21日，法国哲学家、历史学家、启蒙思想家、作家伏尔泰 (Voltaire) 出生于一个公证人家庭，他原名弗朗索瓦·玛丽·阿鲁埃。少时就读于路易大王中学。因反抗封建专制制度，两次被囚于巴士底狱。出狱后流亡英国，深受牛顿、洛克思想的影响。回法国后一度任王室史官、国王侍臣。1746年当选法兰西科学院院士。曾应腓特烈二世之邀去普鲁士，并与俄罗斯叶卡捷琳娜二世保持通信联系。为逃避迫害，晚年蛰居法国和瑞士边境的费尔内。他认为天主教是罪恶的根源，其教义是欺骗的产物。他在哲学上持理性主义和怀疑主义观点。信奉洛克的经验论。他在政治思想上采纳自然法学说，认为自然赋予人们以自由平等的权利；主张以自由的私有制代替封建农奴制；起初拥护开明专制制度，后赞成通过改良途径转变为君主立宪制。他在史学上作了世界史写作的尝试，并把文化和商业提到同政治和军事并重的地位。伏尔泰是自然神论者，提倡对不同的宗教信仰采取宽容的态度。终生与宗教偏见作斗争，但又认为宗教作为抑制人类情欲和恶习的手段是必不可少的。主要著作有：《哲学通信》《牛顿哲学原理》《路易十四时代》《论通史及各国习俗与精神》，在文学创作中最有价值的是他的哲理小说，如《老实人》《天真汉》等。1778年5月30日去世。

1711　4月26日，英国哲学家、历史学家大卫·休谟（David Hume）出生。他在哲学上认为人的认识来源于经验，经验由两类知觉（印象和观念）所组成。至于知觉如何获得，是人们不可能知道的。其哲学对康德的不可知论有直接影响。他在政治思想上主张人性化的统治，主要著作有《人性论》《英国史》六卷和《人类理解力研究》等。1776年8月25日去世。

358 良知对抗暴力

1712 6月28日，启蒙运动时期著名思想家让-雅克·卢梭（Jean-Jacques Rousseau）在日内瓦出生。卢梭祖籍法国，最初信仰新教，后改信天主教。1755年，法国第戎学院征文，卢梭以《论人类不平等的起源和基础》论文应征，他在文中指出：人类不平等起源于私有观念的产生和私有财产的出现。1762年出版《社会契约论》（一译《民约论》），这部论著对法国大革命的影响极大，成为雅各宾派的政治纲领。书中关于天赋人权、自由平等、主权在民等思想都写进了1789年的法国《人权宣言》，美国的《独立宣言》也体现了这部论著的精神和理想。卢梭于1778年7月2日去世。

1713 〔1〕《乌得勒支和约》（*Frieden von Utrecht*）——结束西班牙王位继承战争的一系列双边和约，因签订于荷兰乌得勒支（Utrecht）而得名，包括法国分别与英国、荷兰、普鲁士、萨伏依、葡萄牙签订的和约（1713年4月）以及西葡和约（1715年2月）等共九项和约。《乌得勒支和约》规定：各国承认波旁王族的腓力五世（Philippe V., 1700—1746年在位）继承西班牙王位，但他及其继承人放弃兼任法国国王的权利。英国从西班牙取得直布罗陀和梅诺卡（Minorca）岛，并获得在西班牙美洲殖民地专卖黑奴的权利（为期三十年）；英国从法国取得纽芬兰、阿卡迪亚（Acadia）和哈得逊湾等北美属地。西班牙被迫将属地伦巴第、那不勒斯、撒丁和南尼德兰等割让给奥地利，将西西里割让给萨伏依，将格尔德恩割让给普鲁士。和约使英国在海上和殖民地的势力大为增强。法国称霸欧洲的局面告终。

〔2〕10月6日，法国著名启蒙思想家、哲学家丹尼斯·狄德罗（Denis Diderot）出生于一个手工业者家庭。早年学习法学。因发表无神论著作而一度被捕。1751年任《百科全书》主编，虽屡遭迫害而不废其志，历二十余年完成《百科全书》。其他主

要著作有《哲学思想录》《对自然的解释》《拉摩的侄儿》等。
1784 年 7 月 30 日去世。

1724 4 月 22 日，德意志古典唯心主义哲学家伊马努埃尔·康德（Immanuel Kant）在当时东普鲁士（Ostpreußen）的哥尼斯堡（Königsberg，今在俄罗斯境内）出生于一个马鞍匠家庭。祖籍苏格兰。1740 年入哥尼斯堡大学哲学院学习。毕业后任家庭教师九年。1755 年获哲学博士学位。后任哥尼斯堡大学讲师、教授、哲学院院长和校长，1797 年退休，1804 年 2 月 12 日逝世。

1754 年以后，康德发表自然科学论文多种。1775 年发表《自然通史和天体论》《宇宙发展史概论》，提出关于太阳系起源的星云假说，把太阳系的形成视为物质按其客观规律运动发展的过程，论证了自然界不断变化、发展的辩证思想，在哲学史上起了革命性的作用。1770 年以后，他致力于哲学和社会理论问题的研究。他在哲学上企图调和唯物主义和唯心主义。主张"自在之物"（即"本体"）独立存在于人们的意识之外，是感觉的源泉，但又断言"自在之物"是不可知的、是"彼岸的、超验的"。认为人的认识存在感性、知性与理性三种形式。理性是建立在最高原理之上的思维能力。感性和知性均属"现象"的认识，与这两种认识形式相关的科学知识是可以成立的，而"理性"是以"自在之物"为对象。人类知识有限，不可能对"自在之物"有所认识。因此世界分裂为两个领域：一是"现象"的世界，受因果规律所支配，即"此岸世界"。在此岸世界中一切都是必然的，是感性和知性能加以认识的科学知识领域。另一个是"自在之物"的世界，受自由规律所支配，即"彼岸世界"，是人们理性认识不能达到的，而只能加以信仰的道德领域或者意志领域。声称必须假定神的存在，才能调和必然与自由，使人得以完成其道德本性。康德的社会政治观点深受卢梭影响，主张民主、自由和平等，对法国大革命表示同情，但坚决反对用暴力手段变革社会。认为所设想的自由、平等的共和政体，即"理想的天国"，只是一个可望而不可即的纯粹理想，只有在遥远的彼岸才能实现。康德的主要代表作有《纯粹理性批判》《实践理性批判》《判断力批判》《论永久和平》《道德的玄奥》等。

1737 5月8日，被誉为"18世纪英国最伟大的历史学家"爱德华·吉本（Edward Gibbon）出生于一个资产阶级家庭。1752年入牛津大学莫德林学院就读，加入罗马天主教会。1753—1758年居住瑞士。在洛桑学习数学和逻辑学，同时向加尔文教派的牧师学习希腊罗马古典名著，接触法兰西文化。1754年加入新教。在日内瓦和伏尔泰等人相识。回英国后曾在军界供职四年。1763年赴欧洲大陆漫游。1764年去罗马访古。1772至1787年全力写作历史巨著《罗马帝国衰亡史》六卷，记述从公元2世纪起至1453年君士坦丁堡陷落为止的罗马帝国历史。此书是启蒙时期史学代表作，在近代历史学中占有重要地位。1794年1月16日去世。

1749 8月28日，德国伟大诗人约翰·沃尔夫冈·冯·歌德（Johann Wolfgang von Goethe）在德意志美茵河畔的法兰克福出生。歌德以自己长达六十余年的辛勤创作，给德国和人类留下了丰富多彩和光辉巨大的精神财富。马克思赞他为"最伟大的德国人"，恩格斯称他"在自己的领域里是真正的奥林帕斯山上的宙斯"。当今世人把歌德视为是继但丁和莎士比亚之后近代西方精神文明最卓越的代表之一。1774年，歌德发表书信体小说《少年维特的烦恼》，小说主人公维特爱上了一位贤淑的姑娘绿蒂，但姑娘已经订婚，维特在绝望中用手枪自尽。小说的重要意义在于它所表现的不仅是一个人孤立的感情和痛苦，而是整个时代的感情、憧憬和痛苦。小说对于"自然"的呼唤，实际上就是反抗不自然的封建社会的呐喊。维特不仅是歌德自身的影子，更是一个代表时代精神的象征性人物。小说使歌德一举成名并使德国文学走向世界。然而在歌德的全部作品中，彪炳千古的则是他的诗体悲剧《浮士德》。悲剧通过浮士德经历的五个阶段象征性地反映了德国和欧洲的新兴资产阶级的知识分子探索人生意义和社会理想的道路与历史经验：摆脱中世纪的精神束缚；否定庸俗、停滞、保守的小市民社会；否定把改革社会的希望寄托在封建社会开明君主的身上；抛弃用古典美的艺术力量来改造社会的幻想；最后终于得出新社会的理想是争取自由和生存的结论。而这种理想正是 19 世纪初空想社会主义的反映。浮士德这个象征性的艺术形象体现了一种永不满足现状、不断追求探索的精神。歌德的其他重要作品还有：长篇小说《威廉·迈斯特的学习年代》《威廉·迈斯特的漫游年代》《亲和力》、自传《诗与真》、诗集《西东合集》等。1832 年 3 月 22 日，歌德在魏玛病逝。

1756 1 月 27 日，奥地利著名作曲家沃尔夫冈·阿马多伊斯·莫扎特 (Wolfgang Amadeus Mozart) 在萨尔茨堡（Salzburg）出生。幼随父学音乐，显露非凡的音乐才能。三岁学钢琴，五岁开始作曲。六岁在维也纳、慕尼黑等地公演小提琴与键盘乐。七岁随父及姐到欧洲各国旅行演奏。十岁（1766）回萨尔茨堡，已写成作品三十余部。1769—1771 年在意大利师事马蒂尼（Martini, 1706—1784），回国后任萨尔茨堡大主教宫廷乐师并从事创作。1777 年再次旅行巡演。次年至巴黎，7 月丧母，回萨尔茨堡，任宫廷及教堂管风琴师。后与主教意见相左，于 1781 年离职，至维也纳，次年与韦伯小姐结婚。在维也纳的最后十年，生活境遇艰难困苦，但相继写出大量优秀作品。1791 年 12 月 5 日在维也纳逝世。莫扎特最著名的代表作品有歌剧《后宫诱逃》《唐璜》《魔笛》《费加罗的婚礼》《哈夫纳交响曲》《土耳其进行曲》以及各种独奏乐器的协奏曲、钢琴奏鸣曲和未完成的《追思曲》。莫扎特是维也纳古典乐派最杰出的代表人物之一，对后世西方音乐的发展有巨大影响。

1762
是年3月某日，胡格诺派教徒让·卡拉斯（Jean Calas，1698—1762）被判处死刑。让·卡拉斯是法国图卢兹一布商，1761年，其信奉天主教的长子马克-安托万在卡拉斯的布店里被人绞死。当地天主教徒立即掀起反胡格诺派的怒潮。卡拉斯被捕，并被指控犯有谋杀天主教徒的罪行。而地方长官认定卡拉斯罪行成立，图卢兹上诉法院于1762年3月某日判处卡拉斯死刑，并于次日处决。伏尔泰曾为此案发动强大的宣传运动，著有《论宽容》一书，力促欧洲舆论界相信，审判卡拉斯案者怀有反胡格诺派的偏见，当局定罪不公。后来，当局任命五十名法官组成陪审团重新审理此案。1765年3月原判被撤销。

1770
12月16日（或17日），德意志伟大作曲家路德维希·范·贝多芬（Ludwig van Beethoven）在德意志波恩（Bonn）出生。父亲是宫廷合唱队歌手。幼随父学音乐，后师事内夫（Neefe，1748—1798）。十一岁写出最早出版的三首钢琴奏鸣曲。1784年任选帝侯宫廷管风琴师。1787年至维也纳，拜访莫扎特，受赞赏。是年因丧母重返波恩。1792年定居维也纳，向海顿请教。1795年以钢琴家身份登台演出。1798年开始患有重听症，演奏事业受挫，遂专心于创作，至1820年两耳全聋，但在此期间相继创作出千古流传的音乐作品。1827年3月26日在维也纳逝世。贝多芬最著名的代表作品有《第九交响曲》（别名《合唱交响曲》）。该交响曲最后以根据德意志诗人席勒的《欢乐颂》诗歌谱成的独唱与合唱作为结尾。《第三交响曲》（别名《英雄交响曲》）、《第六交响曲》（别名《田园交响曲》）、《埃格蒙特序曲》《葬礼进行曲》《月光奏鸣曲》等。贝多芬的音乐雄伟深湛，集西方古典乐派之大成，开浪漫派音乐之先河，是维也纳古典乐派最杰出的代表人物之一，对近代西方音乐的发展有深远影响。

1776　《独立宣言》是 18 世纪英属北美十三个殖民地反对英国殖民统治、宣布独立的纲领性文件。由杰弗逊主笔的五人起草，在1776 年 7 月 4 日的大陆会议上通过（这一天后来定为美国国庆日）。宣言谴责英国对北美的残酷统治；宣告解除同英国之间的一切隶属关系，享有内政外交的独立主权；建立美利坚合众国；美国的公民均享有自由、平等的"天赋人权"（但黑人与印第安人不包括在内）；政府应是民众享有各种权利的保护者；一旦政府失去这种职责，民众有权改变或废弃该政府，建立新政府。宣言在一定程度上反映了北美民众的政治愿望，对号召民众参加独立战争起到积极作用。

1789　《人权宣言》，全名为《人权和公民权宣言》。法国大革命的纲领性文件。1789 年 7 月 9 日，根据穆尼埃的建议，制宪议会着手起草和讨论人权宣言，8 月 26 日通过，后作为《一七九一年宪法》的序文。《人权宣言》以美国《独立宣言》为范本，从18 世纪启蒙学说和自然权论出发，宣布：自由、财产、安全和反抗压迫是天赋不可剥夺的人权；信仰、著述和出版自由；公民主权、代议制和三权分立；法律面前人人平等；私有财产神圣不可侵犯，等。《人权宣言》是反封建专制制度的旗帜。

1792　8 月 4 日，英国著名浪漫派诗人珀西·比希·雪莱（Percy Bysshe Shelley）在英国的苏塞克斯郡出生于一个乡村地主家庭。祖父是男爵。父亲依附辉格党当上议员。1804 年雪莱进入伊顿公学。1810 年 10 月进入牛津大学。在大学时写了一篇哲学论文《无神论的必要性》，自费出版。该文的结论是"信神无据"，无神论是必要的。1811 年 3 月，雪莱因此事被牛津大学开除。父亲要他认错，雪莱拒绝，遂离家暂住伦敦，在伦敦时结识一位同样受到家庭压力的姑娘、雪莱妹妹的朋友海里霭。1811 年 8 月，雪莱和海里霭离开伦敦，在爱丁堡结婚。1816 年 5 月，雪莱旅行至瑞士，初识拜伦。9 月雪莱回英国。12 月海里霭溺死在伦敦海德公园河中。1818 年 3 月，雪莱彻底离开英国前往意大利，和拜伦同住在滨临地中海的意大利港口城市莱里奇。1822 年 7 月 8 日，雪莱和友人驾帆船回莱里奇，出海后不久，暴风突起，舟沉人亡，终年三十岁。十天后，尸体在海滨被发现。拜伦参与了火化。骨灰葬在罗马的新教公墓。雪莱最著名的代表作品有长诗《仙后麦布》《莱昂和西丝娜》（又名《伊斯兰的造反》），诗剧《解放了的普罗米修斯》《钦契一家》，抒情诗《云雀颂》《西风颂》等。《西风颂》被代代传诵。全诗五节，第一、二、三节写西风扫落叶、播种子，驱散乱云，放释雷雨，将地中海从夏天的沉睡中吹醒，给大西洋涂上庄严的秋色；第四节写诗人希望和西风一样不受羁绊、迅猛、卑视一切；第五节是诗人对勇士的鼓舞："愿你从我的唇间吹出醒世的警号，/ 西风哟，如果冬天已经来到，春天还会遥远？"雪莱的诗作强烈谴责专制独裁的暴政，号召民众为自由和民族独立而斗争。

1795　10 月 29 日，英国著名浪漫派诗人约翰·济慈（John Keats）在伦敦出生。父亲以经营马车行为业。生活比较富裕。1804 年父亲去世，母亲再嫁，济慈和两个弟弟由外祖母抚养。1810 年母亲病故，外祖母委托两名监护人经营他们弟兄的财产。1811年济慈离开学校后一度当过医生的学徒。1816 年通过考试获得内科医生执照。但最终还是放弃学医，从事文学创作。1818年 3 月，济慈去外地照顾患肺结核病的弟弟托姆。因此自己也于 1819 年传染上肺结核病。同年 10 月，在伦敦同他始终爱慕的芳妮·布劳恩订婚。1820 年 9 月遵医嘱由友人陪伴去意大利休养，但终于不起，于 1821 年 2 月 23 日在罗马去世，终年二十六岁。济慈在短暂的一生中留下不少脍炙人口的诗篇，如颂诗《夜莺颂》《希腊古瓮颂》《哀感》《心灵》和抒情诗《无情的美人》，十四行诗《灿烂的星，愿我似你永在》等。济慈的诗富于色彩感和立体感，诗中有画。后来的唯美派诗人如王尔德以及 20 世纪的"意象派"诗人都受到他的影响。

1799 5月20日，法国19世纪伟大的现实主义作家奥诺雷·德·巴尔扎克（Honoré de Balzac）在巴黎以南的图尔城出生。父亲来自农村，在拿破仑帝国时期曾当过供应军粮的承包商，也曾在巴黎经营过呢绒生意，从而成为中产阶级。1814年巴尔扎克全家迁至巴黎。1819年夏，巴尔扎克通过法学学士学位的考试，并当上一家法律事务所的录事，但这时他突然宣布不愿当律师，而愿当作家。这一决定遭到父母的激烈反对，而巴尔扎克又不肯屈服，最后达成妥协：以两年为期，让他试验写作，倘无成绩，立即回法律事务所。两年时间过去，巴尔扎克既没有成为有名声的作家，也没有获得财富，但他也没有重返法律事务所，而是在艰苦的条件下勤奋写作。紧张的创作生活使他积劳成疾。1850年8月18日，他在巴黎寓所伏案写作时与世长辞。去世时刚过五十一岁。雨果在葬礼上致辞说："在最伟大的人物中间，巴尔扎克是第一流伟人中的一个；在最优秀的人物中间，巴尔扎克是登峰造极的一个……他的一生短促，然而十分充实。"巴尔扎克的传世之作是包括九十六部长、中篇小说总名冠以《人间喜剧》的巨著，塑造了两千多个人物，形成巴尔扎克自己的小说世界。《人间喜剧》分三个部分：《风俗研究》《哲理研究》《分析研究》。其中《风俗研究》是主体，又分为六个场景：《私人生活场景》《外省生活场景》《巴黎生活场景》《政治生活场景》《军旅生活场景》和《乡村生活场景》。《人间喜剧》是一部反映法国社会的"卓越的现实主义文学史"，是一幅波澜壮阔的法国19世纪上半叶的历史画卷。其思想内涵可概括为三个方面：第一，描写了资产阶级的得势和罪恶的发家史，如《高利贷者》《欧也妮·葛朗台》《纽沁根银行》《幻灭》等；第二，展示了贵族阶级的没落，是一部充满挽歌情调的贵族社会的衰亡史，如《贝姨》《高老头》《弃妇》等。第三，揭露了金钱的罪恶，描绘了光怪陆离的金钱王国的世态炎凉，如《红色旅馆》《夏倍上校》等。《人间喜剧》是19世纪现实主义文学的经典。巴尔扎克和狄更斯、陀思妥耶夫斯基齐名，被誉为现实主义文学三大师。巴尔扎克将自己创作的全部小说冠以总名"Comédie Humaine"，有人将其译为"人间喜剧"，但也有识者指出，这个中译名译得并不正确。根据内容，在巴尔扎克的小说中并无喜剧色彩。comédie 一词在法语词典中的释义是：1.［古］戏；剧团；2.［旧］剧院；3. 喜剧。词典中的第一释义"戏"更符合原意，总名似可译为"人间戏"。尽管如此，"人间喜剧"的中译名已广为流传。巴尔扎克声称要"完成一部描写 19 世纪法国的作品"。巴尔扎克生于 1799年，比拿破仑年轻三十岁，拿破仑于 1821 年去世时，巴尔扎克二十二岁，正是立志文学创作之时，他笔下的人物是拿破仑时代的人。

1804 是年，拿破仑亲自主持通过《拿破仑法典》（*Code Napoléon*），1816 年恢复旧称《法国民法典》（*Code civil des Français*），法典综采罗马法、传统法及革命新法编成，共二八一条，它确立了法国的社会秩序，确定了公民在法律上平等和私有权不受限制的原则；在婚姻和家庭关系方面极力维护父权、夫权。法典公布后即在欧洲大陆被广泛采用，在德意志西部原来被拿破仑占领过的若干地区一直沿用至 1900 年，至今仍有重大影响。

1823 2 月 27 日，法国哲学家、实证主义者欧内斯特·勒南（Ernest Renan）出生于一个农民家庭。曾在家乡的一所神学院学习。1803 年出版其《耶稣的一生》后受到教会猛烈攻击。1845 年放弃信仰天主教。1869 年发表《法国君主立宪制》一文，捍卫君主立宪制。在政治和信仰上倾向于自由主义和集权主义，在宗教上倾向于怀疑论。先后编写《宗教历史研究》《道德和批判短论》《科学的未来》等。1892 年 10 月 2 日去世。

1828 9 月 9 日，19 世纪俄罗斯大文豪列夫·托尔斯泰伯爵（Лев Николаевич Толстой）出生。他出身伯爵贵族世家，有长篇小说

《战争与和平》《安娜·卡列尼娜》《复活》等传世，19 世纪 70 至 80 年代，托尔斯泰的世界观发生激变，转到宗法制农民的立场。他对有教养的富裕阶级的生活及其基础——土地私有制表示强烈的否定，对国家和教会进行猛烈的抨击。但他反对暴力革命，宣扬基督教的博爱和自我修身，试图从宗教、伦理中寻求解决社会矛盾的道路。身为贵族出身的托尔斯泰生活十分俭朴，一身农民服装，还下地劳动。1910 年 11 月 20 日去世。

1840　4 月 2 日，法国自然主义作家爱弥尔·左拉（Émile Zola）在巴黎出生。父亲是意大利人，工程师。母亲是希腊人。七岁时，父亲病故。左拉家境清寒，当过职员，中学求学时已显露文学才华。崇拜巴尔扎克，早期创作又受浪漫主义影响，后受泰纳决定论和克罗德·贝尔纳遗传学说的影响，倡导自然主义的文学创作理论，1868—1893 年写作大型长篇小说系列《鲁贡玛卡一家人的自然史和社会史》（*Rougon-Macquart*），包括二十部长篇小说，题材几乎涉及法兰西第二帝国和第三共和国时期的法国社会的方方面面，集中反映了他的自然主义创作理论，同时又具有批判现实主义的倾向。其中重要作品如《小酒店》《萌芽》《娜娜》等都早有中译本。1898 年在德雷福斯案件中，写下闻名世界的《我控诉！》，抗议政府的无理判决，后遭到迫害，一度流亡英国，1899 年 7 月重返法国。1902 年 9 月 29 日去世。

1844　10 月 15 日，德国著名哲学家兼诗人弗里德里希·威廉·尼采（Friedrich Wilhelm Nietzsche）在德国萨克森地区的勒肯出生。1864 年入波恩大学修读神学和古典语言。不久舍弃神学并脱离基督教。1869—1879 年任巴塞尔大学哲学教授，1879—1888 年旅居意大利和法国，专事哲学研究和写作。1889 年 1 月 7 日尼采摔倒在意大利城市都灵的街头，从此神经错乱，他在母亲和妹妹的照料下先后在巴塞尔和魏玛度过一生中最后的 11 年，

1900年8月25日在魏玛去世。尼采的哲学宣称客观世界及其规律性都是幻景；基本真实的存在是权力意志，一切事物的根源皆出于此，它是自然界和社会的决定力量。认为基督教、理性主义和人文主义导致西方文明日趋没落。提倡"自我肯定"和主观战斗精神，把它看成是新价值观的主要特征。强调进化就是权力意志实现其自身的过程，而人生的目的则在于发挥权力、"扩张自我"。宣扬"超人"哲学。公开颂扬战争，宣称"宁可为战争而牺牲善行"。主要代表著作有《悲剧的诞生》《查拉图斯特拉如是说》《善恶的彼岸》《道德的谱系》等。尼采同时又是一位诗人。他一生用格律体和自由体写过许多诗歌，如1888年写的《威尼斯》和《落日西沉》，语言优美，诗意浓郁。《查拉图斯特拉如是说》既是哲学著作，又是散文诗，全书充满寓意和隐喻，有《圣经》风格。其论战文章和大量格言，思想深邃，文笔犀利，独具一格。尼采被公认为最优秀的德语言大师之一。

1864 4月21日，德国社会学家、经济学家马克斯·韦伯（Max Weber）出生。他是欧洲社会学创始人之一，历任柏林、弗赖堡、海德堡、慕尼黑大学教授。韦伯认为社会学是一门以研究人的社会活动的意义与目标的"认知"学科，认为资本主义起源于宗教、伦理等精神因素，提出"社会理想类型"的理论，在西方社会学史上占有重要地位。主要著作有《新教伦理与资本主义精神》《经济与社会》等。1920年6月14日逝世。

马克思在《资本论》中宣称资本主义源于16世纪。韦伯则认为资本主义早在16世纪宗教改革之前就已存在。对财富的追求不仅是传统农业社会的特点，也是中世纪商贾的典型心态，只不过在欧洲近代的开端出现了"新的资本主义精神"，即"现代资本主义"。韦伯将"现代资本主义"和他所谓的中世纪"冒险家式的资本主义"进行比较。韦伯指出，冒险家式的资本主义带有投机取巧、肆无忌惮的特点，往往将赚取的财富消耗在奢华颓废的生活方式上。而现代资本主义则是理性的、有坚实的信仰基础，在使用物质财富方面奉行禁欲主义。韦伯的理解具有宗教信仰色彩。他注意到尽管中世纪社会容许赚钱的行为，但却普遍认为赚钱行为是不道德的行为。但是随着禁欲主义新教的兴起，资本积累得到肯定。17 和 18 世纪加尔文主义的学者们阐释了这种观点。本杰明·富兰克林（Benjamin Franklin）在称赞投身商界以积累资本的同时也批评消费资本。资本应当增长而不应该被消费。克里斯托弗·希尔（Christopher Hill）概述了新教和天主教对待资本积累的不同观点。他写道："成功的中世纪商人是带着内疚感离开人世，并把钱留给教会用作非生产性用途，成功的新教商人则在有生之年就已不再为他们的赚钱活动感到愧疚，死后更是留下钱，帮助别人效法他们赚钱。"加尔文主义者认为，如果资本不是通过非正常的渠道获得，同时也不挥霍浪费，那么资本的产生和积累就不存在道德问题。韦伯认为加尔文主义的首要贡献在于其信仰体系引发了资本积累的精神动力。现代资本主义的出现大大促进了西方文明，而加尔文主义和现代资本主义的出现有着密切的联系。不过，韦伯否认资本主义是新教宗教改革运动的直接结果。

1875　6 月 6 日，德国著名作家托马斯·曼（Thomas Mann）出生于德国北部吕贝克（Lübeck）一个经营谷物的巨商家庭，早年在保险公司当见习生，后任编辑，1933 年纳粹在德国执政后流亡瑞士，1938 年迁居美国，曾任普林斯顿大学教授等。托马斯·曼 1952 年移居瑞士，主要作品有《布登勃洛克一家》《王爷殿下》《魔山》《马里奥和魔术师》《约瑟和他的弟兄们》《洛蒂在魏玛》《浮士德博士》《特里斯坦》《托尼奥·克勒格尔》《死于威尼斯》《大骗子费利克斯·克鲁尔的自由》等。其作品结构严谨、描写细腻、笔调严峻、富有嘲讽意味。托马斯·曼 1929 年获诺贝尔文学奖，1955 年 8 月 12 日在瑞士苏黎世去世。

370　良知对抗暴力

1882　8月28日，奥地利著名作家恩斯特·魏斯（Ernst Weiβ）出生。早年学医，获医学博士学位。1933年纳粹执政后流亡布拉格，1938年流亡法国。一生创作颇丰，作品多以阴郁、奇特的刑事犯罪为题材，探讨人道的生存方式。代表作有《监狱医生——没有父亲的人们》（ *Der Gefängnisarzt oder die Vaterlosen* ）、《奥尔拉明德的波埃提乌斯》《格奥尔格·莱塔姆——医生和凶手》《贫穷的挥霍者》《我是见证人》等。1940年6月15日德军入侵巴黎时自尽。

1894　法国犹太人阿尔弗雷德·德雷福斯（Alfred Dreyfus）于1858年10月9日出生。他是法国陆军上尉，1894年12月被人诬陷为向德国武官出卖军事秘密。12月22日军事法庭认定德雷福斯犯有叛国罪，判处终身监禁。起初，法国公众因德雷福斯是犹太人而相信所谓的"叛国罪"，排犹集团更是大肆宣传法籍犹太人对国家不忠。但是，1896年另一个名叫埃斯特哈齐的法国军官的罪行公诸于世，而军事法庭竟然于1898年1月宣布埃斯特哈齐无罪。这种明目张胆的种族歧视引起正义人士的无比愤慨，左拉提出强烈抗议，反对法国陆军当局对德雷福斯的判决。1899年，军事法庭因发现德雷福斯案件中的一份重要审案文件属于伪造而进行复审，改判为十年监禁。1904年又再度重审。1906年民事上诉法院撤销军事法庭的判决，并为德雷福斯恢复名誉。德雷福斯于1935年7月12日去世。

德雷福斯的冤案发生后，法国著名自然主义作家爱弥尔·左拉立即为德雷福斯申冤昭雪而大声疾呼，特别是1898年1月发表了题为《我控诉！》的致共和国总统的著名公开信，有力地推动了这场斗争，但同时也招致了反动势力对他的迫害，1898年7月左拉被无理判处一年徒刑和三千法郎罚款。他在宣判的当天逃亡到英国，次年7月回法国。

1936　茨威格著《良知对抗暴力》于1936年出版之后不久就有英译本问世，书名被改为《异端的权利》。英译本中有这样一段话：Many are foredoomed to live in the shadows, to die in the dark—village Hampdens and mute in glorious Miltons.(*The Right to Heresy—Castellio Against Calvin*, by Stefan Zweig, translated by Eden and Cedar Paul, Cassell and Company Ltd.,London, 1936, p.27)。但在作为本书译文底本的德语原版书（Stefan Zweig: *Castellio gegen Calvin oder Ein Gewissen gegen die Gewalt*, Fischer Taschenbuch Verlag, 1996, s.20）中没有汉普登和弥尔顿的名字，或许是茨威格以后作了修改，或许是编者作了删节，也可能是刊误，原因不详，现根据英译本补正。参阅本书第一章《引言》注〔33〕。约翰·汉普登（John Hampden, 1594—1643），英国国会重要议员，因反对国王查理一世（Charles I., 1600—1649）征收造船费（ship money）而闻名。此事成为导致英国内战的诸多因素之一。汉普登赞成废除英国国教的主教制，以削弱教会势力的日渐强大。生前险遭国王逮捕，幸免于难，后避居乡间。1642 年 8 月英国爆发内战，汉普登率领国会的军队与国王的军队作战，1643 年 6 月 18 日在战斗中受重伤而死。约翰·弥尔顿（John Milton, 1608—1674），英国著名诗人，其在英国诗坛的地位常排在莎士比亚之后，而在所有其他英国诗人之前。在 1642—1649 年克伦威尔领导英国国会反对国王查理一世的内战中，弥尔顿坚定地支持克伦威尔，被誉为共和国革命派的精神领袖。由于劳累过度，自 1652 年起双目失明。1660 年查理二世回到伦敦，王朝复辟。同年 5 月弥尔顿作为"弑君者"的辩护人被捕入狱，但旋即被释放。弥尔顿从此深居简出，专心写诗。由于双目失明，他在几个女儿和一些青年人的帮助下完成了三部长诗：《失乐园》《复乐园》和《力士参孙》。

译者后记

一九三三年，希特勒上台，茨威格的著作上了纳粹的禁书名单。一九三四年，战争的阴霾已密布在欧洲上空，茨威格在奥地利萨尔茨堡卡普齐内山上的别墅被搜查，茨威格决心离开奥地利，移居英国伦敦。

一九三五年五月二十四日，一个在日内瓦的名叫让·朔雷尔[1]的加尔文教牧师给旅居伦敦的茨威格写信，信中说，在他的教区内有一个爱读茨威格作品的女读者莉莉亚纳·罗塞[2]小姐在听了让·朔雷尔所作的关于卡斯泰利奥的报告之后，建议茨威格撰写一部当时几乎不为人知但又十分重要的十六世纪人文主义者卡斯泰利奥的传记。信中写道："简短地说，我是想告诉您，唤醒对塞巴斯蒂安·卡斯泰利奥这个了不起的斗士——当时肯定是对抗天才的宗教改革家加尔文的最具才智和最为勇敢的反抗者——的记忆，很可能会有非常重大的意义。也许在十六世纪没有人会以如此的大智大勇针对日内瓦的宗教改革家们为了贯彻自己的政教合一统治的理想而采取的非人性的手段进行如此坚持不懈的斗争。一本类似于您写的伊拉斯谟传记那样的书很可能会给人们留下难忘的印象。再说了，伊拉斯谟还是卡斯泰利奥的导师之一呢。请您相信我的话，这件事可是功德无量呀。"〔3〕

一九三五年六月三日，茨威格给罗塞小姐写信表示感谢。信中写道："……我自愧没有承认，我自己以前对塞巴斯蒂安·卡斯泰利奥所知甚少，但是我觉得，我自己早已被加尔文的为人和加尔文与塞尔维特的毫不留情的斗争所吸引。我全然不知卡斯泰利奥这个人在这场斗争中所扮演的角色，而您却神机妙算似的猜到，您的建议将会使我很感兴趣。我以前很少会像这一次似的从一开始就被一个人物深深吸引并且不由自主地产生极大的好感。我想，我大概会献给卡斯泰利奥一部我的试作。这也是能促使我们自己目前所进行的斗争的一个极好契机。"〔4〕茨威格在这封致罗塞小姐的信中还附上一封致朔雷尔牧师的信，信中写道："多谢您的来信和您对我的巨大信任。您对我说的话使我深受感动。因为专制统治为了使个人的良知沉默无声而在整个天下横行霸道确实不是孤立的现象……我厌恶政治，但我觉得这样一种政治压迫是最大的危险，而这样一种政治压迫现在已进入到宗教和艺术领域，在我看来，今天只有一种斗争——为良知的自由而斗争最值得投入。我曾试图在我所写的伊拉斯谟传记中通过将伊拉斯谟作为象征提出这样一些问题。而且我认为，我们必须重现那些伟大的失败者的崇高形象，以便启示那些今天仍然在可怕的专制统治压迫下遭受苦难的人们。"〔5〕

读者从以上的书信中不难看出，罗塞小姐和朔雷尔牧师的建议是促使茨威格撰写《良知对抗暴力》的直接诱因，而更重要的原因是：茨威格写作此书之时正是希特勒的气焰甚嚣尘上之际，茨威格的矛头所向，不仅是针对加尔文，而且也是针对希特勒。对加尔文的鞭笞指名道姓，对希特勒的抨击含蓄隐晦；对加尔文的描述栩栩如生，对希特勒专制独裁的针砭鞭辟入里。

一九三五年七月十日，茨威格从苏黎世致信罗塞小姐，信中写道："我两个月来一直在这里的图书馆内阅读所有可供使用的原始资料，我的工作有了相当的进展……唯一的困难是要在书中公正地对待加尔文而不被误导对他充满敌意，因为我是满腔热情地赞同卡斯泰利奥。如果说，加尔文极不公正地对待卡斯泰利奥，那么我们就必须尽量不用这种不公正的态度去对待加尔文。"[6]

茨威格当时客居伦敦，阅读有关的书籍毕竟有限。幸亏有朔雷尔鼎力相助，他向茨威格提供了不少有关加尔文的文献资料，并且要茨威格关注柏林的一位女学者伊丽莎白·法伊斯特博士正在整理的卡斯泰利奥最后一部著作《论怀疑之道》的书稿[7]。凑巧的是茨威格于一九三五年八月在玛丽恩巴德[8]温泉疗养时遇见了法伊斯特小姐，后者给茨威格写了几封十分诚恳的信，鼓励他要坚持把这本关于卡斯泰利奥的书写完。然而茨威格的朋友们的态度却与此相反，每当谈及这项新的写作计划时，他们都保持沉默。因为一九三五年的欧洲局势已相当严峻，纳粹德国和法西斯意大利在这一年签订了合作条约，即"柏林—罗马轴心"，德国公开支持意大利吞并阿比西尼亚（埃塞俄比亚），战争的幽灵在欧洲上空四处飘荡。希特勒在德国的独裁统治变本加厉。所以，茨威格几乎是在秘而不宣的状态下写作《良知对抗暴力》。他没有向任何亲友透露他正在写这部书，在他自己的日记中也丝毫没有提及，仅仅是在和罗塞小姐和朔雷尔牧师的通信中才一星半点谈到创作进展的情况。如，朔雷尔在一九三五年十月二十五日致茨威格的复信中写道："罗塞小姐向我转达了有关您的最近消息。我也收到了您寄还给我的书。尽管眼下发生着那么多悲剧性的事件，我们又重新生活在乌云密布的天空之下，但是您仍然没有失去您的创作灵感，这使我感到非常欣慰。您不仅能够专注于历史，而且在目前的形势下仍然能够坚持用您自己的心灵进行斗争。这说明我是多么了解您。"[9]

一九三六年三月十二日，茨威格在克服了许多难以形容的困难之后终于完成了这部关于卡斯泰利奥的著作。一九三六年四月五日，英国佩斯特·劳埃德公司率先用《塞巴斯蒂安·卡斯泰利奥——良知对抗暴力》的书名印行[10]。一九三六年五月十七日，维也纳《新自由报》公司用《卡斯泰利奥对抗加尔文》[11]的书名印行。《良知对抗暴力》一经面世，立即引起轰动。有的热情赞扬，有的激烈攻击。而赞扬或者攻击都达到无以复加的程度。

首先赞扬此书的是大名鼎鼎的德国作家、一九二九年诺贝尔文学奖获得者托马斯·曼[12]。他在一九三六年五月三十日从瑞士的屈斯纳赫特[13]致茨威格的信中写道："我长久以来再也没有读到一本像您的《卡斯泰利奥》这样的书了，书中的翔实史料和您的精彩描述令我着迷！"[14]

另一位盛赞此书的著名人物是奥地利作家恩斯特·魏斯[15]。他在一九三六年五月二十五日从巴黎致茨威格的信中写道："您拥有非凡的勇气（就是说，即便是对手，也要有尽可能公正地对待他的勇气），并且已取得巨大成就。您击中了对方，您又理解对方……您在此书中首次成为伟大的教育者……您所指出的并不是一种例外，而是永恒的辩证法的一个方面。这样的书籍必定与世长存，因为这样的书描述的对象永垂不朽……您的书指明了，如果思想界不能够团结一致，就会沉沦至多么可怕的深渊。"[16]

时至一九三六年六月六日，《良知对抗暴力》德语第一版已销售一空，足见此书当时受欢迎的热烈程度。

但是，此书在当时的瑞士德语区却遭到狂风暴雨般的攻击。此书同样也不能在德国出售，因为纳粹德国早在一九三三年二月二十八日就颁布了《总统保护人民与国家令》。依据这项法令，茨威格的那些库存在赖希纳出版社莱比锡仓库中的书籍在一九三六年三月十九日就已经被查抄。

英语版和荷兰语版与德语第一版同年问世。茨威格曾为这些版本拟定过另一个书名：《围绕火刑薪堆的斗争》[17]，并将"卡斯泰利奥对抗加尔文"作为副标题。不过，英语版的英译者却以《异端的权利》[18]为书名出版。法语版原计划于一九三六年出版，但因故延至一九四六年才问世。法语版和德语第一版同名：《卡斯泰利奥对抗加尔文——良知对抗暴力》[19]。法译本出版两年之后，那些公开表明信仰加尔文教义的加尔文主义者从神学和政治的角度对茨威格及其《良知对抗暴力》展开猛烈攻击，并称此书是茨威格炮制的"诽谤性小册子"。但是他们首先谴责的是让·朔雷尔牧师，说他是始作俑者和搬弄是非者。一九五四年，《良知对抗暴力》德语第二版[20]在德国出版，再度引起广泛关注，随之而来的是褒贬不一的争论。争论断断续续直至二十世纪末。百般贬低这部著作的大都是新教（福音派）的神学家和加尔文的忠实信徒，而盛赞这部著作的大都是社会科学家、历史学家和人道主义作家。

二十世纪末，英国一名福音派神学家阿利斯特·麦格拉思发表了一部著作《加尔文传——现代西方文化的塑造者》[21]。麦格拉思在自己的这部著作中恣意攻击茨威格。麦格拉思写道：

> 斯蒂芬·茨威格（Stephan Zweig）把加尔文刻画成日内瓦的大独裁者、冷血无情的男人（un home sans coeur et sans entrailles），对这座悲情城市施以铁腕统治。茨威格这种影响深远的刻画手法，可说是缺乏任何充分的历史根据的，它与史实大相径庭，并且对日内瓦的权力结构与决策程序也缺乏认识。[22]

麦格拉思还说：

> 斯蒂芬·茨威格将加尔文描述成使用铁腕统治不幸的日内瓦民众的专制领导者，这也许更多出自茨威格的想象和反独裁的立场。他更有可能是把自己了解的罗伯斯庇尔、希特勒和斯大林的形象与加尔文糅合起来，而非实际反映出十六世纪日内瓦的生活。[23]

麦格拉思不仅攻击茨威格，而且也攻击十九世纪法国伟大的现实主义作家巴尔扎克。麦格拉思写道：

奥诺雷·德·巴尔扎克在《人间喜剧》中告诉我们，加尔文于一五四一年返回日内瓦之后，"处决随即开始，加尔文组织起自己的宗教恐怖活动"。也许巴尔扎克在尽情发挥诗性情怀之际，将加尔文与罗伯斯庇尔混为一谈。[24]

不仅如此，麦格拉思还声称：

日内瓦从未出现过恐怖统治，加尔文也从未煽动这样一场运动，更不用说控制或领导了。[25]

加尔文显然从未成功地在日内瓦建立神权统治，事实上他也从未有此企图。[26]

纵观麦格拉思在其《加尔文传》中的论述，其观点是颠覆性的，企图彻底推翻十八世纪以来启蒙思想家和历史学家对加尔文的评价。笔者无意介入福音派神学家和启蒙思想家之间关于加尔文的争论，更不可能在这样一篇简短的译者后记中厘清争论的来龙去脉。笔者谨在此例举几位启蒙思想家的若干言论，供读者思考。

伏尔泰说："人们能够从加尔文对卡斯泰利奥——一个比加尔文自己伟大得多的学者的迫害和出于嫉妒将卡斯泰利奥赶出日内瓦的事件中察看出加尔文的暴君心态。"[27]在伏尔泰看来，加尔文"自立为新教的教皇"，妒忌心强，是个暴君。[28]

狄德罗[29]认为，加尔文主义是对国家和教会的威胁。[30]

对火刑处死塞尔维特，十八世纪英国著名历史学家爱德华·吉本说:"这样一次杀人献祭比宗教裁判所在火刑堆上处死数以千计的人更使我感到震惊。"[31]吉本认为,宗教改革并未能使信仰获得自由,只不过是一种束缚被另一种束缚取代而已。宗教改革家们同样实行僭政,把各种严刑峻法加于民众,对宗教异端处以极刑,加尔文即是典型。[32]

十九世纪法国伟大的现实主义作家巴尔扎克则说:"加尔文在宗教上的疯狂专横,就其道义方面而言要比罗伯斯庇尔在政治上的专横更心胸狭窄和更残酷无情。假如加尔文有一个比日内瓦更加广阔的势力范围,那么他必定会比那个倡导政治平等的可怕的罗伯斯庇尔让人间流更多的鲜血。"[33]

十八世纪的启蒙思想家们之所以对加尔文大加挞伐,是因为启蒙运动和理性哲学的兴起使推崇理性与自由的思想家们并不十分看重曾经一度声势浩大的宗教改革。在他们看来,一度统治思想界,甚至可以操纵生杀大权的神学无非是像哲学、政治学、经济学等一样是一门学问而已。宗教已不再是人生的中心。宗教也不意味着就是救赎,而只不过是人们的道德生活的指南而已。他们对存在了一千多年的基督教不再笃信不疑,于是自然神论、怀疑论乃至无神论等观念纷纷出现。启蒙思想家奉理性为圭臬,认为理性是世人达到至善境界的法宝,他们批判中世纪基督教禁锢世人理性的说教。他们提倡信仰自由、主张宽容、反对暴力压制,强调个人选择的绝对自由。在启蒙思想家看来,宗教改革的进步意义甚微。有人甚至认为,加尔文的教义无疑践踏了自由,禁锢了理性,是一个新的宗教裁

判所[34]

但是，到了十九世纪末二十世纪初，对加尔文的研究出现了新动向。历史的社会学研究风行一时。一九〇四年，德国著名社会学家马克斯·韦伯[35]的《新教伦理与资本主义精神》一书问世后，对加尔文研究的高潮再起，从社会伦理乃至从经济学的角度研究加尔文的论著剧增。韦伯概括总结的禁欲、节俭、勤奋工作、发财致富、积极入世等新教伦理观念在不少人眼里几乎成了加尔文教派的代名词。韦伯的观点赢得了赞誉，但也遭到质疑。[36]

第二次世界大战后，学术界对加尔文的研究不断深入，研究的视角也日益多元化。二十世纪七十年代中期，美籍荷兰裔学者、著名的宗教改革史专家奥伯曼[37]曾将加尔文研究归纳为六大派别，并介绍了一些争论的热点问题[38]。当代美国著名的教会史学家林德伯格说，加尔文"既被描绘成狭隘的教义论者，又被描绘成普世教会论者；既被描绘成残忍的宗教裁判分子，又被描绘成敏感而又富于同情心的牧师；既被描绘成冷酷无情、提倡禁欲的独裁者，又被描绘成满怀同情心的人文主义者；既被描绘成狂热的个人主义者，又被描绘成一位社会思想家；既被描绘成单调乏味的思想体系的罗织者，又被描绘成神学家中之最，是神的三位一体理论之集大成者；既被描绘成逻辑思维清晰、井井有条，又被描绘成自相矛盾、前后不一；既被描绘成资本主义理论家，又被描绘成社会主义理论家；既被描绘成日内瓦的僭主，又被描绘成捍卫自由的斗士；既被描绘成独裁者，又被描绘成革命家"[39]。历史上关于历史人物加尔文的争论真可谓众说纷纭、莫衷一是。但学术界的争论完全可以百家争鸣、各抒己见，而不必像麦格拉思这样对茨威格进行人身攻击。

笔者认为有必要为茨威格及其《良知对抗暴力》一书澄清几个问题。

第一，不管是说加尔文是日内瓦的僭主或者不是僭主也罢，不管是说加尔文是暴君或者不是暴君也罢，反正在一五四一年九月十三日加尔文重返日内瓦至一五六四年五月二十七日加尔文在日内瓦去世这段时间内，加尔文是当时日内瓦城市共和国事实上的最高统治者。加尔文掌控的教会的权威超过世俗政权——日内瓦行政公署的权力，这是无可争辩的事实。就连麦格拉思自己也这样写道："日内瓦的选举机构二百人议会在一五五五年四月、五月开会期间，突然挤满了有选举权的加尔文支持者。有选举权的加尔文反对者和加尔文支持者之间的微妙平衡被打破了，从而使加尔文反对者大败而归。这个过程一直持续到一五五六年日内瓦行政公署官员的选举，到那时加尔文的朋友们已全面接管日内瓦。"[40] 麦格拉思把这一次通过选举的夺权过程称为"一五五五年的革命"。[41] 麦格拉思还说，"这场革命永远确立了加尔文在日内瓦这座城市中的权威。"[42] 加尔文是日内瓦的宗教领袖，也是日内瓦市民的精神领袖。加尔文是通过自己在日内瓦行政公署担任官职的忠实信徒发挥自己的影响并行使权力。虽然日内瓦行政公署内的自由派掌权者曾一度抗拒加尔文的独裁统治，但均以失败而告终。

美国著名历史学家威尔·杜兰在其巨著《世界文明史》中写道[43]：

加尔文回日内瓦后，第一桩大事就是建立新的教会。他建议行政公署指定五名教士和六名议员组成一个委员会，由他领导草拟一部《宗教法典》[44]。法典拟定后，一五四二年一月二日，由二百人议会核准施行。这部法典的主要内容至今仍被欧美新教及长老教会所接受。根据该法典，牧师职称分牧师、教师、长老及执事。日内瓦的牧师组成"牧师团"[45]，负责管理教会及训练预备牧师。若无牧师团的许可，任何人不得在日内瓦传道。任何人想在日内瓦传道，除获牧师团许可外，尚须经日内瓦行政公署之同意。天主教团和天主教主教在日内瓦传教被禁止。日内瓦的新教神职人员在加尔文领导下很快便成为非常强大的教士阶层——其强大甚至超过古代以色列的教士阶层，尽管他们不像过去天主教教士那样渴求权势，尽管他们放弃出任官吏之权。由加尔文领导起草的《宗教法典》规定，基督教国家之根本大法乃是《圣经》，《圣经》之诠释者乃是教士。政府应切实遵照《圣经》办事，遇有为难之处，应听取教士解释。对于这一点，日内瓦二百人议会中的非圣职人士虽然没有表示完全赞同，但权衡其对社会秩序与经济利益之影响，也暂不加反对。二十五年中，日内瓦之商人寡头政治，似乎完全受到以神权政治为标榜的教士阶层之支配。[46]

这就是美国著名历史学家威尔·杜兰笔下的政教合一的日内瓦。

第二，麦格拉思说，"斯蒂芬·茨威格把加尔文刻画成日内瓦的大独裁者、冷血无情的男人，对这座悲情城市施以铁腕统治。茨威格这种影响深远的刻画手法，可说是缺乏任何充分的历史根据。"[47]而事实恰恰相反，应该说，麦格拉思对茨威格的指责缺乏任何根据，而茨威格在其《良知对抗暴力》一书中的描述都有充分的历史根据。为了证明这一点，笔者在此将威尔·杜兰在其《世界文明史》中对加尔文和日内瓦的描述与茨威格在其《良知对抗暴力》中对加尔文和日内瓦的描述作一比较，读者将会发现他们两人描述的内容均出自相同的历史文献或者相同的著作。

威尔·杜兰在其《世界文明史》中写道：

在日内瓦，教士权威系由教会纪律监督委员会[48]或由长老会[49]行使。教会纪律监督委员会由该委员会每年选出的十二名长老和牧师五人组成。因牧师系终身职位，长老则一年改选一次，故教会纪律监督委员会之大权实际上被牧师掌握。教会纪律监督委员可做之事甚多，如聚众礼拜、调查言行、家庭访问、询问罪犯、赦免或将罪犯逐出教门，被逐出教门者将由日内瓦行政公署驱逐出境，等等。在日内瓦，加尔文是教会纪律监督委员会主席。自一五四一年至他于一五六四年寿终正寝，加尔文的话在当地简直是金科玉律。……

教士阶层大权在握，乃拟定民众应遵守之宗教规则："全家，除留一两个人照顾孩子及牲畜外，均应参加主日礼拜。如布道是在非礼拜日（加尔文一礼拜布道三四次），凡能参加者均应参加。""礼拜迟到者，应予警告，警告不听，应罚三苏[50]。"[51]

威尔·杜兰在这段文字之后加了一个注释，注释表明，以上内容源自 J.H. 鲁宾逊编《欧洲历史文选》。

茨威格在其《良知对抗暴力》的第三章"教会纪律"中的有些描述几乎和威尔·杜兰的描述一模一样。这说明，《良知对抗暴力》的部分内容是以 J.H. 鲁宾逊编《欧洲历史文选》为依据。

威尔·杜兰在其《世界文明史》中写道：

谁都不得以信仰其他宗教为理由拒不参加新教的礼拜，这无异于剥夺个人信仰的自由，加尔文在这一点上比任何教皇做得更彻底。这位有权有势的新教立法者已将新教萌芽时所主张的信仰应基于个人判断之原则视如敝屣。他亲见新教宗派林立，也许这就是他抛弃这一原则的原因吧。日内瓦只容许一个教派存在，日内瓦人除信仰这个教派外不许有别的信仰。如果谁经常不做礼拜或者拒绝接受圣礼，那么此人便属大逆不道。异端分子不仅是亵渎天主，而且是背叛国家，这种人应予处死。惩治异端分子的观念是天主教发明的，而天主教徒眼下在日内瓦却成了应受惩治的对象。在一五四二至一五六四年的二十二年间，因触犯新教规定而被处死者有五十八人，被放逐者有七十六人。在日内瓦和在其他地区一样，凡进行巫蛊者必处死刑。某年一年中，由教会纪律监督委员会动议，十四人被火刑处死。他们的罪名是：用巫蛊使撒旦降瘟疫于日内瓦。[52]

威尔·杜兰在这段文字后面加了一个注释，注释表明，以上内容源自法国作者拉杜尔编四卷本《宗教改革的由来》之四《加尔文和基督教的法规》。[53]

在茨威格的《良知对抗暴力》中也有几乎相同的内容，可以说，其内容亦源自拉杜尔编《加尔文和基督教的法规》一书。

威尔·杜兰在其《世界文明史》中写道：

> 对信徒行为之考察，订有家庭访问制度：长老在其所属地区内每年对每个家庭至少访问一次。长老借此访问即可充分了解每个家庭各方面之生活状况。长老会和行政公署对下列行为严加禁止：如赌博、打扑克牌、不敬神明、酗酒、上酒馆、跳舞（特别是在跳舞时接吻和拥抱）、唱淫荡歌曲或非宗教歌曲、豪华宴会、生活奢侈、穿着华丽等。按当时之法律，对衣服之颜色长短，对酒席之菜肴多寡，均有详细规定。戴珠宝首饰纯属奢侈行为。一位女性曾因梳高髻而被监禁。[54]

威尔·杜兰在这段文字后面加了一个注释，注释表明，以上内容源自帕斯奎尔·维拉里著《吉罗拉莫·萨伏那洛拉的生平和时代》一书。[55]

茨威格在《良知对抗暴力》中也有几乎相同的描述，不言而喻，亦系源自维拉里一书。

茨威格在其《良知对抗暴力》的第三章"教会纪律"中有这样一段描述："像克劳德和阿玛蒂这样一些沿用了数百年的人们所熟悉的名字被禁止使用，只因为这两个名字在《圣经》中没有。"

386   良知对抗暴力

无独有偶。威尔·杜兰在其《世界文明史》中也有几乎相同的描述：

> 演戏，最初规定限于演出宣扬宗教的戏，但后来连宗教戏也不准演。儿童名字，禁止起天主教圣徒之名，鼓励起《圣经·旧约》中人物的名字。有一位顽固的父亲因给孩子起名克劳德而不愿起名亚伯拉罕[56]，以致被关押四天。[57]

杜兰在此处加注说明，这里引用的内容源自菲利普·沙夫著《瑞士的宗教改革》一书。[58]

杜兰在此又写道：

> 新闻检查比天主教的做法更变本加厉。一五六〇年更进一步规定，务必查禁邪教书刊和不道德书刊。稍后，甚至连蒙田的《随笔集》和卢梭的《爱弥尔》也在查禁之列。日内瓦市民如在言谈中对加尔文或者其他教士表示不敬，也算犯罪。[59]

> 对于以上法规，初犯，申戒；再犯，罚金；累戒不悛，就要被监禁或充军。私通有夫之妇者，或充军，或溺毙。通奸、亵渎神明、偶像崇拜，均予处死。一个极端的事例是一个孩子因殴打父母而被斩首。[60]

> 从一五五八至一五五九年间，因犯不道德之罪而被起诉者有四百一十四人，从一五四二至一五四六年间，

充军者有七十六人，被处死者有五十八人——当时日内瓦之总人口为两万人。十六世纪之日内瓦和其他地区一样，严刑逼供乃是获取罪证之常用手段。[61]

这就是杜兰所描述的在加尔文统治下的日内瓦，而他的描述完全是以著名的历史著作为依据，这也是茨威格笔下由加尔文统治的日内瓦。然而，阿利斯特·麦格拉思对茨威格和杜兰所作的这些描述均持异议态度。麦格拉思在其《加尔文传》中写道：

> 说"加尔文对日内瓦实行高压政教合一统治时期，一个儿童因斗胆打父母而被当众斩首"是毫无根据的。首先，日内瓦的档案（无可挑剔的详尽）中没有任何有关此事的记录；其二，日内瓦的刑法和民法中也没有任何依据支持类似的诉讼，更不用说如此严酷的惩罚；其三，日内瓦刑法和民法的内容和执行，与加尔文毫无关系。虽然加尔文身为职业律师，偶尔参与起草日内瓦的立法；例如，一五四三年左右，他受邀起草一些有关巡逻者的法律，但是这些不是他的法律，而是城市的法律。
>
> 其四，……的确，加尔文的政治思想常被视为蕴含深远的神权意义。然而，我们有必要澄清这个概念的微妙含义，它通常暗指这样的一种政体，即政治权力被神职人员或属教会的权力机构支配；在此意义上，加尔文显然从未成功地在日内瓦建立政教合一的统治，事实上他也从未有此企图。[62]

麦格拉思的以上言论清楚表明，他不认为在日内瓦曾经有过加尔文的政教合一的统治，加尔文也不是事实上的统治者，更不是暴君，而仅仅是一个牧师或者律师而已。他的观点固然新颖，但恐难称公允。必须指出，麦格拉思在其《加尔文传》中的论述自相矛盾。他在该书"一五五五年的革命"一节中写道："一五五六年的选举使加尔文的朋友们全面接管日内瓦。他终于可以平静地工作。"[63]"这场革命永远确立了加尔文在日内瓦这座城市中的权威。"[64]

威尔·杜兰的鸿篇巨制《世界文明史》完成于一九五七年五月十二日，至今在美国仍然被视为是优秀图书，畅销全球。西方读者和中国读者都不难得到此书。读者可以自行将此书和茨威格的《良知对抗暴力》作对照比较。

茨威格的《良知对抗暴力》完成于一九三六年三月十二日。虽然茨威格由于当时客居伦敦而在阅读参考书籍方面遇到不少困难，但他得到日内瓦的牧师让·朔雷尔和罗塞小姐的大力协助。朔雷尔不仅向茨威格提供了有关参考书籍和历史文献[65]，而且还事先通读了《良知对抗暴力》的校样[66]。由此可见，茨威格在其《良知对抗暴力》中所描述的内容是得到让·朔雷尔赞同的。如若和历史事实不符，朔雷尔必然会纠正。让·朔雷尔何许人也？他是当时日内瓦加尔文教主教堂——当年圣·皮埃尔教堂的首席布道师，也就是说，他是相隔了大约四百年之后的加尔文的继承人[67]。一个加尔文的继承人竟然竭力敦促茨威格写一部关于十六世纪宗教改革中卡斯泰利奥对抗加尔文的书。这似乎是一种历史的悖论，但也可以说是一种良知的觉醒。朔雷尔所提供的不仅仅是官方的档案，更多的是秘密保存在民间的文字记载。应该说，朔雷尔是对加尔文最知情者之一。难道在朔雷尔的敦促和帮助下完成的《良知对抗暴力》会是"缺乏任何充分的历史根据"的吗？

笔者在此不胜其烦地要证实茨威格的《良知对抗暴力》是以确凿的史实为依据，目的是要还茨威格一个公正，因为这位孜孜不倦弘扬人性的茨威格已满怀悲情地离开我们这个世界，对他的任何恶意诋毁和攻击，尤其是麦格拉思不顾事实对茨威格的攻击，他都已无法予以回应和反驳。

第三，塞尔维特被火刑处死，加尔文难辞其咎。一九〇三年，在塞尔维特当年被火刑处死的尚佩尔广场附近的山坡上竖立起一块纪念碑。石碑上刻着这样一段法语文字：

我们是改教者加尔文的忠实感恩之后裔，特批判他的这一错误。这是那个时代的错误。但是我们根据宗教改革与福音的真正教义，相信良知的自由超乎一切，特立此碑以示和好之意。

一九〇三年十月二十七日 [68]

耐人寻味的是领衔敬立这块纪念碑的是加尔文教的长老会。加尔文教的教徒替自己的教祖认错并向塞尔维特谢罪。这不能说是历史的悖论，而应该说是良知幡然悔悟。后来为加尔文开脱罪责的人，如麦格拉思，怎么也绕不过去这块纪念碑。

还有一种论调为加尔文开脱罪责，说"判处塞尔维特死刑的权力不在加尔文，而在日内瓦行政公署"[69]，说"将否认三位一体者处以死刑是当时普遍公认的法律"[70]，说"对塞尔维特的判决曾征询过瑞士四座城市——巴塞尔、伯尔尼、苏黎世和沙夫豪森教会的意见，所有的答复都清楚无误：对塞尔维特处以火刑"[71]。然而，所有这些辩解无非是强弩之末而已，缺乏说服力。

历史文献证明，加尔文自始至终是塞尔维特案件的幕后策划者。一五五三年二月，加尔文指使在日内瓦的一名新教教徒特里厄给他在法国的表兄弟阿尔内斯发出第一封信，透露住在维埃纳的米歇尔·德·维勒纳沃就是米格尔·塞尔维特。这实际上是向维埃纳的天主教当局递送情报，企图借刀杀人。这在凡赫尔斯玛的《加尔文传》中有完全相同的记载。[72]

加尔文对塞尔维特怀有刻骨的仇恨由来已久。一五四六年二月十三日，加尔文在写给法雷尔的信中就说："我将不会容忍让他活着离开日内瓦。"[73]一五五三年八月二十日，加尔文在写给住在瑞士纳沙泰尔的法雷尔的信中又说："我希望他被判处死刑。"[74]但是，像这样一些铁证如山的文献记载，为加尔文开脱罪责者从不提及。

第四，茨威格并不完全采取启蒙思想家对待宗教改革和对待加尔文的立场。茨威格充分认识到加尔文主义曾对资本主义的发展起过推动作用。他也没有忽略荷兰的加尔文教教徒和英国的清教徒在开拓北美殖民地和在美国独立战争中作出过的历史贡献。茨威格发现，恰恰是在加尔文教势力最强大的荷兰后来竟是提倡宽容理念最出力的国家。卡斯泰利奥的全集最终是在荷兰出版，而不是在瑞士或者在他的故乡法国。在茨威格看来，这简直是匪夷所思的"奇迹"，他将这一段"奇迹"般的历史写进《良知对抗暴力》的第十章《殊途同归》[75]。

茨威格认为，塞尔维特在加尔文精心策划下被杀害和加尔文主义对后世的影响是两回事。一九三六年三月三十日，茨威格在致朔雷尔的信中写道：

> 我只是想再次提请您注意：您将会看到，我恰恰是在最后一章中怎样使这本书摆脱任何一种这样的解读：好像我要用塞尔维特案件谴责加尔文主义似的。我最近从勒南那里找到一句妙语，而我现在也打算在我的书中引用他的话。他说，这简直是奇迹，恰恰是从最最严酷的新教中后来孕育出思想自由和政治自由。勒南还将这种演变和另一种出人意外的发展进行比较，那就是普救的理念和博爱的理念是从狭隘的、民族主义的、犹太人的宗教发展而来。[76]

由此可见，即便茨威格在强烈谴责加尔文用暴力扼杀良知时，他也意识到加尔文是一个相当复杂且具有双重性格的人物。茨威格在一九三六年三月二十日致朔雷尔的信中写道：

> 我觉得，以公正的态度对待加尔文固然困难，但十分重要，必须表述清楚，加尔文的残酷并不完全源自性格，而是出于逻辑推理——出于思维能力。而我在最后

一章中主要是强调，加尔文主义越是在尘世的社会中深入人心，加尔文主义也就必然会失去其严酷和非人性的一面。[77]

这就清楚地表明，加尔文在历史上的个人行为和历史上的加尔文主义是两回事，不能相提并论，混为一谈。加尔文是一个有功有过的历史人物，但他采用阴谋手段通过暴力剪除异己，不管出自何种动机和何种目的，都必须受到严厉批判和彻底否定。否则，人间的正义何在？

第五，由于茨威格当时客居战争乌云密布下的伦敦，查找图书资料有一定困难，因此在《良知对抗暴力》一书中有极个别的小差错。例如：

一五三四年五月，加尔文曾打算约塞尔维特见面，但是，塞尔维特最终并未出现。而茨威格误记为加尔文曾和塞尔维特在巴黎见过面。

茨威格误将法国著名法学理论家弗朗索瓦·博杜安的名字写成皮埃尔·布丹。

意大利宗教改革家奥基诺于一五六三年被逐出瑞士苏黎世，茨威格将苏黎世误记为瑞士洛迦诺。

当时奥基诺已七十六岁，茨威格误记为七十岁。

茨威格在一九三六年五月二十八日和在六月一封未写明日期的给妻子弗里德里克的信中写道：

> 由于我没有通读最后的校样，所以在《良知对抗暴力》一书中留下一些令人恼火的小差错……迁就赖希纳出版社的催迫是一个错误。[78]

然而，上述这样一些细枝末节的小差错似乎丝毫不会干扰《良知对抗暴力》的主旋律：呼唤宽容，挞伐专制，弘扬良知，对抗暴力。因此，许多评论家始终把此书誉为经典名著。

拙译《良知对抗暴力》中译本于二〇一二年三月在北京由三联书店印行第一版。为方便中国广大青年读者，笔者为中译本编写了《本书大事年表和重要注释》。第一版的责任编辑是张琳女士。她工作认真细致。她为此书付出的辛劳令笔者永怀感激之情。

时隔四年余，在此书第一版销售罄尽之后，三联书店于二〇一七年推出此书的第二版。笔者在第二版中所作的修改，首先是规范书中外国人名的译名，如把"卡斯特里奥"按照《法语姓名译名手册》（商务印书馆）改译为"卡斯泰利奥"，把"米盖尔·塞尔维特"按照《西班牙语姓名译名手册》改译为"米格尔·塞尔维特"，等等。其次，把书中的脚注序号从以每页为单位改为以每章为单位，这是德语原版书的通用版式。第三，把书中的个别词语重新斟酌改译，使之更符合原本的含义，如把 Gott（英语：god）分别译为"神明""上帝""天主"等，如把 Wahrheit（英语：truth）分别译为"真谛""真理""真相""耶稣基督"等。

此书第二版的责任编辑是樊燕华女士，装帧设计是蔡立国先生，他们两位也是拙译《人类的群星闪耀时》《昨日的世界》《蒙田》以及《鹿特丹的伊拉斯谟——辉煌与悲情》的责任编辑和装帧设计。他们为在中国传播茨威格的传记文学，在幕后默默奉献自己的才能和年华，功不可没。

笔者衷心感谢在德国慕尼黑大学汉学系执教的陈钢林博士（Dr.GangLin Chen），为翻译本书所需的各种德语版图书皆由他慷慨馈赠。

《吕氏春秋》有言："败莫大于不自知。"拙译中疏误不当之处，敬请海内外方家和广大读者多多赐教，不胜盼祷。

舒昌善
二〇一七年元旦
识于北京师范大学文学院

注　释

〔1〕 让·朔雷尔：Jean Schorer。参阅克努特·贝克（Knut Beck）为德语版《良知对抗暴力》所写的《编者后记》（*Nachbemerkung des Herausgebers*）， 载 Stefan Zweig：*Ein Gewissen gegen die Gewalt*, Fischer Taschenbuch Verlag, November 1996, s.235。

〔2〕 莉莉亚纳·罗塞：LiLiane Rosset。参阅本书《茨威格附记》注〔5〕。

〔3〕 参阅 Stefan Zweig：*Ein Gewissen gegen die Gewalt*, s.235—236。

〔4〕 参阅同上书, s.236。

〔5〕 参阅 Stefan Zweig：*Ein Gewissen gegen die Gewalt*, s.237。

〔6〕 参阅同上书, s.237。

〔7〕 参阅同上书, s.237。这是指伊丽莎白·法伊斯特博士（Dr.Elisabeth Feist）当时正在为罗马科学院整理的《论怀疑之道》的书稿。参阅《大事年表》1563 年记事〔2〕。

〔8〕 玛丽恩巴德（Marienbad），疗养胜地，今在捷克境内。

〔9〕 参阅 Stefan Zweig：*Ein Gewissen gegen die Gewalt*, s.237—238。

〔10〕 参阅同上书, s.238。佩斯特·劳埃德（Pester Lloyd）：*Sébastien Castellio: Ein Gewissen gegen die Gewalt*。

〔11〕 参阅 Stefan Zweig：*Ein Gewissen gegen die Gewalt*, s.238。《新自由报》（*Neue Freie Presse*）：*Castellio gegen Calvin*。

〔12〕 托马斯·曼（Thomas Mann, 1875—1955），参阅《大事年表》1875 年记事。

〔13〕 屈斯纳赫特：Küsnacht，瑞士一小地名。

〔14〕 参阅 Stefan Zweig：*Ein Gewissen gegen die Gewalt*, s.242。

〔15〕 恩斯特·魏斯（Ernst Weiβ, 1882—1940），奥地利著名作家。参阅《大事年表》1882 年记事。

〔16〕 参阅 Stefan Zweig：*Ein Gewissen gegen die Gewalt*, s.242。

〔17〕《围绕火刑薪堆的斗争》德语原文是：*Kampf um einen Scheiterhaufen*。

〔18〕《异端的权利》的英语原文是：*The Right to Heresy*。

〔19〕《卡斯泰利奥对抗加尔文——良知对抗暴力》的法语原文是：*Castellion contre Calvin ou Conscience contre Violence*。

〔20〕《良知对抗暴力》德语第一版书名为：*Castellio gegen Calvin oder Ein Gewissen gegen die Gewalt*，全名为：《卡斯泰利奥对抗加尔文——良知对抗暴力》；第二版书名为：*Ein Gewissen gegen die Gewalt · Castellio gegen Calvin*，全名为：《良知对抗暴力——卡斯泰利奥对抗加尔文》。

〔21〕［英］阿利斯特·麦格拉思（Alister McGrath）著、甘霖译：《加尔文传——现代西方文化的塑造者》，中国社会科学出版社2009年7月第1版。此书原著的英语书名是：*A Life of John Calvin: A Study in the Shaping of Western Culture*。原著的英语书名译成中文，似应为：约翰·加尔文的生平——西方文化形成之研究。

〔22〕参阅本篇注〔21〕所指的麦格拉思著《加尔文传》中译本，序第3页。

〔23〕参阅同上书，第112页。

〔24〕参阅麦格拉思著《加尔文传》中译本，第108页。

〔25〕参阅本篇注〔24〕。

〔26〕参阅同上书，第109页。

〔27〕参阅本书第四章"卡斯泰利奥登场"。

〔28〕参阅［法］伏尔泰：《风俗论》（中），商务印书馆1997年第1版，第520—521页。

〔29〕狄德罗生平简介，参阅《大事年表》1713年记事〔2〕。

〔30〕参阅 A.G. Dickens and John Tonkin, *The Reformation in Historical Thought,* Basil Blackwell, Oxford, 1985, p.128。

〔31〕参阅本书第七章"宽容宣言"。

〔32〕参阅 Edward Gibbon, *The Decline and Fall of the Roman Empire*, in *Great Books of the Western World*, vol.41, *Encyclopaedia Britannica*, Chicago, 1980, pp.334-335。

〔33〕参阅本书第三章"教会纪律"。

〔34〕参阅刘林海著《加尔文思想研究》，中国人民大学出版社2006年10月第1版，第2页。

〔35〕 马克斯·韦伯生平简介，参阅《大事年表》1864 年记事。

〔36〕 参阅刘林海著《加尔文思想研究》，第 4 页。

〔37〕 奥伯曼：Heiko A.Oberman。

〔38〕 参阅刘林海著《加尔文思想研究》，第 4 页。

〔39〕 参阅同上书，第 1—2 页。并参阅 Carter Lindberg, *European Reformations*, Blackwell Publishers, Massachusetts, 1996, p.250。

〔40〕 参阅麦格拉思著《加尔文传》，第 123 页。中译本根据原著英语略有改动。

〔41〕 参阅同上书，第 121 页。

〔42〕 参阅本篇注〔41〕。

〔43〕 参阅〔美〕威尔·杜兰（Will Durant）著、（台湾）幼狮文化公司译：《世界文明史》（*The Story of Civilization*，书名直译为《文明的故事》）卷六《宗教改革》(中译本)，东方出版社 1998 年 9 月第 1 版，第 349—373 页。该卷第六章标题是："加尔文这个人（1509—1564)"，其中第四节的标题是："神权的日内瓦"。

〔44〕《宗教法典》：法语 *Ordonnances ecclésiastiques*，英语：*Ecclesiastical Ordinances*，在《世界文明史》中被译为《宗教法典》，在麦格拉思著《加尔文传》中被译为《教会法令》，见该书第 113 页。

〔45〕"牧师团"：The Venerable Company。亦有中译本将此词译为：牧师圣职公会。

〔46〕 参阅威尔·杜兰著《世界文明史》中译本卷六《宗教改革》，第 359 页。此处中译本根据原著英语稍微有些改动，因为该书中译者均系台湾同仁，语言习惯和内地略有不同。

〔47〕 参阅麦格拉思著《加尔文传》，序第 3 页。

〔48〕 教会纪律监督委员会：Consistory，此词在《世界文明史》中被译为长老法庭，在《良知对抗暴力》中被译为教会纪律监督委员会。

〔49〕 长老会：Presbytery。

〔50〕 苏（Son），法国古代货币。

〔51〕 参阅威尔·杜兰著《世界文明史》中译本卷六《宗教改革》，第 359 页。威尔·杜兰在这段文字后面加了一个注释，注释表明，以上内容源自 J.H. 鲁宾逊编《欧洲历史文选》，波士顿，1906 年版，

第 300 页。(J.H.Robinson, *Readings in European History*, Boston, 1906, p.300.)

〔52〕 参阅威尔·杜兰著《世界文明史》中译本卷六《宗教改革》,第 359—360 页。

〔53〕 P.Imbert de la Tour: *Les origines de la Reforme*, 4v.: IV, *Calvin et l'institution chrétinne*, Paris, 1935, p.178.

〔54〕 参阅威尔·杜兰著《世界文明史》中译本卷六《宗教改革》,第 360 页。

〔55〕 Pasquale Villari: *Life and Times of Girolamo Savonarola*, N.Y., 1896, p.491.

〔56〕 亚伯拉罕: Abraham,《圣经·旧约》中人物。

〔57〕 参阅威尔·杜兰著《世界文明史》中译本卷六《宗教改革》,第 360 页。

〔58〕 参阅菲利普·沙夫著《基督教会的历史》第二卷《瑞士的宗教改革》,爱丁堡,1893 年版,第 492 页(Philip Schaff: *History of the Christian Church*, v.2, *The Swiss Reformation*, Edinburgh, 1893, p.492.)。

〔59〕 参阅威尔·杜兰著《世界文明史》中译本卷六《宗教改革》,第 360 页。

〔60〕 参阅本篇注〔59〕。

〔61〕 参阅威尔·杜兰著《世界文明史》中译本卷六《宗教改革》,第 360 页。

〔62〕 参阅麦格拉思著《加尔文传》,第 108—109 页。

〔63〕 同上书,第 123 页。

〔64〕 同上书,第 121 页。

〔65〕 参阅克努特·贝克(Knut Beck)为德语版《良知对抗暴力》所写的《编者后记》(*Nachbemerkung des Herausgebers*),载 Stefan Zweig: *Ein Gewissen gegen die Gewalt*, Fischer Taschenbuch Verlag, November 1996, s.237。据克努特·贝克在此页中的介绍,让·朔雷尔在后来的几个月中向茨威格提供了有关加尔文的出版物(Im Laufe der nächsten Monate gab Jean Schorer Stefan Zweig mancherlei Hinweis auf Publikationen über Calvin)。

〔66〕参阅克努特·贝克为《良知对抗暴力》所写的《编者后记》德语原
版书，s.239。据克努特·贝克在此页中的介绍，茨威格在 1936 年
3 月 12 日致朔雷尔的信中请朔雷尔"阅读并校正此书的第一个校
样，还可在校样上作与您的建议相符合的改动⋯⋯"（In dem Brief
vom 12.März hatte Zweig Schorer gebeten，'die erste Korrektur
des Buches zu lesen und zu korrigieren，wo es Ihren Hinweisen
entsprechend geändert werden könnte...'）

〔67〕日内瓦加尔文的首席布道师职位继承人：Der Nachfolger auf
Calvins Kanzelstuhl in Genf。参阅同上德语原版书，s.235。

〔68〕参阅茜亚·凡赫尔斯玛（Thea B.Van Halsema）著、王兆丰译：《加
尔文传》（*This Was John Calvin*），华夏出版社 2006 年 1 月第 1 版，
第 176 页。

〔69〕参阅同上书，第 4 页。并参阅麦格拉思著《加尔文传》，第 116 页。

〔70〕参阅同上书，第 4—5 页，并参阅麦格拉思著《加尔文传》，第
116—117 页。

〔71〕参阅同上书，第 5 页，并参阅麦格拉思著《加尔文传》，第 120 页。

〔72〕参阅凡赫尔斯玛著《加尔文传》，第 167—168 页。

〔73〕参阅本书《大事年表》1546 年记事〔1〕。

〔74〕参阅本书《大事年表》1553 年记事〔10〕。

〔75〕第十章原来的德语标题是：Die Pole berühren einander；英语标题
是：Extremes Meet。意思是说"不宽容的理念"和"宽容的理念"相遇
在一起，如简单直译，颇费解，故意译为：殊途同归。

〔76〕参阅克努特·贝克为德语版《良知对抗暴力》所写的《编者后记》，
载 Stefan Zweig：*Ein Gewissen gegen die Gewalt*，Fischer Taschenbuch
Verlag,November 1996，s.239-240。

〔77〕同上书，s.239。

〔78〕参 阅 Stefan Zweig：*Ein Gewissen gegen die Gewalt*，s.243。 同
时参阅德语版《斯蒂芬·茨威格和弗里德里克·茨威格书信集——
一九一二年至一九四二年》（*Stefan Zweig—Friderike Zweig Briefwechsel*，
1912—1942，S.Fischer，2006，s.300）。